百年荣宝斋记忆

郑茂达 著

荣宝斋出版社
北京

前　言

荣宝斋，一个有三百四十多年历史的传统文化企业，曾经有几多神奇，几多奥秘，她吸引过不少有责任感、有好奇心的人，从各个角度进行回忆和探索，试图解开那些秘密。但至今尚未见到比较客观、全面反映荣宝斋历史的文字记载。

岁月的无情飞逝，当事人和知情者日渐衰老，有的已经离世，给我们留下了一个迫在眉睫的历史使命：必须尽快把现在能收集到的资料集中起来，弄清基本历史事实，以期留住这段历史。

在这个问题上，我们这一代人，必须对历史、对社会、对荣宝斋的前人和后来者有所交代。这是长久萦绕于怀的一桩心事，也是完成本书写作的动力。

郑茂达

2018年11月

目录

前言

历史

周恩来总理保护荣宝斋……002

老店新辉……006

《荣宝斋万金老账》简介……030

新中国成立前荣宝斋各分店的情况……037

老荣宝斋成功的秘诀……046

荣宝斋历史的几个问题……052

荣宝斋的牌匾文化……059

鲁迅是否到荣宝斋洽谈过出版事宜……064

热爱传统艺术是荣宝斋企业文化的特色……066

技艺

木版水印

荣宝斋木版水印技艺……076

荣宝斋木版水印的元老王宗光……089

荣宝斋木版水印发展过程中的核心人物孙树梅……093

柳暗花明又一村——记第一幅绢本木版水印画的印制者田永庆……104

千载传神——记木版水印画《韩熙载夜宴图》的制作者……111

最高的奖赏——“中华技能大奖”获得者、木版水印高级技师王玉良……118

我国雕版艺术的又一次革新——“崩刀法”的发明及其意义……124

荣宝斋木版水印画趣事……127

笺纸历史初探……135

荣宝斋的制笺艺术……140

《十竹斋笺谱》浅释……148

书画装裱

荣宝斋的书画装裱技艺……179

书画装裱行业的翘楚张贵桐……188

装裱大师王家瑞……192

从工人到学者——冯鹏生的事迹……195

古画临摹

临摹复制古画的辉煌成就……202

侯恺与郑振铎的对话——荣宝斋的古画临摹工作……209

甘心寂寞　更不平凡——记古画临摹专家冯忠莲……213
金振之的仿古临摹技艺……217
临摹巨幅《江山如此多娇》……222
篆刻
荣宝斋的篆刻业务……225
徐之谦的书法篆刻艺术……226
耕耘方寸　志存高远——记著名篆刻家熊伯齐……229

鉴定与收藏
荣宝斋的书画鉴定工作……234
首席书画鉴定家王大山……237
艺术总监雷振芳……245
荣宝斋收藏概况……248
奇遇——收购米芾《苕溪诗卷》等国宝的前前后后……262
和硕怡亲王的巨型田黄石对章……270
举世无双的田黄王……274
藏墨选赏……280

荣宝斋与文化名人
结缘笺纸——荣宝斋与鲁迅、郑振铎……286
郭老的“书斋”——荣宝斋与郭沫若……298
元帅的文采——荣宝斋与陈毅……307
管鲍之义——荣宝斋与齐白石……320
傅抱石的“家”——荣宝斋与傅抱石……327
木版水印的倡导者——荣宝斋与徐悲鸿……338
大海隔不断的情缘——荣宝斋与张大千……344
翰墨雅事——荣宝斋与赵朴初……351
书画情——荣宝斋与启功……356
谋士——荣宝斋与董寿平……364
情之所钟——荣宝斋与黄镇……368
真诚合作——荣宝斋与范曾……372
滴水之恩，涌泉相报——荣宝斋与黄永玉……375
魂之所系——荣宝斋与邓拓……381
集锦……392
备忘录……411

后记……416

历史

周恩来总理保护荣宝斋

中华人民共和国成立后，荣宝斋受到了党和国家领导人的亲切关怀。老一代革命家、党和国家的领导人周恩来、朱德、董必武、彭德怀、陈毅、王震、薄一波、宋任穷、谷牧、方毅等，亲自对荣宝斋作指示，或予以具体的帮助；江泽民、李鹏、乔石、荣毅仁等同志曾为荣宝斋题词；在文化创意产业蓬勃发展的新形势下，主管意识形态的李长春、刘云山同志，亲临现场，对荣宝斋如何适应新形势，把事业做强做大，作出具体指示。毫不夸张地说，荣宝斋始终是在党和国家阳光的沐浴下，受到保护，得到发展、壮大的。特别让我们难以忘记的，是周恩来总理对荣宝斋的保护。

荣宝斋在十年浩劫中遭遇厄运，差点儿被当作“四旧”扔进“历史的垃圾堆”，是敬爱的周总理力挽狂澜，才得以幸免。

20世纪60年代末、70年代初，“文化大革命”进入“斗、批、改”阶段，荣宝斋被当时的“军宣队”列入了“撤销单位”的名单。曾经风风光光、影响很大的荣宝斋王府井门市部被砍掉了，那里的工作人员、房子、货物、设备，一概交给北京市二商局处理。琉璃厂荣宝斋本部的一部分干部和工人，也被送到湖北咸宁文化部“五七干校”去锻炼。这时的荣宝斋，实际上处于被判死刑、等待执行的状态。

在这命运攸关、千钧一发之际，是敬爱的周总理站出来说荣宝斋对国家是有用的，不能撤销！

1971年4月12日，周总理在中南海怀仁堂接见全国出版工作座谈会领导小组成员及部分代表。当有关负责人汇报到荣宝斋书画

周恩来、陈毅等国家领导人向缅甸总理吴努赠送荣宝斋木版水印礼品《簪花仕女图》

装裱、金石篆刻、木版水印等业务时，总理说：裱毛主席的字是成绩，也是一套本事，还有别的好的字画也可以裱；用石头刻图章，是废物利用；木版水印，大搞不必，如有销路，为什么不搞？荣宝斋对国家是有用的。（总理这段话，是原“出版口”工作人员方厚枢同志为撰写《周恩来总理“文革”时期对出版工作的关怀》一文，从当时国务院出版口所记的会议记录抄下来的，有方厚枢给笔者的信为证。——笔者注）

荣宝斋原副经理王士之同志的笔记上，还有这样一段记录：总理在中央文艺戏剧口大会上讲话提到荣宝斋时说：木版水印是中国的传统技艺，要继承发扬；装裱精修历代、现代书画，是一项特有技术，要保留，为社会服务；经营古今书画业务，多年来给国内外人士留有很好的影响，要继续经营好，为国内外服务。总理这段讲话，具体日期已弄不清了，但与1971年4月12日的讲话意思是一致的：荣宝斋对国家有用，要保留，不能撤销。

据王士之同志回忆，出版工作座谈会之前，荣宝斋按当时上级领导的指示，准备将全斋工作人员的百分之八十送“干校”锻炼，百分之二十留守。总理指示以后，将这个比例倒过来，只百分之二十下去，百分之八十留下坚持工作。荣宝斋的牌匾“文革”中被取消了，以“人民美术出版社第一门市部”代之。总理讲话后，重新挂起了“荣宝斋”这块牌匾。

出版工作座谈会之前，周总理曾派当时的国务院办公室负责人吴庆彤同志来荣宝斋调查，了解情况，听取意见。当时的荣宝斋负责人王士之同志向他作了汇报。（笔者曾与庆彤同志通电话，证实了此事。——笔者注）总理对荣宝斋在发展传统的木版水印艺术、团结书画家、繁荣书画艺术和对外文化交流方面所做的工作十分了解，荣宝斋的继续存在，对文化建设的作用，是勿庸置疑的。所以保护荣宝斋的态度那么鲜明，那么坚决。总理的指示挽救了荣宝斋，再次保护了这块民族优秀的传统文化品牌。

总理一直关心荣宝斋。他曾将荣宝斋印制的木版水印画《簪花仕女图》当国礼赠送柬埔寨西哈努克亲王和缅甸总理吴努。总理的一对图章，是郭沫若推荐荣宝斋的篆刻家徐之谦刻的。《簪花仕女图》的印制者之一、荣宝斋木版水印技师田永庆，于1956年4月出席第一次全国先进工作者大会，和全体与会者一起，受到中央领导同志的接见。接见时，总理照名单念到田永庆的名字时说：你是荣宝斋的，好，你们的工作有成绩，我要到荣宝斋去看看。

据知情者称，总理说过，毛主席对荣宝斋为他印制的给外国元首的贺年片很满意。总理曾几次要到荣宝斋来看看，都因为工作忙，没能来得了。

后来有一天，荣宝斋接到中央办公厅的通知：总理要来看望大家。全斋上下一片欢腾，个个喜气洋洋，迎接总理来视察。大家从白天等到晚上，天黑了，生产车间和营业大厅灯火通明。经理侯恺在店堂里等候，一直到晚上九点，也未等到。侯恺以为总理实在太忙了，可能又抽不开身不来了，于是下令大家回家。大家走完，他也回家歇息了。

不料，次日上午一上班，中央办公厅打电话告诉侯恺：昨晚总理去你们那里，见大门已关闭，估计大家都回家了，所以没有让我们叫门，便回来了。侯恺一下子懵了！他恨自己为什么不让大家多

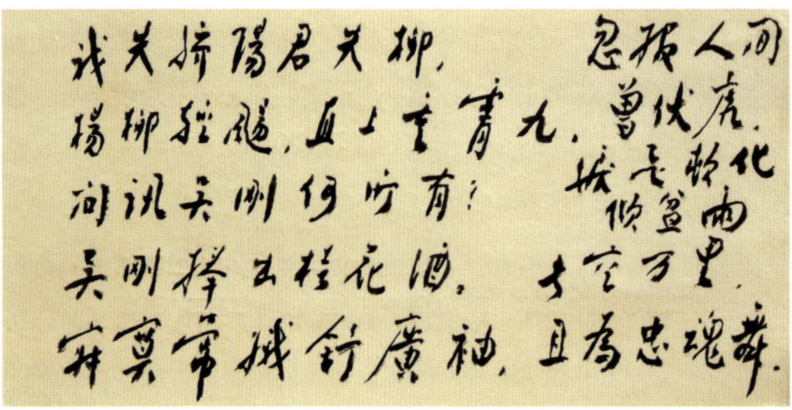

周恩来在荣宝斋请柬上书题毛主席词

等一会儿，为什么不打个电话问一下，而主观估计总理来不了，错过了一次聆听总理教诲的机会，他后悔极了，难过极了。这也成了侯恺一生最大的憾事。

总理好不容易在百忙中拨冗到荣宝斋看看，却吃了“闭门羹”，未能如愿，但仍把荣宝斋挂在心上。1964年春节，荣宝斋举办画展，给总理寄去了请柬。总理没有时间来参观，便用毛笔在请柬的背面写了一首毛主席的词《蝶恋花·答李淑一》。我们不妨猜测一下总理当时的心情：或许看到这张请柬，联想起多年来要去荣宝斋的心愿未能实现，未免有些许的惆怅。现在荣宝斋办画展，又因事不能去看，未免产生些许的歉意，于是借书写毛主席的词作，聊以排遣心中些微的郁闷；或许因看到这张请柬，想起荣宝斋的书画，勾起作书的兴致，信手挥洒，略抒情怀。总之，总理在荣宝斋的请柬上书写毛主席词一事，应理解为总理的荣宝斋情结。

后来，总理的秘书将这张凝聚总理对荣宝斋的感情的请柬送给荣宝斋副总经理米景扬，米景扬又转赠荣宝斋。现在，这张请柬被嵌在两片有机玻璃之中，装在一个锦盒里，成为荣宝斋珍贵的藏品。

20世纪60年代，荣宝斋用木版水印技艺复制总理关于学习雷锋的题词：“向雷锋同志学习爱憎分明的阶级立场，言行一致的革命精神，公而忘私的共产主义风格，奋不顾身的无产阶级斗志。”还曾受中国电影家协会的委托，复制总理为“中国电影金鸡奖”题词“闻鸡起舞”，送给“金鸡奖”获得者和有关人员。这两件复制品的样本也被荣宝斋珍藏着。

荣宝斋人每当见到总理的这些墨宝，便感念总理的恩泽。

老店新辉

著名的北京琉璃厂文化街，有两幢坐落于西街北侧的古典建筑，建筑上悬挂着郭沫若题写的匾额“荣宝斋”，这潇洒的题字和古典建筑相互辉映，闪烁着中国传统文化的光芒。这就是我国历史最悠久、规模最大的传统文化老店荣宝斋。

这里静谧、幽雅，没有市井的喧嚣。纸墨飘香，处处流溢着传统文化的气息。这一切使人神往，令人陶醉。走进荣宝斋，就像走进了艺术的世界。每天有不少中外游人在这里驻足凝神，沉浸在艺术的享受之中。人们称它为东方艺术殿堂，书画家之家和对外文化交流的窗口，确非言过其实。

溯源流漫忆松竹斋

相传荣宝斋的前身松竹斋始创于清康熙十一年（1672），1894年斋主又秘密开设荣宝斋。1900年松竹斋关张。因为松竹斋与荣宝斋同属一个主人，且松竹斋关张时，荣宝斋已继承了她的全部业务，两者具有连续性，所以荣宝斋的历史应从松竹斋创立时算起，至今已有三百多年。

松竹斋的主人姓张，浙江绍兴人氏，原是明朝官员，是个有民族气节的人，不愿意在清朝做官，用在明朝做官时积攒的俸银，在琉璃厂开设南纸店，赖以营生。

松竹斋店主是位有文化的前朝官员，在店名上下了一番功夫。他的原籍浙江，盛产竹子。竹子生命力旺盛，用途广。后来在北京做官，又多接触松树，喜欢松树斗霜傲雪的品格，故取店名“松竹斋”。这个店名反映了店主的身世和性格，寄托着他的厚望，既文雅又隽永。

松竹斋的业务与大多数南纸店无异，概括起来，无非是书画琴棋、笔墨纸砚（习惯称文房四宝）。但因其品种全，质量好，价格公道，服务周到，所以很快就赢得了信誉。纸类，除了宣纸之外，还有棉纸、皮纸、毛边纸、粉连纸以及各种纸制品。如：信笺、信封、稿纸、折扇、宣册、喜庆屏联、挽联等等。顾客在这里买了纸，需要裁成什么尺寸，伙计立刻代裁。顾客拿着扇面来，免费为其代装。总之，松竹斋创立不久就名噪于琉璃厂文化街。

据《永庆升平》一书记述，松竹斋到了第四代，只剩孤儿寡母，难免受到恶势力的欺凌。孤儿名叫张玉峰，为了保全这份家业，张玉峰拜师习武，学得一身好功夫，绰号“粉面哪吒”。一日，康熙皇帝微服私访，来到宣武门外，被地方恶势力挡住，张玉峰挺身救驾，受到朝廷赏赐。这虽然是小说，不足为据，但也并非空穴来风。另据《琉璃厂小志》记载，乾隆东阁大学士、乾隆皇帝重要文告的拟稿人梁诗正曾为松竹斋题匾。

乾隆年间是清代的鼎盛时期，政治、经济状况良好，可谓一派升平景象。在文化方面也多有举措，从全国各地调集两千多名学者来京，开设“四库馆”，编修继明代《永乐大典》之后的又一部百科全书《四库全书》就是一例。国家文化事业的发展，必然带来文化商业的繁荣，从而为松竹斋的发展提供了机遇。《旧京琐记》一书有一段关于松竹斋的记述：“南纸铺并集于琉璃厂，昔以松竹斋为巨擘，纸张及文玩古董……制造之工，染色雕花，精洁而雅致。至于官文款式、试卷之光洁，皆非外省所及”。乾隆年间，也是松竹斋的鼎盛时期。

道光年间，店主张俊秀的儿子张仰山继掌松竹斋。张仰山自幼酷爱书法、篆刻，写得一手好字。他的书法和篆刻小有名气，可谓琉璃厂文化街上的名士，甚至连他在文化街上的许多徒弟，也颇有些名气。他既是松竹斋的老板，更是书画家的同仁和朋友。著名书画家赵之谦说，与其说他是商业界人士，不如说他是个文人雅士。

赵之谦、吴大澂等著名书画家是他的座上客，无论店堂还是书斋，经常挂着他们的作品。现在荣宝斋资料室收藏的赵之谦书札，就是用松竹斋印制的信笺写的，这也可作为赵之谦与松竹斋关系密切的一个佐证。

张仰山本来可以利用他与书画家的广泛联系这个有利条件来发展松竹斋的事业，然而他的兴趣不在生意上，而醉心于书法篆刻，因而这时期松竹斋的生意并不兴隆。更不幸的是，正当张仰山学有所成、涉世颇深的时候，却英年早逝。他死时45岁，值光绪初年，自此松竹斋江河日下。

张仰山撒手人寰，经管松竹斋这份祖业的重担就落在了他年仅19岁、尚未经世的儿子张梦林肩上。张梦林在生意场上蹒跚学步，艰难地维持着这家经历了二百年的文化老店。但漏屋偏逢连阴雨，张梦林在32岁那年得了肺炎，医治无效而死，留下了年轻的妻子和两个未成年的儿子。依照张氏家族的规定，在张梦林的儿子成年之前，松竹斋铺事由张梦林的叔叔张次山（张仰山之弟）主持。但张次山辜负了家族的寄托，店里的事经常撒手让他的三个儿子去管。而他的三个宝贝儿子均非省油之灯，仅仅数年，松竹斋就几乎无法维持了。从乾隆中期到光绪中期，历经六个朝代，朝廷的科举试卷一直都由松竹斋承办。到了张次山时，由于管理不善，科举试卷质量下降，以致这桩赚大钱的生意被懿文斋夺走。这是松竹斋衰落的主要原因。

求生存开设荣宝斋

正当松竹斋面临倒闭之际，一位杰出的女性站出来拯救了这份祖业，她就是张梦林之妻张李氏，时年三十有五。她生于北京，祖上也是浙江人，虽非名门闺秀，却知书达理。早在其丈夫主事时，就开始“垂帘听政”，暗中帮助丈夫，与其共渡难关，在张氏家族中颇有声望。她丈夫死后，眼看张次山父子四人坐吃山空，心如刀绞。她完全有能力出来主持松竹斋，使之起死回生，但她是个女性，当时的社会却不能容纳。她不甘心这份祖业就此败落，召集张

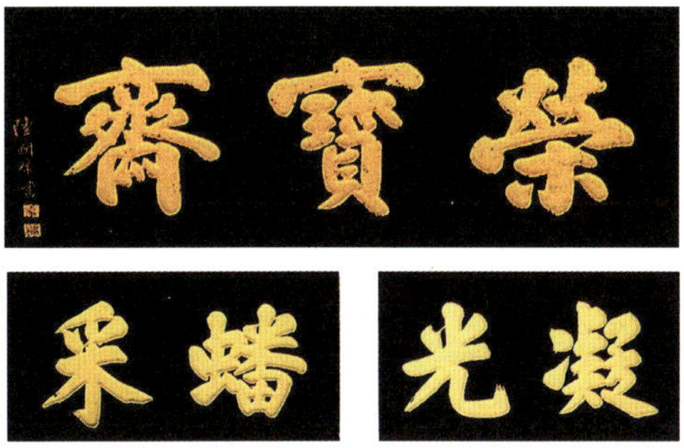

陆润庠为荣宝斋题匾额及配匾

氏家族商讨对策，得到家族的拥戴，委托她力挽松竹斋于既倒。

张李氏虽然没有在琉璃厂生意场上抛头露面过，但对琉璃厂的情况了如指掌。她知道琉璃厂有个能人庄虎臣，非此人不能救松竹斋于水火。她以非凡的胆识和气魄，决定打破松竹斋创业以来由张氏家族自任掌柜的传统，聘请庄虎臣当掌柜。她这个想法得到松竹斋大伙计牛俊臣的支持，他们商定了如何将庄氏请到松竹斋的对策。

庄殿杰，字虎臣，通州人氏。琉璃厂荣录堂缙绅铺的大伙计，人聪明、脑瓜活、点子多、交游广，官府里又有“铁哥们儿”，他想办的事没有办不成的，故有“智多星”之美称。荣录堂刘掌柜的，不是个大度的人，眼看庄虎臣的能耐超过自己，生怕他抢了自己的饭碗，处处提防着他。生性聪颖的庄氏，早就察觉到了，因此，两人的关系自然不可能和谐。这不，庄氏因为刘掌柜的跟他闹别扭，这几天正托病休息在家，此刻正在寻思着日后怎么办呢。“无巧不成书”，正当他一时想不出如何摆脱目前困境的时候，妻子告诉他，门外有客人。

原来牛俊臣打听到庄氏正与荣禄堂刘掌柜闹矛盾托病在家，张李氏认为这是天赐良机，于是让牛俊臣备好体面的礼品，两人雇一辆马车，来到通州庄氏府上拜访。这赫赫有名的松竹斋主人和大伙计的到来，使庄虎臣受宠若惊。但稍微冷静一想，就明白了他们的来意，心中窃喜。张李氏开门见山说明来意，双方谈得颇为投机。

鸟择木而栖，士择主而侍。荣禄堂刘掌柜心胸狭窄，容不得他庄虎臣，荣禄堂不是久留之地。有道是“士为知己者死”，眼下松竹斋主人如此器重他，给他提供施展才能，实施抱负的机会，他何乐而不为呢！然而，他不能把这种心态流露出来，他对张李氏说：我是一家小店的小伙计，如何担当得起此重任。在张李氏的再三恳请下，他才接受聘请，出来策划如何使松竹斋摆脱困境。

庄虎臣是怎样使这家历史悠久的文化老店起死回生的呢？

当时，松竹斋已负债累累，无法在松竹斋的名目下负重经营，首先必须设法摆脱债务羁绊，他的第一招就是实施“金蝉脱壳计”。

庄虎臣征得东家的同意，先让松竹斋的大伙计牛俊臣放风出去，说松竹斋已亏得一塌糊涂，同时暗地里买下琉璃厂86号一处铺面房，人不知鬼不觉地将松竹斋值钱的东西转移到这里来，经过一段时间紧锣密鼓的筹划，一家新的南纸店诞生了——这就是荣宝斋。

开业那天，华俄银行来了几个人，领头的指着庄虎臣的鼻子说，你这荣宝斋的东西是从松竹斋转移过来的，松竹斋借了我华俄银行的钱没有还，这是有意转移财产，逃避债务，声称要封荣宝斋的门。庄虎臣问他们有何证据，他们拿不出证据，自知没趣，灰溜溜地走了。

张家最担心的就是这一点，曾问庄虎臣这么做是否有把握。庄氏拍着胸脯说我庄某不做没有把握的事，万一出了问题，我兜着。

打从决定这么做之时起，庄虎臣就不进张家的门，不见张家人的面，与东家的一切联系，都通过第三者秘密进行。为了不让人抓辫子，他要张家找个可靠的亲友代替他们做荣宝斋的东家。更要紧的是，庄虎臣有个把兄弟袁宝三，人称“袁三爷”，是京城里的显赫人物，虽说不是个大官，却是个倒卖官职的。无论朝廷、衙门，他都能跟重要人物说得上话，谁打官司找到他，没有打输的。庄虎臣事先给他打了个招呼，得到了他的允诺。总之，一切都安排得滴水不漏、无懈可击。华俄银行的老板吃了亏，虽然不服，但了解了荣宝斋的背景，也只好忍气吞声了。

在庄虎臣的导演下，荣宝斋从松竹斋脱壳而出，摆脱了债务羁绊，以从松竹斋转移过来的货底折银3000两作资本，在新的航道上扬帆劲驶。应该说庄虎臣这样做是不正当的，但在旧社会，有钱有势就能打赢官司，是不足为怪的。但他把一个有二百多年历史的文化老店保全了下来，却是值得肯定的。

荣宝斋继承了松竹斋的全部业务，但是如果没有新的招数，是不可能有大作为的。于是庄虎臣使出了第二招：把荣录堂经营《缙绅录》的业务带到荣宝斋来。所以荣宝斋最初的名称是“荣宝斋缙绅南纸店”。

何谓《缙绅录》？《缙绅录》就是清代官场流行的官职姓名录。由书场逐年刊行，详载内外官吏姓名、籍贯、出身等，《辞海》中的《缙绅录》在《红楼梦》里叫做“护官符”，小说第四回“葫芦僧判断葫芦案”中有详细生动的介绍描写。

做地方官须臾不能离开这“护官符”，做京官的就更离不开了。因为京城的情况比地方更复杂，举手投足稍有不慎，就可能招致大祸。在17世纪曹雪芹所处时代，“护官符”在地方上还仅仅是抄来的“私单”，而到了同治光绪年间，在京城已经成为市场上公开出售的商品了。

庄虎臣在荣录堂是这项业务的大拿，把它带到荣宝斋来，自是轻车熟路。他意识到这项业务对刚刚启动的荣宝斋的生存和发展以及他个人的前途，都是至关重要的。他花了不多的银两，从把兄弟袁宝三那里买了个“候选从九品”官，并买通了宫廷里的关节。当朝廷官员每天穿着朝服去上朝时，他则穿了那胸前有“补文”的官服到乾清宫门外去抄录朝廷公布的官员任免名单。因为朝廷每有新任免官员，就在这里张榜公布，而老百姓是不能到这儿来的。因为他是直接从内宫抄来的第一手资料，既准确又及时，加之精心制作，精美可人，所以荣宝斋的《缙绅录》是同行中最权威、最出类拔萃的，很快成了京城大小官员的抢手货。由于朝廷命官经常变化，荣宝斋的《缙绅录》也随之不断补充、更改，重新出版。官员为了掌握不断变化的情况，每新出版一册都必须买，所以白花花的银子哗啦啦地往荣宝斋的柜里流。

庄虎臣的第三招是设“帖套作”，开创纸类再制品自产自消的新局面。荣宝斋创号的第三年，即1896年在井院胡同2号创办“荣宝斋帖套作”，制作各种纸制文房用品，如大八行、小八行信纸，各种封套，印有精美图饰的诗笺、信笺，及宣册、素白印谱等等。现在荣宝斋美术馆还完整地保存着1896年印制的《七十二候笺》和《二十四节气封套》。这类商品，过去是从别的铺子趸来的，先被人家剥了一层且不说，品种和质地也受人制约；现在可以根据用户的要求自行选料，自行安排品种，做到适销对路，降低成本，提高产品竞争力。特别是一种供来京应试的举子考试前练习用的白试卷，更受到举子们的青睐。这一举措，也使荣宝斋的进项陡增。

这项业务还有一个重要意义却是庄虎臣意想不到的。因自设“帖套作”，延聘雕版高手戴广斋、印刷高手王月轩，收徒传艺，从此荣宝斋成为继承发展我国雕版印刷艺术的基地。百年来，我国的社会制度发生了翻天覆地的变化，而这种传统艺术在荣宝斋始终受到保护，得以延续，不断提高。20世纪30年代，荣宝斋印制的诗笺被鲁迅、郑振铎称为“琉璃厂诸笺肆之‘白眉’”；新中国成立后运用这种传统技艺复制中国画，开创了雕版印刷艺术的新纪元，而这些开创新纪元的高级技师，都是戴广斋和王月轩的再传弟子。

率先在南纸店中为书画家挂笔单，这是庄虎臣展现荣宝斋活力的另一举措。

挂笔单，是书画家自选或由名人推荐在南纸店挂出其书画、篆刻的价格表（也叫润笔、润格、笔墨费），由店方代为收件、付件，并为作者收取酬劳，而店方则从中收取一定比例的好处费。

清末民初，从清廷到民国政府中退下来的达官显贵中，有不少能书擅画，且在社会上有一定名气者，而处境和心态却不同：有的为了标榜其“宦海归来”“两袖清风”装模作样地要卖书画，来证明他“确实”生活不怎么样；有的在位时的确是两袖清风，退下来后，经济比较拮据，需要靠卖书画来补贴生活；有的虽不需以卖书画表明其“清白”，也不需以此来补贴生活，但求书画者多，却之不恭，应酬吧，又不胜其烦，需要有某种办法来替他“挡驾”。此外，还有不少依靠卖书画、篆刻生活的文人，如寿石工、祝春年、陆和九等书画篆刻家。

庄虎臣在同这些人的交往中了解到他们的需求，率先为他们挂笔单。通过这一举措，解决了他们之所需，并联络了一批书画家，也满足了社会的需要。自然，这也为荣宝斋开辟了一条赚钱的途径。

后来其他南纸店也挂起了笔单，但都不如庄虎臣和后来的王仁山做得好。

庄虎臣使荣宝斋蒸蒸日上。创号头四年的经营状况，已无据可考，而从1898—1940年的情况，都详实地记载于《万金老账》上。当初以松竹斋的货底折银3000两为资本，而1898、1899两年的营业额分别达到11458两和13923两，红利分别为1368两和1600两，两年的红利就相当于当初投入的资本。1906、1907年的红利分别为6445两和6604两，每年的利润都是当初投入资本的两倍多。

庄虎臣于1922年去世。为了报答这位拯救张氏祖业的功臣，张家决定：十年内按他在职时的薪金额每月照发给其家属，并保留红股一股半，名曰"酬劳股"。还将庄氏遗像悬挂店内，由东家撰写赞词于其下，以纪念庄氏和激励同仁。这在琉璃厂以至整个北京城，恐怕是没有先例的。

大发展南北开分店

庄虎臣去世后，由胡士吉代理铺事三年，胡不堪此任。1925年东家聘王仁山接任荣宝斋经理。

王仁山，京郊顺义县人氏，时年33岁。父亲王芝万是当地小有名气的农民画师，对子女管教十分严格。王仁山虽然念书不多，但受到良好的家教和绘画艺术的熏陶。他从小来荣宝斋学徒，虽其貌不扬，言语不多，走起路来还有些瘸，但头脑清楚，肯下功夫学习，善于思索，办事有条理。1922年就被庄虎臣看中，由伙计晋升为三掌柜的，协助庄氏工作，吃人力股一股；庄虎臣去世后，胡士吉代理铺事期间，王仁山已晋为二掌柜。

王仁山一上任就显示出他的管理才能，用现在的话说，是个有能力、有作为的企业家。他在与东家签订的聘任合同中写道："欲兴长久之基业，须立永远之定章，尤贵伙友共相勤劳，均沾利益，众人同心而财自生矣。"

他制订了一套严格而详细的店规，以规范店员的行为，培养与文化企业相适应的店员。所有店员，从刚进店的小学徒到大伙计，一律住在店里。白天是做生意的店堂，晚上打烊搭起铺就成了宿舍。一律在店里吃饭，晚上在店里学习业务知识，不许外出闲逛，连理发也定期请人到店里来理。店员从睡觉、穿戴、发式、站立姿势、举手投足到如何说话，都有明确的规定。

王仁山极其重视店员基本技能和文化素质的培养，一再强调，荣宝斋是经营文化艺术品的，不是普通商品。所接触的都是文人墨客、高官巨富、社会名流，不是普通老百姓。从经理到每个学徒，都要有文化艺术修养和高效为顾客服务的技能，要懂礼貌，尊重顾客，说话要文雅，恰如其分。学徒入门，先学商品知识和商品包装技术，练习如何接待顾客。然后再学习跑作坊联系业务、取货送货。熟悉书画家的情况，学习怎样与书画家打交道。进而练毛笔字，学画画，学看画，辨别书画的高下与真伪（虽然这不是短时间可以精通的，但荣宝斋的店员必须学习，逐步掌握这种知识）。

王仁山以身作则，带头遵守店规，和大伙儿一样穿大褂、布鞋，经常在店里同大伙儿一起吃饭，发现违规的，及时纠正。

一次，小伙计董祖年接待顾客时把画轴上的压角章说成“戳子”，被王仁山听见后叫到办公室去，王仁山指着墙上一幅画的压角章问他：“这叫什么？”“戳子呀。”“你——你说什么？再说一遍！”王仁山一激动，说话有些口吃。小董见掌柜的这么严肃，也紧张起来，摸了摸脑袋改口说：“叫压角章，也叫闲章。”王仁山见他说对了，口气缓和了一些，但仍有几分严肃地说：“这还差不多，戳子是老百姓的叫法。我们荣宝斋的人必须懂书画，必须是内行，才能同文人墨客、书画家、收藏家打交道，不然人家怎么相信我们，怎么能把顾客拉住？如果连起码的常识都不懂，不但做不了生意，人家还要笑话我们。以后不懂要问，要学。”一席话把小董说得服服帖帖。

由于严格管理，严格要求，荣宝斋学徒出身的人，确被同仁另眼看待。一般从荣宝斋出师的人，都能学到某种专长，或毛笔字写得好，或能刻图章、画画，或有眼力能看画，或办事能力强，在社会上受人尊重，自己也以能当荣宝斋的店员而感到光彩。

“荣名为宝”是荣宝斋赖以生存的法宝，其中最重要的是商品的质量。王仁山视商品质量为荣宝斋的生命。字画都是一流的，许多著名的书画家、篆刻家都在荣宝斋挂单，顾客可以买现货，也可以根据自己的需要定题材和尺寸，向书画家预定。荣宝斋有专人负责随时与书画家联系。自制的诗笺出类拔萃，有65种被鲁迅、郑振铎选入《北平笺谱》，并因为印刷技艺精良而受鲁迅、郑振铎委托出版了《北平笺谱》，重刻了明代的《十竹斋笺谱》，一时名声大震。

1933年荣宝斋印制鲁迅、郑振铎收集的《北京笺谱》

王仁山深知这一行业的奥妙：经营者必须是行家里手，必须了解我国传统文化艺术的渊源，熟知各种文化用品的特点，了解每个历史时期书画艺术的风格及每一个书画家的艺术特色。只有这样，才能使荣宝斋立于不败之地。他从学徒开始，就不声不响地努力学习，逐渐成为一个练达的伙计，一个文化艺术企业的出色经营者，一个传统雕版印刷艺术的专家。他谈吐文雅，待人热情，彬彬有礼，结识了许多文人墨客、达官显贵、军政要员。20世纪三四十年代活跃于北平的齐白石、陈半丁、祁井西、徐燕孙、萧谦中、张大千等著名画家都是他的朋友；文学界泰斗鲁迅以及郑振铎也是荣宝斋的挚友，甚至国民党的行政院长张励生来北平，王仁山一个电话就能把他请来吃饭。

在王仁山的治理下，荣宝斋很快恢复了元气。但好景不长，正当荣宝斋欣欣向荣的时候，1927年国民党政府定都南京，生意所依的达官显宦相继离开北平，这使王仁山感到极度不安。但王仁山毕竟是个有头脑的商人，并未被这突如其来的事变吓昏。他立即想

20世纪20年代
北京荣宝斋南纸店

到，南京也是个古都，文化根基深厚，人文荟萃，又毗邻最大商业都市上海，肯定有无限商机。到南京去办分店，对！机不可失，必须尽快占领这个市场。恰巧东家张少林来店，王仁山对他说了自己的想法，张少林说，他正是为此事而来。两人不谋而合，真可谓英雄所见略同，王仁山惊叹，此系天定矣。

说干就干，1928年7月，他从店里挑选刚出师不久，年仅20岁，能说会道，能写会算，办事能力很强的项芩同他一道，由北平出发至天津乘船南下，再由上海转到南京。他们先做市场调查，走街串巷，了解南京文化市场的现状和对文化艺术品的需求，然后用北平寄来的21个邮包的商品来试销。

或许是借了吉祥街大吉祥旅馆的双重吉祥气，试销那天特别吉祥。客人很多，把本来并不为人瞩目的吉祥旅馆闹得沸沸扬扬。不仅王仁山高兴，更乐坏了大吉祥旅馆的老板。不到两天功夫，北平寄来的东西就卖得精光。

试销成功坚定了王仁山在南京办分店的信心，这里市场需求强劲，前景广阔，一定能够成功。他留下项芩找房子，为分店作前期准备工作，自己火速回北平筹划。

经过半年的筹备，荣宝斋南京分店终于在1929年3月26日开张了。经理刘申甫，副经理顾子熙，项芩为账房先生。

南京分店的规矩参照总店，起初大部分货物由总店供应，也挂北平书画家的笔单。进而从总店调技术人员，建立自己的作坊，以减少中间环节，降低成本。

由于商品质地优良，品种齐全，价格合理，服务周到，很快受到南京各界人士的青睐，顾客盈门，铺面由两间扩大到五间还嫌挤。1930年到1931年两年的销售额达到178204现大洋，为北平总店同期的两倍多。

南京分店如此辉煌的业绩，使王仁山兴奋不已，踌躇满志。这业绩鼓舞着他，激励着他，南北汇流，使荣宝斋的钱柜子满了。

有了南京分店的经验，照南京分店的模式，在其他城市建立分店，对王仁山来说已经不是太难的事了。王仁山用南京分店赚的钱，于1931年5月先在上海河南中路开设荣宝斋分店。又先后于1932年在洛阳、1934年在汉口、1941年在天津建立荣宝斋分店。他本来还打算到成都、香港、台北和广东番禺办分店，由于种种原因，未能实现。

这些分店存在的时间有长有短，但都有共同的影响，那就是使国内更多的人知道北京有个经营传统文化艺术品的荣宝斋，并且通过它们使南北的文化得到交流，促进了当地传统文化艺术的发展。而荣宝斋本身也在这期间得到很大的发展。据《万金老账》的统计，1934—1947年，各地分店的销售额和利润分别为北京总店的3.6倍和4.1倍。北京总店在这期间有多大的发展，由于币值的变化，难以从销售额和利润上加以判断，但据记载，北京总店原有的场所和人员都不足以适应业务的需要。这说明，北京总店本身在这期间也有相当大的发展。因此，这期间荣宝斋的总体规模应是北京总店原有规模的4.6倍或5.1倍以上。

得新生蜚声海内外

属于“贵族性”文化的荣宝斋，一旦离开了其赖以生存的土壤，就要枯萎、死亡。中国共产党领导的人民解放战争，是一场对剥削阶级及依附它的旧势力摧枯拉朽的革命。那些政客、豪绅、奸商、巨贾和士大夫休闲阶层面临覆灭的命运，惶惶不可终日，哪里还有闲心去光顾荣宝斋？因此，昔日车马水龙的景象已不复存在，1948、1949年，荣宝斋一落千丈，不仅各地分店无法维持，其大本营——北京总店也已负债累累，濒临倒闭。

王仁山和东家张幼麟走投无路，决定忍痛卖掉荣宝斋的铺面房还债。这消息惊动了郑振铎、魏建功、吴晓玲等文化界人士，他们不忍心让荣宝斋这朵民族传统文化之花凋谢，奔走呼号，引起当时国家出版事业的领导机构——出版总署的重视。1950年出版总署派代表与荣宝斋谈判，达成公私合营的协议，由政府拨款替荣宝斋还债。从此，荣宝斋又获得了新生，使这份民族优秀的传统文化得以保存和发展。1952年政府又拨款替私方还债，收购了私方的股份，使荣宝斋成为国家所有的文化企业。

1950年作为公方代表被派到荣宝斋当经理的是出版总署木印科科长、年仅27岁的侯恺。不料他这一扎就是34年，把一个濒临倒闭的私人企业，变成一个饮誉海内外的中国传统文化的殿堂，书画家之家和对外文化交流的窗口，而他本人也成了文化界的传奇人物。

侯恺出生于山西左权县一个贫苦的农民家里，从小参加革命，是革命队伍里的“红小鬼”，曾在延安鲁迅艺术学院学习版画，后来在石家庄大众出版社搞版画创作，新中国成立初期调到出版总署。他的出身和经历使他对荣宝斋原来经营的“贵族文化”格格不入。那些东西怎么能为工农兵服务？他上任后对荣宝斋进行了一次

荣宝斋店堂
（20世纪50年代）

1950年荣宝斋新记

“彻底革命”，把那些信笺、文玩、名人字画统统收起来，在柜台两端庄严地摆上了列宁和毛泽东的半身石膏像，在柜台里陈列上领袖像和反映革命斗争的连环画、新画册和画报。他觉得这才是贯彻文艺为工农兵服务的方针。不料这些做法受到老舍、郑振铎、叶圣陶等人的批评，使他感到尴尬和困惑。究竟应如何看待荣宝斋原来的经营内容？如何利用传统文化为工农兵服务？他苦恼极了。

这些问题是在实践中，在同书画家和各界人士的接触与交往中逐渐领悟的。

荣宝斋经营的传统文化，是我们先民创造的，是具有鲜明的民族特色的文化，是中华民族的骄傲。在剥削阶级统治的时代，劳动人民没有权利享受，它成为那些“有钱阶级”和“有闲阶级”的专利，因而被人们称之为“贵族文化”。现在劳动人民成为国家的主人，同时也成为民族传统文化的主人。但由于工农兵大众受经济条件和文化条件的限制，像荣宝斋这种高层次的文化，在一定时期内，还不可能直接面向他们。而那些受过良好传统教育的各级政府工作人员，各教育机构，科技界文化艺术界的知识分子，民主人士、归国华侨等需要这种传统文化，真诚地为他们服务，丰富他们的文化生活，使他们心情愉快地做好各自的工作，这不是有利于工农大众吗？基于这种认识，侯恺把荣宝斋的传统文化定位为“间接为工农兵服务”。他把荣宝斋在党的整个文化工作中的作用比喻为一桌盛宴上的一碟有特色的小菜，是不可缺少的。缺了它，这盛宴就会减色。这种比喻是否恰当，姑且不说，而侯恺却终于在党的事业中找到了自己的位置。因此干起工作来就理直气壮，全力以赴，把最有活力的年华奉献给了荣宝斋。

每当谈起这段历史，侯恺似乎有些不好意思，但他的这种认识是来自实践的，是真实的、自然的，所以他并不回避，总是十分坦然。

20世纪60年代经常光顾荣宝斋的画家（右起：陈半丁、周怀民、王友石、胡佩衡、吴镜汀、关松房）

曩出南城路，常过荣宝斋。
卅年为一世，声誉遍天涯。
雕刷实称绝，收藏已复佳。
画师时雅集，提笔各抒怀。

这是1980年纪念荣宝斋公私合营三十周年时，老作家、老教育家叶圣陶先生对侯恺领导下的荣宝斋30年来的业绩的赞扬。

如果说荣宝斋新中国成立前在北京已很有名气，也由于它在各地设分店，在国内也颇有名气，但那也只是众多南纸店中的一家而已。中华人民共和国成立后，其性质和地位发生了根本性的变化。它一直是中央在京的直属企业（先后隶属于出版总署、文化部、新闻出版署、中宣部中国出版集团）。有关领导把它作为繁荣传统文化、团结书画家、文化界人士、民主人士和对外文化交流的文化机构。它的许多活动超出了企业的职能，甚至代行着某些行政机关的职能；另一方面，由于社会制度和社会环境发生了根本性的变化，同行业的许多单位或停业，或改行。1951年郑振铎在《〈荣宝诗笺谱〉序》中说："在1933年左右……北京有南纸店二三十家……经过了二十年，这二三十家都已先后改行或停业了，只有荣宝斋还巍然独存。"传统文化根基如此深厚的北京尚且如此，其他省市的情况就不难想象了。在相当长的一个时期内，许多地方找不到传统的文化用品，有的地方有经营者，必须到荣宝斋来批发，而且品种也不齐全。至于书画，政府规定，只许文物商店经营。因此，在很长的时期内，荣宝斋几乎是全国唯一一家全面经营传统文化艺术的企业。从50年代到80年代初，荣宝斋实际上既是一个全国性的文化艺术企业，又兼有某些学术研究的职能，在传统文化艺术市场上占有绝对的垄断地位。这大概是计划经济条件下特有的一种文化现象，或者说，是计划经济在文化艺术领域的体现吧！

这种背景决定了荣宝斋不以盈利为目的，不斤斤计较一时一事的经济利益。用经理侯恺的话说，荣宝斋是“以义为利”。也就是说，它注重的是社会效益，是如何继承和发扬民族传统文化；如何团结书画家，繁荣书画创作；如何恢复和发展传统文化用品的生产；如何为喜爱书画艺术的各界人士提供一个鉴赏和交流心得的场所；如何开展对外文化交流，促进海外同胞和外国友人对中国的了解。从50年代到80年代的30余年中，荣宝斋的所有活动都是在这种思想指导下进行的。这一时期，其经营方针可概括为“以文会友，诚信无欺，寓利于义，着眼长远”。作为一个企业，荣宝斋也需要完成一定的经济指标，解决职工的工资福利，完成纳税和上缴利润的义务。但这在国家的经济生活中是微不足道的。而它在弘扬民族传统文化，丰富人民文化生活和对外文化交流方面的作用，却是其他部门所不能替代的。应该说，荣宝斋在文化上的贡献，远远大于其在经济上对国家的贡献。

新生荣宝斋的主要特点，表现在以下几方面：

（一）经销商品高、真、全

公私合营以后的荣宝斋继承了老荣宝斋“以文会友，荣名为宝”的优良传统，把信誉视为企业的生命，将其经营的书画、文房四宝定位在高中档以上，做到高质量、无假冒、多品种，概括起来就是高、真、全。

就书画而言，高，就是收售的书画必须达到较高的艺术水准。荣宝斋有个专门小组，负责把艺术关，经其认可的书画才能进入荣宝斋；真，就是恪守信誉第一的信条，绝不收售赝品。荣宝斋有经验丰富的鉴定专家，严格鉴别书画的真伪，确保书画艺术品的真实性；全，就是贯彻“百花齐放”的文艺方针，联系全国书画家，荟萃各地区、各流派书画家的作品于一堂，岭南派、金陵派、长安派、海派、京华派等不同风格的作品都可以在这里见到。

由于长期坚持这一标准，确保了书画艺术的质量，人们把荣宝斋视为书画艺术的圣地。书画家以自己的作品能登荣宝斋这个“大雅之堂”而感到荣耀；书画艺术爱好者则把有作品挂在荣宝斋视为成熟的艺术家；人们以逛荣宝斋为快事；学习书画者则把其陈列的书画当作范本，加以观摩、临写。总之，人们把荣宝斋视为“永不闭馆的艺术博物馆”。

诚招天下客。荣宝斋高品位、多风格的书画艺术品和诚实的作风，得到了广大顾客的信任和青睐，人们从全国各地和国外慕名而来。据研究文化市场的人士估计，60年代中期以前（即“文革”以前），荣宝斋的书画销售量占全国销售量的一半以上。我国实行改革开放以来，各地画廊如雨后春笋，改变了荣宝斋一统天下的局面。这是市场经济给文化市场带来的可喜现象。但由于文化市场还不成熟，运作不规范，出现了大量粗制滥造和假冒名家的伪劣字画，加上一些不法书画商与导游相互勾结，坑害顾客，干扰了文化市场的正常运营，极大地损害了中国书画艺术的声誉，在书画买主的心里蒙上了一层阴影。在如此迷茫混沌的书画市场中，荣宝斋一如既往，一不卖假画，二不降低艺术标准，三不靠给导游回扣拉客。这种诚实的作风，犹如一泓清水，清澈透底，使人心里亮堂，感到放心。日本某旅行社给到中国旅游的旅客人手一册的旅游手册“购物”栏中，特别提醒旅客：买画要去荣宝斋。

高、真、全，也体现在文房四宝的经营上。中华人民共和国刚成立时，百废待兴。在恢复和组织传统文化用品的生产方面，荣宝斋起着极其重要的作用。繁荣书画创作，第一需要就是宣纸。可是连年的战争使宣纸产地安徽泾县个体生产者大多停产，极少数还在生产，但质量极差。为解决宣纸供应问题，侯恺三下产地深入调查，回来向轻工业部写报告。朱德同志为此特批了专款，由轻工业部同安徽省有关部门商定，在泾县建立宣纸厂。宣纸的品种和质量要求，由荣宝斋根据书画家的需求，出面定制并包销。全国各地所

20世纪70年代荣宝斋门市

需宣纸，都必须到荣宝斋来批发。这种情况从1952年起，一直延续了多年，直到“文革”中才中止这种关系（“文革”后很长一段时间，由轻工业部承担了向全国各地分配宣纸的任务）。深受顾客喜爱的湖笔（产于浙江湖州）缺乏狼毫笔的原料——黄鼠狼尾毛，而黄鼠狼的主要产地吉林省却将黄鼠狼皮用于出口。荣宝斋向中央有关部门反映了这些情况，使问题及时得到解决。吉林停止出口黄鼠狼皮，转供制笔之用。其他许多传统文化用品如：国画颜料、装裱和作册页面等用的绫、锦，笔筒、笔洗等文房用的精瓷也都是由荣宝斋出面，请苏州、杭州、景德镇等相关厂家生产的。有些产品社会需求量不大（如画勾、裁刀），数量少了，厂家不生产，按厂家要求的数量，投产一次，要积压好多年。荣宝斋宁可积压资金，也不能让这些用品缺货。

荣宝斋经销的文房用品，都是国内各名厂家的上乘产品，根据顾客的需要，提出品种、规格、质量、款式等要求请厂家生产，在产品上加上“荣宝斋监制”的标志。这样就能保证品种和质量，保证荣宝斋的特色，最大限度地满足顾客的需要。

对宣纸的经营，更能反映荣宝斋为书画家服务、对书画家负责的良苦用心。宣纸刚出厂时碱性大，用起来生硬、火爆，保存一段时间，碱性减退，变得柔和、温润，用起来就顺手得多。根据这一特点，荣宝斋的宣纸一般要保存一年到三年才拿出来卖，有些特殊品种，则要保存几十年。这样做虽不利于资金周转，却得到用户的信赖和欢迎。

（二）开创雕版印刷艺术的新纪元

开用传统雕版印刷技艺复制中国画之先河，创造一个以追求国画原作艺术特色为目的新的艺术品种——木版水印画，这是荣宝斋对我国传统艺术的重要贡献，也是荣宝斋的主要特色。1952年荣宝斋运用雕版印刷技艺复制中国画，获得成功，并命名为木版水印画，为这一古老艺术开辟了广阔的前景，使其进入了一个辉煌灿烂的时代，得到了国内外美术界的高度赞扬。1954年又成功地复制了绢本国画。此后又经过不断的充实和完善，使木版水印能够复印古今各种质地、各种题材、各种风格、各种规格的中国画。数十年来荣宝斋复制了周昉、顾闳中、马远、赵孟頫、文徵明、郑板桥等唐、宋、元、明、清的历史名画，吴昌硕、徐悲鸿、齐白石、潘天寿、李可染等近现代大师的佳作，使许多罕为人见的历史名迹和大师精品，得以通过木版水印画的形式同广大人民见面。

（三）建立国内最大的书画装裱机构

1959年接收了宣武区在社会主义改造中将北京市50多个与装裱有关的个体户组织起来的两个裱画合作社250多人中的130多人，汇集了这座古城的装裱精英，建立起国内最大的、面向全国、面向世界的书画装裱机构。几十年来为国内外有关机构和书画爱好者装裱、修复了大量古今书画。

（四）开大规模临摹古画之风

为了扩大木版水印的稿源，从1954年开始，开大规模临摹古画之风，逐渐调集和培养了临摹专家十多人，先后在辽宁博物院和故宫博物院临摹古代名画百余件，不但大大促进了木版水印事业的发展，而且为保护文物创出了一条新路——可以摹本代替古画原件供展览、观摩之用。

（五）民间博物馆

收藏艺术品，本非企业的职能。荣宝斋致力于继承和发扬民族传统文化，从20世纪50年代起就开始收藏历代优秀书法、绘画作品和文房四宝精品。经过几十年的努力，汇集了古今书画、文房四宝精品数千件，形成了相当可观的规模，为国家积累了一笔极其宝贵的文化财富，被誉为“民间博物馆”。

（六）书画家之家

1980年10月，天高云淡，金风飒飒，菊花初绽，枫叶始红。在这宜人的金秋季节，全国各地著名书画家、评论家、鉴藏家200多人聚首京华，庆祝荣宝斋公私合营三十周年，共商如何进一步同荣宝斋合作。他们来自中原大地，东海之滨，天山脚下，五岭之南和东方之珠。国画大师李可染、关山月、陆俨少来了，书法大家赵朴初、启功、费新我来了，文化界著名人士黄镇、叶圣陶、萨空了来了。真可谓群贤毕至，少长咸集。这无疑是荣宝斋历史上的盛事，或许也是我国书画活动的佳话。这说明30年来，荣宝斋把“以文会友”的传统发展到了极致，与书画家建立了广泛的联系和亲密的关系，真正成了“书画家之家”。

团结书画家，促进我国书画艺术的繁荣和发展——这是当初国家保留荣宝斋的主要目的。荣宝斋忠实地贯彻、执行这个宗旨。一方面，不管天南地北，三派九流，只要是艺术上有成就的书画家，就主动同他们联系；另一方面，千方百计组织厂家生产他们所需要

书画名家在荣宝斋欢聚一堂

的各种用品，做他们可靠的后勤，为他们提供一个展示作品的园地和联络感情、交流技艺的场所。

李可染先生对宣纸的要求近乎苛刻，每次到荣宝斋买纸，都要对着光亮，一张一张地挑选“云片”多的。了解了他的用纸习惯，荣宝斋特意请宣纸厂为他生产这种“云片”多的宣纸，并在每张纸印上他的书斋名“师牛堂”三个隐形字（对着光亮照才看得出）。可染先生对荣宝斋处处为书画家着想的做法，十分感激。

齐白石大师当年寄居京华，因出生“贫寒”，艺术上又刻意求新，受到保守势力的排挤，陷入困境。荣宝斋慧眼识才，把他的画挂在店堂最显眼的地方，使他的艺术逐渐被人们所认识、所接受，以致推崇备至。二三十年代的齐白石如此，五六十年代的黄胄、七八十年代的范曾也是如此。

这里环境优雅，有上乘的文房四宝，有可资借鉴的丰富的书画藏品，有精良的装裱技艺，又有一批颇具书画阅历、可以与书画家交谈，并懂得如何为书画家服务的工作人员。书画家到这里，如鱼得水，得心应手。他们在这里，或品品茗，聊聊天，或切磋技艺，即兴挥毫，都是十分惬意的事。齐白石、徐悲鸿、傅抱石、李可染、关山月、赵朴初、启功、黄胄等著名书画家都是荣宝斋的常客。书法泰斗郭沫若更是三天两头到这里来。有一年春节，他偕夫人于立群连续在这里呆了三天。郭老平易近人，谈笑风生，同荣宝斋的工作人员建立了深厚的感情。有什么问题请教，他总是耐心解答；有什么建议，他总是认真听取；有什么要求，只要做得到的，他都尽量满足，至今还流传着他的许多有趣的故事。他给荣宝斋留下了许多墨宝，不少职工手里也有他的书法作品。

岭南派国画大师关山月对荣宝斋与书画家的关系有深切的体会。他曾在一篇文章中说，这里是“我们书画家必到的好去处，从这里可以窥视我国历史悠久的、丰富多彩的民族传统文化艺术的端倪与水平，可以获得艺术的享受。在这里可以丰富文化生活，可以结交同行的朋友，可以购买你所需要的文房用品，可以畅叙我们之间的情谊”。

这就是“书画家之家”的荣宝斋。

（七）对外文化交流的窗口

有句话说，愈民族化的文化就愈世界化。我国的书画艺术、文房四宝同中医中药和京剧一样，是国之瑰宝，是纯民族化的文化，对外国人有巨大的吸引力。荣宝斋则是国内同行的佼佼者，成为对外文化交流的窗口，乃是顺理成章，当之无愧的。

早在20世纪50年代，荣宝斋就被外事部门指定为对外开放的单位。虽然那时我国对外联系还不多，但荣宝斋却已车水马龙，来参观和购物的外宾和海外华人络绎不绝，有时一天要接待好几批到荣宝斋内部参观木版水印画工艺过程的客人。1977年已不是客人最多的时候，而这一年仍接待了45个国家和地区177个团（组）的客人来参观。光临过荣宝斋的客人，有国家元首、政府首脑、政治家、艺术家、科学家、作家、学者、社会活动家，其中有丹麦女王玛格丽特及其丈夫，越南民主共和国主席胡志明，前朝鲜民主主义人民共和国委员长崔庸健，前日本首相大平正芳、竹下登、中曾根康弘，前柬埔寨首相宾努，前法国社会党总书记密特朗（回国后不久即成为法国总统），日本友好人士松村谦三、中岛健藏、冈奇嘉平太，著名美籍华人科学家、诺贝尔奖金获得者杨振宁、李政道、丁肇中等等。

前美国总统安全顾问、国务卿基辛格1972年为尼克松总统访华打前站和随总统访华时，都未能来荣宝斋，觉得很遗憾。1975年他

1985年荣宝斋门市部一角

1985年琉璃厂文化街重建后荣宝斋街景

丹麦女王（左三）及亲王阁下参观木版水印《簪花仕女图》（左一为荣宝斋经理侯恺）

再次访华，正逢荣宝斋内部整修，不便接待。他几次提出要来，外交部都没有安排。为了达到目的，他使出了高招：在参观天坛时，向陪同的外交部长乔冠华来个突然袭击，说要去荣宝斋。乔外长不便拒绝，只好给经理侯恺打电话。这里还未安排停当，客人的车就来了。基辛格进来后，对屋里的陈设和所有艺术品都很感兴趣，仔细观赏。末了对乔外长说，久闻荣宝斋大名，早就想来看看这被誉为"东方艺苑"的老店，今天终于如愿以偿了。这里的许多东西，都比美国的历史长，真是名不虚传。

通过这些活动，加深了海外同胞和各国人民对我国的了解，增进了友谊。日本大阪书道访华团一女团员，看到荣宝斋收藏的清代怡亲王田黄石大对章，惊愕了。征得主人的同意，她用微微颤抖的手，轻轻抚摸这件宝物，含着泪花激动地说：在日本难得见到一方黄田石章，这么大的珍品更见不到，荣宝斋真是名不虚传的东方艺术宝库呀！联合国职员郭松芬先生参观荣宝斋后感慨道："过去蒋介石在国外宣传，说共产党毁灭了传统文化，今天在这里看到的，完全不是那么回事。"许多西方友好人士对荣宝斋所代表的中国传统文化极感兴趣，在这里录相、拍照片，详细记录，买了艺术品，准备回去制作节目，写文章或办展览，向本国人民介绍中国文化，介绍荣宝斋。

50年代，以美国为首的国际反华势力对我们年轻的共和国实行封锁，严格禁止我们的书籍进口。然而，荣宝斋的木版水印产品和传统用品却通过中国国际书店，畅通无阻地打入这些国家。

我国改革开放以后，荣宝斋在对外文化交流方面迈出了更大的步伐，全面开展对外业务。1979年秋，为庆祝中华人民共和国成立三十周年，侯恺率领有荣宝斋专家和著名书法家董寿平、范曾等十几人组成的荣宝斋代表团赴日本举办大型的“中国荣宝斋展览”，展出荣宝斋收藏的历代书画（非卖品）和近、现代名人书画、木版水印画、文房四宝约三万件，规模之大，影响之深，是荣宝斋历史上没有的。此后，随着我国改革开放的深入与发展，先后在香港设荣宝斋分店，在日本东京、新加坡、美国纽约、韩国汉城设“荣宝斋经销处”。还在日本、韩国、新加坡、香港、美国、加拿大、德国、芬兰、葡萄牙等国家和地区举办荣宝斋藏品展、综合书画艺术展、木版水印艺术展和数十位有成就的书画家个人作品展近百次，把我国的传统文化艺术推向世界。

1979年在日本西武百货举办“中国荣宝斋展览”

悠悠三百余年的传统文化老店荣宝斋，积淀了丰厚的民族传统文化的精髓。著名美籍华人学者赵浩生曾说“不知道荣宝斋的人，是没有文化的人”。这话虽然说重了，却表达了人们对荣宝斋的推崇和敬仰。而郭沫若题赠荣宝斋的“含英咀华”匾，却更耐人寻味。

《荣宝斋万金老账》简介

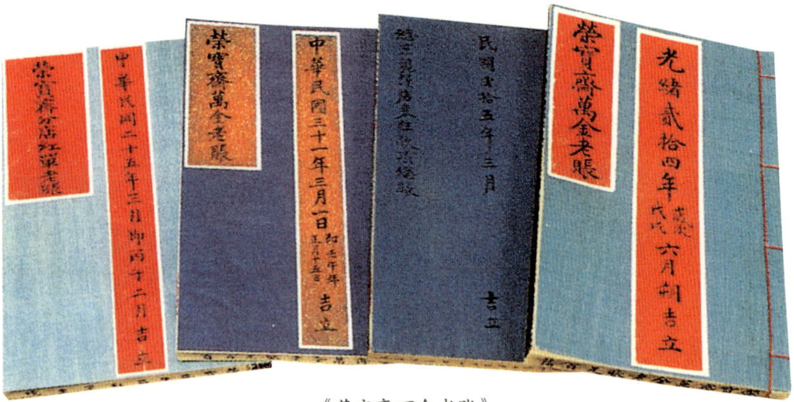

《荣宝斋万金老账》

公私合营以前的荣宝斋有两套账本：一套是做样子，应付税务部门的，并不反映真实的经营状况的假账；一套是只有经理和账房先生知道的内柜账，不但真实记录了企业的经营状况，还记载了许多企业的内部事务。20世纪40年代，掌管内账的账房先生是甘瑞华。

荣宝斋至今完整地保存着一套《荣宝斋万金老账》，共四册，其主体是光绪二十四年（1898）建立的《荣宝斋万金老账》和民国三十一年（1942）建立的《荣宝斋万金老账》续本。另外两册是民国二十五年（1936）建立的《总京沪汉店来往款项总账》和《荣宝斋分店红单老账》。总，指北平总店；京，指南京分店；沪、汉分别指上海分店和汉口分店。1941年建立的天津分店的有关账目也记载于这两册账本之中。

《荣宝斋万金老账》（简称《万金老账》，下同），是荣宝斋的内柜账本，真实地记载了这家传统文化老店1898年至1948年半个世纪的经营情况，包括每个账期（一般是一年，也有两年的）的进货、销售、库存、提留、红利分配及规章制度、人事变动等重要情况。每个账期的内容都由账房先生用蝇头小楷规规矩矩地抄录下来，再由执事人（经理或代理经理）审定，并签名盖章。账本为蓝布面，线装，美观、结实，还在账口注明“足百页”，十分严谨。这是研究荣宝斋这段历史详实、可靠的资料。

这里对《万金老账》作些注释，并摘其要供有兴趣者作研究之用。

一、记账模式

每个账期都设有固定的项目：流水纪略、新陈外欠纪略、存项纪实、冲抵纪实和红利分配表。

流水纪略：记载每个账期的销售收入和进货、工友伙食费、工友薪酬、差旅费等各项支出。收、支相抵，便得出本账期的毛利。

新陈外欠纪略：记载历年外欠款项数额。1899年该项下有“按定规豁除不计”的记载，说明从这年起，所有外欠款都不计入当年核算。这样虽然减少了当年可分配的红利，却为企业留下了后劲。即使外欠款都收不回来，也不影响企业的正常运营。以后何时能追回多少，则都是当年销售以外的收入。直到1939年，“因与所得税法不合”，才按外欠数量折半为可收实数，“计入存项纪实”之

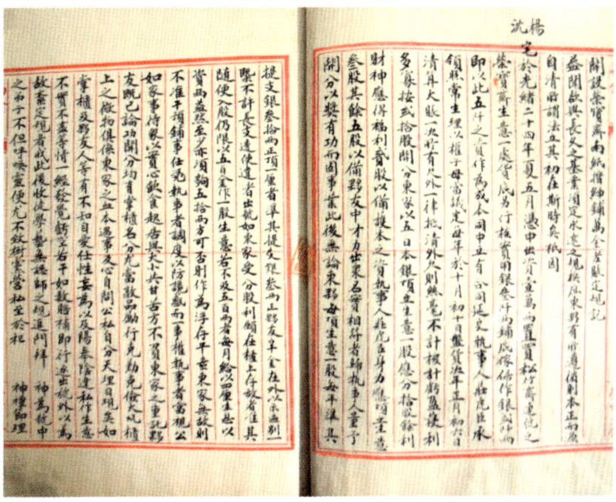

《荣宝斋万金老账》内页

内，即按外欠数的一半计入当年核算。

存项纪实：记载每个账期的盘存货款，净存款数，东家及工友预支款和外借款等。必须指出的是，计入核算的盘存货款并不是实数，而是打了折扣的。1898年就按实价的八折计，以后逐年加大折扣，到1911年已按四折计，并在该项下注明“按落至三扣，以资长远之规为止”。1916至1937年都按三折计算。这样做，是为了给企业留下厚实的潜力。从1938年起，因不合所得税条例，才改按盘存货款实数计入核算。

冲抵纪实：将“存项纪实”栏内各项的和减去提留的“固本金”、财神股积存、空股（未分配的人力股）积存，同友酬劳（即每年正月十五账期结束，经理召集职工开会“讲官话”时发给未吃人力股工友的“红包”，叫作“赠送”，相当于现在企业职工的年终奖金）等项，得出“净福利”款，便是东家和管理者们（通常称为“掌柜的”）分配的红利。

红利分配表：按规定，设红利二十股，东家分十股，财神（提留，做企业的备用金）二股，经理三股，其余五股由经理酌情分配给员工中有能力表现好者。员工一旦被分派人力股，便成为店里的管理人员，即由伙计提升为“掌柜的”，并依股份的多少，分别称为二掌柜、三掌柜不等。

二、合同和规章制度

（一）开设荣宝斋南纸缙绅铺万金老账定规记

盖闻欲兴长久之基业，须定永远之规模，庶东伙有所遵循，则本正而源自清。所谓法立其初，在斯时矣。只因杨、沈宅于光绪二十四年夏五月，凭中出资壹万两，置买松竹斋连号之荣宝斋生意一处，货底另行核实，用银三千两，铺底、家具作银两千两，即以此五千之资作为成本，同中立有合同，延交执事人庄虎臣承领，照常生理，以权母子。当议定每年于十月初十日盘货，次年正月初六日清算大账一次。所有欠外一律抵清，外欠则丝毫不计亏盈。获利多寡，按二十股开分，东家以五百本银顶立生意一股，应分十股。余利财神应得福利贰股，以备护本之资。执事人庄虎臣身力应顶立生意三股，共余五股以备伙友中才力出众，名实相符者，归执事人量予开分，以奖有功而固事业。此后无论东伙，每顶生意一股，每年准其提支银三十两正，顶一厘者提支银三两正。伙友薪金在外，以示区别，一概不许长支透使，违者出号。如东家受分股利，愿在柜上存放者，准其随便入股，仍限五百金作一股生意，若不及五百两者，每月给以四厘生息，以资两益。然至少亦须够五十两方可，否则作为浮者。平素东家无故，则不准干预铺事，任凭执事者调度，以防馋惑而一事权。执事者应视公如家事，待众以实心，饮食起居与大小共甘苦，方不负东家之重托。伙友既已论功开分，均有掌柜名分，尤当敦品厉行，克勤克俭，大凡柜上之微物，俱系东家之血本，遇事反心自问，公私分，天理自现矣。如掌柜及伙友人等，有不知自爱，任意妄为，阳奉阴违，私作生意，不实不尽等情，一经发觉，亏空若干，如数赔补。即行逐出号外，以为故紊定规者戒。此后收徒学艺，无认师之规，进门拜神，为号中之弟子，不但呼唤灵便，尤不致于树党营私。祀神礼节，理应执事者主祭，不必责之东家，以省繁琐而免纷歧。惟是异性同居，自系前缘有定，而受人之托，允宜净白，乃心愿。吾辈痛痒相关，休戚一体，则基业无不兴，宏规自能恪守，吾辈有幸焉。

光绪二十四年岁次戊戌六月朔日　执事庄虎臣　谨识

（二）庄虎臣与杨耀东、沈露云订立合同

立合同人杨耀东、沈露云、庄虎臣。余等意气相投，交同管鲍，久蓄端木货殖之心，未卜陶朱立业之地。适今夏五月间，松竹斋所开之荣宝斋南纸店，因为急需，情甘推于别人承作，以济燃眉。沈露云、杨耀东共出资本银五千两，

交庄虎臣承领，即同中将荣宝斋倒定一切，另有松竹斋推字为据，但事体虽然成就，允当严定规矩，以示限制，俾东伙均有遵循，始可以垂久远。于是东伙公议，以五百两作生意一股。杨耀东、沈露云共顶生意十股，庄虎臣身股顶生意三股，另立财神股两股，将来获有福利，以作护本之资。又立余股五股，以备伙友中有才力出众者，即为栽之。以上共计立生意二十股。嗣后东家有愿出资入股者，任所其便，仍以五百金为限制，随时列于万金账内，不改合同，以固根本。总之，协力同心，则山可成玉，土可变金，自不难，即一本而获万利耳。因立合同一样三张，东伙各执一张存照。再如庄虎臣将铺事布置妥协，所靠得人，准其随时告退，即将合同付与中友缴还东家，以免后来轇轕不清，又证。

中友　牛善庭　祁子园　顾小颖　周子溪

光绪二十四年六月初　日　立写合同人　杨耀东、沈露云、庄虎臣

（三）立倒字合同

立倒字据人沈露云，情因鄙人捐免历奉，以归截取班同知分省候补分发在即，所费不资，无力筹措，今情愿将与已故杨耀东合资开设荣宝斋南纸缙绅店生意一处，出倒与杨耀东之子杨菊农名下，合并一家，永远为业，同中作价京平足银叁千两整，原两家合资共五千两，按照各半找清，另给退让金五百两，以重感情。其银笔下交足不欠。自倒之后，由置主自便，不与弃主相干。嗣后如有沈姓亲族各色人等出为搅扰，均由露云一面承管。此系两家情愿，各无返悔。恐口头无凭，立此为证。

随带铺底老契各一纸。

见证人　张仲儒

中人　王锡侯

光绪三十年二月十九日　立倒字人　沈露云亲笔

（四）立改立合同

立改立合同人杨菊农、庄虎臣，情因菊农先严耀东于光绪二十四年与沈露云合资倒置荣宝斋南纸生意一处，交由庄虎臣经理（详情载万金老账内）。沈露云于光绪三十年因捐免历奉需款，甘愿将荣宝斋事业推与菊农，合并一家承作（另有倒字为证），所有铺事仍照原立合同，由虎臣主持。是时虎臣虽服官奉省，领东之责仍然存在。渠于光绪三十二年年终，解组归来，复理铺务，足见吾东宾相印以心，相托以重，理应改立合同，各执其一，以符名实，一切规模悉照初定（详万金账）。所有原立合同三分亦已作废。恐口无凭，立此存照。

中友人　王锡侯

光绪三十三年正月十六日　改立合同人　杨菊农、庄虎臣

（五）东家聘任王仁山的合同

立合同人　张德善堂　王仁山　窃以欲兴长久之基业，须立永远之定章尤贵，则伙友共相勤劳，均沾利益，众人同心而财自生矣。兹于光绪甲午年正月，在琉璃厂中间路北开设荣宝斋南纸店一处，于今三十余载，蒙财神保佑，诸多伙友之力，生意颇为兴隆，乃因前铺长年老疾终，随委本号之徒胡少堂代理三载，不堪此任，辞退出号。今未有相当充此重任者。刻有本号之徒王仁山，老成持重，万金可靠。今托中友人聘请王仁山接充荣宝斋南纸店铺长职务之重责。今同中友人议定，张德善堂东家股份十股，铺长王仁山身业股份三股，另立财神股份二股，其余五个浮股，均归铺长酌量分派。前者每一年结算红账一次，今改二年结算红账一次，以资培养基业之根本。其资本、铺底及货物折扣，一切不计，均有清册备查。一切规模仍照旧章，至期结算红账，天赐红利，除送伙友外，按股均分。此系同中友议定，各无返悔，

因立写一样合同二张。

规章列后

每两年正月初六日起清查货物，至二月初二清算账目，所有欠外，一律抵清，欠内则丝毫不计，所得余利，除送伙友外，按股均分。

财神福股所得余利，原为维修房屋、添置家具之需，东伙不许分用，如值二年无用，即存在柜上，以作护本之资。

每至账期盘查货物，核算数目，及折扣已经落至三扣，不再折扣矣。

东家无故不准干预铺事，以免听信馋惑，而归划一之权。

执事人受东家之重托，当视公事如家事，待伙友以实心，任劳任怨，克勤克俭，与伙友同起居，共饮食，方不负东家重托之意。楚（处）事理宜敦品，倘有阳奉阴违妄为之事，以及不实不尽等，一经发觉，准其辞出号外，必须将铺事并账目一切交对清楚，方准出号。

唯浮股伙友，不至账期，或违规出号，或有他事自行告退，均按应得薪金结算账目，号中盈亏，不得与闻。

无论东家或执事人之至（知）己亲友租房借款等，以及承揽官事，一概不准代出铺保水印，以昭慎重。

中友　王荣斋　孙云圃　庄瑞亭　呼麟书　王鹤庚

立合同人张德善堂　王仁山

中华民国十五年丙寅夏历二月立

新中国成立前荣宝斋各分店的情况

荣宝斋各地分店的模式是：以北京总店为东家，由总店出资和派遣人员，盈利基本上按总店的方式进行分配，即每个账期的红利按20股分，总店10股，财神（提留）1股，王仁山2股，分店经理2.5至3股，其余由王仁山和分店经理决定，分配给其他员工。王仁山除了在各分店的红股，还在各分店拿“车马费”。各分店上缴总店的红利，成为总店红利的重要来源。

南京分店

南京分店于1929年2月5日（戊辰冬月二十六日）在延龄巷开张，经理刘申甫，副经理顾子熙（字维敬），起初只有两间门面房，后发展到五间。第一年销售额为39,960元，超过北京总店的37,155元。1930至1931年达到168,203万元，为北京总店的两倍。1936年又在太平路租了一座三层小楼，办起了南京分店的支店。经理项芩。

1937年12月，日本侵占南京，进行大屠杀，分、支两店皆人散货失，损失达十万之巨。

1939年12月，项芩请命去南京复业。经四年的苦心经营，到1942年，恢复了事变前的盛况。1942年至1947年间，每年的销售额都超过北京总店。

1950年10月，北京荣宝斋实行公私合营时，在《人民日报》上发表声明，与国内各地分店脱离关系。

南京分店各年经营情况

单位：万元

时间	销售额	纯利润
1928–1929	39960（两白银）	
1930–1931	16.8203	
1932–1933	15.4155	
1934–1935	17.5904	2.4963
1936–1937		
1938–1939	2.7196	0.3000
1940	20.6964	3.2720
1941	49.5826	3.2691
1942	80.9249	5.6402
1943	297.3785	15.0114
1944	1745.4228	140.0000
1945	132887	550
1946	29250	12000
1947	184566	136000

上海分店

上海分店开设于1931年5月，先在河南中路租了一间门脸，不久又租了一座二层小楼。经理梁钧（字子衡）。1949年后，原荣宝斋上海分店与其他单位合并为“朵云轩”，成为上海的地方文化企业。

上海分店各年经营情况

单位：万元

时间	销售额	纯利润
1932	1.853173（两白银）	
1933–1934	9.994418	
1934–1935	12.9056	0.987
1936–1937	12.3527	1.1105
1938–1939	17.8312	3.0000
1940	24.5177	3.9340
1941	61.9441	2.9100

时间	销售额	纯利润
1942	156.3334	7.2343
1943	654.6411	15.0111
1944	3148.7710	150.0000
1945	183577.0000	570.0000
1946	27243.0000	11000.0000
1947	199027.0000	145000.0000

洛阳分店

洛阳分店开设于1932年，经理宋沛霖。开张后经营状况不好，仅半年就告结束。

汉口分店

1934年5月，王仁山邀少东家张幼麟赴汉筹划汉口分店事宜。同年7月，在交通路挂牌营业。经理刘福增。由于业务的发展，不久又在保华街租一套更大的房子作铺面。1938年10月5日，汉口被日军侵占，此前全店人员及货物迁至法租界避难。1939年6月，保华街房子被日商所占，复于附近阜昌街租一间门面惨淡经营。因时局不定、交通不便、货少等原因，难以维持，1939年末，结束汉店业务。

1949年后，武汉有人以“荣宝斋”的名义进行经营。2007年法院判其侵犯荣宝斋的商标权，令其停止以“荣宝斋”的名义进行经营。

汉口分店各年经营情况

单位：万元

时间	销售额	纯利润
1934.7–1936.2	5.6237	0.9728
1936.3–1938.2	10.0558	1.3949
1938.3–1939.2	12.5227	2.4000

1949年前荣宝斋南京分店

1949年前荣宝斋上海分店

1949年前荣宝斋天津分店

天津分店

天津分店开设于1941年5月。经理张荫松（字茂如）。以原汉口分店货底之资和总店拨给的4万元为资本，初暂设法租界24号路，1942年迁入长春道原杏花村饭馆房内。

1949年后原荣宝斋天津分店并入“杨柳青”，成为天津的地方文化企业。

天津分店各年经营情况

单位：万元

时间	销售额	纯利润
1942年	33.4643	4.9902
1943年	56.6687	12.0035
1944年	239.4411	120.0035
1945年	2630.0000	370.0000
1946年	14364.0000	5000.0000
1947年	122543.0000	58000.0000

关于开设修竹斋的决定

1941年5月，仍在沦陷时期，因应时局和各店同人环境之需要，东伙决定，在东琉璃厂255号合资开设修竹斋一处，分派王荣麟为经理，张荫松、杨廷凯、杨振声副之。其组织详于该号合同上面。总店合同由东长门保存。

——《荣宝斋万金老账》1943年账期后

王仁山批注

北京总店和各地分店历年销售额与利润统计表

单位：万元

店别 / 年份	北京总店		南京分店		上海分店		汉口分店		天津分店		各分店合计	
	销售额	利润	销售额	利润	销售额	利润	销售额	利润	销售额	利润	销售额	利润
1934–1935	21.2424	2.0600	17.5904	2.4963	12.9056	0.982	5.6237	0.9728			36.1197	4.4511
1936–1937	22.3674	1.2414			12.3527	1.1105	10.0558	1.3949			22.4085	2.5054
1938–1939	31.1169	1.2301	2.7196	0.3000	17.8312	3.0000	12.5227	2.4000			33.0742	5.7000
1940	32.3964	6.3472	20.6964	3.2720	24.5177	3.9340					45.2141	7.2060
1941	47.0118	8.5088	49.5826	3.2691	61.9441	2.9100					111.5267	6.1791
1942	33.1265	6.6582	80.9249	5.6402	156.3334	7.2343			33.4643	4.9902	270.7418	17.8647
1943	70.0889	9.9884	297.3785	15.0114	564.6411	15.0111			56.6687	12.0035	918.6883	42.0260
1944	302.1490	155.0000	1745.4228	140.0000	3148.7710	150.0000			239.4411	12.0035	5133.6349	302.0035
1945	3754.7659	815	132887	550	183577	570			2630	370	319094	1490
1946	23586	6000	29250	12000	27243	11000			14364	5000	70857	28000
1947	225254	55605	184566	136000	199027	145000			122543	58000	506136	339000

注：此表中，北京总店的红利，不包括各地分店上缴的红利。

附：王仁山关于开设分店的决定及各分店情况的记述

（一）荣宝斋分店红单老账序

本号创始于前清光绪二十年，历经先师庄公虎臣数十年的经营，费尽心血，曾遇庚子、壬子两次变乱，中兼他种奸（艰）险，精心擘划，百折不回，不但化险为夷，而能发展营业，超乎原资数倍以上。追忆当时苦心支撑之情形，诚非数语所能述也。现在号中悬有东长门幼麟君为庄公像赞。可以证之。民国十一年庄公逝世，胡君少堂代理三年。民国十五年更聘委仆为经理。自接事以来，经营无几，即遇革命北伐，国都南迁。默察吾行生意，虽属文化，兼有贵族化性，而一切达官显宦、相率离平，深虑此后营业，必陷于恐怖之境也。溯自受任之始，本拟步先师之后尘，以偿夙愿，不料遭此奇变，真几世罕见者也。不得已而采取各方知识之谈，遂有分号之蓄意。既得途径，适值东长门幼麟君来号闲坐，仆于谈话中略申此意，恰巧该君亦怀此意而来。此种不谋而合，诚属天定也。继商于东次门季衡翁经二公决定后，仆只偕徒弟项苓一人，先事调查，此民国十七年，即旧历七月二十日起身事也。彼时各铁路因时局不清，尚未通行，先至津乘怡和公司定生船南下，由沪转道南京调查，事毕回平延请东家正式会商，并述经过。当时众议合同。然该时吾号财力甚微，彼时仆正任本行副会长之职兼理财政，由此借重两千元之力，一举而享盛名。自此后，始有再分他处之想也。民国十七年戊辰冬月二十六日南京分店正式成立；民国二十年辛未五月创办上海分店；民国二十三年甲戌四月邀同东长门幼麟君由沪赴汉会同，擘划一切，始有汉口分店。惟是各分号既已相继成立，对于各分号之考成，即应有所规定，以利进行而垂永久。设将来或再拓广他埠，亦正可见借此作楷模耳。仆据此法商于东家，经决定，自二十三四年账期内起，试办分组立账，即每分店各立万金老账一本，总店设总账一本，每期分店红单，抄录于总账之上，以判各分店之优劣，奖罚诸友之贤愚而昭公允，爰将经过情形述诸首篇，俾后人知其缘起耳。

丙子1936年春王寿贤谨序

（注：寿贤是王仁山的名）

（二）东家张幼麟致勉词

考吾号自前清创办以来，迭经变乱，均赖前经理庄公虎臣毅力维持，民十一庄公因病谢世，乃委胡少堂代理接办三载，建树毫无。复查本柜学徒王君仁山，果敢有为，才堪大用，延友聘为正式经理。王君自任事以来，苦心经营，力求发展，不数年间，分店扩充五三号之多，成绩斐然，绝非谬赞。兹值本总店与分店分组立账试办之期，谨致数语，聊作勉词。

中华民国二十五年二月张德善堂　幼麟谨志

（三）追溯各分店的情况

予自创设分店以来，颇称顺利，首设南京，继而上海，又立汉口，复增添南京支店。以上不足十年，除北京总店外，共立四处分支店，即四川成都、广东番禺、均在意想不久之设。此设均在东方张季衡君及幼麟君洞悉中。不意适值民国二十六年中日事变，七月八日卢沟桥起，首至十二月十三日南京陷落，又二十七年十月二十五日汉口陷落，只有北京平安过去，上海租界幸免炮火，两店均未遭逃避之虞，亦未有任何损失。尚勉维持，特本店全局复兼店中同人，心气不散，加以振奋精神，重新恢复南京及天津各分店，统复四号之旧观也。其各店营业及声望，有过于以前几倍焉。今仅将经过大致情形追补于后。

南京店自事变，全体同人四散逃跑，顾维敬、项芩为当时分支店经理，初欲固守不离，至兵临切近，竟因胆怯，抛弃两店而不顾，项逃汉口，顾逃六合，同人亦分而随之，两店全部货物，总计彼时钱币在十万之巨，全失一空。该事详载支店照片中。所幸者，全部人员均无恙，真是东伙之吉运也。迨到二十七年终，两店同人纷纷全来北京，顾维敬、项芩因主持不利，总店亦无法位值，即均行出号，为此暂告一段落也。南京、上海各股分人位事，项芩原在上海，因设南京支店，派升支店经理，此事变后，顾维敬、项芩、杨凤翔魏玉平等，均因不利而全行解散，分、支两店由此而结束也。

汉口店自事变陷落之前，全店人位及全部货物，迁至法租界避难，直至次年六月，因旧址保华街房屋被日商占去，当在附近阜昌街租一间门面二次复业。因货少，市面尚未平靖，故此生意寥寥。又因航路皆不便种种困难，至二十八年末，全部结束。所余之货完全总店售出，除一切路费外，只余五千有零，零款详载天津开幕账上。汉店经理刘福增、张荫松调北京，仍兼任副经理之职，其同人中亦有回归总店者，亦有自行他业者。汉口店亦暂告一段结束也。

南京复业事于二十七年梁鸿志委员长设立南京维持政府，系华中都市也。项芩尚有余志，仍欲追补前非，商谏于予。当即允许略筹货物少许，并一二人随之，作二次复业。于二十八年二月即开幕。之始初，仅获伙食而矣。迨至汪精卫主席还都之设，由此生意大见活跃，今仅四年之期，该店已经恢复事变前之旧观矣。项芩虽有前遗失之嫌，今二次恢复，诚为首功也，特此志之。

天津创设分店事，于三十年六月开幕，派张荫松为经理，原有汉口店货之资，北京总店又出款四万并为资本，兼以陆续供给货物等。初暂设法租界和栈内，后在法租界二十四号路，倒得杏花村饭店房，三十一年一月迁入新址。由此生意颇见活跃，迄今两年来，流水数目不弱南京、北京两店，惟限于房小地狭，容人摆物均感困难，中不时亦在寻觅堆房之际，以便推广。

中华民国三十三年四月十日，总账期后详注。前因各店事繁，营业无定，未能随时批录，今特补其遗，以作全店一段历史耳。

仁山谨识

老荣宝斋成功的秘诀

据《荣宝斋万金老账》记载，1898年荣宝斋的周转资金为3000两白银，到1927年，其流动资产已达50000两，为当初投入的16.7倍。此后，又在这基础上将其规模扩大四五倍。一个传统文化企业，在我国社会发生重大动荡和变革的半个世纪中，将其规模扩展了七八十倍，不能不说是个奇迹！所以能够如此，必然有其合理的、行之有效的内部机制。我们从《荣宝斋万金老账》中找到了答案。

一、任人惟贤的用人机制

荣宝斋的前身松竹斋经过二百多年的经营，走投无路，其主人求贤若渴，决定打破张氏家族自己经营的惯例，聘请外姓贤能人士庄虎臣来经理其事。

张氏家族中声望最高的张李氏在松竹斋大伙计牛俊臣的陪同下，带着贵重礼物到通州庄虎臣府上拜访，请他出山，颇有刘备顾诸葛草庐之意。他们打破当时商界东伙利润分成六比四的惯例，改为五比五，给庄氏以优厚的待遇；在经营管理上，规定东家无故则不准干预铺事，任凭执事调度。给予充分的信任，放手让他去干。

庄虎臣为了报答东家的知遇之恩，受命以后，着着实实地烧了三把火。第一把是设计了金蝉脱壳计，在东家的同意和配合下，秘密将松竹斋的主要资产转移出来，经过紧锣密鼓的筹备，以荣宝斋为铺号，在琉璃厂86号另起炉灶，摆脱了松竹斋的债务羁绊。第二把火是把他在荣禄堂印制《缙绅录》的拿手业务带到荣宝斋来。为了搞好这项业务，庄虎臣买了个“候选从九品”官衔，到乾清宫前面去抄录朝廷公布的官员任免榜。由于其材料来源可靠、及时，制作又讲究，所以荣宝斋印制的《缙绅录》成了京城大小官员的抢手货，他们的白银便哗哗地往荣宝斋流。第三把火是1896年为荣宝斋设“帖套作”。根据市场的需求，自主生产适销对路的产品，质量好，价格合理，很快受到客户的青睐，使收入陡增。

庄虎臣去世以后，由胡士吉代理了三年，不堪其任。1925年由王仁山接任。经过长期的考察，东家认为他“老成持重，万全可靠”“果敢有为、才堪大用”，聘任他为经理，一切待遇同庄虎臣一样。

王仁山一上任，就显示出他的精明，签订了与东家的约法：第一，你们张家的人及亲戚朋友和我王家的人及亲戚朋友，一律不许到荣宝斋来做事。从而摆脱了裙带关系，省却了许多管理中的棘手麻烦。第二，进一步健全各种规章制度，使企业的一切活动都有章可循，纳入轨道。第三，采取许多措施来提高店员的素质，培养管理人才。这些措施对企业的建设有重要的意义，不仅提高了服务质量，改善了企业的形象，培养了企业发展所需的人才。第四，进一步发扬“荣名为宝”的老传统，视信誉为企业的生命，狠抓商品质量。

荣宝斋在王仁山的治理下，很快恢复了元气。但好景不长，正当荣宝斋欣欣向荣的时候，1928年国民政府由北京迁往南京，严重影响了荣宝斋的生意。于是商得东家的同意，立即到南京进行市场调查和试销。结果证明，南京对传统文化用品有旺盛的需求。1929年2月在南京设立第一家荣宝斋分店，生意很火。接着，又先后在上海、洛阳、汉口、天津等地设立分店，十几年间，又把荣宝斋的规模扩大了四五倍。这是王仁山在职期间的大手笔。

庄虎臣使荣宝斋摆脱了松竹斋的困境，成为清末民初京城南纸行业中的佼佼者；王仁山则把荣宝斋的影响扩大到全国许多地方。应该说，他们是新中国成立前我国民族工商业中的卓越经营者，是优秀的企业家。东家任人唯贤，长期放手让他们去经营，是老荣宝斋成功最重要的原因。

二、激励机制

荣宝斋的激励机制有两种形式：第一种，是每年“讲官话”时对普通店员的“馈送”；第二种，是设人力股，分配给有能力、责任心强的店员。

何谓“讲官话”和“馈送”？就是每年正月十五以前，前一年的生意结账以后，由经理召集店员开会，对每个人过去一年的工作进行点评，然后当众发给一个红包，相当于我们现在的年终奖金。表现不好，不适于继续留下工作的，也在会上发给几个钱，宣布让他卷铺盖走人。这种“馈送”，十分了得。以1940年前后为例，学徒每月发一元钱，三年另一节出师以后，每月发二至三元工资，工作时间长、表现好，每月工资可拿到七至八元。而“馈送”少则二三百元，多则七八百元，为店员最高年薪的几倍到十倍。这种制度，激发大家必须好好干，才能保住饭碗，争取来年得到更多的“馈送”。

红利的分配，是最重要的利益分配。根据规定，每年的红利按二十股计算，东家分十股，经理分三股，设“财神股”（即提取备用金）二股，其余五股为“人力股”，“以备伙友中才能出众者，即为栽之”。即五个人力股由经理根据店员的表现进行分配，少则二厘（一股十厘），多则一股至一股半。据1939至1941年三年的统计，每个人力股每年分到4291元，等于店员最高年薪的四十多倍。具体怎么分配？当年庄虎臣有“伙友论功开分……均有掌柜名分”的规定，1926年王仁山与东家签订的合同也有“五个浮股（即人力股），均由铺长酌量分派”的规定。就是说，大家机会均等，店员只要有能耐、成绩好、德行佳，就可以分配给他人力股。一旦吃上了人力股，就成为“掌柜的”（也叫作“吃股掌柜”）。大掌柜（即经理）由东家聘任，其余的按人力股份额的大小，依次成为二掌柜、三掌柜、四掌柜不等。股份越大，收入越多，地位越高。人力股一般是相当稳定的，而且干得好还能逐步加增。但如果吃人力股以后自满、松劲，甚至有重大过失，则将被辞退，不仅人力股没有了，连饭碗也丢了。这种制度执行起来是十分严格的。这里举几个例子加以说明：

郭次久1898年吃人力股五厘。1900年载：“此君上账原定五厘，因守柜耐久，勤劳过人，东伙议定增加五厘，以奖有功”。1903年又增加五厘，共计一股半。直到1911年因与张仲儒一起受农工商部员外郎陆季良之骗，使荣宝斋损失1090两白银而被辞出号。

1938年载：“王起旺原股分五厘，自进店以来做事果敢有为，此账东伙议定添增三厘，共八厘”。

1940年载：“王起旺为八厘，再增四厘，其为一股二厘……甘瑞华、杨克恭、朱堃、李广仁各开股三厘”。

这种激励机制，极大地激发了职工热爱企业、积极向上的热情。他们感到，在这里干有奔头，只要能够吃苦，认真钻研业务，不断增长才干，努力工作，遵守店规，就有出头之日。一旦被分派了人力股，必须十分珍惜，要更加努力，才能保持长久。这种制度，保证了企业骨干队伍的稳定，培养了企业发展所需要的人才。20年代末到40年代在各地设分店所需的管理人员，都是这种机制培养出来的。

以上两种激励机制，使荣宝斋充满活力，这是老荣宝斋成功的又一重要原因。

三、保持企业发展后劲和预防风险的机制

为了达到这个目的，采取了如下措施：

（一）提取“固本金”

以1898年投入的周转金3000两白银作为“固本金”的基数，从每年的收入中提取“固本金”3000两以扩大再营业。1898至1929年一直这样做。1930年改以“元”为记账单位，“固本金”遂改为4000元。1938年又从当年的存货实价中提取58%，计50500元，名曰“提存厚成”，连同当年提取的4000元，共计54500元，作为“固本金”。以后每年按此数提取。1947年因通货急剧膨胀，“固

本金”改为6亿元，并注明以后以100件一等毛边纸之价值提取“固本金”。

（二）设“财神股”提取备用金

1898年有“立财神股两股，将来获有福利，以作护本之资”的记载。1911年又注解：“谨按生意之道，立有财神股份者，乃厚成之美称，一以备修理门面之费，一以备意外损失，免伤元气”。“财神股”就是预防风险，保障企业正常运营的备用金。“财神股”两股，占每年红利的10%，从当年的红利中提出，逐年积累。至1909年已累计3462.88两白银。1911年规定，“以后大账财神应分股利，永以3000金（即3000两白银）为定额。”即提足3000两白银就不再提了。但到1929年实际累计已达4998.19两白银。1932年决定以10000元永为定额。1938年将当年的“财神股”利，此前的累积，未分配的人力股及其他提留共计25500元作为公积金。至1946年公积金已达190506元，而“固本金”仍为54500元。可见此项以“财神股”为基础的公积金的作用，超过了“固本金”。

（三）存货折扣

从1898年起，所有盘存货品，按实价的八折计入当年核算，以后逐年加大折扣，1911年为四折，并注明：“按照落至三扣，以资长远之规为止”。即每100元库存，账面只记30元，其余70元不计入当年核算，实际成为企业的风险储备金。1916年盘存货品实价20720两白银，按三成计为6216两计入当年核算，其余七成14504两即成为风险储备金。1916年至1937年都这样做。1938年因不合所得税条例，才停止这种做法。

（四）欠外款和外欠款的处理

欠外款，即应付而未付的款，一律从当年的收入中扣除（或叫作预留）。外欠账，也就是赊账款，则从1898年至1937年一律豁免计入当年核算。1938年因不合所得税条例，才改为以半数计入当年核算。不计入核算，意味着外欠款何时收回、能收回多少，都成为销售以外的收入。以1925年为例，外欠款累计26700两白银，为当年销售额的54.8%，倘能收回一半，数量也相当可观。

以1916、1926两年为例，上述四项提留为同期销售额的97.4%和纯利的10.7倍。正是由于这么大的保险系数，使老荣宝斋在半个世纪中经受住各种风浪的冲击，而始终立于不败之地。

当然，我们现在的企业有各种法规可以遵循，不必要也不应该照搬这些做法。但是在旧中国，政府当局对企业没有统一法规的情况下，一个企业，尤其是传统文化企业，为了求生存、求发展，在实践中探索出这些避免风险，保障企业健康发展的做法，或许正是我国民族工商业在半封建半殖民地条件下所以能够生存和发展的依据。我们从中得到的启示是：企业切忌急功近利的短视行为，应着眼长远，在遵守国家法律法规的前提下，根据实际情况，探索保持企业后劲、防止和避免风险的办法，才能使企业健康发展。

荣宝斋历史的几个问题

荣宝斋的历史，尤其是它创号初期的情况，随着时间的推移，了解的人越来越少。虽然还有些传说，但有的传说并不准确。现根据《荣宝斋万金老账》（简称《万金老账》，下同）有关历史问题的记载整理如下。

一、荣宝斋的开设时间

《万金老账》对这个问题有几处直接或间接的记载。1911年载："张仲儒于吾号创业之年进号，时在光绪甲午。"又1926年东家张幼麟与王仁山订立的聘任合同中有"光绪甲午正月在琉璃厂中间路北开设荣宝斋南纸店一处"的记载。光绪甲午正月，即1894年2月6日至3月6日之间。1936年王仁山在《荣宝斋分店红单老账序》中又有"本号创始于前清光绪二十年"的记载。光绪二十年也正是1894年，这几处记载与口头传说是一致的，荣宝斋开设于1894年。

二、荣宝斋的东家

传说从康熙十一年（1672）松竹斋创始到1950年荣宝斋公私合营，松竹斋和荣宝斋的主人是张姓人氏。但根据《万金老账》记载，荣宝斋的东家并非一直都是张家。

光绪二十四年（1898）庄虎臣在《开设荣宝斋南纸缙绅铺万金

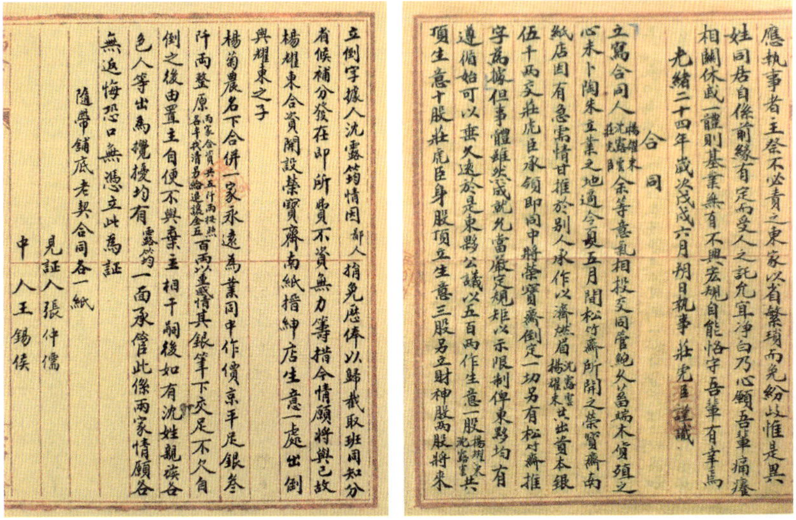

立倒字據人沈露筠情因鄙人捐免歷俸以歸截取班同知分
省候補分發在即所費不資無力籌措今情願將與已故
楊耀東合資開設榮寶齋南紙搢紳店生意一處出倒
與耀東之子
楊菊農名下合併一家永遠為業同中作價京平足銀叁
仟兩整原兩家合資共五仟兩按照各半我清另給退讓金五百兩以重感情其銀筆下交足不欠自
倒之後由置主自便不與棄主相干嗣後如有沈姓親族各
色人等出為攪擾均有露筠一面承管此係兩家情願各
無返悔恐口無憑立此為証
隨帶鋪底老契合同各一紙
見証人張仲儒
中人王錫侯

合同

立寫合同人楊耀東沈露雲莊虎臣余等意氣相投交同管鮑久蓄端木貨殖之
心未卜陶朱立業之地適今夏五月間松竹齋所開之榮寶齋南
紙店因有急需情甘推於別人承作以濟燃眉沈露雲楊耀東共出資本銀
伍千兩交莊虎臣承領即同中將榮寶齋倒定一切另有松竹齋推
字為據但事體雖然成就允當嚴定規矩以示限制俾東夥均有
遵循始可以垂久遠於是東夥公議以五百兩作生意一股楊耀東沈露雲共
項生意十股莊虎臣身股項立生意三股另立財神股兩股將來
應執事者主營不必責之東家以省繁瑣而免紛歧惟是異
姓同居自係前緣有定而受人之託允宜淨白乃心願吾輩痛癢
相關休戚一體則基業無有不興宏規自能恪守吾輩有幸焉
光緒二十四年歲次戊戌六月朔日執事莊虎臣謹識

庄虎臣同杨耀东、沈露云签订的合同

老账定规记》中写道：“只因沈、杨宅于光绪二十四年五月凭中出资壹万两，购买松竹斋之连号荣宝斋生意一处”；又载，光绪三十年（1904）二月十九日立倒字据沈露云亲笔：“情因鄙人捐免历俸……所费不资，无力筹措，今情愿将与已故杨耀东合资开设荣宝斋南纸缙绅店生意一处倒予杨耀东之子杨菊农名下，合并一家，永远为业。”又民国十一年（1922）三月的《铺底验照》中载“监督京师税务左右翼公署铺转移税处为发给验单事，据商人杨菊农呈报，曾经设立荣宝斋南纸店商号……应纳验费银伍元，现已如数收讫，合行发给验照为凭。”

以上几则记载说明：（一）荣宝斋是松竹斋主人张氏家族开设的。（二）1898年5月，荣宝斋东家张氏“因有急需”，以一万两白银的价格将荣宝斋卖给杨耀东、沈露云。（三）1900年沈露云又将其所占荣宝斋产权的份额卖给杨耀东之子杨菊农。至此，荣宝斋的东家唯杨菊农一人。（四）而1926年聘王仁山为经理时，与王仁山签订合同的又是原松竹斋主人张氏家庭的张幼麟。张家是何时从杨菊农手中将荣宝斋买回来的？《万金老账》没有记载，也没有其他资料可考。然1926至1950年，荣宝斋的东家又是张家，却是不争的事实。简单地说，荣宝斋的东家1894年至1898年是松竹斋的主人张氏家庭，1898年至1904年是杨耀东和沈露云，1904年至1922年是杨菊农，1926年至1950年又是原松竹斋主人张氏家庭。

三、松竹斋歇业的时间

传统的说法都认为，是松竹斋先歇业，然后才有荣宝斋。然而，《万金老账》的记载却明明白白地告诉我们：是松竹斋主人开设了荣宝斋，两者并存了一段时间，松竹斋才歇业。

1898年庄虎臣与杨耀东、沈露云订立的合同中有“松竹斋所开之荣宝斋南纸店，因有急需，情甘推于别人承作”和庄虎臣在《开设荣宝斋南纸缙绅铺万金老账定规记》中“只因沈、杨宅……置买松竹斋之连号荣宝斋生意一处”的记载，已经说明松竹斋从1894年开设荣宝斋到1898年出卖荣宝斋，松竹斋已与荣宝斋并存了四年。

光绪二十九年（1903）庄虎臣在两份呈文中分别提到“庚子乱前……松竹斋因亏累甚多，即闭门歇业”；“二十六年兵燹后，松竹斋闭门歇业。”光绪二十六年即庚子年，就是1900年。这两份呈文记录了一个历史事实：松竹斋因亏累甚多，于1900年八国联军攻占北京之际闭门歇业。1894年松竹斋主人开设了荣宝斋，1900年歇业，与荣宝斋并存了六年。这个事实说明，口头传说松竹斋歇业在先、荣宝斋开张在后，是一种误传。

这里必须指出，至今，荣宝斋在对外介绍其历史及荣宝斋内外所有涉及荣宝斋与松竹斋关系的文字中，都说是松竹斋“改名”或“更号”成为荣宝斋这种说法是不恰当的，是不符合历史事实的。

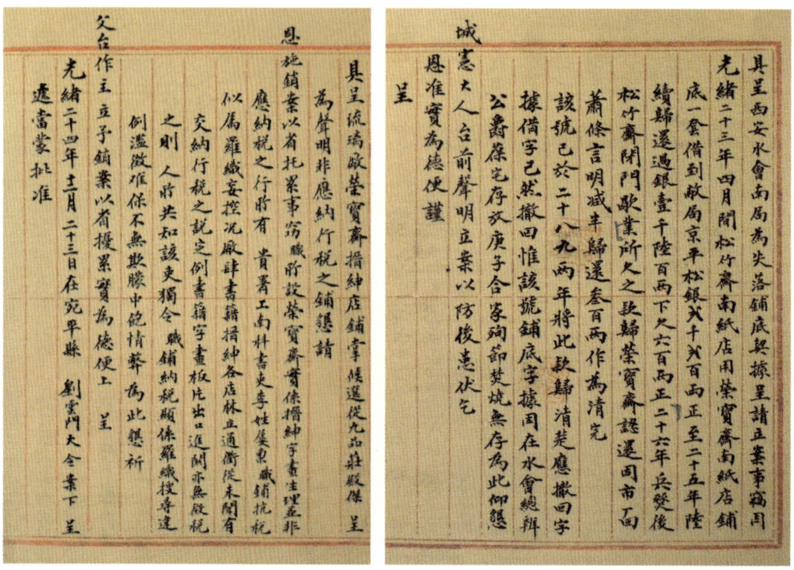
具呈琉璃廠榮寶齋搢紳店鋪掌 候選從九品莊[illegible] 呈
為聲明非應納行稅之鋪懇請
恩施銷案以省拖累事竊職所設榮寶齋實係搢紳字畫生理並非
應納稅之行所有 貴署工南科書吏李姓屢索職鋪抗稅
似屬羅織妄控況廠肆書籍搢紳各店林立通衢從未聞有
交納行稅之說定例書籍字畫板片出口進關亦無徵稅
之則 人所共知該吏獨令 職鋪納稅顯係羅織挾尋違
例濫徵難保不無欺朦中飽情弊為此懇祈
父台作主立予銷案以省擾累實為德便上 呈
光緒二十四年十二月二十三日在宛平縣 劉雲門大令案下 呈
遞當蒙批准

具呈西安水會南局為失落鋪底契據呈請立案事竊因
光緒二十三年四月間松竹齋南紙店用榮寶齋南紙店鋪
底一套借到敝局京平松銀貳千貳百兩正至二十五年陸
續歸還過銀壹千陸百兩下欠六百兩正二十六年兵燹後
松竹齋閉門歇業所欠之款歸榮寶齋認還因市面
蕭條言明減半歸還叁百兩作為清完
該號已於二十八九兩年將此款歸清楚應撤回字
據借字已然撤回惟該號鋪底字據同在水會總辦
公爵葆宅存放庚子合家殉節焚燒無存為此仰懇
城憲大人台前聲明立案以防後患伏乞
恩准實為德便謹
呈

庄虎臣的呈文

松竹斋主人于1894年秘密开设荣宝斋，虽然两者同属一个东家，却是两个不同的经济实体，况两者并存了六年，松竹斋关张以前就已经有了荣宝斋，不存在“改名”或“更号”的问题。

我们之所以说“荣宝斋的前身是松竹斋”，是因为两者同属一个主人，而且松竹斋关张时，荣宝斋已继承了松竹斋的全部业务与经营方式和经营作风，它们之间具有连续性。所以我们说，荣宝斋的历史应从松竹斋创业时算起，至今已有三百余年。

四、庄虎臣买官与任职

传说庄虎臣被聘为荣宝斋经理后，为了出版《缙绅录》，买了个官，每天早晨到宫里去抄录朝廷公布的官员任免榜，后来又到奉天（今辽宁省）去做了几年官。但他买的是什么头衔的官，何时去任职，却众说不一。陈重远先生在中央电视台录制的纪录片《百年传奇·荣宝斋》中说：“八国联军攻占北京时，许多店铺关门，店主逃离北京，而庄虎臣却留下来，因维持琉璃厂地面秩序有功，光绪皇帝赐给他个七品官。”实际情况是什么样的呢？我们也在《万金老账》中找到了答案。

光绪二十四年（1898）12月23日，庄虎臣为声明荣宝斋为“非应纳行税之铺”致有关部门的呈文中的署名是“琉璃厂荣宝斋缙绅店铺掌候选从九品庄殿杰”。殿杰是庄虎臣的名。这个记载直接澄清了三个问题：（一）庄虎臣的官衔是“候选从九品”，而不是七品或其他。（二）他的官衔不是1900年八国联军攻占北京之后得到的，而是1898年以前得到的。据此推断，应与他1896年设“帖套作”印《缙绅录》有关，可能是在这前后得到的。（三）庄虎臣既是1898年以前就得到了官衔，那么他因1900年八国联军占领北京时维持琉璃厂地面秩序有功，光绪皇帝赐给他官衔的理由不能成立，赐官之事也自然不存在。再说，一个商店的经理，如果真受到皇帝的封赐，是极大的荣耀，不可能不传下来，而荣宝斋内部，包括曾直接在庄虎臣手下学徒，1922年被庄氏提拔为“三掌柜”，后来成为荣宝斋第二任经理的王仁山，却没有任何这方面的传说。因此，传说的庄虎臣为了印《缙绅录》进宫抄录朝廷的官员任免榜而买了个官的说法，可能性更大一些。

光绪三十三年（1907）正月十六日，庄虎臣与杨菊农改立合同，其中说到："沈露云于光绪三十年（1904）因捐免历俸需款，甘愿将荣宝斋事业推与菊农，合并一家承作……是时虎臣虽服官奉省，领东之责仍然存在。渠于光绪三十二年终解组归来，复理铺务。"又查逐年在《万金老账》上签名的执事，1902年是庄虎臣，1903至1906年是张仲儒，1907年又是庄虎臣，与上述合同的记述相符。因此断定，庄虎臣是1903至1906年去奉天省做官的。

五、公私合营前荣宝斋历届经理

据《万金老账》的记载，1898至1948年荣宝斋历年的执事是：1898至1902年庄虎臣，1903至1906年张仲儒，1907至1922年庄虎臣，1923至1925年胡士吉（少棠），1926年至1948年王寿贤（仁山）。执事，就是铺事主掌，现在叫作经理。按合同规定，1903年至1906年庄虎臣"虽服官奉省，领东之责仍然存在"，他虽然不在荣宝斋，但仍是荣宝斋的经理。又查，这期间的"红利"分配表，庄每年仍吃人力股两股，与执事的张仲儒一样。因此，张仲儒虽在这期间主持铺务，却不是经理，应视为代理经理。

1894至1897年这四年谁是经理，从口头传说和几处间接的文字记载，可以断定是庄虎臣。口头传说一向说庄虎臣是在荣宝斋创始时出任经理，没有任何异议。几处间接的记载是：（一）1898年《开设荣宝斋南北纸缙绅铺万金老账》中说：杨耀东、沈露云合资买荣宝斋生意一处，"延交执事人庄虎臣承领，照常生理"。"延交执事人"和"照常生理"，可以理解为继续交给荣宝斋原来的执事人，继续经营，不要因为东家易人而影响正常的业务"。（二）1912年庄虎臣在记述辞李德铨出号的理由时有"自予于光绪戊戌重整铺事之年"的话。光绪戊戌，即1898年，"重整铺事"说明他1898年以前曾整过荣宝斋铺事。（三）1936年王仁山在《荣宝斋分单老账序》中说："本号创始于前清光绪二十年，历经庄公数十年的经营，费尽心血。”这里没有说在庄虎臣之前有别人当过荣宝斋的经理，而从荣宝斋创始之时起就是庄虎臣在经营。

又1926年东家张幼麟与王仁山签订的聘任合同中有“因前铺长年老疾疼，随委本号之徒胡少堂（士吉）代为三载，不堪其任”的记载，胡虽执事三年，也仅是代理，而非正式的铺长。因此，结论应该是：荣宝斋的第一任经理是庄虎臣（1894至1922年），第二任经理是王仁山（1926至1950年）。

六、老荣宝斋所在地和房屋规模

民国十一年（1922）三月监督京师税务左右翼公署铺底转移税处发给杨菊农的铺底验照批文称：“荣宝斋南纸店商号，座落在右一区琉璃厂街厂甸西路北，门牌八十六号”。荣宝斋因以其铺底契据抵押，在西安水会南局为松竹斋借款，在火灾中被毁，庄虎臣于1903年5月在致该局求其代为呈请五城立案总公所为荣宝斋被毁铺底契据立案的呈文中，开列了应补立铺底契据的清单：鸿文堂倒契壹套，话兰室倒契壹套，韵古斋倒契壹套，尚古斋倒契壹套，荣宝斋置契壹套。门面五间，勾连搭前房连门面共十五间。地基前后通长贰拾丈贰尺，东西足五丈。另据荣宝斋老职工、木版水印技师田永庆称，他自1933年来荣宝斋至1950年公私合营，荣宝斋的所在地点和房屋没有什么变化，即在现在荣宝斋营业部的所在地琉璃厂西街门路北，旧门牌86号。此外，井院胡同2号（现在荣宝斋大厦）的“帖套作”有十几间房子，是租赁的。

综上所述，老荣宝斋的位置在现在琉璃厂西街路北中间靠东，即现在荣宝斋东斋的营业部，旧门牌86号，自有房屋十五间，占地一千二百二十一平方米，另有租赁作坊用的房子十多间。

七、经营规模和经营状况

1894年荣宝斋创号时，投资规模有多大已无所查考，而1898年杨耀东、沈露云购买荣宝斋交给庄虎臣经营时，却有明确的记载：

“光绪二十四年五月凭中出资壹万两，置买松竹斋之连号荣宝斋生意一处，货底另行核实，用银叁仟两，铺底家倨（家具）作银贰仟两，即以此五仟两之资作为成本，同中立有合同，交执事人庄虎臣承领，照常生理。”亦即固定资产2000两白银，周转资金3000两白银。

1898年至1902年，五年间的年均销售额为14972两白银，年均纯利润1080两；1923年至1927年年均销售额为43557两白银，年均纯利4932两。后者分别为前者的2.9倍和4.57倍，纯利率也为前者的1.57倍。1927年，荣宝斋的流动资产达50000两白银，为1898年投入周转资金的16.7倍。

从1928年起，改以“元”为记账单位。由于币值变化无常，从数字上已不能反映企业的经营状况。但从荣宝斋各地分店的先后建立，及其与北京总店的营业额、利润的比较，仍然可看出这家企业从1928年到1948年的规模和发展情况。

1929年，荣宝斋在南京延龄路开设第一家分店，1931年在上海设分店，1932年在洛阳设分店，1934年在汉口设分店，1936年又在南京太平路设南京分店的支店，1941年在天津设分店，同年还在北京琉璃厂东街225号与人合资开设修竹斋南纸店（后迁南京）。虽然各分店存续的时间参差不齐，但营业场所由一处扩展到几处，最多时同时存在五处，而且南京、上海、天津三处分店和修竹斋一直延续到全国解放。这是很大的发展。南京分店和上海分店许多年份的销售额，都比北京总店多。1934至1947年南京分店的总销售额为北京总店的1.34倍，上海分店为北京总店的1.65倍。这期间，各分店销售量的和为北京总店的3.6倍，利润为北京总店的4.13倍。由于币值的变化，北京总店本身在这期间有多大的发展难以从销售额和利润上加以判断。但据记载，总店原有的场所和人员都不足以适应业务的需要，说明总店本身也有相当程度的发展。因此，20世纪40年代末荣宝斋的总体规模应是20世纪20年代末荣宝斋规模的4.6倍或5.3倍以上。

荣宝斋的牌匾文化

我国的匾额文化，历史古远。周文王建台礼天，榜名曰“灵台”，为匾额之雏形。秦始皇统一中国，匾额被作为一项重要的国家制度予以颁布施行。《会稽石刻》：“秦圣临朝，始定刑名，显陈旧章。”“显陈旧章”确立了真正意义上的匾额的地位及其在政治文化生活中的作用。到了唐代，由于里坊制度被废除和商业的发展，百姓可临街设店做生意，挂出匾额，以招来顾客。宋元而下，匾额形式日多，为用愈宏。

匾额是我国传统文化的组成部分。它以书法意蕴，词章文采，雕刻艺术，表达制匾者或直白明正，或威严肃穆，或温柔敦厚，或隽逸深远之意向，达到或告白，或警示，或励志，或幽赏的目的。匾额被应用于殿宇厅堂，名刹寺观，书斋雅室，建筑园林，商家艺苑等场所。总之，匾额形式多样，意态无穷，用途广泛，极大的丰富着人们的生活。

初始，匾与额是有区别的：横为匾，竖曰额。但后来在实际应用中，习惯于把两者联起来，叫作匾额。近代以来，由于商业的发达又出现了“招牌”一词，多用于机构、商家名称，往往有以单字称之为“牌”，如×××单位挂牌。牌与匾常常联用，称为牌匾。但招牌与匾额是有区别的。现代词书注释：招牌，是商家、医家和艺人挂在门前标明名号与经营内容的牌子，形式不拘，可方可长，可横可竖。（笔者认为，标明党政机构、事业单位等名称的牌子，也应归入招牌一类。）匾额则是题有作为标记或寓意文字的长方形横牌，简称“匾”。为斋室厅堂、庙宇楼阁、园林亭榭等所挂的

郭沫若题“荣宝斋”

匾。匾额言简意赅，一两字或数字，即闪烁着作者的智慧之光，优美隽永，耐人寻味。

一个企业，尤其是历史悠久的文化企业的牌匾，是企业文化的重要内容。它们既是企业的历史见证，也是企业与文化名人关系的见证。我们还可以通过这些牌匾鉴赏不同时期、不同流派的书法艺术。

荣宝斋的牌匾资源十分丰富，既有标明商家名号“荣宝斋”的招牌，更有许多不同时期的政治家、文化名人、艺术家题写的文化匾额。

据《琉璃厂小志》记载，荣宝斋的前身松竹斋的牌匾“松竹斋”是梁诗正（1697至1763）题的。梁诗正是著名诗人，雍正时期进士，历任乾隆户部、兵部、工部、吏部尚书和东阁大学士，乾隆的重要文稿多出其手，得其书匾实属不凡。

“松竹斋”三字反映了店主的身世，也承载着他的寄托。松竹斋主人原是明朝官员，“恶食清禄”——厌恶在清朝做官拿俸禄，用在明朝做官时积攒的奉银，在琉璃厂开了这家南纸店赖以营生，取名“松竹斋”。为什么叫松竹斋？因为店主张氏原籍浙江绍兴，他喜欢家乡盛产的竹子。竹子生命力强，用途广，且有直节虚心的品格。后来在北方做官，经常接触松树，又喜欢松树斗霜傲雪的性格。他希望自己买卖有竹子那样旺盛的生命力和松树经霜傲雪不怕困难的能力，所以取名“松竹斋”。历史究竟没有辜负松竹斋第一代主人的厚望，这家南纸店从1672年到1900年，经历了康熙、雍

齐白石题“荣宝斋”

正、乾隆、嘉庆、道光、咸丰、同治、光绪八朝，共计228年，成为琉璃厂南纸店中的“巨擘”。

荣宝斋则是松竹斋浴火重生的产物。世界上的事物总是有兴有衰的。松竹斋在清代的鼎盛时期乾隆年间是琉璃厂南纸店的“巨擘”，到19世纪末光绪年间，由于经营不善，已负债累累，濒临倒闭。为了使这份200多年的祖业不至于沉沦，1894年松竹斋主人秘密开设了荣宝斋。1900年松竹斋关张，荣宝斋继承了它的全部业务。

荣宝斋这个既文雅又吉祥的店名有何寓意？取“以文会友，荣名为宝”之意。即以传统文化为媒，广交朋友；注重商品和服务质量，视信誉为企业的生命。这是这家文化企业的宗旨和方针。

相传荣宝斋的第一块招牌匾“荣宝斋”是光绪皇帝的师傅、后任户部尚书和军机大臣的翁同龢题的，他也是著名的书法家。以他的地位和他在文化界的影响，这块匾对刚刚浴火重生的荣宝斋，是至关重要的。

现在还挂在荣宝斋西斋上面的“荣宝斋”匾，是同治状元，光绪工部、吏部尚书和政务大臣陆润庠题的。除了主匾“荣宝斋”，还写了“雕文”“锦缛”“凝光”“蟠采”四块配匾，都是溢美之词。雕文：是以彩绘花纹寓优美之意。锦缛：当不是直说用锦做的褥子，而是引喻这里的商品花色品种多，质量好。凝光：出自南北朝齐高帝萧道成造“凝光纸”之典。蟠，遍及、充满之意；采，即文采；蟠采：谓这里纸墨飘香，处处充满传统文化的气息。陆润庠题匾的字端庄凝重，秀雅挺拔，为人们所赞赏。

中华人民共和国成立前，为荣宝斋题匾的还有潘龄皋（1941）、溥儒（1946）、溥雪斋（1946）、张伯英（1946）等文化名人，分别题“荣宝斋书画南纸店”。

1950年荣宝斋公私合营时，徐悲鸿、郭沫若分别为其题新匾“荣宝斋新记”，以区别于私营的荣宝斋。1952年底，荣宝斋改为国营企业，把这两块匾中的“新记”二字去掉，恢复荣宝斋的本名。

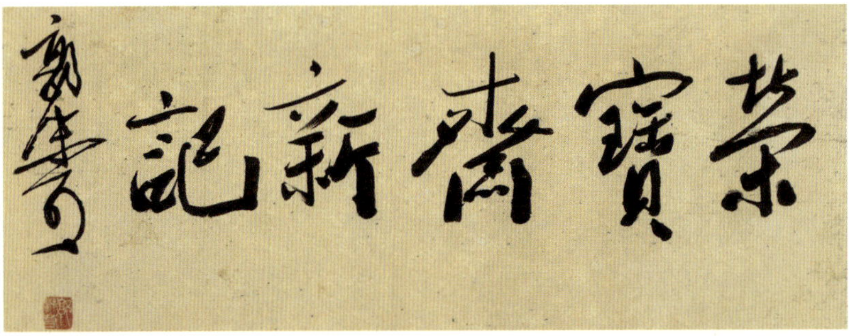

郭沫若题“荣宝斋新记”

徐悲鸿、郭沫若所题的匾，标志着荣宝斋发生了质的变化，由私营企业变成国有企业，进入一个新的历史时期。因此，它的经营方针也随之发生了根本性的变化：以前的一切活动都以营利为目的，现在则以弘扬传统文化为己任，把社会效益放在第一位。事实上，荣宝斋成为国营企业后，在相当长的时期内，成为一个团结书画家和文化界人士，繁荣书画艺术，并兼有某些研究职能的全国性文化机构。郭老那潇洒的、典型的“郭体”“荣宝斋”三个字，更成为荣宝斋的标识，注册为商标。“郭体”“荣宝斋”匾，既体现了荣宝斋经营高档书画艺术的特点，又借助这位文化巨人的声望，扩大了荣宝斋的影响。郭老还题了另一“荣宝斋”匾。

以店名“荣宝斋”题匾的还有国画艺术大师齐白石，原全国人大副委员长、原民盟中央主席沈钧儒，原全国政协副主席、中国佛协主席、著名词学家和书法家赵朴初，中国美术家协会原主席、著名画家吴作人，著名书法家沙孟海等。

其他匾，有郭沫若题的“百花齐放”“推陈出新”“含英咀华”“巧夺天工”。前两块是反映党的文艺方针，也有赞许荣宝斋努力贯彻这个方针之意；后两块则纯系对荣宝斋的赞美。因为担心职工产生自满情绪，也考虑到在外界看来或者有不谦之虞，所以“巧夺天工”未制成匾。

原中央人民政府副主席、民革中央主席李济深题有“藻绘流辉”匾。藻绘：直意谓华丽的色彩，优美的文辞，或美丽的描绘。“藻绘流辉”隐喻这里百家争艳的书画艺术和高档的文房用品。

赵朴初题的“翰墨缘”匾，赞扬荣宝斋“以文会友”，广交朋友的方略。

还有齐白石题的“发扬民族文化”，原全国人大副委员长、著名国画家何香凝题的“爱国”“百花齐放”，国务院原副总理方毅题的“政通人和”，著名书画家董寿平题的“艺苑珠林”，著名书画家朱屺瞻题的“宝翰凝香”，著名学者、著名书画家启功题的“艺海腾辉”“照古腾今”等匾。

看过这些牌匾，无疑可以约略知道荣宝斋的历史，领会这些匾的作者的书法艺术的风采和他们的文化修养，见证荣宝斋与文化名人的关系的渊源。

鲁迅是否到荣宝斋洽谈过出版事宜

鲁迅、郑振铎先生1933年和1934年先后委托荣宝斋出版《北平笺谱》和重刻《十竹斋笺谱》，这是世人皆知的事。然而，鲁迅是否亲自到荣宝斋洽谈过此事，则说法不一，至今仍是个谜。

人民文学出版社1961年出版的《鲁迅日记》记录了鲁迅先生从1912年5月5日来京的第一天到1936年10月18日先生逝世的前一天，前后二十四年（1922年日记丢失除外）的活动。日记记载：先生1912年5月来京，1926年离京迁沪，居京十四年有余。迁沪后至1936年8月去世，中间又到北京来过两次。第一次是1929年5月15日至6月3日；第二次是1932年11月13日至28日。这两次都在出版《北平笺谱》和重刻《十竹斋笺谱》之前。日记中没有先生到荣宝斋联系出版事宜的任何记载。

1933年2月5日，鲁迅在给郑振铎的信中说："去年冬回北平，在留黎厂（琉璃厂）得了一点笺纸，觉得画家与刻印之法，已比《文美斋笺谱》时代更佳，譬如陈师曾、齐白石所作诸笺，其刻法已在日本木刻专家之上，但此事恐怕不久也将消沉了。因思倘有人自备佳纸，向各纸铺择优（对于各派）各印数十至一百幅，纸为书页形，彩色亦须更加浓重，加上序目，订成一书，或先约同人，或成后售之好事，实不独为文房清玩，亦中国木刻史上之一大纪念耳。不知先生有意于此否？因在地域上实为最便。且孙伯恒先生当能相助也。"

1936年10月25日，郑振铎在悼念鲁迅的《永远的温情》一文中追忆："那一年寒冬的时候，我回到上海，到他寓所里时，他便和我谈起北平的收获，‘木刻画如今是末路了，但还保存在笺纸上。不过，也难说，保全得不会久的。’他深思的道。他搬出不少的彩色笺纸来给我看，都是在北平所购得的。‘要有人把一家家南纸店所出的笺纸，搜罗一下，用好纸刷印几十部，作为笺谱，倒是一件好事。’他说道。过了一会，他又道：‘这要住在北平的人方能做事。我在这里不能做这事。’我心里很跃动，正想说‘那么，我来做吧’，而他慢吞吞的续说道‘你倒可以做，要是费些工作，倒是可以做。’我立刻就将这责任担负了下来，但说明搜集而得的笺纸，由他负责选择，我相信他的选择要比我高明得多。此后我一包一包的将购得的笺样送到上海，经他选择后，在一包一包的寄回。”

1947年11月，郑振铎又在他写的《鲁迅与中国古版画》文中说：“笺纸选定后，便由我到各家南纸铺里接洽印刷的事。”

以上是出版《北平笺谱》的有关记述。关于重刻《十竹斋笺谱》的经过，郑振铎在《永远的温情》中写道：“有一次，我到上海来，带回了亡友王孝慈先生所藏的《十竹斋笺谱》四册，顺便的送到他家里给他看。‘这部书似也不妨翻刻一下。’我提议道。那时，我为《北平笺谱》的成功所鼓励，勇气有余。‘好的，好的，不过要赶快做。’他道。”

《鲁迅日记》1934年1月22日载：“晚，西谛至，自北平。”与郑文相吻合。郑振铎在《十竹斋笺谱跋》中说：“右《十竹斋笺谱》四册，重镌之工始于民国二十三年末，告成于三十年夏六月，初，鲁迅先生与余既辑印《北平笺谱》，余曰：‘尝于马隅卿许见王孝慈所藏胡日从《十竹斋笺谱》，乃我国木刻之精华，继此重镌，庶易流传，北平印工当能愉快胜任。’鲁迅先生力促其成。余北归，乃毅然托赵斐云先生假得孝慈藏本，付荣宝斋复印然。”

以上引文昭示：《北平笺谱》的辑印，是鲁迅提倡，郑振铎负责搜集笺样；《十竹斋笺谱》的重刻，是郑振铎提议、鲁迅赞成的。这两部书的出版和重刻，都是郑振铎来荣宝斋接洽，而编辑、设计、纸张的选择等工作，是鲁迅、郑振铎先生在书信往来中完成的。鲁迅没有到荣宝斋来接洽过出版事宜。

热爱传统艺术是荣宝斋企业文化的特色

读完米景扬先生《荣宝瑰梦》一书，强烈地感受到荣宝斋的企业文化。书中记述作者从接触荣宝斋、了解荣宝斋、喜爱荣宝斋，到投身荣宝斋，逐步成为荣宝斋的业务骨干和领导干部，直到退休，四十多年在荣宝斋亲身经历的所见所闻和感受、心得，十分真实、亲切，很有感染力。

米先生出身于北京一个经营玉器的家庭，从小受到传统艺术的熏陶。但决定他的人生道路，使他通晓我国传统的书画、篆刻、木版水印艺术及其相关知识，成为荣宝斋的专家和有影响的画家、鉴赏家、收藏家的，是荣宝斋的文化氛围，是荣宝斋的企业文化。正如他在该书《引言》中所说："在荣宝斋这座艺术殿堂里，我长期受到民族艺术的浸染——琳琅满目的书画艺术品与有着丰富的艺术品收藏的荣宝斋，像是一座永不关闭的艺术博物馆，使我汲取了民族文化的丰富营养，许多身怀绝技的老技师和同事，以及我所接触的无数名家大师，是不收我学费的指导老师，使我学到了许多在别处学不到的宝贵知识。"

荣宝斋的许多人，也是在这样的文化氛围和企业文化的熏陶下，自强不息，努力学习，并在实践中锤炼成才的。

企业文化，是指企业在经营实践中形成的、为全体职工所认同的价值观、经营理念、企业精神、道德规范、发展目标的总和。企业文化是企业的一种凝聚力，它鼓舞和激励职工热爱企业，使他们的心紧紧和企业相连，把他们的热情和智慧融汇于企业中，为实现企业的目标而奋斗。

每个企业都有自己的企业文化，而且各有特色。

荣宝斋在长期的经营实践中形成了丰富的企业文化，如“以文会友，荣名为宝”的经营理念，诚实守信的经营作风，忠于职守、不断进取、精益求精的敬业精神，遵纪守法和社会公德的道德观念，活泼多彩的职工文娱活动等。其中最重要的和最有特色的企业文化，是管理者和职工对我国传统文化的价值的认同，对传统文化的热爱、追求与献身。荣宝斋深厚的传统文化积淀及其在弘扬传统文化方面的作用，使职工热爱企业，并产生对企业和社会的责任心与使命感，为自己是荣宝斋的一员而骄傲，愿与企业同呼吸、共命运，为实现企业的目标和自己的人生价值而奋斗。

国画、书法、篆刻及与之相关的木版水印、装裱、文房四宝等，是我国传统文化的重要组成部分和重要的艺术形式。它们陶冶着一代代的文人学士，丰富了人民的文化生活和精神生活，同其他传统艺术一起，鼓舞着人民，推动我们这个国家和民族不断进步、向前发展。国画、书法、篆刻，又是最具民族特色的艺术，有丰富的文化内涵，在世界上独树一帜，是中华民族的骄傲。

荣宝斋经营这些传统文化，把为人们提供了解、欣赏、借鉴和创作书画、篆刻艺术的方便作为己任。中华人民共和国成立后，国家更赋予它团结书画家和文化名人，为书画家和书画爱好者提供服务、繁荣书画艺术的使命。

为了实践对社会的承诺，荣宝斋的管理者历来都很重视职工素质的提高，鼓励他们努力学习文化和业务知识，提高服务技能，为他们提供学习条件和方便，还请书画家和美术史论家来讲书画知识和美术史。

这里荟萃了古今名人书画作品于一堂，是一个永不闭馆的书画艺术博物馆，是一个书画艺术的世界，任你观摩、欣赏、学习和借鉴；解放后更收藏了丰富的书画和文房四宝精品，经常举办藏品展览，可以进行深入的研究。

这里的每一项业务，诸如木版水印、书画装裱、古画临摹、文房四宝，都有悠久的历史、丰富的内涵和精良的技艺，为你提供了解、学习和掌握它们的条件。

这里聚集了许多专门人才，有画家、书法篆刻家、古画临摹专家、木版水印和装裱专家，你可以随时向他们学习、请教，得到他们的指点。

这里又是书画家和文化名人经常聚首之处。他们在这里或聊天品茗，交流心得体会；或即兴挥毫，切磋技艺。你可以直观地、具象地领略他们的创作技巧，从他们的言谈话语中感悟书画艺术的真谛。

启功先生说得好：“如果说书店是我的‘开架图书馆’，那么荣宝斋便是我的‘艺术博物馆’。我从它的墙壁上学到多少有关书画方面的知识和技能，又在它的座位间见到多少前辈名家，听到他们多少教导和鼓励。”

文物古玩行里有句很有哲理的话：处处留心皆学问。荣宝斋亦然。学问，学问，就是要学，要问。这里不像学校，有专职的老师给你讲课；但这里也有很多老师，包括同事、同行、书画家、顾客、书画艺术品、书本等等。能否成才，前提是你是否有成才的愿望。你有学好本事，在这一行里干一番事业的志向，就必须处处留心，多看、多听、多问、多想、多记，广泛涉猎，不懂就问，凡事问个究竟，有心得体会，就及时记下来。积少成多，集腋成裘，久而久之，必有所成。

这里纸墨飘香，到处充溢着传统文化的气息，置身其中，是莫大的幸运！职工们热爱传统文化艺术，热爱荣宝斋，热爱自己的工作，为肩负传承传统文化的重任感自豪，更感到责任之重大，必须奋发图强，充分利用这里的好条件、好环境，提高自己的文化素质和业务水平，才能不辱使命，不枉在荣宝斋工作过。

有道是，能把个人的爱好与工作结合起来，是人生最大的幸福。荣宝斋正是为在这里工作，又热爱传统艺术的人们，造就这么一个实现梦想的绝佳环境。在这个艺术世界里，天高任鸟飞，海阔凭鱼跃；你可以尽情享受艺术，根据个人的兴趣与爱好，选择某项艺术或技艺，或与之相关的业务，进行学习、研究、深造；你可以大展鸿图，充分发挥聪明才智。荣宝斋值得你为之献身。这不仅关系个人的前途与发展，而且是事业的需要，工作的要求。虽然每个人都有自己的具体业务，你的爱好不一定与你的工作完全一致，但从广义讲，与荣宝斋经营业务相关的知识都是荣宝斋人的职业知识，无论你从事何种具体业务，掌握这些基本知识和技能，都是做好工作所必需的。学习和掌握这些知识和技能，不但可以提高个人的文化素质和工作能力，更是个人对企业和社会的一种责任。

近朱者赤，近墨者黑。荣宝斋的这种企业文化，是一种无形的力量，是杜甫诗中说的“润物细无声”。处身于这种文化氛围中，不管你是否有意识，都会受到熏染。百余年来，在这里工作的人耳濡目染，每个人都能学到许多知识，具备某些特长；有些人到荣宝斋工作时已有某种技能，这里的环境和工作实践，如虎添翼，使其专长得到提高和升华。总之在这里工作的人，通过长期的陶冶和锻炼，涌现了许多人才，成为本行业的行家里手，有的人甚至在社会上也有一定的影响。他们精通业务，工作能力强，拿得起，放得下，无论做什么事，都能出色完成任务。正是这些精英，使荣宝斋得以生存和发展壮大，成为本行业的强者。

这些人才的突出代表有：

第一任经理庄虎臣（详见本书历史篇《老店新辉》一文）

第二任经理王仁山（详见本书历史篇《老店新辉》一文）

20世纪三四十年代，荣宝斋在全国各地办分店，所需的管理人才都是自己培养和在实践中锻炼出来的，他们个个拿得起、放得下，是各地分店成功的重要因素。他们中的突出代表，是上海分店经理梁子衡。他熟悉书画家的风格和性格、习惯，深谙书画鉴定业务，同书画家与收藏家有广泛的联系，又善于处理同各方面的关系。他主管的上海分店，是最成功的分店之一。

公私合营后第一任经理侯恺（详见本书历史篇《老店新辉》一文）

董寿平（详见本书荣宝斋与文化名人篇）

许麟庐　著名画家，齐白石的弟子。但不囿于老师的风格，涉猎古今多流派绘画和其他艺术，将传统绘画与民间艺术、京剧艺术熔于一炉，独创一格。他原自开和平画店，后并入荣宝斋东城门市部，并主持东城门市部工作，使其成为荣宝斋另一处“书画家之家”，在团结书画家方面做了许多工作。他擅长鉴定书画，曾到苏州、镇江、合肥等南方地区收购文物，为荣宝斋的艺术品收藏做出了重要的贡献。

王宗光（详见本书技艺篇木版水印部分）

孙树梅（详见本书技艺篇木版水印部分）

王大山（详见本书鉴定与收藏篇）

徐之谦（详见本书技艺篇篆刻部分）

冯忠莲（详见本书技艺篇古画临摹部分）

陈林斋（详见本书技艺篇木版水印部分）

张延洲（详见本书技艺篇木版水印部分）

孙连旺（详见本书技艺篇木版水印部分）

田永庆（详见本书技艺篇木版水印部分）

张贵桐（详见本书技艺篇书画装裱部分）

王家瑞（详见本书技艺篇书画装裱部分）

米景扬　由名画家汪慎生、董寿平推荐来荣宝斋，从事木版水印勾描、编辑、设计和古画临摹工作。勤奋上进，广学博采，通晓荣宝斋的各项业务，颇精书画鉴定。学习花鸟画，自成一家，代表作有《放鹤》《双清》《秋韵》等，出版过专集。曾在日本、美国、（中国）香港、台湾办个展。担任荣宝斋副总经理期间，在对外文化交流方面，有突出的贡献。是中国美术家协会会员，国家二级美术师。曾任文化部文化市场发展中心艺术评估委员会委员。退休后出版了《荣宝瑰梦》一书。

孙日晓　先为木版水印刻版技工，擅长刻山水画的皴法等复杂画面。后从事经营管理，先后任荣宝斋副经理、荣宝斋（香港）有限公司副经理。自学山水画，师从著名画家宋文治。画风浑厚华滋，意蕴古旷，尤以自创的“日晓云”独树一帜。代表作有《黄山烟云》《漓江晓雾》《江南景色》等，曾在内地、香港及新加坡、日本、加拿大等地区和国家办个展。出版过多本绘画专集。是中国美术家协会会员。

冯鹏生（详见本书技艺篇书画装裱部分）

王玉良（详见本书技艺篇木版水印部分）

熊伯齐（详见本书技艺篇篆刻部分）

郜宗远　1992年调任荣宝斋总经理，后兼任中国美术出版总社社长。中国美术家协会会员、理事。他在履行职责的同时，自己的绘画艺术也在这个环境中得到扩展和升华。他原来是画油画的，到荣宝斋后广泛接触国画名家，受到国画艺术的熏陶，开始研习中国画，先后师从著名画家宋文治、孙其峰，逐步形成个人的风格，成为较有影响的国画家。作品多次在国内外展览，作品《峡江放舟》《瀑》被中国美术馆收藏，部分作品被日本、美国等多个国家和地区博物馆以及收藏家所收藏。出版过《郜宗远水墨作品集》等。

马五一　荣宝斋原总经理、北京老字号协会副会长、中国工商联合会中华老字号工作委员会副主任、全国三八红旗手、全国劳动模范，是一个有作为、有魄力，勇于开拓，与时俱进的传统文化企业管理者。有三百多年历史的传统文化企业荣宝斋，面对剧烈竞争的文化市场、蓬勃发展的文化创意产业潮和日新月异的信息时代，是墨守成规，还是迎难而上？她率领领导班子选择后者。她任职期间，不但书画、文房用品、木版水印、装裱等传统业务和出版事业得到继承和发展，而且开拓了典当、高仿印刷、电子出版、网络文化商务平台、高端精品印刷等新领域，使荣宝斋实现了企业规模、硬件水准、盈利水平三个历史性跨越，并规划了顺义区和天津蓟县的文化创意产业基地，正在准备上市，使荣宝斋朝着做大做强、成为传统文化行业龙头的目标发展。

王铁全　人民美术出版社和荣宝斋出版社原总编辑、荣宝斋常务副总经理，是有杰出才能的文化企业管理者和著名书画家。他策划组织出版的《荣宝斋画谱》100册，荣获“中国图书奖”，他主持出版的《中国书法全集》是对我国书法艺术的重大贡献。由于他在美术出版方面的才能和贡献，被新闻出版总署列为“出版界领军人物”，曾获“第四届全国百佳出版工作者”称号，是中国编辑协会理事。他在荣宝斋这个环境中广泛接触当代画家，潜心研究历代优秀绘画，吸取营养，执着于山水画创作；继承传统技法，融入真情实感，独创淡泊宁静的画风，成为有影响的画家。是中国美术家协会理事，中国书法家协会会员，炎黄艺术馆艺委会委员，文化部文化市场发展中心艺术委员会委员。

雷振芳（详见本书鉴定与收藏篇）

萨本介　美术师，是在荣宝斋成长起来的书画鉴定工作者。他勤奋好学，广泛涉猎，熟悉中国书法和绘画史，熟悉历代书画家的风格，热爱民间艺术，有较高的艺术修养和书法造诣。曾在英国大英博物馆办过个人书法作品展。他得到老一辈鉴定家的指点，并在同书画家的交往中得到启示，结合实践，不断积累知识，总结经验，逐步通晓书画鉴定，成为荣宝斋书画鉴定业务的骨干。他对齐白石艺术的研究颇有建树，尤其对他晚年的绘画有独到的见解，出版过评述老人晚年作品的《最后的辉煌》及其他文集。

袁　良　文房四宝专家。北京市宣武区高技能人才。他负责荣宝斋传统文化用品的经营工作，对文房四宝有深入的了解，在实践中练就了一双识别笔、墨、纸、砚、印材、印泥等传统文房四宝用的质量和价值高下与真伪的慧眼，积累了丰富的经验，开发了许多荣宝斋定制、监制的品牌商品，确保了荣宝斋老字号的荣誉。他确认了内蒙古巴林石（印材）的价值，以荣宝斋为窗口进行推销，使其得到广泛的认同，成为我国印材的重要品种之一。他还参加过制定宣纸行业标准等活动，在业界有一定的影响。

崇德福　1971年到荣宝斋从事木版水印画的刻版工作，至2011年艺龄达40年，为木版水印高级刻版技师。荣宝斋木版水印刻版工序第五代传人，国家级非物质文化遗产代表性传承人。

肖　刚　1978 年到荣宝斋，从事木版水印的勾描、编辑工作，为国家三级美术师。2009 年被评为“北京市商业技能服务小能手”。

刘宝祥　至2011年，已从事木版水印印刷技艺32年。为荣宝斋木版水印印刷工序的首席技师，被授予“中国文房四宝木版水印艺术大师”称号。

高文英　1974年在荣宝斋从事木版水印工作。2009年被评为国家级非物质文化遗产项目木版水印传承人。

赵慧萍　1984年到荣宝斋，从事木版水印印刷技艺。2008年被评为北京市非物质文化遗产项目木版水印代表性传承人。

王丽菊　至2001年已从事木版水印工作33年。为荣宝斋木版水印印刷工序第五代传人，国家级非物质文化遗产代表性传承人，并设立了王丽菊木版水印工作室。

蒋福顺　在荣宝斋从事中国书画装裱修复工作37年，为高级装裱技师，具有丰富的经验。2009年被《中国文房四宝》杂志授予“字画装裱艺术大师”称号。

王辛敬　在荣宝斋从事书画装裱修复工作几十年。2009年被《中国文房四宝》杂志授予“字画装裱艺术大师”称号，为高级装裱技师，国家级非物质文化遗产书画装裱修复项目代表性传承人，并设立了王辛敬装裱修复工作室。

在荣宝斋工作，或曾在荣宝斋工作的知名书画家、中国美术家协会和中国书法家协会会员还有李鹤筹、孙天牧、金振之、郭慕熙、李佰实、李燕、梅墨生、骆芃芃、王兴家、王吉祥等。

此外，还有许多在各项业务和经营管理中有特长、有成就的人才，这里就不一一列举了。

百余年来，在我国社会发生剧烈动荡和重大变革中，荣宝斋虽然也经历了沧桑，但有众多英才作为中坚，保持了旺盛的生命力，始终立于不败之地。中华人民共和国成立后，国家赋予了它新的使命，使它焕发了青春，成为新中国文化事业的组成部分。它在团结书画家，保障传统文化用品的供应，促进书画艺术的繁荣和收藏文物、对外文化交流方面的作用，是其他单位难以替代的。而在木版水印技艺、书画装裱与修复文物和临摹古画方面的贡献，则是前无古人的。

这是荣宝斋人的光荣和骄傲！

长江后浪推前浪。前辈精英为荣宝斋积累了丰富的经验，打下了传统文化深厚的根基，我们深信，荣宝斋后有来者，他们将从这些文化财富和宝贵经验中汲取营养，发扬前辈热爱传统文化，热爱荣宝斋，热爱自己工作，献身传统文化的精神，自强不息，在实践中刻苦学习和磨炼，使荣宝斋的各项业务和技艺后有传人，不断发展和创新，永葆荣宝斋的青春活力。

技艺

木版水印
书画装裱
古画临摹
篆刻

木版水印

荣宝斋木版水印技艺

木版水印技艺国家级非物质文化遗产标牌

荣宝斋木版水印是从版画发展起来的。是以追求复原传统书画的艺术形态、笔墨韵味为目的一种印刷艺术。2004年被列为首批国家级非物质文化遗产。

我国的版画种类很多，除了木刻版画，还有铜版画、玻璃版画、石膏版画、砖版画等等。木刻版画是版画中历史最早、形式最多、用途最广的一种。木刻版画又分为使用油性颜料（油墨）和使用水溶性颜料（国画颜料）两种。木版水印属于水溶性木刻版画，是荣宝斋专门用来复制中国画和书法作品的印刷艺术。

一、我国雕版印刷艺术的历史

我国的水溶性木刻版画，历史上叫雕版印刷、“饾版”、彩色木刻画。我国有实物且有明确纪年的最早木刻版画，是隋代大业三年（607）的《敦煌隋木刻加彩佛像》。它比西方的版画早

《金刚经》扉画

六七百年。

雕版印刷术在唐代有了长足的发展。唐代的雕版印刷大多用于宣传宗教，而在实用方面，也得到广泛的应用，如朝廷用来印纳税用的“印纸”，民间用来印韵书、历本，甚至印学生用的书。

据载，唐玄奘（600—664）曾大量印普贤像广为散发。

咸通九年（868），王玠为其二亲敬造的金刚经扉画《释迦牟尼祇园说法图》场面宏大，人物众多，无论是构图、线条、人物造型和表情，都已十分精美。说明唐代的雕版印刷术已经相当成熟。

五代十国短短的50多年中，中原战乱频仍，但一些边远地区获得了喘息的机会，在经济发展的同时，文化也得到相应的发展，雕版印刷术也有相当的进步。这时期的代表作《大圣毗沙门天王像》构图丰满，线条稳健工整，飘带潇洒，流畅自然，没有造作之感。

宋代（包括辽、金）雕印术不但应用广泛，而且技艺精湛，具体表现在：

（一）经卷扉画线条隽秀，场面壮阔，如《妙法莲花经》的扉画。

（二）独幅版画刻印精工，气韵生动。金代的《四美图》刻画历史上的四大美女：王昭君、赵飞燕、班姬、绿珠，神态雍容自若，步履轻盈若漫步于宫苑，前后顾盼，线条圆劲流畅。

（三）书籍插图题材广泛，笔力高古。各种雕印书籍都附有精美的插图：有人物、动物、花草以至建筑的插图，尤以宋徽宗的

《宣和博古图》和南宋的《梅花喜神图》为精美。

明代是我国雕版印刷艺术的鼎盛时期。早、中期多沿宋元作风。晚期万历至天启、崇祯年间，形成了百花竞艳的局面，东南沿海出现了许多不同风格的版画流派，如徽派、建阳派（福建）、金陵派、苏州派、杭州派、吴兴派（浙江湖州）。

天启、崇祯年间刊印的《萝轩变古笺》《十竹斋画谱》《十竹斋笺谱》，穷工极变，至精至美，是我国雕版印刷艺术的登峰之作。就谱学而言，至今未有出其右者。这三部作品，把我国的"拱华""饾版"术发展、完善到了极致。郑振铎先生说："《十竹斋笺谱》诸画纤巧玲珑，别具一格。以设色凸版、压印花瓣脉纹、鼎器图案、与乎桥头水波、山间云痕，尤为胡氏之创作。人物则潇洒出尘、水木则澹淡清华、蛱蝶则花彩斑斓，欲飞欲止，博古清玩则典雅清新，若浮出纸面。"

《萝轩变古笺》

清代的雕印术，和明代比较，没有太大的发展，但也有其特点。

（一）康熙、乾隆继续明末的盛况，刻印了《离骚图》《太平山水》《博古页子》等可与明代媲美的作品；

（二）刊印了宣扬朝廷业绩的《万寿盛典图》《南巡盛典图》和鼓励农耕的《耕织图》等精美作品；

（三）杨柳青、桃花坞等民间木版年画迅速发展，品种之多，数量之大，影响之广，超越明朝；

（四）《芥子园画谱》和《水浒传》等版画书籍的广泛刊行，说明清代雕印术仍有一定程度的发展。

我国雕版印刷艺术历史总的轮廓是：始于隋、行于唐、扩于五代、精于宋、盛于明、续于清。

二、荣宝斋对我国雕版印刷艺术的贡献

荣宝斋于1896年设"帖套作"。延聘刻印高手，先后印制了《聋道人百种诗笺谱》《七十二候笺》《二十四节令封套》等品位较高的艺术品。清宣统至30年代，北京文人作画入笺，为制笺业

注入了活力，使北京的笺纸出现了清新活泼的风格。这时期荣宝斋印制了大量优秀的笺纸，被鲁迅、郑振铎誉为“琉璃厂诸笺肆之”“白眉”。

1933年、1934年荣宝斋先后受鲁迅、郑振铎先生的委托，出版了《北平笺谱》，重新刻印明代的《十竹斋笺谱》。其后，于1935年、1951年、1953年、1955年、1957年先后出版了《北平荣宝斋笺谱》《荣宝斋新记诗笺谱》等五部笺谱。还于1953年再次刻印《十竹斋笺谱》，1958年重新刻印《北平笺谱》，并由鲁迅夫人许广平先生作序改名《北京笺谱》。这些笺谱，不但为研究这60多年的版画留下了宝贵的资料，更使这种传统技艺得到传承和发展。

我国的木刻水印画与各个时期的绘画作风，血脉相通。许多优秀的版画，如明代的《十竹斋画谱》《十竹斋笺谱》等，具有中国画的艺术韵味，每一张笺纸都是一幅微型的国画，但都大不盈尺；历史上有许多可供壁饰的独孤画，如南宋的《东方朔盗仙桃图》，杨柳青、桃花坞的年画，但它们并不以追求中国画的艺术韵味为目的。运用传统的雕版印刷技艺来复制中国画，是由荣宝斋开了先河。

张大千《敦煌供养人》
荣宝斋木版水印作品

1946年荣宝斋复制了张大千的《敦煌供养人》。这是一张纵100厘米、横50厘米的工笔重彩人物画。印完使张大千感到吃惊，无论是线条、色彩和人物神态，都与原作无异，几乎分辨不出原作与复制品。《敦煌供养人》复制成功，可视为荣宝斋木版水印诞生的标志。

1952年荣宝斋复印徐悲鸿的《奔马》、齐白石的《白茶花》及其后新罗山人的《花鸟图》，获得成功，创造了一个以追求中国画艺术效果为目的的印刷艺术的新品种——中国画的复制品，命名为“木版水印画”。从而为传统的雕版印刷技艺注入了新的活力，开辟了广阔的前景。

木版水印画从具有中国画艺术效果的优秀笺纸脱胎而出，却在规模上、技艺上、气韵上远远超过其母体。木版水印画同作为创作手段的水印版画在工艺上和气韵上十分相似。但水印版画保留了版画的特点——强调刀味和木味；在表现方法上，强调简括的整体效果，不宜描绘复杂的层次和细腻的局部。木版水印却属于复制性的工艺，必须尽可能避免刀和木的痕迹，强调绝对忠于原作；它能表现复杂的层次和细腻的描绘。木版水印也不同于杨柳青、桃花坞、杨家埠等年画。虽然这些年画也是以木版为载体，用国画颜料进行印刷，但艺术风格和技法都与木版水印不同。在风格上，这些年画强调民间艺术和地方特色；木版水印表现的却是纯属传统的绘画艺术。在技法上，杨柳青、桃花坞先印线条，后手工敷色，木版水印却完全通过版片进行印刷，且在墨、色和水的运用上，都比这些年画复杂得多。由此看来，荣宝斋用传统的雕版印刷技艺复制中国画，达到酷似原作、几可乱真的艺术效果，确是一种前人未曾尝试过的艺术实践，无疑是一种艺术创造。

徐悲鸿《奔马》
荣宝斋木版水印作品

1954年荣宝斋进一步运用这种印刷技艺成功地试印了清代画家王云的绢本国画《月夜楼阁图》。绢本木版水印画同纸本木版水印画一样传神。

我国的绘画，画在丝织品上的早于画在纸上的，如长沙马王堆出土的帛画。历史上有许多名画是画在绢上的，如东晋顾恺之的《洛神赋》、隋代展子虔的《游春图》。绢画是我国绘画的重要一支，但一千多年来，雕版印刷从未问津于绢画。荣宝斋绢本木版水印画的成功，填补了这个历史空白。

复印绢本国画，首先必须织造与原作用绢结构一样的绢，经过染色作旧（染成与原作的绢现状一致）、上矾、托裱（在绢的背面托一层宣纸，把绢丝固定在纸上）才能印画。由于绢是丝织品，对颜色的吸附性不及宣纸，特别是一些古代工笔重彩绢画，多采用颗粒性的矿物颜料（石青、石绿、朱砂、金粉、蛤粉等），更不容易进入绢丝内部；还由于印刷以前已在绢背托了一层纸，不能像画家一样在绢的背面托色，印刷时除了运用纸本的刷、砑、掸技法外，又创造了“铺垫法”“积墨积色法”“蹾法”“烘染法”“砑平法”等印绢画专用的技法，为木版水印增加了丰富的艺术手法。

绢本木版水印画的成功和技法的成熟，使木版水印能够复制任何中国画：无论是纸本的还是绢本的；无论是斑斑驳驳的古代优秀绘画还是充满时代气息的现代佳作；无论是气势磅礴的寻丈巨幅还是趣味横生的尺幅小品；无论是叱诧风云的大写意画还是精描细绘的工笔画，木版水印都能惟妙惟肖地再现原作的风貌。

20世纪50年代末60年代初，荣宝斋还选派一批木版水印技术人员支援上海、天津、广东、山西等地，帮助这些地方发展木版水印技艺。上海朵云轩、天津杨柳青的木版水印，就是以荣宝斋支援的技术人员为骨干发展起来的。

三、木版水印的工艺过程

木版水印的工艺过程，分三道工序：分版勾描、刻版、印刷。但这三个环节是互相关连，不能截然分开的，必须互相协作。前一环节的不周或差错，都会影响整幅画的复制质量和效果。最重要的是在分版时，必须找出一幅或一组画面的核心部分，便于后面印刷时安版，因此，在复印每一幅之前，都必须由三个环节的人共同研究如何合理分版。实施过程出现问题，要协商解决。

（一）分版勾描

一般的画，根据画面的不同颜色和不同色阶进行分解，若是大画（如长卷），则须分成若干部分进行分解。一幅最简单的画，须分解成几套版；稍复杂一点的，就得几十套上百套；内容繁复的大画，须分解成几百套，甚至一两千套版。然后把各版画面的线条或

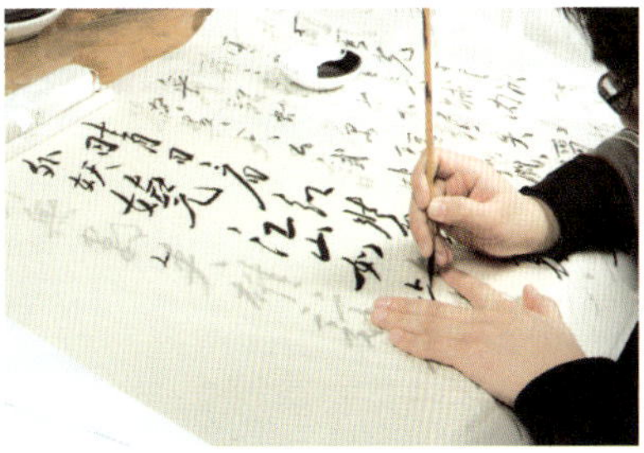

轮廓，分别用墨线勾在半透明的燕皮纸上。为了保护原作，现在一般都先用一张透明胶版蒙在画面上，把全画的线条与轮廓用墨线勾下来，再从胶版上把各版的线条与轮廓用墨线勾在燕皮纸上，而复制历史名画，则是用临摹副本来做蓝本。这项工作，通常都由画家担任。他们不但要懂画理，能领悟原作画家的创作意图与笔墨情趣，而且自己必须熟练掌握各种绘画技巧，才能把原作的神韵分别再现于每套版上；还必须深谙木版水印的艺术规律，才能合理分版，以利于以后两道工序的操作和表现复制品的整体效果。

（二）刻版

把上道工序勾得的燕皮纸反贴在准备好的木板上，将纸稍微弄湿，用手指头轻轻把纸搓掉，使墨线显现出来，然后在线条与轮廓的外沿走刀，再把刀路以外的版面剔掉一层，使线条与轮廓从版面凸起来。刻版操刀如笔，要把原作的笔墨情趣准确地再现于版上。同样必须理解原作，并且还必须把握不同木质的特性，在行刀中灵活掌握奏刀的力度，做到“指节灵通，刀头具眼”，在版上表现画家抑扬顿挫的笔墨变化。考虑到下道工序印刷时版着水后膨胀和研时产生压力会使线条变粗的因素，走刀时须在勾就的线条外沿稍向里些许，印出来才能保持原作的面貌。

（三）印刷

这道工序的任务，是把前两道工序完成的版片一一套印在纸或绢上，再现原作的面貌。

这里的印刷，不是普通概念的印刷，不是在每套版片上平涂统一的颜色，它是一个复杂的艺术再创造的过程。如果说前两道工序是木版水印的基础，印刷则是木版水印的灵魂。明代画家研究当时的彩色木刻版画后说：“印者拘成法，不悟心裁，恐失天然之韵。”道出了木版水印的要旨。今天的木版水印画比明代的画谱和笺纸，画幅大得多，内容复杂得多，更要讲究气韵。因此，要求印者要有更高的悟性，深刻理解中国画的文化内涵，熟悉各流派的艺术风格和表现方法，理解所印的画要表达的意境，才能运用有效的技法再现原作的风貌。

木版水印的主要印刷技法有刷、砑、掸和水的运用。砑（在版片上掸完颜色，将纸或绢抻过来覆于其上，用一种马鬃做的工具“爬子”在纸背上砑，使版上的颜色渗入纸、绢）与刷、掸互相配合，根据画面的需要，决定砑的轻重缓急和动作的方向。最具木版水印特色的技法，是掸和水的运用。

画家运笔，讲究从转折、顿挫、轻重缓急中求得微妙的变化，一笔画成的线条，不能分版；墨分五色，颜色更是千变万化，画家一笔画成的不同墨色或不同颜色的组合，也不能分版。在一套版上表现墨和颜色的变化，要靠“掸”的技法来解决。“掸”，是用毛笔把与原作一样的墨或颜色，运用与原作一样的技法画在与原作相应的版片的准确位置上。“掸”，不是程式化的技法，它随原作笔墨的变化而变化；“掸”，好比是钥匙，要开千万把锁，必须随每把锁构造的变化而变化。为了准确而有效地运用这一技法，印者还必须熟悉不同纸、绢和各种颜色的特性，以及各种颜色的研制与调配的方法。

木版水印，突出一个“水”字，整个印刷过程须臾离不开水。水，是木版水印画保持中国画艺术特色的物质条件和重要手段；水，是木版水印区别于其他印刷品的主要依据。水在木版水印画中的作用是：留水渍，产生晕润的天然艺术效果；接气生韵，产生虚实结合的艺术效果；统一画面，使其达到华滋和谐的整体效果。木版水印水的技法十分复杂和微妙。国画创作中的“水调法”“水带法”“水破墨”“渍水”“泼水”“铺水”等技法，几乎都被运用到木版水印中。有时要施水于印刷之前，有时要施水于印刷过程中，有时要施水于印刷之后；有时要施水于版片上，有时直接施水于纸、绢上；不同的画所使用的施水工具也不同，有时用毛笔，有时用排笔，有时用喷壶。木版水印有几条用水的普遍规律：必须营造一个湿度比自然环境大得多的室内环境；每次掸色（墨）之前，必须在版上刷一遍水，其作用是一清洗版片，二湿润版片；每天早晨必须把当天要印的纸都用水闷湿。至于具体到每张画、每套版、每次印刷如何施水及水量的掌握，则全靠印者的悟性和经验。

四、木版水印画的特点和价值

木版水印，顾名思义，是以木版为载体，以水和胶调颜色，把画印在宣纸或绢上。因为所用的纸绢和颜料与国画一样，所以能最大限度地保持中国画水墨淋漓，气韵生动，笔墨情趣变化万千的艺术特色，酷似原作，几可乱真。这种印刷效果，是其他印刷方法无法达到的。近些年，国内外出现了采用先进的印刷技术在宣纸上印中国画的做法，其效果好于机制纸的印刷品。但是，不管采用什么先进的技术，在什么纸（包括宣纸）上印，只要是用油墨印的，印出来的东西，只能是一层薄薄的油墨浮在纸的表面，缺乏木版水印用国画颜料和墨所产生的厚度和晕润感，缺乏笔墨变化万千的情趣。这种区别，是由不同的物质决定的。

20世纪50年代，荣宝斋经理侯恺曾把齐白石大师请到店里来，在老先生面前摆着两幅《虾》，告诉他：这两幅画，一幅是您亲笔画的，一幅是我们根据您的原作复制的，请您辨别一下哪幅是您画的，哪幅是我们印的。老先生审视良久，摇摇头说：我看不出来。木版水印画真神了！木版水印画的艺术韵味与中国画有异曲同工之妙；画家用毛笔直接在纸（绢）上画画，木版水印通过木版把画印在同样的纸（绢）上，方法不同，却达到殊图同归的效果。

木版水印有两种功能。

（一）延长书画艺术品的艺术生命

书画原作，无论是纸本的还是绢本的，其艺术生命都是有限的。它们或是因本身的自然风化，变旧变脆，最后碎裂而毁；或者受到人为与自然灾害的损坏，是不可能无限期存在的。现在存世的不少古代名画，并非作者的原画，而是后人摹制的。如现在存世的顾恺之的作品，多为后人的摹本，《洛神赋图卷》就是其中之一；展子虔的《游春图》，也是后人的摹本；唐代张萱的《虢国夫人游春图》，则是宋徽宗赵佶临摹的。这些画的原作，已不复存在，但我们通过临摹本，仍可了解原作的面目。既然木版水印书画有酷似原作的功效，那么，无论是古代还是现代的书画名作，一旦原作损毁，人们通过木版水印书画，也能了解原作的面貌，使其艺术生命得到延续。况且木版水印所用的纸、绢和颜料优于其他印刷品，利于保存，其所印的数量比临摹大得多，流传下去的几率会更大。

（二）普及传统文化，丰富人民的文化生活

古代和近现代的优秀书画艺术品，数量少，价格高，多为博物馆和收藏家所收藏，普通百姓难以见到。木版水印书画具有与原作一样的欣赏价值，而且价格适宜，广大人民群众通过木版水印复制品便可领略到这些艺术精品的风貌。

从20世纪50年代到现在，半个多世纪以来，荣宝斋复制了古今名人书画千余种，有唐代周昉的《簪花仕女图》、张萱的《虢国夫人游春图》、韩滉的《文苑图》、五代顾闳中的《韩熙载夜宴

《清明上河图》(局部)　荣宝斋木版水印作品

图》、宋代张择端的《清明上河图》、马远的《踏歌图》、元代赵孟頫的《秋郊饮马图》，以及明代文徵明、沈周、仇英、蓝瑛、夏昶、徐渭、陈洪绶，清代朱耷、石涛、恽寿平、梅清、郑板桥、黄慎、罗聘、华喦、袁江、任伯年、虚谷、吴昌硕，近现代高剑父、王梦白、齐白石、徐悲鸿、黄宾虹、潘天寿、傅抱石、张大千、郭沫若、赵朴初、黄胄、关山月、王雪涛、吴冠中等人的作品。这些书画艺术精品的复制品，行销国内外，有的成为宾馆等公共场所的装饰品，有的成为人们馈赠亲友的佳品，更多的则是书画爱好者的藏品和家庭装饰品。这些大师们的艺术珍品的风貌，通过木版水印直接同广大人民见面，好比是“旧时王谢堂前燕，飞入寻常百姓家”，普及了优秀的传统文化，大大地丰富了人民的文化生活。

五、开创我国雕版印刷艺术的新纪元

五代画家顾闳中的工笔重彩人物画《韩熙载夜宴图》复制成功，是木版水印画的典范。

此图纵28.7厘米、横335.5厘米，以连环画的形式描写南唐中书侍郎韩熙载沉湎声色的夜宴情景，不仅有很高的历史价值，而且在绘画史上有重要的地位，是古代人物画的杰出代表之一。画中人物

众多（包括重复出现的有46人），描写细腻、生动，十分传神；床榻、几案、屏风等器物亦精心经营，详实描绘；用色更为讲究，完全采用矿物颜料，设色绚丽、沉雅。重现这样一幅历史巨作，难度极大。

荣宝斋以三位技艺高超的画家、技师投入这项工作。复制此画的最大难处，在于如何表现人物细腻而丰富的表情。一个人物往往要分解成十几套到几十套版，从勾描到刻板、印刷，每道工序都必须极其精确，失之毫厘，就会谬之千里。他们在各自的工作中克服了种种困难。画中主人公韩熙载细于毫发的胡须，被刻得刚柔相济、层次分明、飘逸潇洒，堪称绝技。为了克服绢丝交叉造成绢面不平，无法表现人物眼神等细微部位的困难，印者创造了“研平法”——用硬物将绢丝研平。一套版在每幅画上常常要印几次到十几次才能达到要求。他们经过八年的辛勤劳作，勾描、刻版1667套，印刷近30万次，完成了复制品35幅。

木版水印画《韩熙载夜宴图》不但人物神态、服饰以及器物与原作丝毫不差，甚至连原作画面部分颜色自然脱落的状况和流年逝月形成的包浆也都巧妙地表现出来，整体气韵和原作一致，可与原作媲美。这样内容繁复、尺幅巨大、格调古雅、气势非凡的木版水印画，在历史上是空前的。它的成功，说明荣宝斋的雕版印刷技艺达到了历史上未曾有过的水平。如果把隋代的《敦煌隋木刻加彩佛像》到唐代的《释迦牟尼祇园说法图》作为我国雕版印刷艺术发展史上第一阶段的标志，明代的《萝轩变古笺》《十竹斋画谱》《十竹斋笺谱》作为第二阶段的标志，那么以《韩熙载夜宴图》为代表的荣宝斋木版水印画，则标志着我国的这种艺术发展到第三阶段，开创了我国雕版印刷艺术的新纪元。

荣宝斋木版水印的元老王宗光

王宗光先生在工作

王宗光1917年出生于北京顺义一个书香门第。他天资聪颖，有绘画天赋，无师自通。他偶见一部《芥子园画谱》，如获至宝，描摹不辍。乡间小路，花草虫蝶，以及蔬果、玉米、谷穗，都是他描绘的对象。他的小作品，颇得族亲和长辈的赞许。上私塾时也倍受老师的宠爱。以他的才智和勤奋，如果继续念书，或有个好环境习画，或许日后能成为大器。奈何其养父自私，怕他一旦成才，会离他而去，遂强令其辍学，并在他15岁时经亲戚的推荐，到荣宝斋学徒。岂料他儿时对绘画的迷恋及其练就的尚带稚气的摹画能力，被经理王仁山发现，安排他在印制笺纸的分色勾描这个技术岗位上学徒。从此走上了木版水印技术的道路，一干就是一辈子。

1934年，鲁迅、郑振铎先生为了复活一部我国制笺艺术最高成就的古书，委托荣宝斋重新刻印明代的《十竹斋笺谱》。荣宝斋接受了这个委托。不料这一接，竟然接下了将中国古代雕版印刷技术发扬光大的重任，并成就了新中国荣宝斋一段辉煌的历史。而王宗光先生在这一历史性重任中担当了一个极其光彩的角色——负责分版勾描的工作。这部将我国传统的“拱花”“饾版”技术发展到极致的古笺，穷工极巧，精致细腻到无以复加的程度。以致鲁迅先生起初在致郑振铎先生的信中担心：“若极细的古刻，北平（指荣宝斋）现在的刻工，能否胜任，却还是一个问题。”要完成这些极其细腻的古笺的刻与印，勾描是基础与前提，只有准确地将原谱笺画的面貌如实勾描下来，后面的刻与印，才有做好的可能，这对年仅17岁的王宗光，无疑是巨大的挑战。这年轻稚嫩的小伙子，竟能胜任这项浩繁复杂的系统艺术工程，没有辜负鲁迅先生的殷切期望。当鲁迅先生接到郑振铎先生从北平寄来的荣宝斋重新刻印出来的笺样，立即消除了顾虑，复信道：“《十竹斋笺谱》的山水，复刻极佳，想当尚有花卉人物之类，倘然，亦殊可观”。鲁迅先生收到花卉笺样后又复信：“《十竹斋笺谱》笺样花卉最好。”从1934年至1941年，王宗光经过七年的艰苦艺术劳动，出色地完成了全书261幅笺画的勾描，同刻版、印刷工友一起，完成了重新刻印《十竹斋笺谱》的光荣任务。

在此书刻印的过程中，鲁迅先生为这部即将复活的优秀古笺设计并手书了版权页上的“牌子”：“中华民国二十三年十二月，版画丛刊会假通县王孝慈先生藏本翻印，编者鲁迅、西谛，画者王荣麟，雕者左万川，印者崔毓生、岳海亭，经理其事者北平荣宝斋也。纸墨良好，镌印精工，近时少见，明鉴者知之矣。”其中的“王荣麟”就是王宗光。这是王宗光先生一张极其靓丽的名片。

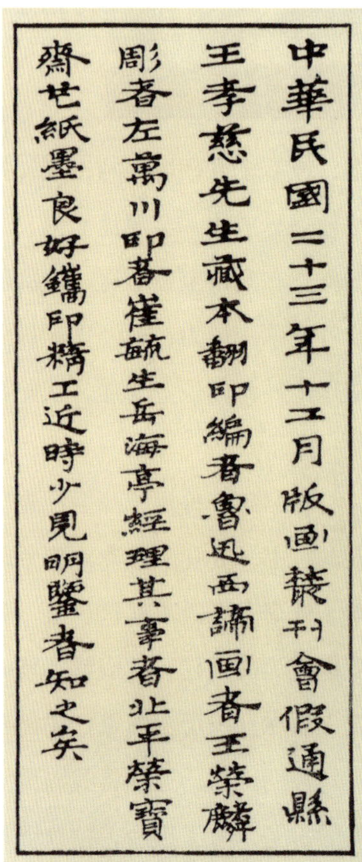
中華民國二十三年十二月版畫叢刊會假通縣
王孝慈先生藏本翻印編者魯迅西諦畫者王榮麟
彫者左萬川印者崔毓生岳海亭經理其事者北平榮寶
齋也紙墨良好鐫印精工近時少見明鑒者知之矣

《十竹斋笺谱》重刻说明

《十竹斋笺谱》的重新刻印，实现了鲁迅、郑振铎先生复活一部优秀古书和救活一支雕版印刷技术队伍两个目的。而后者正是后来中国木版水印大发展的一颗“善种”。经过这七年的磨练，使荣宝斋技艺达到了明末以来最佳水平。

王宗光就是这支队伍中的一个技术骨干。1946年荣宝斋复制张大千敦煌风格的工笔画《敦煌供养人》，又是王宗光担任其中的分版勾描工作。重刻《十竹斋笺谱》，水平再高，也不过是大不盈尺的小品，而《敦煌供养人》则是高100厘米、宽50厘米的国画。这是荣宝斋第一次按作品原大小进行复制的尝试。以线条为主的工笔画，对线条的要求是很高的。它是表现画中意境的主要手段，是作品的骨干与灵魂。勾描者必须把原作线条的变化，转折顿挫的形状与神态一丝不苟地勾描下来，这比笺纸的勾描，提出了更高的要求。这对王宗光又是一次挑战。在勾、刻、印的密切配合下，复制品无论线条、色彩、人物神态，达到了连作者张大千都分辨不出原作与复制品的效果。这次复制成功，应视为荣宝斋木版水印诞生的标志。

王宗光先生在以上两次对荣宝斋木版水印早期的发展具有里程碑意义的重大复制实践中，起了重要作用，做了重要贡献。在这个意义上，我们尊称王宗光先生为荣宝斋木版水印的元老之一，应该是恰当的。

中华人民共和国成立后，王宗光继续从事木版水印事业。他曾担任木版水印车间的副主任，与同事一起安排木版水印画的生产。对新招进来的青年进行技术培训，帮他们提高技艺和自信心。当他们面对一些难度较大的复制任务，流露畏难情绪时，他说："年轻人，大胆印吧，出了问题，我负责。"给了他们很大的鼓励。对印刷材料的管理井井有条，谁印什么画，需要什么纸、绢、颜料，要多大的量，都布置得十分准确。这期间，荣宝斋复制了许多名家画作，如齐白石的墨虾、徐悲鸿的奔马、郑板桥的兰竹等。他的工作得到领导的肯定和工人们的敬佩。

王宗光先生不但在木版水印上积累了丰富的经验，在技术层面上推动了荣宝斋木版水印的发展，而且在工作之余和退休之后，在理论上对木版水印进行研究和探讨，写下了许多关于木版水印的文章和知识性的资料，这对于人们了解我国雕版印刷的历史，荣宝斋木版水印的发展过程，木版水印的工艺流程、特点及其在弘扬传统文化方面的作用，都很有意义；那些知识性的资料对木版水印技艺

王宗光编绘的《补拙斋笺谱》

的传承，也有重要作用。

王宗光先生经过自己的努力，实现了少年时的画家梦。他热爱绘画艺术，自少年至老年，从未放弃画画梦想；他因工作需要，有机会经常接触名画家，如齐白石、王梦白等，目睹画家作画的过程，聆听他们的教诲，得益良多；更重要的是他的勤奋精神，无论是下农村，去干校，外出游玩，见到自然景象，花草虫蝶，都要描绘下来，甚至不惜走十几里路去追逐一只奇珍异蝶。他的作品颇丰，已出版过《补拙斋简谱》《怎样画牡丹》《怎样画蔬果》《怎样画蝴蝶》《怎样画草虫》以及和女儿方工合作的《画猫技法基础》《百猫百蝶图》等。还曾在南京举办过“雨新、方工父女画展”。他的作品受到启功、刘凌沧、康殷等专家的好评和绘画爱好者的喜爱。

荣宝斋木版水印发展过程中的核心人物孙树梅

孙树梅

孙树梅，1928年出生于河北容城县。1943年到荣宝斋，被安排在“套帖作”学习印制笺纸的勾描工作。1946年复印《敦煌供养人》时，安排他负责勾描工作，因为刚学习两年，技艺尚未成熟，线条太软，改由王宗光负责。尔后加倍努力，线条功力、绘画技巧、对国画的理解和鉴赏，都有神速进步。中华人民共和国成立后，荣宝斋运用其雄厚的雕版印刷技艺复制中国画，他被安排在这项工作的关键岗位——木版水印车间的编辑勾描室主任。他亲历了荣宝斋木版水印发展的全过程，是荣宝斋用古老的雕版印刷技艺复制中国画这项具有历史意义的伟大文化事业的核心人物。他把一生最美好的年华和聪明才智奉献给了祖国的传统文化事业。他是中国木版水印最权威的专家。

他的职责是编制木版水印发展计划，按计划选取相应的国画作品进行复制，分版勾描、产品质量控制、验收和装帧设计。

编制木版水印发展计划，是在荣宝斋的经营方针确定以后的事。1952年，出版总署分管荣宝斋的领导萨空了先生为荣宝斋提出了“保留、继承、发扬我国传统文化，以独特的木版水印技法复制富有民族风格的书画，同时经营历代书画艺术商品，对内进行爱国主义教育，对外进行文化交流”的经营方针，并得到出版总署署长胡愈之、文化部领导齐燕铭，文化部文物局局长郑振铎的肯定之后，发展木版水印，就成为关系荣宝斋命运的重中之重了。

编制木版水印出版计划，是荣宝斋领导的大事，但必须有具体人来承担。这个重担，自然而然地落到编辑室主任孙树梅肩上。他提出的计划，当然必须经过领导的同意，得到领导的支持。而计划如何贯彻、执行，孙树梅就成为关键人物了。

他的思想十分敏锐，1952年他刚担任编辑室主任时，观察到买笺纸的人，并不是真正用于传抄诗作或写信，而是作为欣赏、收藏，甚至当作国画复制品看待，于是组织出版了木版水印《中国画汇编》《现代国画选》两种小型木版水印产品，受到国内外顾客的喜爱。

在经营方针确定之后，为了使木版水印能够成为荣宝斋的主营项目，以孙树梅为主的相关人员，研究了当时的政治取向，确定了明确的复制方法和宏大的复制计划：一是复制当代名画家的作品，主要是徐悲鸿、齐白石这两位被国家授予“人民艺术家”的画作，并辅以其他画家的精品，以满足政府对外交流的礼品需要和公共场所装饰的需要，同时自身也成为对外开放的一个窗口（当时我国虽然还未实行对外开放的政策，但已同许多友好国家建交，并同未建交国家的友好团体和人士多有交往，荣宝斋已被外事部门指定为“涉外单位”），用以满足外宾及华侨对我国传统文化的了解和购买的需要。二是复制流传至今的古代名画，使它们通过木版水印从深藏的博物馆中释放出来，为当今之用。这是一个将荣宝斋木版水印推向顶峰的宏伟计划。

为了实现这个宏大的计划，荣宝斋从人才和物质两方面作了充分的准备。

人才方面，通过各种方式，调集了一批画家来从事编辑、临摹、分版勾描。首先，聘董寿平先生为木版水印顾问和艺术指导，随后调入冯忠莲、陈林斋、金振之、孙天牧、李鹤筹、郭慕熙等人，自己还培养了一批年轻人，如米景扬、董燕娜等。又召回了一批解放初失散的技术工人，如宋兆英、徐庆儒、张瑞宗、李克卿等，还从社会上招收了一批青年进行培训，如王玉良、张贵生、徐新友、孙日晓等（这批青年后来大都成为木版水印的技术骨干）。

物质方面的准备，主要是选取适合木版水印复制的稿源。现代画稿源，得到了徐悲鸿、齐白石等著名画家的支持。徐先生不但把自己的作品提供给荣宝斋复制，还将他收藏的齐白石、任伯年的精品，无偿提供给荣宝斋复制。古代名画稿源，得到郑振铎先生和故宫博物院、辽宁博物馆的鼎力支持，提供了大量的古代名画供荣宝斋临摹，成为木版水印的蓝本。

正是这个宏大而富有远见的计划，使荣宝斋实现了以木版水印全方位复制古今名画的梦想，把中国木版水印推向历史的高峰，开创了我国雕版印刷艺术的新纪元。

通过在宣纸上喷洒适量的清水，然后根据画作在宣纸上自然洇出的层次和纹理，重复印刷，造出与原作一样的、自然形成的晕染层次和纹理。这种洇染印刷方法，是荣宝斋发明的，最早在印制《齐白石画集》时就应用过。但那画幅都比较小，也没有大块的晕染。为了进一步扩大复制范围，从技术上讲，就需要在表现大写意画中大块晕染方面有实质性的突破，于是孙树梅选择了徐悲鸿先生大写意山水画的代表作《漓江春雨》作为试验。此画画面上没有让人直接看到“雨”，但画中那水汽十足的墨色，将浸润在春雨蒙蒙中的漓江山水表现得淋漓尽致，而且画幅也比以前复制过的大得多。如何在复制品中表现这种意境，显然是一种挑战。为此，首先在制版材质上有了突破——用“三合板”代替以往的木板。因为“三合板”面积大，适于大幅画的印刷，且因其木质比较松软，吸水力强，比较适用于大块晕染的画面。为了防止“三合板”开胶，使用前在四边钉上小木条。此画的印刷者是徐新友。开头他用以前复印《齐白石画集》时用过的洇染法，无论如何也无法将原画所表达的雨中漓江的风韵再现出来。后来经过反复研究试验，终于突破了这道难题：首先在版上刷一些清水，使木版有些潮湿，然后再用毛笔将浓墨按原作的笔法摔在版上，之后向墨上喷水，再利用水的张力使墨色自然散开的同时，通过水量控制墨色的洇染范围。这样，就出现了与原画相同的晕染效果。

徐悲鸿《漓江春雨》
荣宝斋木版水印作品

这种洇染方法试验成功后，荣宝斋木版水印不仅可以复制洇染画面较多的大写意画，而且还为需要大片底色的画的印制找到了有效的方法。比如，后来复制徐悲鸿先生《风雨鸡鸣》用淡墨洇染出大片风雨交加的背景、复制明代文徵明《兰亭修禊图》中用石绿染出来的山石，都是用这种洇染法印出了原画的效果。

成功复制了以线条为主的工笔画《敦煌供养人》和以晕染为主的徐、齐写意画以后，能否复制兼工带写的小写意画，就成为荣宝斋木版水印发展的关键技术。深谙木版水印艺术的郑振铎先生恰在此时从文物局借来一件清代画家华喦的小写意画《花鸟图》让荣宝斋复制。是时，孙树梅先生既是木版水印车间主任，又兼编辑室主任，这个任务就理所当然地落在他的肩上。

由于小写意画既有线条又不太明显，既有晕染又须节制的技术特点，要复制此画，必须在用什么纸印刷，如何表现小写意画干湿相间、工写相间的技法，如何控制和表现小写意画的洇染程度三方面有所突破。

基于这三个问题，他接手后没有立即安排分版勾描，而是找来了刻版技师张延洲、印刷技师田永庆、负责勾描的画家郭慕熙，一起反复观察这幅画，研究画家的技法风格，然后讨论如何科学分版。为了方便刻版和印刷，决定将这幅长三尺、宽一尺的画分成三段，五十套版。确定了最佳的分版方案后，首先要将画中小鸟身上似有动感的羽毛，干湿相间，颜色层次多，过渡却十分自然的状况准确勾描下来。因此对勾描者技术的要求是很高的。这个任务就交给了郭慕熙。此画笔锋很细致、生动，对刻版者技术的要求同样很高，尤其是表现小鸟绒毛的部分，需要刻版者高超的表现手法，做到运刀如笔。担负此任者，张延洲技师是最合适的人选。印刷是决定复制成败的关键一环，即使勾描、刻版都十分准确，完全忠实于原作，但要印出与原作无二的复制品，印刷者的技术和经验更为重要。比如表现小鸟羽毛的四套版，即使都准确无误地安装好了，没有丰富经验的人，是很难避免在每套版边缘出现接版痕迹的。为此，印者必须根据原作的情况，在掸色时就要有干湿的变化，而且在砑印时，用力的轻重必须"恰到好处"。这个"恰到好处"，是难以言状的，只有经验丰富的人才能体会到。整个印刷过程，处处都需要丰富的经验来保证。田永庆技师是此画印刷环节的不二人选。

分版勾描、刻版、印刷等技术层面的问题，都做了最佳的安排以后，余下的问题是选什么纸来印了。他们比较了以往印笺纸用的粉连纸和鲁迅先生为重印《十竹斋笺谱》选用的"夹宣"，前者当时已不生产了，后者又觉得太厚了一些，所以选了当时宣纸中最薄且纸面最细腻的棉连纸。这种纸最适于印华喦这样精细的小写意画。经过试验，棉连的洇染程度高于粉连，又将两张棉连裱糊在一起，利用中间的浆糊降低其洇染程度，又通过试验，出现了预期的效果，而且裱糊后，纸张增厚，更便于印刷的操作。又因为华喦此画经历了三百多年，画面已变旧发黄，因此又在裱糊以前将上面的一张作旧，使其颜色与画面一致。

经过一系列的精心准备，动起手来就十分顺利，很快就将一幅复制者们所期望的、与原作无二的华喦《花鸟图》的复制品呈现在大家面前。华喦《花鸟图》的成功复制，充分体现了孙树梅先生在复制此画中的核心作用，也说明了他在木版水印发展过程重要技术突破中的重要作用。

郑振铎先生看了复制品，高兴极了。他建议送给时任出版总署副署长（又是著名文学家、教育家）的叶圣陶先生。叶老看过复制品，感慨良多，写了一篇题为《瞒过专家的眼睛》的文章，发表在《新观察》杂志上。这是第一次以文化界高层人士的身份向社会推介荣宝斋的木版水印画。

小写意画复制成功，扩大了木版水印的适应范围，使其能够复制各种风格的国画，对木版水印的发展具有重大意义。

在木版水印工艺过程中，分版择套是印刷成败的基础步骤。为了便于刻版和印刷，提高整体复制水平，使每一幅画的复制都能顺利进行，树梅先生总结了分版工作的经验，将其升华为科学分版的规律。

每一幅要复制的画，分版时必须由负责分版勾描、刻版、印刷三个环节的人，一起协商讨论如何科学分版，避免由勾描者一人分版可能考虑不周，分版不当，给刻、印造成不必要的负担，以致影响整幅画的复制效果。

分版应该以印刷为核心来考虑。因为印刷安版的诀窍在于找到一幅画或一组画面的核心部分（或者叫作主版），主版找准了，其他部分的版就比较容易安上。因此分版套数必须适宜。分版过粗，比如一个本来需要二三套版来表现层次的画面，如果不分开，不仅在印刷时无法表现原作的笔法，也会使刻版时增加版面上的纹理。这些纹理在印刷时如何过渡而不留痕迹，则是不好处理的。合理分成二三套版，印刷时适当掌握干湿程度和用力程度，就可以将画面中的层次不留痕迹地表现出来，就会产生“贯气”——画家一笔画就的效果。如果分版过细，套数过多，将本来可以完整表现的一个主画面分割成若干部分，印刷时找不到一个主画面，不知从哪里开始印刷。只有当画超长或超高时，才需要对画面进行适当的分割，并在分割时注意每个部分都要保证有一个容易辨识的主画面，以便安版。

另外，为了安版时方便，在找到画面中的主画面之后，最好还要在距主版画面较远或属于另外一块版的画面中找到一个与主画面颜色相同或相近的一个色块与主画面勾画在一起，称之为“带上一笔”，有了这样一个参照，安版时就会容易得多。

在“文革”中，荣宝斋的两大经济收入来源——书画销售和木版水印生产都不得不中断，依靠借款来给职工发工资。在这种情况下，孙树梅同志依然在木版水印上想办法，打主意。他提出了用木版水印复制毛主席像的办法，来解决当时的“燃眉之急”。他和同事花了很多时间，经过几番周折，虽然试印出了令人满意的效果，但当时“说话算数”的“红小兵”组织不知为何没有上报审批，最终没有投产。虽然未达到创收的目的，却获得了木版水印复制毛主席像的经验。接着，他又开始琢磨将当时炙手可热的油画《毛主席去安源》用木版水印复制出来。他同刻版、印刷技师商量后决定：以绢本印刷来表现油画的纹理，用矿物颜料模仿油画的质感；用木版水印完成大部分画面的印刷，而面部五官等印刷不易表现的细腻部位，用手工加工。用这个方案，试印了十几张，效果不错，大家认为很成功，并请该画作者刘春华在复制品的右下方空白处签名，然后上报“中央文革小组”，得到批准。但由于后期加工处理耗时耗力太多，没有正式投产，也未能为荣宝斋带来经济效益。然而这次试验成功，却进一步拓展了木版水印技术的适用范围，突破了只能复制中国画的思维定式。

《毛主席去安源》
荣宝斋木版水印作品

用一年多的时间试印毛主席像和油画《毛主席去安源》，技术上取得了一定的成就，但始终未能为荣宝斋带来经济收入。仍然从经济考虑，他又提出了复制毛主席手书诗词原作的想法，得到大多数人的支持。要使其成为适合装饰大空间的艺术品，就需要放大临摹以后复制，而放大临摹正是他所擅长的，于是由他亲自操刀。他先后放大临摹了《七律·长征》《沁园春·雪》《七律·人民解放军占领南京》，经“中央文革小组”批准，正式投产，为当时空白的书画市场提供了一种高端的艺术产品。其中最大的一幅是用一张半丈二匹宣纸接起来印成的，创下了木版水印史上最大尺寸的复制品。从此，荣宝斋木版水印又多了一项创新——放大复制。

控制木版水印产品质量，是木版水印生产的重要环节。木版水印产品，是一种高端的艺术品，不允许有任何残次品流入社会。这既是孙树梅的职责，也是他的长处。

控制木版水印产品质量，须从产前、产中、产后三个方面进行。

产前控制：安排新产品生产时，必须选择勾、刻、印各环节的适当的担当者，比如擅长印气势磅礴的大写意画者，不能安排他去印精细的工笔画（除非他技术很全面）。分版择套时，必须由分版勾描、刻版、印刷三方就如何分版进行协商，找出最佳方案，避免因分版不当给刻、印造成麻烦，影响复制质量。

产中控制：新品种，特别是难度较高的新品种，在生产过程中必须深入各个环节，及时发现和解决可能出现的问题。

产后控制：这就是全面对产品进行验收、评价。孙树梅先生长期从事这项工作，积累了丰富的经验，练就了一副火眼金睛。一版新印出来的产品送到他面前，翻过一遍，就能得出结论。这项工作，体现了他对社会、对荣宝斋的高度责任心。决不能让不合格的产品流入社会，损害消费者的利益和荣宝斋的荣誉，必须把残次品挑出来，甚至整版活作废的情况也是有的。对生产工人来说，他铁面无私，一视同仁，公正、公平，该评多少分就评多少分。这不但体现了他做人的品德，也博得职工的尊重。而由于他对产品质量的严格把关，促进了木版水印从业者对产品质量的高度重视，从而提高了木版水印产品的总体质量。

孙树梅长期在荣宝斋受到传统美学的熏陶，深知木版水印产品的装帧，既要体现中国传统文化的底蕴，又要符合产品本身的特质，是装帧与产品内容相互映衬，融为一体，为产品增光。他设计的木版水印产品装帧，古朴大方、美观典雅。他同荣宝斋原副经理王仁山等，1959年为参加德国莱比锡国际图书博览会的荣宝斋木版水印画设计的装帧，获得金奖。其中的《八大山人涉事册》还获得首届中国美术图书银奖。他编辑并装帧设计的《虢国夫人游春图》于1994年获得第一届国家图书奖提名奖。

孙树梅先生不仅是荣宝斋木版水印发展的核心人物，也是荣宝斋胶印出版物的奠基人和著名品牌出版物《荣宝斋画谱》的策划者。

《荣宝斋画谱》

在“文革”中，荣宝斋正常的营业和生产中断以后，他组织出版了老书法家徐之谦先生用毛笔书写的，以《为人民服务》《愚公移山》等毛主席文章为内容的四条屏和毛主席诗词字帖等胶印出版物，获得较大成功，缓解了荣宝斋的经济困难，也产生了一定的社会影响。后来他的工作重心逐步从木版水印转移到胶印出版物上来。1979年荣宝斋成立编辑出版部，他出任主任，组织出版多位名家画册和多种胶出版物。他还策划出版了两辑不定期的《荣宝斋》，形成了后来荣宝斋出版社和《荣宝斋》期刊的雏形。

策划出版《荣宝斋画谱》，则是孙树梅先生的一大功劳，也是他对我国文化事业的又一重大贡献。

在印制郭沫若、于非闇、俞致贞、田世光合作的诗、书、画合璧的《百花齐放》的过程中，他欣赏着这些精心描绘出来的花卉，他发现，从总体上讲，当代画家的绘画技艺绝不逊色于古人，甚至，当代画家在技法和用色上更为丰富，更有创造性。因此，就有了仿照《芥子园画谱》、以当代画家画作为基础，新编一套画谱的想法，分别编花卉、人物、动物、山水四卷。《百花齐放》印完后，他从中选取了五十一幅画，并请俞致贞先生为“芙蓉花”画了步骤、图解，同时编写了技法教程。采用木版水印技法印出这五十一幅画的白描线条，“芙蓉花”技法、步骤、图解和几幅完整作品，编辑了一本《荣宝斋画谱——勾勒花卉部分》。尔后又请陈毅同志为这本画谱作序。

这本画谱耗时近一年才出版。因为是木版水印，成本太高，定价五十元（相当于当时我国平均生活水平每人每月六元的八倍多），因而销售不畅。由于种种原因，一搁就是十几年。1979年的一天，米景扬对孙树梅说，河北某出版社组织了王雪涛先生的花卉技法书，由于对政治方向把握不准，一直犹豫不敢出版。我们能不能拿过来出版？这正中孙树梅的下怀，是他一直在琢磨的事。赶紧说：“好吧，拿过来，我们出。”孙树梅当初策划出版《荣宝斋画谱》的本意是要为广大中国画爱好者提供一种高水平的普及教材，出版一套现代版的《芥子园画谱》。王雪涛先生的稿子拿过来后，做了一些文字加工，并加上一些说明文字，吸取了第一次用木版水印方法出版成本太高的教训，改用胶印出版，售价只有两元。这本《荣宝斋画谱·王雪涛绘·写意花鸟草虫》出版后，空前热销。它及时满足了当时人们学习中国画的渴求。第一版开印三万本，一抢而光。两年间再版五六次，印数达十几万。此后，《荣宝斋画谱》成为一个长线出版物。1992年被新闻出版署列为1991—1995年国家重点出版图书选题计划。1994年获中国图书奖和新闻出版署直属单位优秀图书一等奖。

孙树梅先生涉猎了无数的优秀绘画，研究过各种风格绘画的技法特点，加上自己对绘画艺术的热爱，在履职之余，也练成了一个很有成就的画家。出版过《孙树梅画集》等，是中国美协会员。这又反过来成就了他在荣宝斋的另一项业务——临摹。

《孙树梅画集》书影

从“文革”开始及至后期，大约有十年左右的时间，荣宝斋店堂不能挂售画家的原作。于是，他带领同仁，从全国美展的作品中借来一些进行临摹，标明是临品，在店堂中出售。孙树梅先生自己也临摹过不少作品。现在，挂在人民大会堂的巨幅国画《江山如此多娇》，就是以他为主，在1990年根据山水画大师傅抱石、关山月在中华人民共和国成立十周年时为人民大会堂创作的《江山如此多娇》原画临摹的。摹本得到国家原领导人和该画原作者之一关山月先生，以及著名画家何海霞、白雪石的充分肯定，认为摹本真实再传了原作的风貌和气势。此后，他还为中国银行新加坡分行临摹了一幅比《江山如此多娇》稍小一些的大画。事毕，将原画及摹本寄给他们，他们竟分不清哪是原画哪是摹本。

柳暗花明又一村

——记第一幅绢本木版水印画的印制者田永庆

田永庆

全国劳动模范、荣宝斋木版水印高级技师田永庆，在从事木版水印艺术20年、对木版水印艺术作出了重要贡献以后，遇到一个几乎使他放弃这项事业的难题——试印绢本木版水印画。此事虽已过去近半个世纪，他却始终难以忘怀。

田永庆1914年出生于京东通州农村，1930年到北京学徒，1933年19岁时来荣宝斋工作，从此与传统的雕版印刷艺术结下了不解之缘。他在荣宝斋由印制信笺到印制木版水印画的发展过程中，起着极其重要的作用。十分熟悉木版水印画发展过程的人民美术出版社原社长邵宇说，田永庆是中国木版水印画的奠基人。

20世纪30年代，他印过翁同龢的梅花四条屏（纵130厘米、横31厘米）。虽然其色淡如笺纸，颜色与笔触板滞，没有变化，缺乏中国画的韵味，但其尺幅已大大超出笺纸的范畴，是一种新的尝试。

1946年，他成功地印制了张大千敦煌风格的作品《敦煌供养人》。张大千是较早去敦煌这个世界艺术宝库体验生活的画家。经过几年的研究、揣摩，从中吸取营养，使其画风大变，引起艺术界的关注，因此向他索要敦煌风格作品的好朋友也多起来了，使他招架不住。张大千向他的老朋友荣宝斋经理王仁山倾诉了自己的苦恼。王仁山说："这好办，我们用雕版印刷技艺为您复制一批，不就可以送朋友了么。"张十分惊喜地说："那太好了。不过我现在的画跟从前不一样了。你们能印好吗？”王答：“没有金刚钻，怎敢揽您的瓷器活呢！”王仁山是个雕版印刷专家，虽然荣宝斋未印过国画，但凭多年的经验，他确信自己的工人能印好张大千敦煌风格的画作。他精心策划，挑选各道工序最优秀的艺人投入这项工作：由王宗光勾描，刻版就交给京城有名的刻版高手、人称“版儿冯”的冯华庭的作坊，由他的高徒张延洲负责。印刷的任务就落到了有十余年艺龄的田永庆肩上。在王仁山的指导下，经过艰苦的努力，田永庆破天荒地印出了一件纵100厘米、横50厘米的国画复制品。其纸质、用色、线条和神韵，几乎与原作无异，以致张大千一时难以分辨，惊诧地对王仁山赞叹道：“果真是‘三日不见刮目相看’呀！”《敦煌供养人》复制成功，是一个历史性的突破，可视为荣宝斋木版水印诞生的标志。

1950年，荣宝斋公私合营，田永庆担任木版水印车间主任。当时从老荣宝斋来的印刷工人，除了他，只有孙连旺、王英云和一个年轻的张朝栋；后来又吸收了南京分店回来的一些人，并招收了一些学徒。由原来以印笺纸为主向复印中国画过渡这一重大转变，都由他来具体策划、安排，重要的试探性工作，则由他亲自动手。1952年，他开运用传统雕版印刷技艺复制中国画之先河，先后担任齐白石的《白茶花》和徐悲鸿的《奔马》的试印任务。徐悲鸿亲自给他讲解画马的画理，同他切磋如何复印；齐白石也亲临印刷现场。在两位大师的指导下，复制均告成功。这两件作品的复制成功，为古老的雕版印刷艺术注入了强大的生命力，开辟了广阔的前景。这种追求中国画艺术韵味的印刷艺术，在试印的基础上，经过大家的共同研究，不断改进、充实、完善，成为一个新的、独特的雕版印刷艺术品种，被命名为中国木版水印画。后来徐悲鸿的《大群马》《漓江春雨》、齐白石的《蕉下鸣蛙》《九秋图》、吴昌硕的《寿者相》、郑板桥的《竹石图》及其他许多古今名画的复制成功，都与田永庆的开拓性工作分不开。

1954年，荣宝斋在董寿平等著名画家的指导下开始试印绢本木版水印画。这是前人所未曾涉足的艺术领域。这项前无古人的艺术实践，历史性地落到了在纸本木版水印画发展过程中曾数度为人之先的田永庆肩上。但这一次却不像以前那么顺利。

开天辟地第一次试印的绢本国画，是清代著名画家王云（字汉藻）的《月夜楼阁》。这是一幅纵24.8厘米、横19厘米的小画。画虽不大，然格调古雅：皓月当空，树木繁茂，楼宇刻画细腻，在朦胧的月光中缥缈摇曳。

1954年荣宝斋成功印制了清代王云的绢本山水《月夜楼阁》

田永庆接受了任务，挺有信心，满以为运用纸本木版水印画的经验可以轻车熟路，手到擒来。但干起来之后，他才感到事情并不那么简单。他按照印纸本画的方法在绢上印，那绢像一匹没有缰绳的野马，难以驾驭，颜色怎么也印不上去；印上去了，或者干巴巴毫无生气，或者根本不能成形。他采用诸多办法试验，均告失败。他困惑、苦恼、心灰意冷。为什么有史以来没有人干过？难道是一个禁区？是一个泥潭？难道我就这么栽在这上头？他曾产生过就此罢手，甚至放弃他曾创过骄人业绩的纸本木版水印事业的想法。

他或许还不太明白，复印纸本国画，可以运用前人的成果，而复制绢本国画却无径可循，一切都得从头开始，自己去探索，去开创。绢是一种丝织品，结构紧密，对颜色的吸附不及宣纸；尤其是古代的绢本绘画，多采用矿物颜料如石青、石绿、朱砂等，绢对这些颗粒状的颜色的吸附更差；还由于绢是由经纬线构成的，经纬交叉，造成绢面凹凸不平，印起来困难，特别是细腻的线条，更难印得准确。由于绢与宣纸性质不同，结构不同，必须摸索出一套与之相适应的印刷方法与艺术规律。

田永庆处于山穷水尽的困境之中。然而，一种历史使命感、一种工人阶级的主人翁精神和共产党员的责任心支撑着他继续苦苦求索，在一个多月的时间里，他寝不安席，食不甘味。白天在车间里摸索、试验，经常干到很晚才回家；离开车间，无论是在路上，还是回到了家，无论是坐下来休息，还是吃饭、睡觉，满脑子都是印绢画的事，家里人说他像着了魔一般。他思绪纷纭，有时沉浸在他从学徒印信笺到成功复印徐悲鸿、齐白石作品的每一个细节的回忆中，期望从中找到解决问题的办法；有时海阔天空，驰骋在其他各行业之中，希图从中得到灵感……

忽然，一幕人们在邮局寄包裹的情景闪现在他的脑际：用五幅布（一种未经漂染加工的原始布）做邮包皮，必须先在布上刷稀浆糊，才能用毛笔写字。他眼前一亮——可不可以先在绢上刷水或喷水，然后再印画呢？他立即把这个想法付诸实践，在绢上刷水，接着在版片上掸好颜色印上去。结果颜色漂在水上，或被水晕开去了，没有印到绢里去。他没有灰心，坚信这个办法一定可行，问题在于如何掌握水量。他反复试验，终于找到一种办法：在绢上刷水以后，立即用干净的布蘸水、拧干以后，吸去汪在绢面的水，趁绢面湿而不汪的时候印画。奇迹出现了！这样，颜色恰好印在要求的位置上，而且自然、滋润。这不正是自己苦苦追求的那种效果吗？他兴奋极了。山重水复疑无路，柳暗花明又一村。他突然感到眼前一片光明。他把这个发现叫作“上水法”。

“上水法”的发明，虽然不能解决复制绢本国画的所有技术问题，其意义却十分重大，正如某一基础科学原理的发现不能代替具体技术，却为具体技术问题的解决提供了前提和基础一样，以后复制绢画一系列问题的解决，都离不开它。例如“铺垫法”“蹾法”等技法，都必须运用“上水法”。应该说，“上水法”为绢本国画的复制找到了一条根本的途径，它是复制绢本国画的一个具有普遍意义的艺术规律。木版水印画所以能够最大限度地保持中国画水墨淋漓、气韵生动、笔墨情趣变化万千的艺术特点，根本原因就在于水的作用。整个印刷过程须臾离不开水。这个规律，纸本木版水印画和绢本木版水印画概莫能外。只是由于纸、绢结构和质地不同，用水的量和方法不同而已。

《月夜楼阁》的复制，在“上水法”的基础上，又运用了“出胶法”。凡墨都含胶，对于绢画，一般含胶量都过大。胶大了，印在绢上会板结、发光，墨色不自然，尤其是印古代绢画，不能反映古画的原貌。何谓“出胶法”？就是在墨研成后加水，墨沉淀在下面，胶溶在水里，把水倒掉，就减少了胶的含量。用“出胶墨”在绢上印出来的线条柔和、乌黑、沉稳，接近或达到原作线条的色调的效果。试印过程还克服了其他种种困难，初步为运用雕版印刷艺术复印绢本国画闯出了一条路。总之，这是一项创造性的艺术实践，是一个具有深远意义的创举。没有《月夜楼阁》的试印成功，断不可能有《韩熙载夜宴图》《虢国夫人游春图》《清明上河图》等标志着荣宝斋开创我国雕版印刷艺术新纪元的著名木版水印画的相继问世。

继《月夜楼阁》的复制成功，田永庆又与孙连旺一起印制巨幅的、内容更加复杂的、艺术品位更高、难度更大的绢本历史名画——唐代周昉的《簪花仕女图》。他们共同研究，进一步解决了复制绢本国画的许多具体技术问题。例如，仕女的脸是用蛤粉印的，首先必须把蛤粉研得极细极细，每研一次，就加水沉淀，粗的颗粒下沉，细的浮在上面。沉淀后把细的倒出来，粗的继续研。这样反复四五次才能用。但因为蛤粉是颗粒性颜色，印上去仍进不了绢丝，只浮在绢的表面，很难印出层次来。印上去达不到要求，就用毛笔蘸清水洗掉重印，反复数次仍然不行。后来，印上去后利用手指的弹性轻轻在上面反复蹾，才把蛤粉扎进了绢丝。这种蹾法，还可以根据画面的需要，用不同的力量蹾出颜色的“厚”与“薄”来，把人物印得十分生动。

《簪花仕女图》的复制成功，标志着绢本国画的复制艺术进入了成熟的阶段。这件历史名画的精美复制品，曾被毛泽东主席和周恩来总理当作国礼，分别赠送给前苏联苏维埃主席团主席伏罗希洛夫和柬埔寨西哈努克亲王、缅甸总理吴努。

田永庆因为在运用传统雕版印刷艺术复制中国画的开拓性事业中作出了重要贡献和印制《簪花仕女图》的突出成绩，被评为文化系统全国劳动模范。1956年4月，出席了第一次全国先进工作者大会，受到毛泽东主席和中共中央政治局全体成员的接见，同毛主席和中央领导同志握手，并合影留念。他还荣幸地在宴会上向毛主席敬酒。接见时，周总理照名单念到田永庆的名字时说，你是荣宝斋的，我要到荣宝斋去看看。

马远《踏歌图》
荣宝斋木版水印作品

孙连旺也因为印制《簪花仕女图》有功，被安排去北戴河疗养一个月。

20世纪70年代末80年代初，田永庆又印制宋代著名画家马远的巨幅绢画《踏歌图》（纵195厘米、横114厘米），这是一幅气势恢宏的山水画，与细腻纤柔的《簪花仕女图》是截然不同的两种风格。我国的绘画，按其创作方法，分为工笔画和写意画。工笔画以写实的手法，细密严谨地描绘物象；写意画则抓住物象的主要特征，以最简括的笔墨表现其神形。尤其是写意山水画，画家往往以非凡的气魄和高度概括的手法去表现大自然雄浑壮阔的景象。复制中国画的木版水印艺术，也分为工笔和写意两种，它们的印刷方法大相径庭。因此，从事此项艺术者，往往也有分工；有的人心灵手巧，适于印工笔画；有的人有气魄，擅长印写意画。田永庆则两者兼擅，既能印徐悲鸿、齐白石等很有气魄的写意画，又能印《簪花仕女图》这样工致细腻的工笔画。马远、夏圭是很有影响的写意山水画家，史称“马夏派”。《踏歌图》是马远的代表作。此画以“大斧劈皴”表现山势的雄伟和峻峭，确系大刀阔斧之作。印制此画，必须领会原作所要表达的意图和达到目的的手法。田永庆很好地把握了这两者，开始在故宫博物馆里对着原作印。后来由于某种原因，故宫把原作收起来了，他只好收起摊子回到荣宝斋，对着黑白照片“背印”。这就在颜色和气韵的掌握上，给他造成了许多困难。但他凭借多年的实践经验，在极端困难的情况下，把画印成了。20世纪90年代初，故宫曾举办过一个真假画对照展，把马远的《踏歌图》原作和田永庆的复制品放在一起展出，两者差别不大，复制品基本上再现了原作的气势和风韵，说明复制是成功的。

田永庆不仅自己直接为木版水印艺术作出了重要贡献，亲手印制了许多木版水印画精品，还在领导生产和培养人才方面做了许多工作。他从1950年荣宝斋公私合营起到1986年退休，担任木版水印车间主任36年。期间要生产什么，由谁来印，都需要他来安排、组织。从50年代中期到80年代中期，是荣宝斋木版水印技术力量最雄厚、生产能力最强的时期。这期间印制古今名画约千余种，这些产品绝大部分渗透着他的心血。在这30多年中，荣宝斋培养了木版水印技术人员五六十人，使这种传统的印刷艺术代有传人，得以发扬光大。这些人的成材，固然由于老一辈木版水印师傅的共同栽培，而每个人的成长，都得到田永庆的关怀和指点，有些人，则是他手把手教出来的。

这位在荣宝斋从事木版水印事业半个多世纪、为我国的传统艺术奉献了毕生精力的老艺人，已经87岁了。他家里墙壁上挂着1956年他参加全国先进工作者大会时，毛泽东主席和中央领导同志同先进工作者的合影，和一幅齐白石画的菊花的木版水印复制品。这幅木版水印画水墨酣畅，国画韵味十足。每当谈及自己一生走过的路程，他总情不自禁地流露出内心的自豪。他至今依旧魂牵梦绕地眷恋着木版水印，经常在睡梦里酣然干着他所醉心的事业。

千载传神

——记木版水印画《韩熙载夜宴图》的制作者

画家、古画临摹专家、木版水印勾描大师陈林斋，木版水印刻版大师张延洲，印刷大师孙连旺三人，以八年艰苦卓绝的创造性劳动，成功复制了我国的历史名画——五代画家顾闳中的《韩熙载夜宴图》，开创了我国雕版印刷艺术的新纪元。

五代南唐后主李煜十分看重中书舍人韩熙载的才能，欲用其为相。而韩熙载见南唐政治腐败，大势已去，不愿出山，于是常邀许多人在家欢歌达旦，以掩其意。后主闻之，派画家顾闳中前去窥探。顾闳中“目识心记”，回来画成《韩熙载夜宴图》进呈后主。

顾闳中以写实手法画成的这幅绢本工笔重彩人物画，在我国绘画艺术史上有着重要的地位。此图以连环画的形式描绘韩熙载夜宴的情景，纵28.7厘米、横335.5厘米，通幅以铁线描绘，人物刻画十分细腻生动。须眉毛根出肉，蓬松、劲健，面部表情丰富，服饰高雅、绚丽。全画人物众多（包括重复出现的共46人），身份不同，表情与神态各异，但个个传神。床榻、几案、屏风、乐器和饮食器皿等器物，也悉心经营，详实描绘，用色更为讲究，全部采用石青、石绿、朱砂、赤金等矿物颜色和蛤粉，设色绚丽、沉雅。经过千年流转，画面颜色间或脱落，整幅画罩着一层包浆，更显其古雅珍贵。

《韩熙载夜宴图》的尺幅之大、画面之精细都是以往木版水印未曾遇到的。因此，复制这样一幅历史巨作，重现其风韵，难度之大可以想见。荣宝斋领导层特意挑选了功底深厚、经验丰富的画家、古画临摹复制专家陈林斋、高级技师张延洲、孙连旺三人担此

《韩熙载夜宴图》(局部) 荣宝斋木版水印作品

重任。

负责第一道工序分色勾描的陈林斋，号启明，1912年出生于北京。他自幼学画，17岁加入当时北京两个绘画组织之一“湖社画会”，后被评为该画会的评议员。又曾与荣宝斋的第二任经理王仁山等四人组织“四友画馆”，先后培养学生百余人。

陈林斋擅长传统人物画、仕女和婴戏，在长期的创作实践中，形成细腻、淡雅、逼真的艺术风格。所作婴戏尤为生动活泼，妙趣横生，有“小孩陈”之绰号。其作品多次参加国内外的展览，并在《美术作品》等刊物上发表。人民美术出版社曾为其出版过《十二钗》工笔仕女挂历。是中国画研究会会员、北京工笔重彩画会顾问。

1956年，陈林斋到荣宝斋从事古画临摹和木版水印分色勾描工作，1972年调故宫博物馆继续从事古画临摹复制。除《韩熙载夜宴图》，他还先后临摹了五代胡环的《卓歇图》，宋代李公麟的《临韦偃牧放图》、马和之的《唐风图》（二卷），元代王渊的《花竹锦鸡图》，长沙马王堆出土的《西汉帛画》（三件，其中一件被故宫赠送给来访的日本前首相田中角荣）和宋元册页四十余件历史名画，件件精确，气韵与原作一致，为我国文化艺术事业作出了很大的贡献。1994年，陈林斋被评为有突出贡献的专家，享受国务院颁发的特殊津贴。

陈林斋

《韩熙载夜宴图》的临摹和勾描，是陈林斋最杰出的成就。为了传达原作神韵，陈林斋首先对《夜宴图》的历史背景和韩熙载其人的性格特点及画作者顾闳中的艺术风格与绘画技法和所用颜料进行了深入的研究，在此基础上，对此画进行临摹，以作为分色勾描的母本。陈林斋的摹本忠实地再现了原作的风貌。他临摹后，故宫

对原作进行冲洗揭裱，使其色度和气韵减退，逊于摹本，故有人误将摹本当作原作。这虽是文物界和美术界的趣事，却足以说明陈林斋对原作理解之深刻和临摹技巧之高超。

临摹之后，才正式进入木版水印的第一道工序——分色勾描。他以人物为单位，根据不同的笔触和颜色分版，往往一个人物要极其细致地将眼睛、眉毛、须发、脸庞、嘴唇、衣纹等等分解成几十套版，然后把各套版画面的线条和轮廓用墨线分别勾在半透明的燕皮纸上。整幅画作共分解成1667套版，这是前所未有的。由于陈林斋深谙画理，绘画技巧娴熟，又对木版水印的规律和特点仔细揣摩，经常同此画的印刷者、有丰富木版水印经验的孙连旺磋商，了解印刷工序对分版勾描的要求，所以他分解勾描的版科学、合理，为复制成功打下了良好的基础。

接下来上手的是木版水印刻版技师张延洲，他的任务是把陈林斋勾描于燕皮纸上的线条准确地再现于木版上，也就是刻版。首先，他将勾描好的燕皮纸反贴于准备好的木版上，将纸弄湿，轻轻搓掉，只留下墨线，然后在墨线的外沿走刀，再把刀路以外的版面剔掉，使线条或轮廓凸起。他操刀如笔，能灵活掌握奏刀力度，在运动中通过刀的走向和力度的变化，来表现线条的转折、顿挫、轻重、缓急，把原作的笔墨情趣准确地传达于木版上。

到刻《韩熙载夜宴图》时，张延洲已操刀二十余年。他于1919年生于河北衡水县一个农民家庭，15岁来北京学徒。他是1896年荣宝斋设“贴套作”时延聘的雕版高手戴广斋的再传弟子。他的师傅冯华庭得戴广斋的真传，以出手精细著称。张延洲寡言少语，酷爱雕版艺术，刻苦钻研，心领神会，继承师傅的特长，并加以发展，掌握了雕版艺术的精髓，其精细程度超越了前人。1946年荣宝斋复制张大千《敦煌供养人》，就是当时在其师傅冯华庭作坊里工作的张延洲刻的版。

木版水印的刻版者，为了在走刀时木屑易于脱落，一般都在正式走刀以前，先在线条附近先拉一刀，行话叫作“圈空”。而张延洲对这一刀却非常认真，严格地与线条保持等距，并且用力均匀。这样，刻的时候就能更省劲、更准确。他对线条有一种特殊的感受力，不管勾在版上的线条怎么凌乱，经过他的手，都能理出头绪，刻得根根有着落，条条有交代。到了晚年，他眼花了，但不论多么精细的线条，仍然刻得非常准确。与其说他是凭眼睛在刻，不如说他是凭经验、凭感觉、凭心灵在刻。

张延洲

张延洲的敬业精神令人钦佩。他对任何一套版片、任何一根线条都一丝不苟。有时发现上一道工序勾描有不合理、不准确的地方，就去找他们重勾（这本来不是刻版者的责任，刻者只要按勾就的线条刻就行了）。他这种认真的态度，常使上道工序的人感动不已。有时勾描的人看了，觉得确有误差，但并没有重勾，而是请他直接用刀改正过来。

在谈到他对刻版工作的体会时说：“动刀前，一定要吃透原作精神，动起刀来，一定要严肃认真，一丝不苟，做到思想、手、眼相结合才行。”这是极其可贵的经验之谈。荣宝斋的四大绢本木版水印画精品：唐代周昉的《簪花仕女图》、五代顾闳中的《韩熙载夜宴图》、宋代赵佶临唐代张萱的《虢国夫人游春图》、宋代张择端的《清明上河图》，张延洲一人就刻了前三件。特别使人感动的是，1986年他67岁退休时，《虢国夫人游春图》刻版尚未完成，为了使这一历史名画的复制品风格一致，他仍然拖着有病的腿，到单位上班，一直坚持到1992年为《虢国夫人游春图》的刻版工作画上句号。每当谈起这些，他总是十分欣慰地说：我为荣宝斋刻了四大件（除了上述三件，另一件是唐代韩滉的《文苑图》）。

张延洲集其艺术生涯之精萃于《夜宴图》，所刻线条准确而精妙，把原作的笔墨韵致表达得淋漓尽致，特别是画中主人公韩熙载细于毫毛的美髯，刻得刚而不愣，柔而不媚，密而不堵，松而不乱，层次分明，婉转飘逸，堪称绝技。画中和尚刚剃光的头，在放大镜下毛根出肉的逼真情景，也令人拍案叫绝。

第三道工序是印刷。

如果说勾描、刻版是木版水印艺术的基础，那么，印刷则是木版水印的灵魂。赋予木版水印画《韩熙载夜宴图》灵魂的是木版水印印刷大师孙连旺。

孙连旺

孙连旺，北京通州人，1938年到荣宝斋学徒。他十分勤快，学徒必须做的那些杂活他都主动去做。对技术活他更加刻苦、用心。师傅教的他认真听，恭恭敬敬地学；师傅没教的，他偷偷地学。三年多下来，他已经相当熟练了。

荣宝斋的“帖套作”分红案和白案，因为印大八行、小八行信纸要用红颜色印出红杠杠来，所以凡是印的话，不管是否用红颜色，都叫红案；裁纸、折页、装订、做信封等不需要印的话，都属于白案。孙连旺出师没几年，就红案白案样样精通，成为这一行业的佼佼者，被掌柜的提拔为“帖套作”的负责人。

1950年荣宝斋公私合营，原来的“帖套作”改为印刷车间，因为他当过作坊的负责人，被看作旧社会的工头，没有安排他担任什么职务，但他的敬业精神始终没有变。他熟练的技艺，加上精益求精的敬业精神和对荣宝斋名誉负责的责任心，使他成为荣宝斋发展木版水印事业的骨干力量，成为绢本木刻水印画的创始人之一。除《韩熙载夜宴图》外，他还先后印过《簪花仕女图》《宋元画册》（部分）、《中国版画选》（部分）。荣宝斋出版的其他绢画，也常常先由他打出样来，让别人照着印。木版水印画《韩熙载夜宴图》的印制成功表明他的印刷技艺达到了巅峰。

复制《夜宴图》，首先要选择结构和绢丝粗细与原作一样的绢，然后用水加胶、矾和颜色进行熬煮，使其颜色与原作的绢地一致，这个过程叫作染绢。绢染好后再托上一层宣纸，把绢丝固定在纸上，才能开始印。

孙连旺经验丰富，悟性极高，对于刷、砑、掸和水的运用都有独到之处，但是印制《夜宴图》还是让他伤透了脑筋。因为印制这卷内容繁复、艺术水平极高的古典绢本绘画，遇到了许多木版水印从未遇到过的难题。

他边实践边摸索，印上去，觉得不行，用毛笔蘸水把颜色洗掉重印，反复印多次仍不理想，颜色总是浮在绢的表面，远远达不到原作厚重、沉稳、华丽、滋润的效果。怎么办？他常常一个人叼着烟斗在院里的花木间驻足沉思。经过反复琢磨，反复试验，终于找到了问题的症结和解决的办法。

绢丝比宣纸纤维粗，不易吸收颜色，所以画家在绢上画画，为了达到颜色厚的目的，常常在绢的背面上色，作为衬托，然后在正面画。而印绢画，为了避免印的过程中反复抻拉，扯动绢丝，造成印上去的画变形，在染色作旧以后，托上一层纸以固定绢丝，这样就不能与画家一样在绢的背面托色。于是孙连旺采用铺垫底色的办法，即要印某种颜色，先用另一种颜色铺底，作为衬托，再印所需的颜色，起到了背面托色的作用。例如印石青色，根据画面的需要，以花青或蛤粉作底色，然后再由浅到深反复印石青色。这样虽然也还薄，却能给人以厚的感觉。由于画面有变化，有的地方即使很薄，甚至除了底色没有别的颜色，也不会给人以薄或无的感觉。

由于木版水印画《夜宴图》采用与原作一样的矿物和骨质颜料石青、石绿、朱砂、赤金、蛤粉等，都是颗粒状颜色，不易渗入绢丝。为解决这个难题，孙连旺发明了蹾法，即用潮湿的纸捻或纱布裹棉花系成球，在绢上由上而下垂直用力蹾，把颜色扎进绢丝。这种办法，不但可使颜色均匀、沉稳，而且可根据画面的需要蹾出深浅变化来。

绢是一种丝织品，由于经纬绢丝交叉造成凹凸不平，印起来线条不容易准确，特别是人物的眼睛、须眉等极细腻的部分，稍有偏差，就可能谬之千里。孙连旺在这些部位的绢下面垫上玻璃板，然后用硬物在上面来回研，把圆形的绢丝研扁，使凹凸的绢面变平。这样印出来的线条十分准确，人物个个传神。

《夜宴图》的复制从1959年开始筹划，到1979年完成，前后20年，除去“文革”耽误的时间，实际用时八年，勾描、刻版1667套，复制35幅（已被故宫博物馆、辽宁博物馆等博物馆和国外收藏家收藏），每幅印刷近万次，共计印刷约30万次。参与其事者，一丝不苟，使得木版水印画《韩熙载夜宴图》与原作丝毫不差，连原作画面自然脱落和流年逝月所形成的包浆，也都巧妙地表现出来，整体气韵与原作无异。这样内容繁复、画幅巨大、格调高雅、气魄非凡的雕版印刷品，在历史上是空前的。制作者的技艺和坚忍刻苦的精神也是前无古人的。陈林斋、张延洲、孙连旺的名字，将随木版水印《韩熙载夜宴图》的流传而流芳后世。

最高的奖赏

——“中华技能大奖”获得者、木版水印高级技师王玉良

王玉良

人们常常以绣花作为细活的象征，殊不知，世间还有比绣花更细的活儿。荣宝斋的木版水印高级技师王玉良在年近花甲之时，完成了历史名画《虢国夫人游春图》的复印，就是比绣花更细致的活儿，他因而荣获“中华技能大奖”的称号。

王玉良同志出生于北京顺义区一个农民家庭，1951年16岁时到荣宝斋工作，被分配在木版水印车间学徒。他从最简单的印大八行信纸开始，练习基本功，掌握木版水印的基础知识。接着印年画、参加印制敦煌壁画、宋元画册、百花齐放集子以及齐白石的草虫册页等。由于他能吃苦耐劳，努力学习，用心领悟木版水印的艺术特点，技术提高很快，尤其是在印宋元画册中，显示出他在印制细腻的古典绢本绘画方面的长处。1963年他受命印制历史名画——五代画家顾闳中的工笔重彩人物画《韩熙载夜宴图》中的第一段“琵琶独奏”。这是一个人物众多（有12个人物刻），刻画极其细腻、极其传神的场面，每个人的眼神都凝视着弹琵琶者的手指上；着色典雅沉稳，线条细于毫发，印起来难度极大。他在著名画家刘凌沧、陈林斋、郭慕熙和印刷老师傅的指导下，克服了“着色难”“露线难”“作旧难”等困难，出色完成任务，受到美术界和业内专家的

好评。

继标志荣宝斋开创我国雕版印刷艺术新纪元的整幅《韩熙载夜宴图》在陈林斋、张延洲、孙连旺努力之下于1979年复制成功之后，荣宝斋于1981年又决定复制另一幅历史名画——宋徽宗临摹唐代著名画家张萱的《虢国夫人游春图》。这对木版印刷艺术，无疑又是一个挑战。谁来担当这一重任？年富力强、责任心强并成功印过《夜宴图》局部，对印制古典绢画有较丰富经验、又有探索精神的王玉良，自然成为首选。他欣然接受这一挑战。

《虢国夫人游春图》，绢本设色，是张萱的代表作之一。图中描绘杨贵妃的三妹虢国夫人率家人盛装出游的情景，反映当时贵族妇女奢华的生活，在当时，是具有典型现实意义的杰作，与杜甫的《丽人行》史诗交相辉映，有深远的历史意义。

该图再现了虢国夫人一行女扮男装，挥鞭骤马，“道路为之耻骇”的典型环境。画面人马疏密有度，以少胜多，着重人物内心刻画，通过劲细的线描和色调的敷设，浓艳而不失秀雅，精工而不流于版滞。原作已佚，摹本尤存盛唐风貌，弥足珍贵。

复制此画，面临三大困难。一是设色难仿，尤其是马身上的大块敷彩，浓艳沉稳而富于变化。据说，复制之前，画家冯忠莲临摹此画，在处理大块敷色时，反复摹绘，总不能达到原画的面貌，急得直哭。用毛笔直接在绢上敷绘尚且如此，要通过木版再现原貌，难度可想而知。二是人物表情、服饰和鞍马等，均以纤细柔劲的“游丝描”来表现，且线条又有轻重缓急，粗细、虚实之变化，复印时不能有丝毫的差池，否则就不能表达原画的意境。三是复制过程采用流水作业，边勾描、边刻版、边印刷，一套版，上道工序一完成，立即交下道工序操作，没有打样试印的过程，每一套版都必须小心谨慎，只能成功，不能失败，不然就可能前功尽弃。

复制古典绢本绘画的印刷环节，必须从染绢开始。首先要选择与原作用绢结构一致的绢，再按照原作绢地经过近千年流传所形成的古旧颜色，进行配料的研究试验，包括颜料的配搭、胶与矾的比例等，直到出现理想的效果，才能染出与原作绢地一样的旧色绢。染旧色绢本身就是一项复杂而细致的工艺。复制《虢国夫人游春

张萱《虢国夫人游春图》 荣宝斋木版水印作品

图》所需的绢，都是王玉良自己染出来的。

王玉良在印制《虢国夫人游春图》的用色方面颇费心思，很有创新精神。此画用色多为复合颜色，成分复杂。他用心研究，分析原画不同部位颜色的构成成分，反复试验，大胆创新，精心研制。而在使用过程也很讲究，采取了一些很细致、很严格的措施，如在春秋和冬季气温较低的季节，把盛颜色的器皿置于热水中，使颜色充分化开，再用一张宣纸把上面的一层胶拉掉。下班时，用宣纸盖严，用水喷湿，使里面的水不蒸发，保持颜色稳定的色度，不因水分蒸发而变浓、变深。他对白颜色的蛤粉的研制和使用，更具匠心。这种颜色不易融化，必须经过反复研磨、沉淀，去粗取精和去胶，研制好存放三至五年再用，并在使用时适当提高室内的湿度。以前在绢上印这种颜色，需采用“蹾”的办法，才能使蛤粉进入绢丝；现在经过精制和存放，较易为绢丝所吸收，不需要“蹾”了。他体会到，这种颜色研制好，存放时间越长越好使用，如能存放二三十年，那将会更好使用。由于在复印过程要反复拉扯，为了防止绢丝在拉扯中挪动，造成绢面变形、印不准，所以在印刷之前，必须在染好的旧色绢的背面托上一层宣纸，把绢丝固定起来。这样，印制过程中就不能像画家一样在绢的背面托色了。在正面印，颜色总感到单薄，怎么印也厚不起来。荣宝斋的印刷技师们探索出“铺垫底色”的办法，解决了这个问题。王玉良根据《虢国夫人游春图》设色特点，采用赫石作为底色，进行铺垫，然后再用花青、胭脂、藤黄调配而成的复合色反复研印，直到符合要求为止。他在用色方面的创造性劳动，使复制品的色调与原画一样浓艳而秀雅，纯朴明净。马身上的大面积敷色，更是印得匀净华滋，沉润典雅，毫无板滞之嫌。这在木版水印的用色上，堪称典范。

我们说复制《虢国夫人游春图》这活儿比绣花还细，主要表现在印线条上。画家以细如劈发的线条来表现人物和鞍马，刻画唐代贵族妇女那种闲适、自若、无可事事的心境和陪托主人身份的马匹的优雅、华贵。人物的眼睛、眉毛、衣纹和马鬃、马尾等线条，不仅纤细，而且有刚柔、粗细、轻重缓急和虚实的变化。要通过木版，在绢上再现画家所表达的意境和笔墨情趣，必须对此画的时代背景和画家的风格特点作深入的研究，有深刻的理解，并具备高超的技艺，能自如地采用相应的措施。王玉良在深刻理解此画的意境、掌握画家艺术特点的基础上，大胆探索，创造了一套适合此画的技法。我们姑且把这种看得见摸得着的技术措施称为“硬件”。他在硬件上做到了精益求精，一丝不苟。版片上那些细而密的线条之间，在反复掸色之后，容易发生粘连或堵塞，他每印完一次，都要用刷子尖细细把版上线条之间的残留的颜色清理干净；掸色则严格按画家的用笔方法进行；为了使绢更稳定，更容易着色，把室内的湿度提高到85度。最难的在于每套版必须在每张复制品上印两到三次，每次都必须使版上的线条绝对准确地落在绢上的同一位置，不能有丝毫的挪动，行话叫作“重”。既不能出现重复的线条，也不能让线条变形、走样，而且还要印出画家的用笔情趣。须知，绢、木版，在不同条件下会产生不同的伸缩性，对绢抻拉的力度，也会影响线条的准确性；决定线条的变化，表达画家用笔情趣的，除了掸色的因素之外，就是靠砑的轻重缓急和动作的方向了。而这些却不是像清理版片那样靠认真和细心可以解决的，是看不见、摸不着的，是要靠经验的积累，靠艺术修养、靠智慧才能做到的。我们可以把这些比作“软件”。印这种极细腻的线条，必须使身体、木版、绢、工具和周围环境构成一个有机的整体，在适当的湿度中，在版上掸好颜色，屏住呼吸，用适度的力把绢抻到恰到好处的位置，以适合线条要求的动作，在绢的背面一砑。这一切都是在一刹那中自然而然完成的，不需要多少时间进行思考，而是靠体会、靠感觉完成的。这种境界，达到物我一体，天人合一，已超出了技术本身，是技术的升华，是一种艺术灵感，是经验升华为智慧。一次，他正在印线条，突然觉得有人开窗了。他不是听到开窗的声音，也没有看见开窗的动作，而是感觉到室内的湿度降低了，抬头张望，果然窗户敞开着。这说明，当他进入物我一体、天人合一的工作状态时，感觉是很灵敏的，任何不利因素的出现，都能体察出来，及时采取补救措施。什么叫身怀绝技，这就是身怀绝技。正是这种绝技，使他把握了木版上的每一根线条及其变化，准确地再现于复制品相应的位置上，印出了原画线条的情趣和效果，惟妙惟肖，与原画无异。

木版水印画《虢国夫人游春图》，无论颜色的运用、线条的复印、人物的神态和总体气韵，都再现了原画的风貌，达到酷似原作的效果。这是继《韩熙载夜宴图》复制成功之后，荣宝斋在复制古典绢本绘画上的又一重大成果，而且在复制艺术的某些方面，又提高到一个新的高度，受到各界的高度赞扬，1994年获第一届国家图书奖提名奖。

《虢国夫人游春图》的成功复制，使王玉良的技艺更上一层楼，达到他木版水印艺术生涯的高峰，成为荣宝斋木版水印的主要骨干和这项艺术的传人。他承担了验收木版水印产品的任务，为每个木版水印艺人的成果打分；他担负起了培养木版水印新人的重担，言传身教，毫无保留地把他的技艺、经验和敬业精神传给下一代。

他用“四心”来概括自己半个多世纪木版水印艺术实践的体会。静心：静如深山平湖水；细心：细胜春蚕吐细丝；耐心：耐比耕牛田中作；恒心：恒似日月照汗空。细细品味这“四心”，回顾他50多年走过的路，确实是他艺术生涯的真实写照，是他从艺术实践中提炼出来的精华。这是每个木版水印从艺者应该吸取和必须具备的素质。

1995年11月，王玉良在年届花甲之时，荣获“中华技能大奖”的称号，出席了劳动部召开的中华技能大奖和全国技术能手表彰大会，与其他获奖者一起，受到李瑞环、陈慕华、罗干等党和国家领

木版水印中心请王玉良技师共同研究绢印新技术

导人的接见，并合影留念。

出席这次表彰大会的，有获得全国“技术能手”称号者200多人，而获得“中华技能大奖”称号的只有10人。这是我国政府对优秀技能劳动者的最高奖励。获此大奖者，被人们誉为“工人院士”。由此看来，“中华技能大奖”是一种崇高的荣誉和最高的奖赏。俗话说，“七十二行，行行出状元”，出席表彰大会的全国技术能手，是从各行各业千千万万技术能手中选出来的佼佼者；而“中华技能大奖”获得者，更是这些佼佼者中的佼佼者。王玉良同志获得这个称号，是何等的荣耀，何等的自豪！这不仅是王玉良同志的殊荣，也是木版水印行业的光荣，是所有木版水印工作者的骄傲，也是荣宝斋的光荣和骄傲。这是党、国家和人民对木版水印事业的充分肯定，是对荣宝斋在传统的雕版印刷艺术方面所作贡献的褒扬。

我国雕版艺术的又一次革新

——“崩刀法”的发明及其意义

我国的雕版印刷艺术问世一千多年来，雕版工艺的工具，主要是一种月牙形、薄而锋利的斜口刀。用这种刀具在点、线和色块外沿走刀，行话叫作“拉”。版面图形以外的空隙，用圆凿和大小不同的方凿加以剔除。对于追求中国书画艺术效果，欲达到逼肖于原作的木版水印，这些刀法在处理“飞白”和“皴法”等细腻的笔法，缺乏表现力。那些用干笔和散锋写出来、画出来的“飞白”“皴法”形成的断续的线，点线相间，或形态各异的密集的网纹状的点，和画家为了追求某种效果在运笔过程中抖动造成的线条与色块周边不规则的错落等状况，用传统“拉”的刀法是难以奏效的。以前表现“皴法”的方法是在线条刻好后，再在两边掏挖，弄不好就会出现“虫吃”的痕迹，难以达到原作的面貌。为了表现原画这些复杂而微妙的状态，1953年刻版技师苏志生用机械钟表上的发条制成“崩刀”，绑在笔杆上试刻，效果十分理想。起初，这种刀被称为“苏崩刀”。后来，经过改进，用医院做手术刀所用的钢料，制成薄而短的月牙形小刀。用这种“崩刀”“挑”和“拨”的刀法来表现涩笔干皴的效果，叫作“崩刀法”。用这种刀法来弥补原有刀法的不足，使印出来的复制品达到原作的风貌，这是对我国雕版艺术的一

“崩刀”的发明者苏志生

次革新和重要的贡献。

历史上的发明创造，都是根据社会生产实践的需要应运而生的。蔡伦造纸、毕昇发明活字印刷，就是发展社会文化事业的需要，由蔡伦、毕昇分别在人民群众实践经验的基础上加以总结，形成系统的理论和技术规程，而成为发明创造的。“崩刀法”正是由于木版水印艺术的需要，要求刻版工作者寻求新的刀法来解决原有刀法不能解决问题的情况下产生的，并在长期的雕版艺术实践中成为大家都能掌握和运用的成熟的雕版艺术技法。

下面，我们将“崩刀法”与传统“拉”的刀法的效果做个比较。

1. “崩刀法”在“飞白”和“皴法”处“挑”和“拨”时，木屑从版体蹦出，会留下一些毛粗的碴儿，能够表现画家的笔墨情趣，而原有斜口刀“拉”的刀法刻出来的点、线，周边是光滑的，缺乏这种情趣。

2. “崩刀”薄而锋利，能把细小的断续的线条，密集的小点儿，甚至若隐若现、似有似无的点、线刻得更精微，更细腻，而斜口刀刀体较厚，容易把细小的点线挤倒，达不到期望的效果。

3. 崩刀柄短而细，用拇指、中指、食指捏住刀柄下端，距刀尖近，易于控制，动作灵活、沉稳，能精准地刻细微的点线；斜口刀柄长，用拳握柄，其准度远不及崩刀。

4. 崩刀法的精微、准确，还能把笔锋中纷乱的细微的点线按画家的笔势理顺，这是“拉”的刀法无法做到的。

据刻版老技师张进深说，他曾到外地有木版水印的地方去参

刻版刀具

观、交流，发现其他地方没有应用荣宝斋发明的“崩刀法”对“飞白”“皴法”进行处理，这些部位印出来，远不及荣宝斋的细腻、丰富。

“崩刀法”的发明，反过来又拓宽了斜口刀的功能。过去，它只有“拉”的用法，现在刻版技师将崩刀法应用在斜口刀上，用它来刻“飞白”“皴法”时“挑”和“拨”。因为，它的柄粗而长，用拳握柄，力量大，其效率比崩刀更高。因此，在多数情况下，都用斜口刀来处理“飞白”和“皴法”。然而，用斜口刀实施崩刀法有两个缺点：一是其刀尖韧度不及崩刀，容易崩折；二是力量大，不易控制，刻极细的点线不够准确。所以，真遇到极细腻、极微妙处，仍需用“崩刀”来实施崩刀法。

总之，在雕版艺术实践中，传统的斜口刀和崩刀都可运用“崩刀法”，雕版师傅们往往根据情况，将两种刀具结合起来使用，互为补充，使雕版艺术的刀法更灵活、更丰富，也更能完美地在木版水印画中表现原作的笔墨情趣。崩刀法的发明，解决了木版水印画表现中国山水画中难以表现的皴法这个难题，从而使木版水印的适应范围扩大到复杂的山水画，这无疑是我国雕版艺术的一大进步。

荣宝斋木版水印画趣事

被誉为中国一绝的荣宝斋木版水印画，在国内外都享有盛名。由于它的独特工艺和“酷似原作，几可乱真”的神奇效果，引出了许多有趣的故事。这里收集了这些故事中的一部分，供大家玩味，或以博一粲。

一、叶圣陶的真知灼见

在文艺界中，对荣宝斋的木版水印画最有感情，理解最深刻，表述最贴切的，要数老作家、老教育家叶圣陶先生了。他说，中国画有一种特殊的韵味，而所有的出版物，不管是铜版还是凹印，任你印得再精，都失去了那种特有的韵味，看起来总是一张照片，苦于找不到一种能保持这种艺术韵味的印刷方法。现在好了，荣宝斋终于找到了这种方法，就是木版水印。因为木版水印采用的是与国画完全一样的宣纸和国画颜料，不必借助网点。通过木版，把画印在宣纸上，保持了国画那种水墨淋漓、气韵生动、笔墨情趣变化万千的艺术特色。不是原作，酷似原作，几可乱真。他还把这种感受写成一篇文章，题为《瞒过专家的眼睛》，发表在《新观察》杂志上。

叶老的客厅曾挂着一幅荣宝斋复制的清代画家华嵒的《花鸟图》。画中海棠的主干从左向右，笔墨浓重，墨韵十足。淡淡的白花和绿叶，渲染着春的气息。一根长枝直伸到右上角，一只鸟落在这高枝的一分枝上，还半张着翅膀，它的爪紧紧抓住小枝条，把枝条压得弯弯的，在空中摇荡着。这只尚未落定的鸟嘴半张着，眼睛对着下面另一枝丫上的两只鸟，似乎在向它们呼唤：你们快上来呀。下面的鸟也盯着高处的鸟，遥相呼应。这几只鸟，通体毛绒绒的，腹部为胭色，脊背和颈、翅为几种颜色相间，色彩柔和，栩栩如生，神态十分生动。左上角题“鸟悦名花醇似酒，争来饱玩太平春”，字也印得干湿有致。整幅画丝毫看不出印刷的痕迹。来访的客人都以为是画家的原作，羡慕叶老拥有这么一件珍贵的古代绘画。叶老每每总要颇费口舌，为客人讲解荣宝斋木版水印画的原理、工艺过程、特点和意义。而客人也总是专注地聆听，并以诧异的眼神注视这件令人惊讶的木版水印画。

据说，画家阿老（又名老宪洪）家里曾挂有一幅荣宝斋复制的徐悲鸿《群鹅图》的木版水印画，也常被来访客人视为徐悲鸿的原作而羡慕不已。

二、殊荣

1959年，荣宝斋以其木版水印产品参加在原德意志民主共和国莱比锡举办的国际图书博览会，80多种木版水印画整整布置了一个展厅。按照博览会的规定，由评委对参展的所有图书进行评比，优秀的图书，根据不同等级，分别评出金、银、铜奖若干个。使评委们感到困惑的是，应该如何给荣宝斋的木版水印画评奖。评委们认为，荣宝斋参展的80多种木版水印画，都是最优秀的出版物，每一种都应该得到一枚金牌，但博览会没有准备那么多的金牌。怎么办呢？最后商定，授予荣宝斋参展的所有木版水印画以“特殊金奖”的殊荣。

INTERNATIONALE
BUCHKUNST-AUSSTELLUNG
LEIPZIG 1959

FÜR AUSGEZEICHNETE LEISTUNGEN
AUF DEM GEBIET DER
Grafik
WIRD
dem „Atelier der leuchtenden Schätze" Jung Bao Dschai
EINE GOLDMEDAILLE VERLIEHEN

木版水印在莱比锡博览会上所获金质奖章、证书

三、白石老人的困惑

齐白石大师是荣宝斋的老朋友。荣宝斋的第一件木版水印画，就是印白石老人的《白茶花》，老人还亲自到现场来指导。1950年荣宝斋公私合营初期，尚未探索出适应新形势的经营路子，遇到了

挫折，因为成功复制了齐白石和徐悲鸿的作品，走出了困境，所以有人说，新生的荣宝斋，以“徐齐”起家。又因为齐白石的作品最适合木版水印，印出来的木版水印画最受欢迎，荣宝斋印他的作品最多（包括笺画共计300多种），所以又有人给荣宝斋起“齐白石出版社”的绰号。

一次，经理侯恺把白石老人请到店里来，落座奉茶之后，在他面前展示两幅画《虾》，说：这两幅画，一幅是您亲笔画的，一幅是我们根据您的原作复印的，请您辨别一下，哪幅是您画的，哪幅是我们印的？老人走近画幅，审视良久，摇摇头说：我看不出来。

荣宝斋的木版水印画真神了！

四、徐悲鸿的惊喜

20世纪50年代初，荣宝斋用木版水印技艺成功复制了徐悲鸿两幅《奔马》以后，有一天，徐先生又来荣宝斋，从皮包里拿出另一幅《奔马》让荣宝斋复制。与以前不同的是，这次给荣宝斋出了一“难题”。他指着这幅画对经理侯恺说：我觉得这马画得还不错，就是这条腿长了点，比例不太合适，你看有没有办法修改一下？说完，他用征询和期待的眼神望着侯恺。不料侯恺面无难色，胸有成竹地说：这很容易，只要复制时在勾描的过程中把它缩短就行了，您看去掉多少合适？侯恺的回答，出乎徐悲鸿的意料。他用指甲在马腿上划了两道印，示意去掉两道印中间的那一部分；他又从包里拿出一张照片，说是他剪接好的，可作为复制过程修改时参考。复制过程中，他又来过几次，对操作人员作具体指导。按照画家的要求，经过勾描修改和刻版，打出印样，徐悲鸿看到那条马腿，高兴极了，激动地说：你们修改得天衣无缝……这真是一门了不起的艺术。

五、关山月的感叹

20世纪70年代，荣宝斋请岭南派大师关山月画一幅《农民运动讲习所旧址》，做木版水印的蓝本。画家画好把画送来了。但他对画中的房子不太满意；再画么，也未必就能尽意，心里不太畅快。技术人员商量后建议把房子重画一下，我们复制时把原来的树和新画的房子拼接在一起就行了。关先生听后觉得这种做法很新奇，但对其原理不解，仍有些不放心，说这么做行吗？会不会留下拼接的痕迹？能融成一幅完整的画吗？技术人员对他说，其实这么做对我们复制工作来说，同复制一幅完整的画并没有什么区别。因为一幅完整的画在复制过程中，也需要分版勾描、刻版、印刷，在工作程序上，跟把您先后画的两部分接在一起是完全一样的。

于是画家重新画了房子。荣宝斋按正常复制程序，把这两部分复制成一幅完整的画，没有任何拼接的痕迹，效果十分理想。使关山月先生对这种传统的木版水印技艺有更深刻的理解，更加佩服这些看似平凡，实则非常神奇、非常奥妙的木版水印技师们的手艺了。

六、吴作人的疏忽

一日，一位老华侨手持吴作人的画作《奔犛》，登门拜访吴作人先生，请他为这幅画题字。吴先生是个待客热情的画家，对慕名远道而来的求题字的华侨，更不愿拂人之美意。招呼客人坐定以后，他接过这位华侨递给他的画，稍加审视，提起笔就要题字。这时，老华侨不经意地赞叹道：这是刚从荣宝斋买的，他们的木版水印画印得真好，看起来就像画家亲笔画的。吴先生心里一震，把笔停了下来。他感叹这位老华侨的坦诚，无意中提醒他这是一件木版水印画；更惊诧荣宝斋木版水印画的神奇，竟然险些当成自己的作品来题字。定神以后，他再次把目光投到这不寻常的复制品上，仔细端详，稍事思考后，重新提笔在这幅画上写道："此帧是荣宝斋的木版水印画……"他觉得，这幅画无论是笔墨还是气韵，都酷似原作，连自己都差点酿成大错，当成原作，一般人就更不容易辨认了。这幅木版水印画，如果再加上自己的亲笔题字，一旦从这位华侨手中流入社会，那就更加无疑会被当作原作了，所以必须明确指出它是木版水印画。

七、绝活

《荣宝斋三百年间》一书的作者郑理先生在该书的《引子》中写道：

一九五四年，我在南京读书的时候，有位老师从北京回来，逢人便说："去北京一定要逛逛琉璃厂，看看荣宝斋。"他拿出一幅徐悲鸿的奔马给大家看。许多师生都惊喜地问他："徐悲鸿的奔马！从哪里买的？"

"荣宝斋呗。"

"多少钱？"

"你们猜猜看。"

有说一百万（旧币，一万等于新币一元——作者注），有说二百万的，还有说五百万、八百万的，众说不一。

可这位老师总是笑眯眯摇着头：

"不对，不对，都不对！"

"老师，这画到底是多少钱买的？"我仰起脑袋问道。

"十五万元。"他先伸出一个指头，又伸出五个指头说。

"啊呀，这么便宜！是不是你少付人家钱？"一位女教师睁大眼睛惊讶地说。

"这不是徐悲鸿的原作，是荣宝斋的绝活——木版水印复制画。"

"这明明是徐悲鸿亲笔画的画嘛，怎么是复制的呢！"

"嗨，我不是说了嘛，这是荣宝斋的绝活，用这种办法印出来的画能以假乱真，真假难分。听说把齐白石的原画同木版水印复制品放在一起，连齐白石自己也难分辨出来……你们说，荣宝斋的木版水印这活绝不绝？"

八、识破庐山真面目

我国实行改革开放政策以后，随着经济的发展和人民生活水平的不断提高，文化市场也逐渐活跃起来。一部分先富起来的人，开始玩起字画来了。名人字画，是社会公认的具有保值、增值功能的艺术品，自然成为收藏者关注的热点。因此，文化市场开放不久，名人字画的价格就陡然升高。由于时间、地点和观念的差异，名人字画的价格存在很大的空间，于是，有一些人就倒腾起字画。齐白石、徐悲鸿的作品当然是市场上最为炙手可热的商品，成为某些人倒腾的对象。大约在20世纪80年代初，有人手里有一幅齐白石与徐悲鸿合作的国画《芋叶双鸡》，齐白石画的芋叶，徐悲鸿画了两只鸡。这两位大师合作，并且画的很好的画，其身价更是不同凡响了。此画在私下里被反复倒腾，不知经过多少人之手，价位也不断加码。有一天，此画转到某君手里，不知出于什么缘故，是他想试探此画的真实价值，还是他发现此画有什么疑窦，而自己没有把握，想弄个水落石出，将画送到荣宝斋来。这才露出了它的真面目——原来是荣宝斋的木版水印画。此画付梓以来反复出版，印了许多，而真迹却只有一件，由荣宝斋收藏着。

徐悲鸿、齐白石合作《芋叶双鸡图》

九、固执的客人

大约在20世纪70年代，一个德国印刷专家来荣宝斋参观。接待人员在客人参观木版水印画生产过程以前，先向客人介绍有代表性的木版水印产品。客人兴致勃勃地观赏这些中国历代名画家作品的木版水印复制品，但客人的感觉与接待人员的介绍出现了强烈的反差：他用放大镜在明代画家蓝瑛等人的作品复制品上反复观察，仔细琢磨，似乎找到了什么证据，坚持这些画不是印刷品，而是原作，是画家用笔画出来的，因为他在这些画上找不到印刷品的任何痕迹——网点。在他的观念中，凡印刷品，其图像都是由浓淡、疏密不同的网点构成的。既然没有网点，怎么可能是印刷品呢！任凭接待人员怎么解释，他都不相信。及至接待人员带领他参观了木版水印的整个工艺过程，目睹木版水印艺人对着原作，按照原作画家作画的笔势，将与原作一样的颜色掸在与原作相对位置的版片上，直接印在宣纸（或绢）上，产生了与原作一样的艺术效果。木版水印与画家画画，确有异曲同工之美和殊途同归之妙。他信服了，称中国的木版水印是一种不可思议的、奇特的印刷艺术。

十、无心插柳柳成行

中华人民共和国成立初期，国际上的反华、反共势力甚嚣尘上，对我国实行政治、经济、文化封锁，严禁我国的出版物进入他们的国家。然而，荣宝斋的木版水印出版物却以其独特的艺术魅力冲破重重封锁，行销许多国家和地区，对这些国家和地区的人民了解中国起了积极的作用。50年代初，荣宝斋重新刻印的明代《十竹斋笺谱》，全书4卷，有笺画283幅。到了德国，被当成艺术珍品，拆开一张一张地卖。有一读者，在市场上发现这种与西方文化截然不同的东方古老艺术，它们淡雅古朴，含蓄蕴藉，深奥莫测，觉得美极了，便一张一张地收集。他不知道这原本是一部书被拆开的，也不知道这类艺术品究竟有多少张，只要是不重样的，他就买，花了很多时间和精力，把所有能找到的不同的笺画都买了。后来，这位朋友来到北京，无意中发现，它们原来是荣宝斋出版的一套明代的完整的艺术品，穷工极巧，至精至美！他在不经意中，竟然把这部4卷283幅的笺画收集齐了。他高兴极了。他还进一步在荣宝斋了解到这种中国传统艺术品的源流、内涵、用途和荣宝斋木版水印的工艺过程及木版水印画的特点，从中体会到中国文化的博大精深。因而对他付出辛勤劳动收集的这套中国制笺艺术最高成就的《十竹斋笺谱》，就更加倍珍惜了。

十一、“0”的意义

早在20世纪50年代，我国还没有实行对外开放的时候，荣宝斋就被有关部门指定为“涉外单位”，前来参观的外宾和海外华人，车水马龙，络绎不绝——有外国国家元首、政府首脑、政要、社会名流、科学家、艺术家、学者、爱国华侨、港澳同胞。凡参观过木版水印工艺过程的人，莫不对这种古老而独特的艺术发出感叹：“太奇妙，太不可思议了！”“你们的艺术是世界第一的！”“参观木版水印是一次最美好的艺术享受，是在北京最美好的经历。”“你们的木版水印真了不起！”“在这里看到了真正的艺术”……一位法国朋友参观了木版水印工艺过程，了解了木版水印的艺术价值以后，到营业厅选购木版水印产品，他认真看了所有木版水印画的标价，认为我们的定价太低了，说你们所有这些木版水印画，都应该在现在标出的阿拉伯价码后面加一个“0”。就是说，在他的心目中，木版水印画的艺术价值是很高的，以价格来体现，应该是当时定价的10倍。

《十竹斋笺谱》
1934年荣宝斋印制明代《十竹斋笺谱》

笺纸历史初探

何谓笺纸、笺谱?

笺纸，可以从广义和狭义两方面加以说明。广义地说，凡用于书写的加工纸，不论大小，一般都可叫作笺纸，如诗笺、信笺、蜡笺、洒金笺、玉版笺、云母笺、花笺、锦笺等等；一般的信纸也叫笺，如素白的信纸叫素笺，私人用的信纸叫私笺，机关团体用的信纸叫公笺，便条叫便笺。狭义地说，笺纸是专指以传统的印刷方法，印以精美、浅淡图饰，供文人用毛笔写信或写诗、传抄诗作的小幅的纸，叫作信笺或诗笺，统称笺纸。这种笺纸的图饰与各个时期的绘画风格血脉相通，常常集诗、书、画、印于一体，具中国画之艺术韵味。一张笺纸，往往就是一幅微型的国画。其特点是清、淡、雅，又常常在图饰和文字中运用典故，具有浓厚的传统文化意蕴。它是我国传统艺术百花园里一朵醇香的小花。

笺纸向来为文人所喜爱，是文房的必备之物，或为案头清玩，或以之抄录和传递诗作，或鱼雁往来，或赠送朋友；还有更深的一层含义：通过笺纸的制作、收藏和使用，标示主人的文化素养和身份。不少人喜欢以自己的字、号或斋、室的名称来为特制的笺纸命名，或许就是这个原因吧。

谱，是按事物的类别或系统编成的书，如年谱、画谱、食谱等。把笺纸中的佼佼者集结起来，归类整理，加重颜色，印成书页形，装订成册，就叫作笺谱。笺谱是每一时期制笺艺术的结晶，既是文房清玩，更是学习木刻版画和研究我国木刻版画史的宝贵资料。

我国的笺纸历史悠久。南朝陈文学家徐陵在《〈玉台新咏〉序》中，就有“三台妙迹，龙伸蠖屈之书；五色花笺，河北胶东之纸”的记载。“三台妙迹，龙伸蠖屈之书”，是指汉代蔡邕的书法。南朝时就把笺纸与书法并提了。而“五色花笺”，则是指《桓玄伪事》一书中所载的桓玄“召令平淮作青、赤、缥（青白色）、绿、桃花纸，使极精”之事。

桓玄（369—404），东晋谯国龙亢（今安徽怀远西北）人，袭南郡公。曾任义兴太守。隆安二年（398）与南兖州刺史王恭、荆州刺史殷仲堪起兵，反对专擅朝政的会稽王司马道子及其子司马元显。朝廷任其为江州刺史。次年击走殷仲堪，兼并荆州。隆安三年，领荆、江二州刺史，控制长江中游地区。元兴元年（402）举兵东下，攻入建康，杀司马元显，掌握朝政。次年代晋自立，国号楚。元兴三年（404）被北兵将领刘裕所杀。桓玄能“召令平淮”作“五色花笺”，应是在他杀司马元显掌握朝政到被刘裕所杀的402至404年之间。据此，我国的笺纸应出现于东晋十六国，距今约1600年。

唐中晚期，笺纸的应用在文人中已蔚然成风。诗人用笺纸抄录和传播诗作，是一种时尚，一种文雅之举。唐宪宗元和（806—820）年间，翰林学士李肇在《国史补》中说：“纸之妙者，则越之剡藤、苔笺，蜀之麻面、屑骨、滑石、金花、长麻、鱼子、十色笺，阳州六和笺。”其中的鱼子笺，是一种砑花笺。唐女诗人薛涛（？—约834）创制“深红小笺”写诗，史称“薛涛笺”；因其居四川浣花溪地方，亦称“浣花笺”；诗人元稹在蜀做官时，薛涛将笺纸相赠，彼此通过笺纸诗歌唱和。李商隐诗曰：“浣花笺纸桃花色，好好题诗咏玉钩。”说明“浣花笺”在当时影响很大。更有甚者，诗人韦庄为了得到几枚笺纸，竟写了一首题为《乞彩笺歌》的长诗，曰：

浣花溪上如花客，绿暗红藏人不识。
留得溪头瑟瑟波，泼成纸上猩猩色。
手把金刀擘彩云，有时剪破秋天碧。

不使红霓段段飞，一时驱上丹霞壁。
蜀客才多染不供，卓文醉后开无力。
孔雀衔来向日飞，翩翩压折黄金翼。
我有歌诗一千首，磨砻山岳罗星斗。
开卷长疑雷电惊，挥毫只怕龙蛇走。
班班布在时人口，满袖松花都未有。
人间无处买烟霞，须知得自神仙手。
也知价重连城璧，一纸万金犹不惜。
薛涛昨夜梦中来，殷勤劝向君边觅。

我们从韦庄这首《乞彩笺歌》长诗里，尤其是其中“蜀客才多染不供”“也知价重连城璧”“一纸万金犹不惜”等句中，可以感受到笺纸在当时的文人圈中是如何被稀罕、珍重、爱惜的；可以看到笺纸的贵重不易得和一些人为了得到笺纸而不惜付出重金的情形。唐代还有一种“雁头笺”，因有雁头暗纹故名，是文人喜用的一种优质纸张。唐冯贽《云仙杂记·笔文章货》记载：“罗隐喜笔，工苌凤语之曰：‘笔，文章货也，吾以一物助子取高价。’即雁头笺百幅。士大夫闻之，怀金同价，或以彩罗大组换之。”可见“雁头笺”是很贵重的。

还有一种“蜀笺”，各种古籍和诗赋多有提及。唐僧鸾《赠李粲秀才》诗：“十轴示余三百篇，金碧烂光烧蜀笺。”明陈子龙《艳歌行》：“春燕剪越素，秋鸿征蜀笺。”清唐孙华《长椿寺拜瞻明慈圣李太后御容》诗：“妙画临吴绢，清词洒蜀笺。”“蜀笺”，是自唐以来蜀地所制精致华美的纸的统称，自然包括前面所说广义和狭义的笺纸。元费著将它们编成《蜀笺谱》。“蜀笺”也说明了唐代蜀地笺纸的盛况及其历史影响。

宋陶谷（902—970）著《清异录》，书中记载：“姚觊子侄善造五色笺纸，光紧精华，砑纸版乃沉香（木），刻山水、林木、折枝花果、狮凤、鱼虫、寿星、八仙、钟鼎文，幅幅不同，文秀奇细，号砑光小本。”姚觊子是五代后唐人，其所刻制砑光笺纸，不仅式样多，而且十分精美，从中可略知五代的制笺状况。

明陈继儒在《妮古录》中说：“宋颜方叔尝创制诸色笺，有杏红、露桃红、天水碧，俱砑成花竹鳞羽、山水人物，精妙如画，亦有用金缕五色描成者。”

宋谢景初（字师厚，庆历进士）创制“十色蛮笺”，史称“谢公笺”。又宋苏易简《文房四谱·纸谱》：“蜀人造十色笺，凡十幅为一沓，然逐幅于方版上砑之，则隐起花木麟鸾，千状万态。”这里说的是，在染色的纸上砑出各种暗花。这种既有彩色又有花木麟鸾暗纹的纸，历史上叫作“鸾笺”。宋元时，东南一带还有一种“吴笺”。陆游在他的作品中多次提到，如“吴笺蜀素不快人，付与高堂三丈壁”，“衰迟未觉诗情减，又擘吴笺赋楚城”。元陈基也有“吴笺新制玉鸾纹，冲雨殷勤寄荜门”句。元代的“吴笺”有“玉鸾纹”。

《文美斋笺谱》花卉笺二种

明代是笺纸的极盛时期。万历年间刊印的《程氏墨苑》和《花史》两部水印版画，尺幅与笺纸不相上下，其绘制和刻印技艺都较前有长足进步，有的画幅套印达五六个颜色。它们的出版，促进了笺纸的发展。崇祯年间的孙燕诒说17世纪初的笺纸：“始而打蜡，继而揩花，再而五彩，此家欲穷工极妍，他户即争巧竞奇，互相角胜，则花卉鱼兽，又进而山水人物，甚至天文象纬服物彩章，以及彝鼎珍玩，穷极荒唐幽怪，无不搜剔殆尽”。天启六年（1626）吴发祥的《萝轩变古笺》，天启七年和崇祯十七年胡正言的《十竹斋画谱》《十竹斋笺谱》，在制作过程中把木版水印的两项技艺“拱花”和“饾版”（即彩色套印）发展、完善到尽善尽美的境地，并运用到了极致，穷工极巧，旷古无伦，使《萝轩变古笺》和《十竹斋笺谱》达到了至精至美的程度，把我国的制笺艺术推向历史的高峰，成为我国制笺艺术的绝唱，至今未有出其右者。

清康熙、乾隆年间的笺纸，继续保持明末的盛况，宫廷特制的笺纸和民间的私笺相当繁荣，不少名笺可与明末媲美。《怡府笺》是这一时期的代表作。嘉庆、道光笺纸开始式微，同治、光绪已零落不堪。然宣统三年（1911）又出现了一部精美的《文美斋笺谱》，可谓弩末之亮点了。

宣统末年，林琴南为笺作画，是文人作画入笺的先行者。民国初年，此风大盛，陈师曾、姚茫父、吴待秋、齐白石、陈半丁、溥心畬等著名画家相继加入。他们随意点染，寥寥数笔，虽短笺小品，却意味无穷，为我国的制笺艺术注入了生动活泼、意趣盎然的清新风气。1933年鲁迅、郑振铎在北京搜集、编辑、出版的《北平笺谱》，是这一时期笺纸艺术的集中体现，是《萝轩变古笺》《十竹斋笺谱》之后，我国制笺艺术的另一里程碑。至今，我们的笺纸仍沿袭民国初年的风格。

明代以前，用于写信写诗的笺纸，并不都是木版水印的方法印出来的，有染的、描的、砑的。而明代以来，采用“拱花”“饾版”技法印出来的笺纸，形成了有别于其他制作方法的独特风格，具有鲜明的木版水印的特点。

近代，笺纸一般为南纸店所制作和销售，因此，南纸店也被称为笺肆。20世纪二三十年代，北京有南纸店二三十家。荣宝斋是其中一家“不失先正典型的最大的笺肆”（郑振铎语）。随着时代的变迁，使用笺纸的人越来越少了。所以北京原有的那些南纸店，都在解放初和公私合营期间改行或歇业了，只有荣宝斋被人民政府保护下来，继续印制笺纸，保存着这种传统技艺和笺纸的独特艺术韵味。

荣宝斋的制笺艺术

荣宝斋创号的第三年，即1896年就在井院胡同2号（现在荣宝斋大厦的中间偏东部位）设“帖套作”，印制《七十二候笺》《二十四节气封套》和《聋道人百种诗笺》。

从清末到20世纪30年代，荣宝斋印制了大量新风格、高品位的笺纸。1933年郑振铎在《访笺杂记》中说：“仿古和新笺，他们（荣宝斋）都刻得不少。我们在那里见到林琴南的山水笺、齐白石的花果笺、吴待秋的梅花笺，以及齐、王（指齐白石、王梦白）诸人合作的壬申笺、癸酉笺，等等。刻工较清秘（阁）为精。仿成亲王的拱花笺，尤为诸肆所见这一类笺的白眉。”正因为如此，1933年鲁迅、郑振铎在北京搜集并编辑的《北平笺谱》6册330种笺纸

《北平笺谱》中荣宝斋刻印的齐白石桃花笺

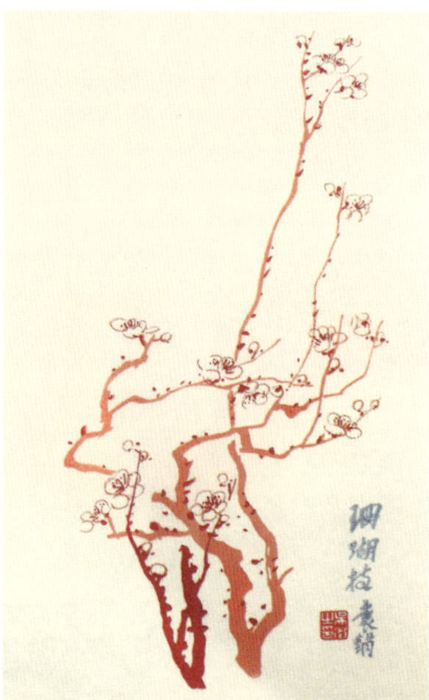

《北平笺谱》中荣宝斋刻印的吴待秋梅花笺

中，有荣宝斋刻印的65种，占全书的五分之一，并被委以负责该谱的汇总、装订成册等工作。可见荣宝斋的制笺艺术在鲁迅、郑振铎心目中的位置了。

1934年鲁迅、郑振铎又委托荣宝斋重新刻印明代的《十竹斋笺谱》，历时七年，1941年完成。重刻《十竹斋笺谱》，使荣宝斋的制笺艺术达到明末的水平。郑振铎有“印成持较原本，几可乱真”的评语。

1935年荣宝斋编辑、出版了《北平荣宝斋诗笺谱》1函2册，收入笺纸200种（其中有《北平笺谱》中荣宝斋刻印的54种，其余146种都是新选的）。罗振玉、萧谦中、杨钟羲分别为其函套和册面题签，溥心畬为其扉页题字。金石篆刻家寿石工为其作序，说：“荣宝斋主人精制信笺、诗笺，样式古雅。纸必取本国产，用者便之。尤以书画必倩名手，山水、人物、花草、鱼鸟，精益求精，期合艺术。卅数年来积版盈千，择其优者都二百种，制为笺谱。”从这个序和上面提到的郑振铎在《访笺杂记》中的记述，可以想见当年荣宝斋制笺业的盛况及其影响。

1951年出版《北京荣宝斋新记诗笺谱》1函2册，目录上有笺画200种，实际只198种（其中新笺60种，其余是从以前的笺谱中选的）。齐白石题签，叶恭绰为扉页题字。郑振铎作序，他说：“在十多年前，他（指荣宝斋）已将所刻的笺纸择其精者二百幅，编为《荣宝斋诗笺谱》出版，这是中国版画史上的里程碑之一，自有他的意义与价值，在今日也还值得再版，特别是《北平笺谱》绝版已久，无法再印，有此一书，探讨三四十年前版画史的人，也就有一部分材料可以依据了。”

1952年荣宝斋再次刻印《十竹斋笺谱》。这时，1934—1941年所刻的版已经没有了。郑振铎在《〈中国版画图录〉自序》中说：“我辈若有刊刻，于躬亲督印之本外，必将原版毁去，决不让坊贾草率重印也。”据此推断，这些版或为鲁迅、郑振铎毁掉；又鲁迅1934年5月16日在致郑振铎的信中曾说：“《十竹斋笺谱》刻成印一二批后，以板赠王君，我也赞成。”王君，应是指此书原版的收藏者王孝慈。但重刻竣于1941年，鲁迅、王孝慈均已故去，且该

《北平笺谱》中荣宝斋刻印的山水笺

《北平笺谱》中荣宝斋刻印的博古笺

书已归北平图书馆，这些版是否赠予王孝慈后人或图书馆，不得而知。总之，1952年再版，必须重新勾描、刻版，与1934—1941年一样，是一个浩大的工程；而且校补了前版所缺的22幅，工作量更大。全书4册，共计283幅笺画。1934—1941年据以刻印的王孝慈藏本所缺的22幅，郑振铎于1940年在淮上所得的另一本明末的《十竹斋笺谱》中有21幅，另一幅梅花，是王宗光先生从《十竹斋画谱》临来的，一并补齐。至此，明末最优秀的笺谱《十竹斋笺谱》完整地重现于世。此后，荣宝斋又先后数次重印了此书。

1953年出版《北京荣宝斋新记诗笺谱》1函2册，收入笺画120种（都是从以前各版中选的）。

1955年出版《北京荣宝斋新记诗笺谱》，收入笺画80种（新增王雪涛所作笺画5种，其余均是从以前各版选的）。

1957年出版《北京荣宝斋诗笺谱》，收入笺画160种（新增齐白石人物4种，其余也是从以前各版中选的）。

1958年重新刻印1933年版的《北平笺谱》，由鲁迅夫人许广平先生作序，改名《北京笺谱》。她在序中说："荣宝斋历年在中国美术印刷方面做了许多工作。党和人民对这一文化事业给予大力的推崇。最近，又拟重印《北平笺谱》。为了原出书者郑振铎先生的逝世的悼念，为了原出书者那两人都去世了，而这一笺谱的生命永存，因此荣宝斋要我来说几句话。我认为：这一笺谱，记录了中国木刻艺术这一民族遗产的优秀，值得吸取若干养料，给久已被人忘记了的中国木刻做一发掘整理的工作，为后来者作参考，为今天中国木刻艺术推进一步的比较作佐证。这一书印行是有理由的。又：编印笺谱，是在敌伪时期，一方面为了抢救文化的不使湮没而急于出版；一方面又因笺谱出于北京，为了出版时免受障碍而写‘北平’，实非得已。今国家早已解放，在党和毛主席光辉照耀下山河恢复，大地重光。再不宜沿用旧名‘北平’，而应还我本名‘北京’才算相符其名实。至如选材的精湛与搜集各优秀作品的煞费一番心血，贡献给国内外爱好艺术的人们，原序已详细说明，就在今

《北平笺谱》中荣宝斋刻印的花卉笺

《北平笺谱》中荣宝斋刻印的花果笺

《北平笺谱》中荣宝斋刻印的雏鸡笺

《北平笺谱》中荣宝斋刻印的动物笺

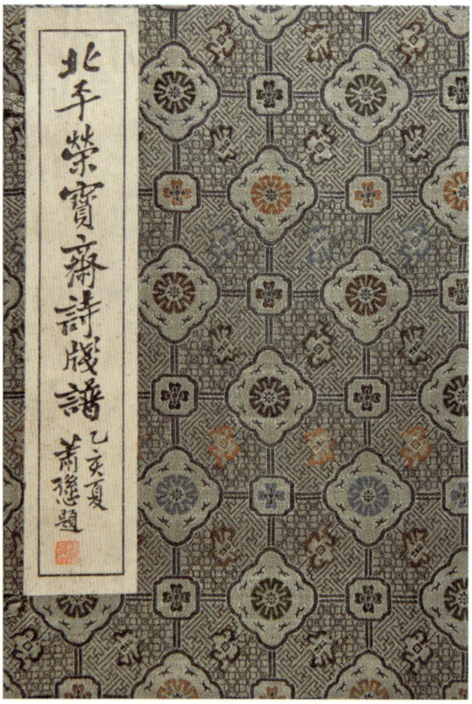

1949年前《北平荣宝斋诗笺谱》淡色版（函套）

1951年版《北京荣宝斋新记诗笺谱》（函套）

1952年版《十竹斋笺谱》（函套）

1953年版《北京荣宝斋新记诗笺谱》（函套）

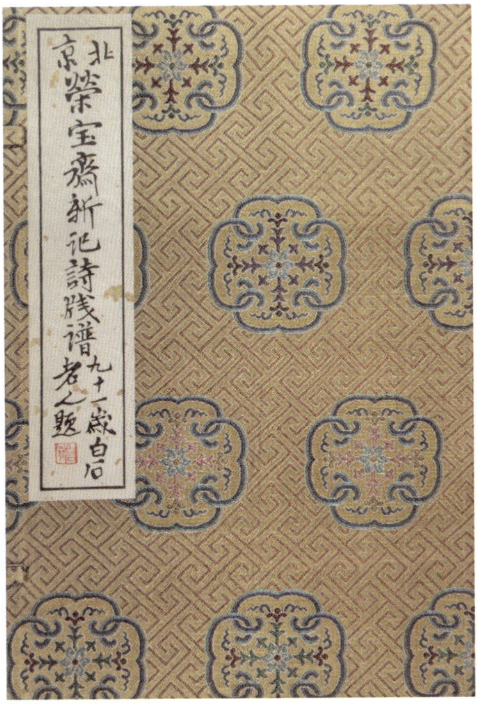

1955年版《北京荣宝斋新记诗笺谱》(函套)

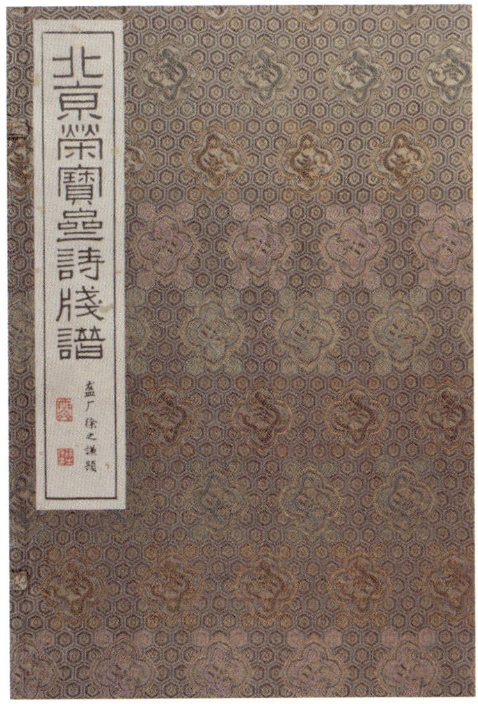

1957年版《北京荣宝斋诗笺谱》(函套)

1958年版《北京笺谱》(函套)

2001年版《补拙斋笺谱》(函套)

天来说，也还值得一看的。”

此书6册，有330种笺画，除荣宝斋原刻的65种，其他有原淳菁阁刻的72种、静文斋50种、松华斋46种、清秘阁30种、成兴斋27种、懿文斋25种、宝晋斋8种、荣录堂4种、松古斋3种。原这九家所刻印的笺纸，荣宝斋重刻时，都保持原刻笺样的面貌，保持原刻各家的标志。如原清秘阁刻的，保持“清秘”字样的图章；原静文斋刻的，保持“静文斋”或“静文斋精制”字样的图章。

2001年出版王宗光先生创作的《补拙斋笺谱》1函2册，有笺画200种，启功先生为该谱题签。

印制笺谱，只是荣宝斋制笺业的一部分，当然在艺术上，这些笺谱是荣宝斋各个时期制笺业重要成就的标志。然而，除了笺谱，大量的则是以零散的方式（以袋、盒等为单位）应市的笺纸。1935年版《北平荣宝斋诗笺谱》的序中说，荣宝斋“积版盈千”，而收入谱中的只有200种。从1928年至1948年的20年间，荣宝斋先后在南京、上海、汉口、洛阳、天津开设分店。各分店销售的笺纸，或由北京总店提供，或就地刻印，或两者兼而有之；中华人民共和国成立后，不仅在国内销售，还通过国际书店、工艺进出口公司行销许多国家和地区。这些应市的零散笺纸，其品种和数量已无法估计。其中一部分是笺谱里有的，很多品种却是笺谱里没有的。可惜那些笺谱里没有的品种，大部分没有留下样品；1950年以前的，几乎都未留下，1950年以后的也留得不全。现在保存的应市笺样，笺谱里没有的，只有齐白石草虫4种、李滨声戏剧人物4种、刘继卣画虎4种、董寿平梅兰竹菊4种、溥心畬瓦当8种、王叔晖人物4种、范曾人物4种、秦汉瓦当6种、白描花卉8种，总共不过几十种。

综上所述，自1896年以来，荣宝斋印制的笺纸，有据可查的，有1200多种，且大多为名家所绘，真可谓丰富多彩了。

回顾百余年的制笺业，可以清楚看出荣宝斋在我国20世纪制笺史中的重要地位。19世纪末20世纪初，是我国制笺业自17世纪《萝轩变古笺》和《十竹斋笺谱》问世以来最低潮的时期。荣宝斋恰好在这个时候自设作坊，刻印了《七十二候笺》等笺纸，这些笺纸同文美斋笺纸一道，在一定程度上延缓了制笺业下滑的趋势。民国初年，文人作画入笺，使制笺业呈现一派勃勃生机。鲁迅称这时期北京的笺纸“已比《文美斋笺谱》时代更佳”，“其刻印法已在日本木刻专家之上”。鲁迅还将同期上海、杭州、广州的笺纸与北京的笺纸作比较，说“上海我曾自搜数十种，皆不及北平；杭州、广州，曾托人搜过一通，亦不及北平”。郑振铎则说，这时期上海“木刻几废”，“桃花坞诸肆皆沦为废墟矣。克保先型者唯北平一区耳”。他还称宣统末到20世纪30年代，北京的笺纸是《十竹斋笺谱》之外另辟一径。《北平笺谱》是这一时期北京制笺成就的集中反映。而荣宝斋刻印的仿古笺和新笺，被鲁迅、郑振铎誉为当时“琉璃厂诸笺肆之白眉”。翻刻《十竹斋笺谱》更使荣宝斋的制笺艺术升华到明末的最高水平。中华人民共和国成立后，由于经济体制的变革和时代的变迁，使用笺纸的人少了，致使许多制作笺纸的南纸店或倒闭，或改业。1951年郑振铎在《〈北京荣宝斋新记诗笺谱〉序》中说：“一九三三年左右……北京有南纸店二三十家……经过了二十年，这二三十家都先后改业或停业了，只有荣宝斋巍然独存。”全国各地的情况也大致如此。除北京荣宝斋外，只有上海朵云轩、天津杨柳青能印笺纸了。据说后来杭州和成都也有印的。但就制笺的规模和技术力量而言，其他各家都不及荣宝斋。由此看来，在20世纪整整一百年中，尽管我国社会发生了重大的动荡和变革，但荣宝斋的制笺业却始终不辍，并且不断提高和发展。前五十年，荣宝斋是我国制笺业的佼佼者；后五十年，荣宝斋不仅保持了在制笺行业的领先地位，同时更在此基础上发展了制笺技艺，推动了荣宝斋木版水印的全面发展。尤其是步入新世纪以后，荣宝斋木版水印技艺已被列为国家级非物质文化遗产项目，荣宝斋的制笺技艺也随之达到了历史的高峰，形成一道独特的文化景观。

《十竹斋笺谱》浅释

《十竹斋笺谱》刊成于崇祯十七年（1644），编辑和制作者胡正言（字曰从），以其书斋名之。郑振铎在《〈中国版画史图录〉自序》中说："《笺谱》（即《十竹斋笺谱》）诸画纤巧玲珑，别是一格。以设色凸版，压印花瓣脉纹、鼎彝图案，与乎桥头水波，山间云痕，尤为胡氏之创作。人物则潇洒出尘，水木则淡淡清华，蛱蝶则花彩斑斓，欲飞欲止，博古清玩，则典雅清新，若浮出纸面。"《十竹斋笺谱》具很高的艺术价值，是我国制笺艺术的最高成就。

此书近三百年来从未翻刻，传本极少。鲁迅、郑振铎先生为了复活这部古书，1934年假通州王孝慈先生藏本，委托荣宝斋重新刻印，历经七年，于1941年告成。1935年4月10日，当鲁迅先生看到重刻本第一卷时，高兴地说："我虽未见过原本，但看翻刻，成绩的确不坏；清代已少有此种套板佳书，将来怕也未必再有此刻工和印手。"（鲁迅致郑振铎信）可惜鲁迅没有看到重刻的后三卷就和我们永别了。

从目录上看，孝慈藏本缺佚22幅笺画。尽管1940年冬郑振铎从淮城获得1644年版的另一传本，孝慈本缺佚的22幅中有21幅俱在，但此时刻工已就，无法校补。1952年荣宝斋再次刻印《十竹斋笺谱》，据郑振铎的"淮城本"一一校补：卷一补奇石10种中的2幅，隐逸10种中的"林逋""陶潜"，写生10种中的"山茶""栀子"，共6幅；卷二补入林10种中的"带雨""喜霁"，折赠8种中的"兰花""梅花"，墨友10种中的"韵友""殊友"，共6

幅；卷三补尚志8种中的“南阳庐”“筑岩”，高标8种中的“篱菊”“采药”，共4幅；卷四补香雪8种中的“梅竹”，杂稿16种中的“春涛龙起”“牡丹”“玉兰”“松鹤”，共5幅。唯卷四香雪8种的最后一幅梅花“老梅”为孝慈本和“淮城本”所无，是王宗光先生从《十竹斋画谱》中摹来的。至此，翻刻的《十竹斋笺谱》已成完帙。此后，荣宝斋又分别于1982年和1999年重印此书。

《十竹斋笺谱》分4卷。卷一清供8种，华石8种，博古8种，画

清供八种之一

华石八种之六

博古八种之七

画诗八种之二

诗8种，奇石10种，隐逸10种，写生10种，共计7组62幅；卷二龙种9种，胜览8种，入林10种，无华8种，凤子8种，折赠8种，墨友10种，雅玩8种，如兰8种，共计9组77幅；卷三孺慕8种，棣花8种，应求8种，闺则8种，敏学8种，极修8种，尚志8种，伟度8种，高标8种，共计9组72幅；卷四建义8种，寿征8种，灵瑞8种，香雪8种，韵叟8种，宝素8种，文佩8种，杂稿16种，共计8组72幅。这些笺画有贤哲名流，历史典故，神话传说，古人诗意，山水花卉，文物博古，清供雅玩；涉及治国经纶，伦理道德，历史文化，修身养性，治学方法，做人处事。内容丰富，寓意深刻，从中可以领略我中华文化之博大精深。

为了便于读者阅读《十竹斋笺谱》，了解其内涵，笔者对其中有典故或寓意的笺画和标题作了简释。凡典故和寓意出处文意明晰的，引用原文注释，并注明出处；凡原文难懂、较长，或须参照多处注释才能说明问题的，用白话文注释；有的则是引用原文和白话文并用。没有典故的笺画，则以组为单位作简介。

这里有必要对后面多次提到的“拱花”“饾版”两项木版水印技艺作一点说明。它们的雏形在我国历史上很早就有，其发展经历了由简单到复杂，不断改进、充实的过程。到了明代，在广泛运用中日臻完善，成为两项十分成熟、完美的雕版印刷技艺。“拱花”，是将画在木板上刻成凹形，印时将纸闷湿，用工具在纸上压出凸形的立体花纹。“饾版”，是指一幅画经过分色勾描、刻版（与“拱花”的凹形相反，刻成凸形），再将刻就的版片对着原画一一套印复原，犹如将各式食品做成拼盘，故曰“饾版”。

卷一

清供八种

旧俗凡节日、祭祀等，用清香、鲜花、清蔬等清雅之物作供品，谓之清供；书画、金石、古器、文具、盆景等可供玩赏之器物，谓之清玩。笺画清供八种均系“十竹斋”主人珍藏之精致器物和鲜花、蔬果、卷轴等物，兼有清供与清玩。

此组笺画，技法上或双钩线描，或平涂实地，更兼拱花之法，细腻而不繁琐，明快而多变化；色泽绚丽，格调隽雅。

华石八种

华，同花。花石，即花与石。八种花分别是：紫薇、桂花、梅花、桃花、辛夷、菊花、水仙、海棠，四时之花皆备。石则嶙峋多姿，玲珑剔透。折枝花卉与观赏雅石结合，构成八幅各具韵味的小品，表达了人们对生活的美好愿望和追求。

博古八种

博古，意为图画古代器物之形状。笺画博古八种图绘“十竹斋”主人珍藏之瓶、壶、罐、尊、杯、盘、炉、钵等多种古代器物。淡雅的色彩和精细的“拱花”技艺，构成一幅幅和谐精美的画图。

画诗八种

画为诗的化境，把诗的意境具体化，变成看得见的画图。笺画，画中有诗，诗中有画；诗为画魂，画为诗境。笺画运用精妙的墨线和“拱花”技艺，把“山色四时碧，湖光一望青”“平湖两岸阔，风正一帆悬”“花远重重树，云轻处处山”“山水开精舍，琴书列几筵”“明月松间照，清泉石上流”“窗拂垂杨暖，阶侵瀑布寒”“入门穿竹径，留客听山泉”“塔影挂青汉，钟声和白云”这些诗句化为山、水、石、云、树木、房屋和人，构成八幅赏心悦目的画，对诗的意境起了画龙点睛的作用，给人一种直观的视觉享受。

奇石十种

此组笺画写浪击波涤形成的多孔而玲珑剔透的太湖石为主的景观石。这些大自然的天然美石，一经艺术家之手，再现于纸上，并缀以不同的花草，就更加情趣盎然，如一处处苏州园林之小景，令人心醉神怡，流连忘返。

隐逸十种

隐逸，隐居也。这里指隐居之士。

1.韩康　字伯休，东汉霸陵（今陕西西安东）人。在山中采药，到长安市上出售，三十多年言不二价。桓帝闻其贤，派人请他做官，康却遁入霸陵山中，隐而不出。画面作韩康采药之状，题有：“羽盖徒相顾，云山畅独行。”羽盖，古代以鸟羽为装饰的车盖，是身份的象征。意为：不羡慕那豪华的车子，而以山中采药为乐。

2.子陵　东汉严光，字子陵，余姚（在今浙江）人。曾与刘秀同学，刘秀曾召他到洛阳任“谏议大夫”，严光却辞谢而归隐于富春江。笺画作子陵垂钓之乐，题为“星辉犹灿烂，山色自崔嵬”。宋范仲淹《严先生祠堂记》：刘秀“乘六龙，得圣人之时，臣妾亿兆”，严光则“归江湖，得圣人之清，泥涂轩冕”，可作这两句话的注脚。

3.黄石公　又称圯上老人。传张良刺秦始皇失败后，逃下邳（今江苏睢宁北），遇老人于圯（桥）之上，三次为老人取坠于桥下之履而得《太公兵法》。临别，老人对张良说：“十三年后在济北谷城山下见黄石即我。”后张良从汉高祖过济北，果然见黄石，捧回家供奉。及良殁，遂与黄石并葬（见《史记·留侯世家》）。笺画作黄石公持书视履之状，题为“千载传黄石，嘉名意隐藏”。

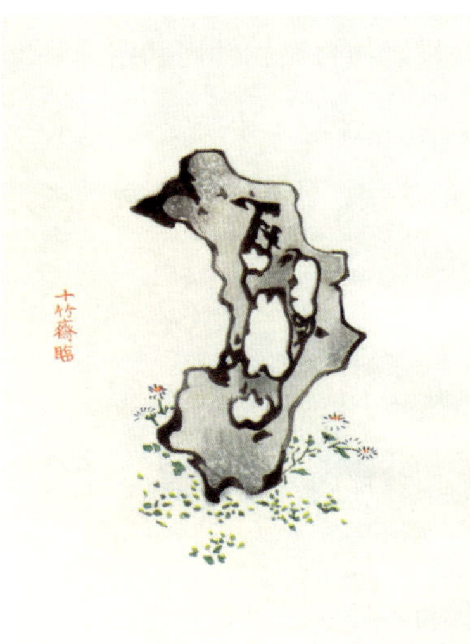

奇石十种之四

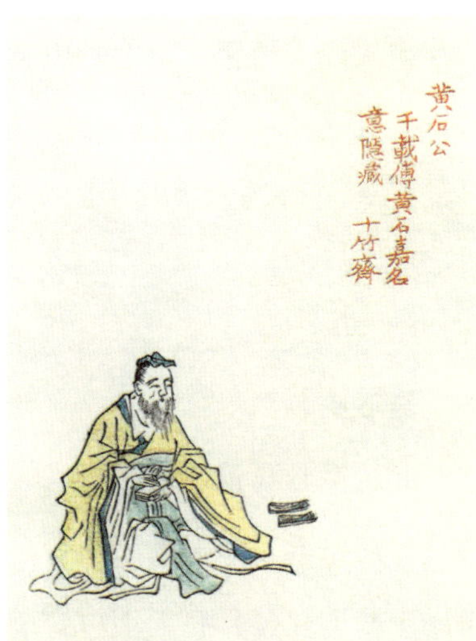

隐逸十种之“黄石公”

4.陆羽（733—804） 字鸿渐，唐复州竟陵（今湖北天门）人。性诙谐，闭门著书，志不为官。他以嗜茶著名，对茶道很有研究，世称为“茶神”。笺画作陆羽烹煎品茶之图，题有“味水情何淡，居尘意不同”，有看破红尘，甘于淡泊之意。

5.安期生 传说中的仙人，秦时琅玡埠乡（今山东胶南县西北）人。曾在海上卖药，授学于“河上丈人”，人称“千岁翁”。秦始皇东游，请与语三日夜，赐金璧千万，出埠乡亭弃之而去。《史记·封禅书》中说：“汉武帝曾遣人入海，访求蓬莱仙人——安期生，而未可得。”笺画作安期生采药之图，题云：“学道河湄上，仙游蓬岛中。”

6.列子 即列御寇，战国时郑国人。其学本于黄帝老子，撰有《列子》八篇，唐代天宝元年（742）诏号《列子》为《冲虚真经》，道教奉为经典。笺画作列子静观蕉鹿，题云：“笑谈蕉鹿梦，不愿世人知。”“蕉鹿”典出《列子·周穆王》：郑国有一樵夫在旷野遇一受惊之鹿，将其打死，怕人看见，藏于城壕之中，用蕉叶覆盖。过一会儿，竟忘了在什么地方，以为是一场梦。后以“蕉鹿”指梦幻。

7.汉阴丈人 《庄子·天地篇》中大意说：子贡过汉阴，见一丈人凿隧入井，抱瓮灌畦，问其有省事的办法为何不用？丈人愤然作色反笑曰：“图机巧者必心不正，心不正则道不成也。吾非不知，羞而不为也。”后以“抱瓮灌畦”为退隐学道的典实。笺画作汉阴丈人抱瓮之图，题字为：“听言微子贡，谁契此冲襟。”

8.披裘公 相传春秋吴（今苏州）有一老翁以砍柴为生。季子出游，见路有遗金，对老翁说：这里有金，你来拿呀。老翁回答说：你怎么就这么高贵，我怎么就这么卑贱？似我五月披裘而负薪，岂是路拾遗金之人！说罢愤愤负薪而去。后以“五月披裘”比喻清廉、高洁。笺画作老人负薪，置遗金而不顾。题字曰：“甘为负薪老，宁是取金人。”

9.林逋 即北宋诗人林和靖，字君复，钱塘（今杭州）人。恬淡好古，隐居西湖栽梅养鹤自娱，终身不仕，也不婚娶，人称其“梅妻鹤子”。诗尤隽雅：“疏影横斜水清浅，暗香浮动月黄昏”，便是他所吟的佳句。笺画作携童折梅之图，题字：“浩渺西湖水，青山真可栖。”

10.陶潜 即东晋诗人陶渊明（约365—427），字元亮，浔阳（今江西九江）人。曾任彭泽县令，因不满当时权贵的腐败，遂退隐以诗酒自娱。其《桃花源记》《归去来辞》至今誉满文坛。笺画作陶潜策杖采菊之状，题字为：“青山烟欲暝，扶筇一醉归。”

写生十种

这组笺画以写意手法画梅花、绣球、虎耳草、玉兰、水仙、荷花、芙蓉、海棠、山茶、栀子十种花卉，晴雨风露，各呈风采。色彩凝重自然，格调非凡，甚是可爱。

卷二

龙种九种

典出“龙生九种”，亦作“龙生九子”，古代传说一龙所生的九条小龙，而形状、性格各异。后多用来比喻同胞兄弟的良莠不齐。笺画龙种的名称多与明代李东阳《记龙生九子》不同，但其性状多相类似。

1.蜥蜴 神话传说中的石龙，性喜斗杀，所以古时武士佩用的刀枪剑戟等，在柄端等位置上，多用蜥蜴的图形为装饰。图作蜥蜴饮水之状。

2.鳌鱼 传说海中能负山的大鳌或大龟，《楚辞·问天》：“鳌戴山抃，何以安之？”故多以其雕塑成殿基、碑座等。笺画采用似鱼说，作龙首背鳍、助波翻浪之势。

龙种九种之“蜥蜴”

3.螭虎 传说中的龙子之一，晋张华《博物志》逸篇：“螭虎似龙，性好文采。”其性喜文，故多状其形，以为文房用品之装饰。古代文佩、印玺屡见；今时名砚、镇纸之属，仍多沿用。笺画作螭虎衔书一卷游出水中。

4.饕餮 传说中一种贪食的兽，也是“龙生九子”之一。古代钟鼎每以其为图饰，叫做“饕餮纹”。笺画作饕餮如龟似鳄，与传统纹饰不尽相同。

5.金猊 又名“狻猊”，也是传说中龙种之一。其形如狮似猫，能食虎豹。传说性喜烟火，故每用作香炉的图饰。词人李清照曾有“香冷金猊”的描写。笺画作金猊栖止行云之上，口吐烟气。

6.宪章 《升庵外集》称为“蒲牢”。生于海边的龙种，性好高吼，故每用作钟、磬等响器的图饰。笺画作宪章高吼之状。

7.虭蛥 其性好居险，古人每以其形装饰在高大建筑惊险处。《博物志》：“虭蛥，其形像龙而小。性好险，故立于护圬上。护圬，柱踏头也。”笺画作虭蛥，略如传说中的麒麟。

8.椒图 性喜闭，故多以其形为门饰。《菽园杂记》：“龙生九子不成龙，各有所好。”椒图似螺蛳，性好闭，故立于门上。词曲：“门迎驷马车，户列八椒图。人皆不能晓。今观椒图之名，亦有出处也。”笺画作椒图，却与螺蛳之形毫不相干。

9.螭蛇 龙首狮身，性好风雨，故中国古建筑中所谓“五脊六兽”每以其形饰之。笺画作螭蛇，在风雨飘动之中，昂首长鸣。

胜览八种

胜览，畅快地观赏。宋谢绛《游嵩山寄梅殿丞书》：“自长夏门入，绕菘一匝四百里，可谓穷极胜览。”胜览笺画八种，画了八处古代实景和传说中的胜景。

胜览八种之“云来宫阙”

1.云来宫阙 云来，传说中的仙山蓬莱山之别称。晋王嘉《拾遗记·蓬莱山》：“蓬莱山亦名防丘，亦名云来。”云来宫阙，即传说中蓬莱仙山中的宫殿。

2.玉洞桃花 玉洞，岩洞的美称；亦指仙道或隐居者之住所。唐卢纶《寻贾尊师》诗："玉洞秦时客，焚香映绿萝。"玉洞桃花是指岩洞及其周围之景致。

3.虞庭卿云 虞庭，亦作"虞廷"，指虞舜的朝廷。相传虞舜为古代的圣明之主，故亦以"虞廷"为圣朝的代称。卿云，景云、祥云，皆吉祥之征兆。虞庭卿云，象征圣朝逢吉时。图作宏伟建筑与祥云。

4.凌烟阁 唐太宗贞观十七年（643）图画开国功臣长孙无忌、杜如晦、魏徵、尉迟敬德等二十四人于凌烟阁。阁在长安，太宗作赞辞，褚遂良题，阎立本画。又北周庾信（513—581）《周柱国大将军纥开弘神道碑》有"天子画凌烟之阁，言念旧臣"之句，说明北周以前就有凌烟阁。

5.凤池 凤凰池的简称。魏晋时中书省掌管一切机要，因接近皇帝，故称凤凰池。谢朓《直中书省》诗有"兹言翔凤池，鸣珮多清响"句，李白《赠江夏韦太守良宰》诗有"君登凤池去，勿弃贾生才"句。

6.三壶 《搜神记》："三壶者，海中三山也。一曰方壶，二曰蓬壶，三曰瀛壶。山形似壶，故曰壶也。"又《史记·秦始皇本纪》："海中有三神山，名曰蓬莱、方丈、瀛洲，仙人居之。"三壶，即传说中蓬莱、方丈、瀛洲三处仙山之别称。

7.玄岳藏书 玄岳，武当山；明永乐中尊真武为帝，因名此山曰太岳，亦曰玄岳。玄岳有铜殿，乃我国伟大的建筑也。玄岳藏书，当是武当山中藏书之处所。

8.兰台 汉代内宫藏书之处。以御史中丞掌之。后世因称御史台为兰台。

入林十种

入林，原意是归隐林下。唐代诗人王维有"坐觉嚣尘远，思君共入林"句。本组笺画以竹子喻归隐，写十种竹子在光风霁月、烟云雨露各种气象中的不同姿态，婀娜婆娑，名曰：朱帔、回风、聚翠、印月、凝露、笼烟、快雪、贮云、带雨、喜霁，似一首首隽永的短诗。构图巧妙，笔简意赅，色彩轻柔，情景相谐；格调高雅，精美绝伦，令人赏心悦目，叹为观止。

入林十种之“印月”

无华八种

无华，朴实，不虚饰。笺画无华八种的确是朴实无华，不需任何颜色渲染，用“拱花”技艺在宣纸上砑出丁香、桃花、月季、海棠、石榴花、萱花、荷花、紫薇、野菊、枸杞、菊花、芙蓉、剪秋萝、鸢尾、山茶、水仙16种立体的素白花卉，笔法精微，清隽纤丽，别具韵味，有“此处无色胜有色”之叹，予人以素雅宁静之感，美不胜收。

无华八种之八

凤子八种

蝴蝶的大者，素有“凤子”之称。南朝诗人沈约《领边绣》诗有“萦丝飞凤子，结缕坐花儿”句。此组笺画的蝴蝶，色彩斑斓，丰姿异态，栩栩如生，与前组“无华”形成鲜明对照，是一种华艳之美。

折赠八种

折赠，折取花枝，以赠友朋。

笺画以小写意、双勾和没骨法画荷花、紫薇、芙蓉、桂花、梅花、水仙、牡丹、榆梅、玉兰、海棠、双色菊、灵芝、兰花、老干新梅等折枝花卉，印制时又将“拱花”技艺与没骨法相结合，把花印成立体形状，色调柔和秀润，清雅妙绝。

凤子八种之二

墨友十种

十幅笺画全以墨绘成，各种花卉淡雅而富于墨韵，体现了中国画艺术的基本特色。这是这组笺画的技法特点。不直称花卉之名称，而以拟人手法将梅花称为“清友”，西府海棠称为“名友”，菊花称为“佳友”，桂花称为

"仙友"，牡丹称为"艳友"，栀子花称为"禅友"，荷花称为"浮友"，黛黛花称为"雅友"，蔷薇花称为"韵友"，绣球花称为"殊友"，含蓄而文雅，别有一番情韵。这是这组画的文学意蕴。

雅玩八种

雅玩，即高雅的玩赏品，与"清玩"意思相同，而范围似乎更广些。

笺画的"拱花"技艺和浅淡颜色印制十竹斋主人珍藏的八种古代器物，印出了立体图案。花纹细腻，格调素净古雅，别具一格。

如兰八种

如兰，出自《易·系辞上》："同心之言，其臭如兰。"孔颖达注："言二人同齐其心，吐发言语，氤氲臭气，香馥如兰也。"《汉语大字典》"臭"字的第一义项是"香气"。"其臭如兰"，用现在的话说，其香气如兰花的气味一样芳香。

此组笺画八幅墨兰或倒悬于绝壁，或傍生于美石，或与芝、竹为伴，其态若婀娜婆娑之舞女，其香四溢，沁人心脾。

折赠八种之"水仙、桃花"

墨友十种之"雅友"

雅玩八种之七

如兰八种之七

卷三

孺慕八种

孺慕，对父母的孝敬。清代薛福成《庸庵笔记·史料二·慈安皇太后圣德》：“毅皇帝孝事太后，能先意承志，太后抚之亦慈爱备至，故帝终身孺慕不衰。”

此组笺画引用八个孝敬父母的典故。

1.历畊　畊，耕的古体字。历畊，即躬耕于历下的地方。相传公元前约2255年，舜帝重华，躬耕历下（今山东历城县西）以事双亲。尧帝嘉其德，让帝位于舜，天下敬戴钦服。笺画作舜耕历下时的耕具。

2.闵辔　闵子孝亲的故事。闵，姓氏，指闵损之父。辔，驾驭牲口用的嚼子和缰绳。这里指车子。闵辔，即闵损之父准备休其妻并将之送走的车子。春秋时鲁国闵损，字子骞，少时继母使其冬日衣芦絮，而使亲生的两子衣丝绵。闵父知之，愤愤将出其母。闵子骞对父哭谏说：“母在一子寒，母去三子单。”其父出妻之念始止。母被感动，痛改前非。笺画作闵父准备出妻之车。

3.孟竹　“孟宗竹”之简称。“孟宗竹”，因孟宗孝亲而得名；又名江南竹，其笋可食用。孟宗，三国时江夏（在今湖北）

人。少时家贫，从师南阳李肃，奉母至孝，一次母病中想吃竹笋，宗在隆冬苦寻不得，情急泪下。这时鲜笋忽从地下迸出。后因以“孟竹”为孝亲之典故。图作“孟竹”及其刚长出的笋。

4.俞杖 《说苑》所载韩伯俞孝亲的故事。汉代韩伯俞，每逢母亲用手杖打他，总是嬉笑，直至母亲喜悦为止。一次母亲又打他，俞竟泪下抽泣，问其故则说：“往日每打必疼，知母健而喜；今母杖下不能便疼，固知母力衰，故泣。”图作俞母之杖。

5.莱衣 老莱子娱亲的故事。老莱子，春秋时楚国人。楚王召他做官，他却偕妻奉亲退隐蒙山之阳，侍奉双亲至孝，为了让父母快乐，七十岁仍穿儿时彩服戏耍。后因以小儿穿的五彩服称“莱衣”，着“莱衣”表示对双亲的孝养。笺画作彩衣。

6.扇枕 指“扇枕温席”之典。黄香，字文强，东汉时江夏安陆（今属湖北）人。少时博学能文，时称“天下无双”。《东观汉记·黄香传》：“香躬执勤苦，尽心供养。……暑即扇床枕，寒即以身温席。”后因以“扇枕温席”为孝亲的典故。图作蕉扇、衾枕。

7.陆橘 指“陆氏橘”之典。陆绩，字公纪，三国时吴（今江苏）人。六岁在九江见袁术，吃橘子时暗收怀中三枚，拜辞时不慎滚落。术问其故，答说：“将以献母。”术惊此子之奇，因甚爱之。自此陆儿名声远播。后因以“陆氏橘”为怀以奉母之物，作为孝亲之典。图作陆绩所怀之橘。

8.负米 讲子路为母负米的故事。子路姓仲名由，孔子的学生，春秋时鲁国卞邑（今山东泗水）人。自食粗粮而以细粮奉母，细粮乡里求之不得，往往远及百里为母负米，后以“负米”喻外出求取俸禄钱财等以奉养父母。图作负米所用的布袋。

孺慕八种之“负米”

棣华八种

《诗·小雅·棠棣》："棠棣之华，鄂不韡韡。凡今之人，莫如兄弟。"后因以"棣花"喻兄弟。又《汉语大词典》："棣友，谓兄弟友爱。"此组笺画，皆写兄弟、朋友友爱之事。

1.德星聚 古以景星、岁星等为德星，认为国有道有福或有贤人出现，则德星现。德星聚，标志着众贤聚会。《异苑》中说："陈寔从诸子侄共访荀季和父子，太史向朝廷启奏说：五百里内，有贤人相聚。"陈寔，字仲弓，东汉桓帝时有贤名。其子陈纪，字元方；陈谌，字季方，与父并有高名，时称"三君"。荀季和，名荀淑，东汉颍阴（今河南许昌）人。生子八个并有才名，时人称作"八龙"。图作德星闪烁祥云之中。

2.投烛无忤 写晋代周颛、周嵩事。周颛，字伯仁，晋安成（今属江西）人。少有重名而其弟周嵩不服。一次，嵩怒对颛说："你的才能远不及我，何以得贤名？"并投烛于地！周颛泰然不怒不辩，世人反更敬之。图作燃烛斜落于地。

3.共被 同被而寝，亦谓亲如兄弟。《后汉书·姜肱传》：姜肱，字伯淮，与弟仲海、季江俱以孝行著闻，常与共被同眠。桓帝曾召肱为官，肱隐青州不就，年逾七十，终于林下。图作共衾的锦被。

4.田荆 据南朝梁吴均《续齐谐记·紫荆树》：田真兄弟三人分家，拟将庭前一棵紫荆树分成三份。第二天，树即枯死。田真大惊，对兄弟说："树本同株，闻将分斫，所以憔悴，是人不如木也。"兄弟感悟，遂合产和好，树亦复茂。后因以"田荆"为兄弟和好之典实。笺画作荆树一株。

5.融梨 写孔融让梨的故事。孔融，字文举，东汉时人。幼以友爱被世所称扬，四岁时与诸兄分梨，自选其中最小者，世以奇之。

棣华八种之"融梨"

故“融梨”传为幼童明理和兄弟谦让之典。图作梨子一只。

6.义竹 丛竹的美称。五代王仁裕《开元天宝遗事·义竹》：帝（唐玄宗）游后苑，有竹丛密，笋不出外。帝顾诸王曰：“父子兄弟相亲，当如此竹。”因谓义竹。图作繁茂的丛竹。

7.紫芝眉宇 《新唐书·卓行传·元德秀》：元德秀，字紫芝，河南人。质厚少缘饰……德秀善文辞，作《蹇士赋》以自况。房琯每见德秀，叹息曰：“见紫芝眉宇，使人名利之心都尽。”后因用“紫芝眉宇”为称颂人德行高洁之词。笺画作紫芝。

8.解剑 《史记·吴太伯世家》：“季札之初使，北过徐君。徐君好季札剑，口弗敢言。季札心知之，为使上国，未献。还至徐，徐君已死，于是乃解其宝剑，系之徐君冢树而去。”后以“解剑”为不违心诺之典。图作季札所佩之剑。

应求八种

应求，应和、响应之意。出自《易·乾》：“同声相应，同气相求。”此组笺画写君臣相互依存，朋友之间相互熏陶、相互敬重的故事。

1.如兰 喻君子之交如兰之聚。《易·系辞上》：“同心之言，其臭如兰。”唐代诗人李峤有“兰交聚北堂”句。图作兰花以喻之。

2.下榻 后汉陈蕃为豫章太守，在郡不接宾客，唯徐稚来时特设一榻，去则悬之。（见《后汉书·陈蕃传》及《徐稚传》）唐王勃《滕王阁序》有“徐儒下陈蕃之榻”句。后遂谓礼遇宾客为“下榻”。图作木榻。

3.云龙 谓云与龙。唐韩愈《杂说一》：“龙嘘气成云”；“然龙乘是气”。虽然龙为主，云从之，“然弗得云”，龙“无以神其灵矣”。将龙比喻君，云比喻臣，辩证地说明了君臣互相依存的关系。又宋陆游《太师魏国史公挽歌词》：“云龙际千载，典册冠三公。”明张居正《圣母图赞·庆都毓圣》：“云龙入户，赤龙在宫。遂开景运，万国时雍。济济岳牧，是为云龙。”后因以“云龙”比喻君臣际会，亦喻朋友相得。图作龙游五色祥云之中。

4.倒屣 屣，鞋。倒屣，鞋子穿倒了。《三国志·王粲传》：蔡邕闻朋友王粲到来，情急之下倒穿着鞋出来迎接。后用倒屣形容热情迎客。图作蔡邕所穿之屣。

5.周行 最好的方法、途径。《诗·小雅·鹿鸣》：“人之好我，示我周行。”毛传：“周，至；行，道也。”喻贤者引人行以正道之意。笺画作鹿鸣之图。

6.木瓜 《诗·卫风》：“投我以木瓜，报之以琼琚。”后人用以比喻朋友互相馈赠，亦有受恩必报之意。图作木瓜一篮。

7.拥篲 拥，执也。篲，帚也。拥篲，执帚清扫庭院和道路，迎候宾客，以表示对宾客的诚意。《史记·孟子荀卿列传》：“（驺子）如燕，昭王拥篲先驱，请列弟子座而受业。”又《汉书·高帝纪下》：“后上朝，太公拥篲，迎门却行。”图作竹帚。

应求八种之“木瓜”

8.倾盖 盖，车盖，形如伞。谓停车交盖，两盖稍稍倾斜。常用来形容朋友相遇，亲切交谈的情况。《论语》：“孔子之郯，遇程子于途，倾盖而言终日。”比喻孔子与程子之交的深厚。图作伞盖、锦褥及书卷。

闺则八种

闺，借指妇女，闺则，犹闺训，旧时指妇女应遵守的行为准则。

1.宿瘤 宿，早先。瘤，瘤子。这里指项上长瘤子之女子。汉刘向《列女传·齐宿瘤女》：齐闵王出游东廓，国人闻之争相往观，独项生宿瘤之女依然采桑而不往顾。王奇之，召来问之，女曰：“父母命女采桑，非命观王者。”王嘉许：“可惜项生宿瘤！”女曰：“吾能自爱以德，又勤于农事，宿瘤何害！”王更贤之，将迎之为后，女曰："不得父母之命，岂非私奔？"王因遣使谒其父母，礼聘为后。后来此女助谏闵王勤政爱民，齐国大治。后以"宿瘤"作为容貌不佳而贤惠的妇女典型。闵王之后以德见传，成为妇女的楷模。图作宿瘤女采桑所用之具。

2.熊丸 柳母教子的故事。唐代学人柳仲郢，幼年读书，其母韩氏常用熊胆制丸，令其吞咽以防困睡。柳仲郢买书每必三卷，一置书架随时取阅；一置案头读后必加圈注；一入书笥以备随身外出。精读不倦，因而取得成就。（见《新唐书·柳仲郢传》）后因以熊丸作为贤母教子之典故。图作书案及熊丸。

3.摽梅 谓梅子成熟而落下。后以"摽梅"比喻女子已到结婚年龄。旧时有"女大当嫁"之训。今时代不同，无须受此约束。图作一青梅。

4.雎雄 雄，同鸠，雎鸠，水鸟。明代汪廷讷《种玉记·尚主》："偕伉丽，乐衾裯；歌燕尔，咏雎鸠。"意为妇女要善待丈夫，对丈夫要忠诚，感情专一。图为两只水鸟相互依恋于水中。

5.孟机 喻孟母教子的故事。孟子少时贪玩废学，孟母刀断织布之机，加以警训。孟子因而勤学自奋，师事子思，遂成大儒。（见汉刘向《列女传·邹孟轲母》）图作屏风下织布之机。

6.杂佩 用各种佩玉构成的饰物。《诗经·郑风·女曰鸡鸣》："知子之来之，杂佩以赠之。"以示女子对男子之礼遇与敬重。又《楚辞·离骚》："纫秋兰以为佩。"谓捻缀秋兰，佩于男子身上。故笺画为一束秋兰及其他花卉以为佩饰。

7.鸡鸣 《诗·齐风》篇名，全篇以对话形式写妻子于天未明鸡鸣时（丑时），即一再催丈夫起身，《鸡鸣》："匪鸡则鸣，苍蝇之声。"谓听到不是鸡叫的鸣声，即苍蝇的飞鸣，也意味着天将亮，该催促丈夫起床了，故笺画作苍蝇飞鸣之状。

8.举案 "举案齐眉"之简称。案，有脚的托盘。举案齐眉，将装食物的托盘举至与眉宇齐高。《后汉书·梁鸿传》载：梁鸿家贫，隐居霸陵（今陕西），被人雇佣舂米。每次回家，其妻孟光为他进饭，必举案齐眉。后以"举案齐眉"表示夫妻相敬。图作托盘餐具。

闺则八种之“熊丸”

敏学八种之“铁研”

敏学八种

敏，勉也。敏学，勉力以求学。《论语·学而》：“吾非生而知之者，好古敏以求之者也。”笺画敏学八种为古人勤奋学习的故事。

1.邺架 典出《邺侯家传》。李泌（722—789）字长源。七岁能文，及长，博学多艺。唐玄宗时任宰相，封邺侯。家富藏书，世称“邺架”。韩愈有诗云：“邺侯家多书，插架三万轴。”图作几案和书架。

2.挂角 写隋人李密“挂角读书”的故事。李密字玄邃，襄平人。《唐书·李密传》：密闻包恺在缑山，往从之。以蒲鞯（草席）乘牛，挂汉书一帙于角上，且行且读。杨素（隋大臣）见于道，蹑其后问所读。曰：《项羽传》。素奇之。图作挂书牛角之上。

3.铁研 研，同砚。铁砚，生铁铸成之砚。此写桑维翰志学的故事。桑维翰，字国侨，五代时人。初举进士，主司恶其姓，被黜。有人劝其改业，维翰铸铁砚明志：砚不磨穿，誓不移志。勤学不辍，终成著名学者。（见《中国人名大辞典》）图画铁砚及毛笔、卷轴等。

4.青灯 古人读书，夜伴油灯，其光青荧，故名“青灯”。唐韦应物有诗云："坐使青灯晓。"又宋陆游诗云："青灯有味似儿时。"图作青灯，灯前作翻开之古书一卷。

5.警枕 用圆木做的枕头，熟睡则攲动，容易觉醒，故曰警枕。《资治通鉴·后梁均王贞明五年》："镠（钱镠）自少在军中，但未尝寐，倦极则就圆木小枕，或枕大铃，寐熟则攲而寤。"《范太史集》："司马光以圆木为枕，觉则起读书。"图作警枕（一截圆木）和书本。

6.书绅 《论语》："子张问行。子曰：言忠信，行笃敬，蛮貊之邦行矣；言不忠信，行不笃敬，虽州里行乎哉！"子张书诸绅。邢昺疏："绅，大带也。子张以孔子之言书之绅带，意其佩服无忽忘也。"后用来指把重要的训言记下来，以防遗忘。图作绅带，上大书"言忠信，行笃敬"六字。

7.笔花 王仁裕《开元天宝遗事·梦笔头生花》："李太白少时，梦所用之笔头上生花，后天才赡逸，闻名天下。"后以"梦笔生花"来比喻文人的才思大进。图作笔毫生花，间以文房清玩于其间。

8.负笈 笈，竹制的书箱。负笈，背着书箱。这里泛喻学人不畏艰苦，外出求学。《晋书·王裒传》："北海春，少立志操，寒苦自居，负笈游学。"图作书笈担杖之属。

极修八种

极，犹至、最。修，学习和修养。极修，或谓有关最重要的学习与修养之事。

1.调羹 本为"调和羹汤"之意。《书·说命下》："若作和羹，帷尔盐梅。"后因以"调羹"喻治理国家政事，或指宰相职事。图作鼎、勺等调羹所用之器物。

极修八种之"调羹"

2.尚友 "尚"通"上"。谓上与古人做朋友。《孟子》："以友天下之善士为未足，又尚论古之人；颂其诗，读其书，不知其人可乎？是以论其世也，是尚友也。”图作案置古书多卷。

3.韦简 韦，熟牛皮。古代用竹简写书，用熟牛皮条把竹简编联起来叫“韦编”。《史记·孔子世家》：“孔子晚而喜《易》……读《易》，韦编三绝。”后因称《易》为“韦编”。也用为一般古书的代称。“韦编”与“尚友”皆寓劝导人们多读书之意。图作“韦简”之形。

4.洪范 《尚书》篇名。旧传商末箕子作《洪范》以述天地的大法。图作“河图”，传为伏羲所作。

5.玄圭 即黑色的玉圭，上尖下方，古代用以赏赐建立特殊功绩的人。孔传：“玄，天色，禹功尽加于四海，故尧赐玄圭以彰显之。”笺画作玄圭置于锦袱之上。

6.爻画 是《易》卦的基本符号，由阳爻“—”和阴爻“--”组成六十四卦。图作八卦的核心——“阴阳鱼”。

7.典谟 《尚书》中《尧典》《舜典》和《大禹谟》《皋陶谟》等篇的并称。《书序》：“典谟训诰誓命之文凡百篇，所以恢弘至道，示人主以轨范也。”图作典谟成竹简之状放置书案上。

8.铭盘 将记功、记事或颂诫之文，刻在盘上，叫作“铭盘”。在器皿本身形质之美而外，并有颂祝或警诫之意。《吕氏春秋·铭旌慎势》有“功名著乎盘盂，铭篆著乎壶鉴”语。图作三足古盘，云纹雅丽，唯不见底面铭文。

尚志八种

尚志，高尚的志向。《朱熹集注》：“尚，高尚也。志者，心有所之也。”尚志八种写八位古人之风范，以景喻人。

1.蠡湖 湖名，在江苏无锡市西南。相传春秋越国范蠡伐吴时所开凿。蠡既佐越王勾践灭吴，以越王不可共安乐，弃官远去。图作扁舟隐于湖山一望中，暗喻范蠡的故事。

2.柳下 柳下惠的简称。春秋时鲁国大夫展获，字季，曾为士师官，食邑柳下，被称为柳下惠。相传他与一女子共坐一夜，不曾淫乱。后用以借指有操行的男子。图作柳下草堂，颇富农桑之趣。

3.渭钓　相传周初吕尚（即姜子牙）用无饵直钩在渭水边钓鱼。后将这个故事演绎为一个人人皆知的歇后语：姜太公钓鱼——愿者上钩。寓意做事要顺乎自然，不要违背人们的意愿。又谓文王访贤。《中国人名大辞典》载："文王将出猎，卜之曰：非刺彲，非熊，非罴，所获者霸王之辅。果遇尚于渭水之阳，时年已七十余。与语大悦，曰：吾太公望子久矣。号曰太公望，立为师，武王尊为师尚父。佐武王灭纣。"图作箬笠钓竿。

4.畊莘　畊，同耕；莘指商代有莘国（今山东曹县北）。相传伊尹佐商伐夏桀前曾耕于有莘之野，隐居乐道。后以"畊莘"喻安于隐居躬耕。图作伊尹耕作所用之犁。

5.南阳庐　指诸葛亮出山辅佐刘备以前隐居之所，在襄阳城西二十里的隆中山畔。诸葛亮《前出师表》："臣本布衣，躬耕于南阳，苟全性命于乱世，不求闻达于诸侯。先帝不以臣卑鄙，猥自枉屈，三顾臣于草庐之中。"唐刘禹锡《陋室铭》又有"南阳诸葛庐"句。后以南阳庐喻清高和智慧。图作茅庐于群山环抱之中。

6.筑嵒　嵒，同碞、喦、巖，今简化为岩。傅岩（地名，在山西平陆县东二十五里）有涧水坏道，常使奴隶和刑人版筑之。傅说原是版筑之奴隶，因贤隐于此。后为殷高宗贤相。故以"筑嵒"指贤士隐居待时。图作筑版和锄杵之属。

7.洙泗　洙，洙水；泗，泗水。洙、泗二水在山东省境内，古属鲁国地。孔子在洙、泗之间聚徒讲学。《礼记·檀弓上》："吾与女（女，作汝解）事夫子于洙泗之间。"后以"洙泗"代称孔子及儒家。图作河流与杏林，以志洙泗之地。

8.赤松　即赤松子。传说不一，一谓上古时神仙，一谓晋代得道成仙的皇初平。图为雄伟苍健的赤松，并间以道家丹术用具。

伟度八种

伟度，宏大的度量与非凡的气度。笺画伟度八种，皆喻历代名贤和文化轶事。

1.周莲　谓周敦颐《爱莲说》。周敦颐，宋代著名哲学家，曾写《爱莲说》一文。文曰："予独爱莲之出淤泥而不染，濯清涟而不妖，中通外直，不蔓不枝，香远益清，亭亭净植，可远观而不可亵玩焉。”笺画作盛开的莲花。

2.鹅经 记王羲之写经换鹅的故事。《晋书·王羲之传》：“山阴有一道士，好养鹅，羲之往观焉，意甚悦，固求市之。道士云：‘为写《道德经》，当举鹅相赠耳。’羲之欣然写毕，笼鹅而归，甚以为乐。”图作经与鹅以纪其事。

3.免胄 胄，盔甲。免胄，脱下盔甲，是古代将士行礼的方式，亦指疆场决死。此写唐郭子仪义服回纥之事。永泰初，仆固怀恩叛唐，纠合吐蕃、回纥攻唐。子仪冒死率数十骑冲入回纥阵中，以诚说服回纥与唐联兵，击退吐蕃。图作甲胄卸于地之状。

4.虞琴 虞，即虞舜，或舜，五帝之一。《礼记·乐记》：“昔者舜作五弦之琴。”后因以“虞弦”指琴，即为“虞琴”。笺画作琴一具。

5.陶巾 写东晋诗人陶潜用葛巾滤酒的故事。陶巾，陶潜的软帽。《宋书·隐逸传·陶潜》：“郡将候潜，值其酒熟，取头上葛巾漉酒毕，还复著之。”后因以为文人放诞闲适之典。图画酒坛、葛巾等物。

6.羽扇 用长羽毛制成的扇子。民间常用“摇鹅毛扇的”来形容对事情出主意、进行幕后策划的人。这里暗喻诸葛孔明，是智慧的象征。

伟度八种之“羽扇”

高标八种之“思鲈”

7.谢屐　一种前后齿可装卸的小屐。原为南朝宋诗人谢灵运游山时所穿，故名“谢公屐”，简称“谢屐”。李白《梦游天姥吟留别》诗有“脚着谢公屐，身登青云梯”句。图作木屐、棋盘。

8.卢椀　椀，同碗；指卢仝之茶碗。唐代诗人卢仝，自号玉川子，范阳人。博学工诗，酷爱品茶，著有《茶歌》，传所居之邑有“卢仝煮茶泉”。笺画作茶具。

高标八种

高标，比喻出类拔萃或高深的造诣。

笺画高标八种，皆以物喻人喻事，虚中蕴实，颇多情趣。

1.冰鉴　古代盛食物加冰防腐之器皿；冰和鉴又引申为镜，比喻明察事理。“冰鉴”又用以称颂旧时科考制度中育才以德的贤明考官。笺画作“鉴、镜”各一。

2.达旦　旦，天明；达旦，到天明。常以“通宵达旦”来赞许人们勤奋工作或努力学习。这里特喻三国关羽通宵达旦礼侍二皇嫂，并利用时间秉烛读书的故事。笺画作烛台和屏风。

3.齐马　周时驾金路之马，即所谓“金路驾齐马”。“金路”，也作“金辂”，为饰金之车子，是古代帝王所乘的五种车子之一，足见“齐马”之高贵。图作瘦马，题之为“齐马”。

4.思鲈　南朝宋刘义庆《世说新语·识鉴》：“张季鹰辟齐王东掾，在洛，见秋风起，因思吴中菰菜羹，鲈鱼脍，曰：人生贵得适意尔，何能羁宦数千里以要名爵？遂命驾便归。”后因以“思鲈菰”喻思乡归隐。笺画作鲈鱼一尾。

5.四知　颂杨震重德轻金的高尚品质。杨震，字伯起，东汉华阴人。少好学，博览群经，时称“关西孔子”。《后汉书·杨震传》：“王密为昌邑令，夜怀金十斤遗震曰：暮夜无人知。震曰：天知、神知、我知、子知，何谓无知！密愧而出。”后多用为廉洁自持，不受非义馈赠的典故。笺画作金元宝之图。

6.麦舟　宋人范尧夫义赠麦舟的故事。范尧夫，北宋政治家、文学家范仲淹的儿子。有一次，他受遣至苏州取一船麦子，于丹阳遇故人石曼卿，了解到石正困于无力举丧。遂以所载之麦五百斛及载麦所用的船，相赠而归。后因以“麦舟”为赙赠助丧之典。笺画作麦舟。

7.篱菊　典出晋陶潜《饮酒》诗之五：“采菊东篱下，悠然见南山。”寓意田园生活之美好。图作篱下之菊花。

8.采药　谓采集药物。寓意隐居避世或求仙修道。唐李白《悲清秋赋》：“归去来兮，人间不可以托些，吾将采药于蓬丘。”图作采药所用之锄与篮。

卷四

建议八种

建议，原意是对事情的处置、办理提出具体的意见。这组笺画讲述古代贤士守节、尽职之典，有建议人们从中感悟做人做事的道理之寓。

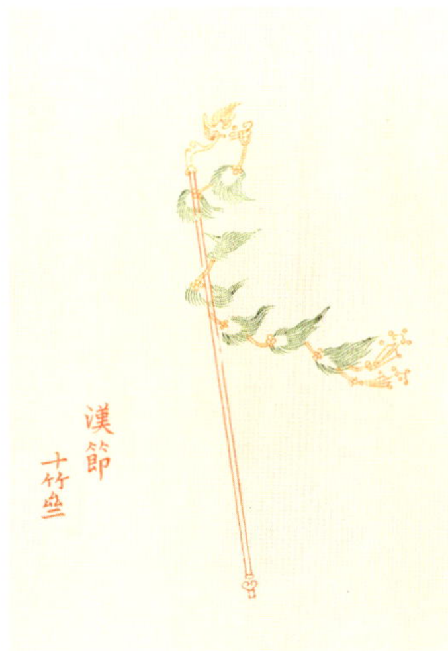

建议八种之“汉节”

1.焚券　焚烧债契。说的是战国时，孟尝君遣其门客冯谖去薛地收债，冯至薛，召集债民，假托孟尝君之命，以债赐民，当众焚烧债契，民感戴。后孟尝君蒙难，避于薛，受到薛地百姓夹道欢迎。

2.投笔　谓弃文而就他业，多指弃文从武。这里特指班超投笔从戎的故事。后汉班超常为官佣书而食。叹曰：“大丈夫无他志略。”遂投笔从戎，立功西域，封定远侯。图作投笔于案下。

3.汉节　汉天子所授予的符节。此指苏武出使匈奴的故事。汉武帝天汉元年，苏武以中郎将使持节出使匈奴。单于不让他返汉，欲其降，武坚贞不屈，持汉节牧羊于北海畔十九年，始元六年得归，须发尽白。后以“苏武节”用作忠臣的典故。图作苏武所持的“汉节”。

4.铜柱　铜制的柱子。此写东汉马援平定交趾（五岭以南），立铜柱，为汉之边界。图为雕龙铜柱。

5.金縢 谓用金属制的带子将收藏书契的柜封存。亦指收藏书契之柜。《书·金縢》：武王有疾，周公作策书告神，请代武王死。事毕纳出于金縢之柜。后以“金縢功”为忠心事君之典。笺画金縢其形如箱。

6.遗棠 召公布文王之政，常巡行乡邑，于棠树下听百姓诉讼，断其案。国人“被其德，说其化，思其人，敬其树”。后以“遗棠”指召公留下的盛德惠政。笺画作屋于棠阴之下。

7.丹书 记载古圣遗训之书叫作“丹书”。《大戴礼》：“武王召尚父问曰：黄帝、颛顼之道存乎？尚父曰：在《丹书》。”又丹书指“三坟五典”。图作丹书一帙。

8.补衮 衮，本为帝王及上公穿的绘有卷龙的礼服。这里指帝王。补衮，原意是修补帝王的礼服。这里寓意补救规谏帝王的过失。笺画作补成的衮袍一袭。

寿征八种

寿征，长寿的征兆。这组笺画皆有祥瑞或祝福之意。

1.蟠桃 神话中的仙桃，食之者寿可千年。《山海经》：“沧海之中，有度朔之山，上有大桃木，其蟠屈三千里。”又《汉武内传》：“七月七日，西王母降，以仙桃四颗与帝。此桃三千年一生实。”笺画作蟠桃一株。

2.南极 星名，即传说中的南极老人星。旧时以为此星主寿，故称“寿星”，常用于祝寿时称颂主人。笺画作“南极星”，闪耀在天空之中。

3.铜狄 铜铸的夷狄之人。《汉书·五行志下之上》：“史记秦始皇二十六年，有大人长五丈，五履六尺，皆夷狄服，凡十二人，见于临洮……是岁始皇初并六国，反喜以为瑞，销天下兵器，作金人十二以象之。”后因称“铜人”为“铜狄”。郁达夫《代洪开榜先生祝梁母邓太夫人八秩大庆》诗：“好待期颐觞咏日，重摩铜狄话沧桑。”可见“铜狄”是一种祥瑞。笺画所作铜狄，容貌、服装皆是异邦之式。

4.**海屋** 传是神仙居住的地方。亦有祝寿之意。《东坡志林》：有三老相遇，互问年庚。其中一老说："沧海每次一变桑田，吾便更筹以记之，今满十筹矣。"此即为"海屋添筹"的传说。"海屋添筹"，原谓长寿，后以为祝寿之词。笺画作海屋隐现在波涛起伏的海浪之中。

5.**青鸟** 神话传说中为西王母取食、传信的神鸟。《汉武帝故事》：七月七日，忽有寿鸟飞集殿前，有顷，西王母果然降临，青鸟侍立王母左右。唐李商隐《无题》诗："蓬莱此去无多路，青鸟殷勤为探看。"又欧阳予倩《人面桃花》第二场："想不回家万不能，哪有青鸟传芳信？"由此可知"青鸟"也是吉祥之兆。笺画作青鸟伫候王母之状。

6.**大椿** 古寓言中的木名，以一万六千岁为一年。《庄子·逍遥游》："上古有大椿者，以八千岁为春，以八千岁为秋。"后用以喻指父亲。故"大椿"是男性长寿的象征，笺画作仙芝生于大椿之下。

7.**龙杖** 典出《后汉书·方术传下·费长房》：汝南人，姓费名长房者，于市井中遇一卖药翁。老翁给他一竹杖，说：骑着它，能到你想去的地方，到了目的地，可将其投入际涯间。长房乘杖，须臾归来，即投杖于涯间，顾视则龙也。寓意得此杖可登仙，与日月同寿。笺画作杖化为龙飞向云天。

8.**雪藕** 嫩藕也，其色白，故称。笺画以藕喻洁，以洁喻仙，仙寿无量。故以"雪藕"祝颂世人长寿。图作雪藕置于莲叶之上。

寿征八种之"雪藕"

灵瑞八种

灵瑞，天上所显示的祥瑞，亦指灵异的事物或景象。

1.**金芝** 金色灵芝。古代传说中的一种仙药，用之长生不老。笺画作金芝丛生青石草地之中。

2.景星　庆星，德星，瑞星。古谓现于有道之国。《文子·精诚》：“故精诚内形气动于天，景星下，黄龙现，凤凰至，醴泉出，嘉谷生，河不满溢，海不波涌。”真可谓景星现而国泰民安矣。笺画作景星集现于高山之上庆云之中。

灵瑞八种之“神龙”

3.神龙　龙本就是传说中的一种神异动物，神龙则更“神”了。旧时谓神龙出现是吉祥之兆。笺画作一神龙穿行、隐现于云中。

4.嘉禾　奇异之禾，古人以为是吉祥之兆；亦泛指生长茁壮之禾稻。《书·序》：“成王时，唐叔得禾，异亩同颖。归周公于东，周公旅天子之命作《嘉禾》。”笺画作嘉禾，四穗并生。

5.在郊　不知典出何处，故采用王宗光先生之麒麟说：传说麟为神兽，非太平盛世不可见。《说文·段注》：“麟状如麋，独角戴肉，设武备而不为害，所以为仁也。”笺画中所作之麒麟，似龙而无爪，似鹿而生鳞。

6.卿云　一种彩云，又称景云或庆云，是为吉祥之象。《史记·天官书》：“若烟非烟，若云非云，郁郁纷纷，萧索轮囷，是谓卿云。卿云见，喜气也。”笺画作卿云为五色缤纷流动之状。

7.紫玉　紫色宝玉。古代为祥瑞之物。《宋书·符瑞志下》：“黄银紫玉，王者不藏金玉，则黄银紫玉光见深山。”又南朝梁刘勰《文心雕龙·正纬》：“白鱼赤鸟之符，黄金紫玉之瑞。”笺画作巨型紫色璞玉。

8.来仪　谓凤凰来舞而有容仪，古人以为瑞应。语出《书·益稷》：“箫韶九成，凤皇来仪。”又《后汉书·左雄传》：“汉世良吏，于兹为盛，故能降来仪之瑞，建中兴之功。”笺画作一五彩凤凰从天而降。

香雪八种

香雪，泛指白色的花，这里特指梅花。清余怀《郑板桥杂记·丽品》："左轩种老梅一树，花时香雪飞拂几榻。"又清厉荃《事物异名录·花卉·梅》："《湖堧杂记》：湖墅有三胜地，西溪之梅名曰香雪。"

梅花以其傲霜斗雪的性格和宜人的幽香，成为文学和绘画的永恒主题。笺画香雪八种以小写意手法和不同颜色，画出不同环境中不同姿态的梅花，韵味十足，香气袭人，令观者赏心悦目，回味无穷。

韵叟八种

韵叟，情趣风雅的老者。韵叟八种以简约的墨线绘声绘色地刻画一群老者各尽其乐的情景：或于旷野中枕石著书，或雅兴大作挥毫题壁，或相约话旧，或鸣琴品音，或探梅、访菊、听涛、临流。好一派人文兴旺，天人合一的妙境！

宝素八种

这组笺画以"拱花"技艺在宣纸上印出爵、盘、壶、罐、佩玉、玺文、书卷、乐器等各种立体的器物，没有任何颜色，与卷二的"无华八种"有异曲同工之妙。

文佩八种

文佩，即玉佩，亦称玉珮，是古人佩挂的玉制装饰品。《诗·秦风·渭阳》："我送舅氏，悠悠我思；何以赠之，琼瑰玉佩。"笺画文佩八种精妙地刻画出雕琢精美的古玉佩的造型，别有一番文化古韵。

杂稿

不能归类者，谓之杂稿，有笺画16幅。

1.沧海月明珠有润　这是"沧海遗珠"的引申。《新唐书·狄仁杰传》：狄仁杰调任汴州参军，险遭人诬陷。阎立本见状，异其

香雪八种之五

韵叟八种之“鸣琴”

宝素八种之六

文佩八种之五

才，称其“可谓‘沧海遗珠’”。“沧海遗珠”，谓海中之珠被采珠者所遗，比喻埋没人才。“沧海月明珠有润”则进一步比喻有才能的人虽被埋没，却仍自信自强，力所能及地做有益于社会的事。笺画作明珠在海，借月色得显微光。

2.鹤书 书体名，也叫鹤头书。因其状“仿佛鹄头”，故名。古时用于招贤纳士的诏书。《文选·孔稚珪〈北山移文〉》：“及其鸣驺入谷，鹤书赴陇。”旧时对于平民而言，“鹤书”则是一种吉兆。唐杨炯《唐昭武校尉曹君神道碑》：“南宫养老，坐闻鸠仗之荣；东岳游魂，俄见鹤书之召。”笺画作丹顶鹤鸣舞之状，并用拱花法出之。

3.百川赴巨海，众星环北辰 这里集中了“百川朝海”和“众星环极”两个典故：“百川朝海”谓众水奔流趋向大海；“众星环极”谓众星环绕着北极星。两者连起来比喻贤能者必然众望所归。笺画作海浪翻天，星空朗洁之象。

4.鸾信 又名“鸾笺”。宋苏易简《文房四谱·纸谱》：“蜀人造十色笺，凡十幅为一沓，然逐幅于方版上砑之，则隐起花木麟鸾，千状万态。”后因称彩笺为“鸾笺”。此笺画作白鸾凝视落花之状，经拱花成之。

5.贞节扶疏 直意指竹子。竹有“贞筠”之称，喻坚贞不易的节操，与“贞节”同。“贞节”的另一义是封建礼教，指女子不失身、不改嫁的道德行为。笺画作一丛劲竹长于大石旁。

6.彼如君子心，秉操贯冰霜 以劲松比喻富贵不淫、威武不屈的君子。笺画作迎风斗雪的劲松。

7.杏燕 典出“杏梁”和“杏梁燕”。杏梁，文杏木所制的屋梁。宋代晏殊《采桑子》词：“燕子双双，依旧衔泥入杏梁。”清代柯耸《离亭燕·燕》词：“趁得东风飞絮，来认杏梁深处。”杏梁燕，词牌《解连环》的别名。清代陈廷敬等《词谱·解连环》：“张辑词有‘把千种旧愁，付与杏梁语燕’句。”杏燕，喻冬去春来，文杏花开，燕子衔泥筑巢；人们抛开烦恼之事，张开双臂，迎接美好春天的到来。笺画作双燕飞于文杏花、枝之间。

杂稿之“杏燕”

8.寸心凭雁足 记“鸿雁传书”的传说。《汉书》：苏武出使匈奴，匈奴将其扣下，要他投降；苏武不屈，被流放北海牧羊，后匈奴与汉朝和亲，汉要其交还苏武，匈奴谎称苏武已死。汉复遣使，一个叫常惠的人教汉使对单于这样说：汉天子射猎得一雁，足系帛书。书中说苏武就在北海。汉使如是说了，单于吃惊而谢罪，遂交还苏武。从此，汉匈和好。笺画作雁足系书之图。

9.呦鹿 语出“鹿鸣”之典。鹿鸣，鹿鸣叫也。《诗·小雅·鹿鸣》：“呦呦鹿鸣，食野之苹。”毛传：“呦呦然鸣而相呼，恳诚发乎中，以兴嘉乐宾客，当有恳诚相招呼以成礼也。”鹿鸣以乐宾客是古时的一种礼仪。“鹿鸣”又是古代宴群臣嘉宾所用的乐歌。据清代学者研究，《鹿鸣》的乐曲至两汉、魏晋间尚存，后即失传。笺画作鹿鸣之状。

10.梦蝶 写“庄周梦蝶”故事。庄周，战国时哲学家。传说他梦见自己是一只蝴蝶，悠游自在，根本不知自己是庄周。忽然醒来，自己分明是庄周。不知道是庄周做梦化为蝴蝶，还是蝴蝶做梦化为庄周。这虽是传说，却是庄周“齐物我”（或谓“天人合一”）思想的反映。笺画作翩翩飞舞的蝴蝶。

11.青鸟 （参见卷四寿征八种中之青鸟）笺画作青鸟。

12.天花 神话传说，天降百花，福到人间。宋之问《设斋叹佛文》说：“龙王献水，喷车马之尘埃；天女散花，缀山林之草木。”笺画作祥云拥百花自天而降。

13.无题 以牡丹巨石喻富贵长寿。

14.春涛龙起 喻英杰逢时。笺画作龙冲波踏浪直升彩云之中。

15.兰玉 比喻世人才貌之美或仙居的幽洁。笺画作玉兰树。

16.苍松不老，双鹤齐鸣 喻年高、长寿，如松鹤同长、松鹤遐龄。“赤松不老，双鹤齐鸣”，意在强化其喻意。笺画作松鹤，并兼云海仙芝。

书画装裱

荣宝斋的书画装裱技艺

装裱修复技艺、古字画装裱修复技艺国家级非物质文化遗产标牌

荣宝斋的书画装裱修复技艺和古字画装裱修复技艺，2008年被国务院列为国家级非物质文化遗产。

俗话说："人恃衣裳马恃鞍。"一身美观合身的衣裳，能使人顿添几分风彩。书画界则流行着"三分画七分装裱"的说法。中国的书画艺术品更加依赖于装裱，因为画（写）在宣纸上的书画，皱巴巴的，软绵绵的，看不出其艺术效果，无法观赏，似乎是未完成的"半成品"，只有经过装裱，才能显示它们的艺术光彩。

"装裱"一词有三层含义：装，就是装饰、装潢，为书画装上与画面内容与颜色相匹配的绫、锦边、天地头、隔水、引首等饰件，为画面增光添彩；裱，通过托心、覆背等，为画幅裱上数层纸，起到加厚增牢的作用；修复破旧书画（包括破损的古代和近现代的破损书画），则需重新揭裱，经过揭背、除污去霉、修复破洞、全色接笔，尔后再与新书画一样进行装裱，这通常叫作"修复”。著名词人、书法家、社会活动家赵朴初先生在冯鹏生《中国书画装裱概说》一书的题字：“书画赖有装裱助，乃能挂壁增光辉。”确切地说明了装裱与书画的关系。

装裱是我国特有的一门技艺，至今已有1500多年的历史。宋代设有专管书画名作装裱的官职；社会上也出现了装裱行业，有开店经营的，有走街串巷上门为收藏者装裱的。流传至今的“宋式裱”，说明当时的装裱技艺已达到很高的水平。宋以后的宫廷装裱常有一定的规格，什么样的书画，用什么材料，什么格式装裱，都有相应的规定。明代修复旧书画的技术达到相当高的水平，修复绢画做到“丝缕相对”，纸画做到“补处莫分”（看不出补缀的痕迹）。当时有个“全色”能手，他补全的《赵千里芳林春晓图》，即使是赵千里复生也“不能自辨”。明代以后，装裱技艺进一步发展。中华人民共和国成立以后，党和政府十分重视文化事业的建设，使书画装裱技艺发展到一个高峰，尤其是修复古代书画的技艺，更趋精微、细腻，更科学、完善，可以妙手回春，使许多行将沉沦的古代重要书画起死回生，重放光芒。正是这项了不起的技艺，保护了我们国家许多极其珍贵的文化遗产，使我们民族的优秀文化得以继承和发扬光大。

1959年以前，荣宝斋虽然没有自己的装裱作坊，其所接收的裱件，都由协作单位加工。但因为要求严，标准高，协作单位不敢怠

修复前后的明代绢本长卷

慢，所以受到顾客的信赖。张大千在北京时，他的画只给荣宝斋装裱。

1956年社会主义改造时，宣武区把当时北京市的五十多家个体装裱户组织成宣武区裱画合作社一社、二社，共有人员256人。1959年，这两个裱画合作社，合并到荣宝斋。荣宝斋留下其中有专长者一百三十人。他们中间，有不少身怀绝技者，使荣宝斋汇集了北京这座文化古城装裱技艺的精粹，成为北派装裱——“京裱”的主要代表；宣武区政府还将琉璃厂西街西段路北一幢三层小楼调给荣宝斋做装裱车间；再加上设备齐全的优越条件，使荣宝斋成为北京，乃至全国最大的书画装裱机构，无论是工艺水平之高，工作场所之大，用料之讲究，都是屈指可数的。

半个多世纪以来，荣宝斋为机关团体、社会机构、书画爱好者、收藏者装裱、修复了难以计数的书画作品和古代文物。除了中央直属系统和北京市，还有从全国各地，港、澳、台地区和国外送来装裱的和修复的，得到了广泛的赞誉。

书画界和社会上对荣宝斋的装裱，有精、严、顺、新四个字的评价。

精，就是工艺精、用料精。前面提到，这里汇集了北京装裱技艺的精粹，人才济济，他们中的许多人都称得上大师，而且一向注重新人的培养，以老带新，代有传人，始终保持着很高的工艺水平。凡在这里装裱的每一件书画，都做到精益求精，使顾客满意。装裱材料，宣纸、绫、锦、绢，都是由荣宝斋根据需要进行设计，提出质量要求，直接在安徽泾县、苏州、杭州等著名厂家特制的。这些用料的品质、花式、色泽都是一流的，它们是装裱质量的物质保证，使装裱出来的书画质地柔软，色泽滋润，美观大方，能长期保存。

严，就是每一个工序都严格按照操作规程进行。装裱工艺繁复，共有二十多道工序；每道工序都有严格的操作规程。这套规程，是从长期的实践中总结出来的，是科学的、行之有效的。每道工序都必须一丝不苟、不折不扣地按照规程操作。师傅以身作则，徒弟认真领会，师传徒承，长此以往，形成了一种严谨的工作作风，一种优良传统。就拿托画心来说，这是整个装裱过程最重要的环节。因此，在操作之前，必须仔细观察裱件的用纸、用墨等情况。一般情况下，都可用湿托方法操作；如果是用劣纸、次墨、广告颜料，甚至用钢笔写的，就必须采用飞托的方法操作，否则会造成跑墨、掉色等不可挽救的后果。曾经有一位中央领导同志送来一件毛主席用钢笔为友人写的书法横幅，有经验的师傅一眼就发现纸墨均不佳，肯定容易跑墨，还是先试验一下，结果跑墨很严重，于是采用飞托法操作，避免了由于技术上的失误造成严重的政治后果。

古字画修复专家张贵桐、王家瑞、刘焕章在研究修复宋代古画方案

顺，就是尊重、顺从顾客的意愿。俗话说："萝卜白菜，各有所爱。"由于文化素养、审美习惯等的差异，不同的顾客对装裱的颜色、款式有不同的要求，有的喜欢鲜亮一些，有的喜欢素雅一些；有的爱好大方一些，有的爱好精巧一些。就是画家中间，也有不同的需求，比如徐悲鸿先生喜爱沉稳的深灰色，而张大千先生则喜欢将画心嵌在中间挖空的整张金纸上，显得金碧辉煌。总之，就是尽量满足顾客的不同需要，使他们满意、舒心。

新，就是在实践中不断创新，使装裱技艺不断得到提高和发展，为这项传统技艺作出新的贡献。在装裱人民大会堂《江山如此多娇》巨幅国画和抢救山西应县木塔辽代文物的过程中，都遇到了前所未有的挑战，就是靠创新精神，克服许多困难，创造了许多新的装裱技法，才顺利完成任务的。

装裱一般的新书画，无论技术水平、场地设施、用料等条件，荣宝斋都是绰绰有余的，就像家常便饭一样平常。多少年来装裱过多少大大小小的、绢本的、纸本的，甚至是劣质次墨、广告颜色或钢笔写的书画作品，都能保证质量，受到广泛的好评。然而，对于人民大会堂《江山如此多娇》巨幅国画的装裱，却面临着前所未有的挑战。

为迎接建国十周年，有关领导决定请金陵派国画大师傅抱石和岭南派国画大师关山月为雄伟的人民大会堂创作一幅以毛主席词《沁园春·雪》为主题的《江山如此多娇》，高九米、宽六米半的巨幅国画。荣宝斋责无旁贷地承担了此画的装裱任务，派装裱老艺人张贵桐及刘金涛带几个徒弟，在作画现场，配合画家，边创作边装裱。

画家创作这么大的画，在我国绘画史上没有先例。装裱这么大的画，在我国书画装裱史上，同样是没有先例的。装裱过程中遇到了许多前所未见的困难。到过荣宝斋装裱现场的人，无不感叹这里场地之宽阔，壁板之高大。即便如此，《江山如此多娇》也无法在这里进行作业，只好借万明路东方饭店的地方，在地板上装裱。这就出现了一系列的挑战。第一，整整三个月，一切操作，都必须弯着腰，蹲在地上进行，这是对装裱师傅们体力的极大挑战，是一项极其艰辛的体力劳动。第二，因为弯腰蹲着施工，动作容易变形、走样，在技术上造成了许多困难。第三，因为整幅画是十几张丈二匹宣纸拼接而成的，托心、覆背等，也是用丈二匹，锦边的尺寸则长达十几米，这些材料被刷上了浆糊，变成软绵绵的东西，每张都需要从地上揭起来，几个人牵拉着挪到需要的部位，技术难度也很大。第四，因为画家创作与装裱作业同步进行，画家画好一部分，就随即托心，干了让画家看效果，如果不满意，就需改动或重画，装裱也随时跟着重新托心，直到画家满意为止。最大的一次改动，是整幅画画完，拼接起来（未裱好），挂在大会堂墙上，让周总理审查。总理觉得画中太阳的位置太低，在台阶下面看不见。于是，画家改变画面布局，提高了太阳的位置。装裱自然也要进行挖补，重新托裱。第五，此画画心630平方尺，加上四面的饰边，就更大了。如此大面积的画幅，产生很大的张力，如何使其拉力平衡，防止爆裂，又是一个挑战。技师们凭借多年的丰富的经验，反复思量，决定在画幅背面裱上多层经纬纵横的白布和绫绢。这当然是书画装裱技艺的一种创新。第六，此画必须在建国十周年举行盛大国宴的前一天装裱好，挂上墙。装裱是如期竣工了，但画幅卷起来有十几米长，不能压，不能折，要从东方饭店送到人民大会堂，汽车拉不了，当天又下着大雨，怎么办？师傅们用苫布把画苫好，十几个人冒雨把画抬到人民大会堂。他们整整一夜站在高架上将画挂好。大家这才松了一口气，以愉快的心情迎接十周年国庆。

此画的作者之一关山月先生目睹整个装裱过程，深有所感：“装池这样大的画，是没有先例的，是一个难度很大的课题。在这一点上，他们是有发明创造的。他们想尽办法，凭着多年的实践经验，在画背上多层经纬纵横的纱布（白布），使拉力平衡，解决了防止巨丈画幅爆裂的问题。在制作的整个过程中，一直离不开师傅们的协作，从接纸、修补，到画好后（未装裱前）要挂到现场让周总理审查，全靠他们操劳。这张画的托裱，是极其艰苦的，根本找不到那么大的板壁，只好在东方饭店地板上蹲着施工。其所付出的劳动，不说别的，浆糊就用去不知多少桶。画裱好后，要求在国庆前夕，人民大会堂举行盛大国宴前一天挂好，那天晚上，下着倾盆大雨，汽车装不了那么长的画，不能折，不能湿，不能压，又是靠他们组织人力，像舞龙一样，把画抬到人民大会堂来上壁。由张师傅率领十来位助手，一直在高架上工作了整整一个通宵。当这张画堂堂正正地竖在人民大会堂宴会厅前的时候，我们怎能忘记他们的一份功劳呢！”

1990年国家领导人决定，由傅抱石、关山月两位大师创作的《江山如此多娇》巨幅国画，作为重要历史文物，交给中国历史博物馆（现中国国家博物馆）永久保存，由荣宝斋的画家临摹一幅，代替原作，在人民大会堂原来的地方“继续服役”。这幅被何海霞等著名画家称为真实传承了原作神韵的摹本《江山如此多娇》的装裱任务，再度由荣宝斋的装裱技师们来承担。

这次从临摹到装裱，荣宝斋分文未收。国家领导人指示有关部门就此为荣宝斋建立专门档案，让后人知道荣宝斋的这份贡献。

《江山如此多娇》是荣宝斋装裱新画遇到的最大挑战，山西应县木塔辽代文物，则是荣宝斋在修复古旧书画中最大的挑战。

山西应县木塔建于1056年。1974年在抢修加固工程中，于第四层释迦牟尼塑像中发现了大批极其珍贵的辽代文物，有写本、刻本、绘画、版画等，其中的十二卷《契丹经》和其他三十五卷辽代刻经，数量大，内容丰富多彩，是国内最长的大藏经刻本。这是

古字画修复专家冯鹏生、李振东在修复辽代经卷

继1899年敦煌千佛洞藏经洞的发现以来更重大的一次发现。但这批文物在佛像腹中秘藏了八百多年，屡遭鼠患（鼠咬和粪尿糟蹋）和自然风化，部分经卷、画幅早已残断折损、撕裂、破碎，有些已糜烂粘连结成团。

如何抢救这批重要文物，当地文物部门束手无策。山西文物部门的专家张畅耕先生特意到荣宝斋来商讨、研究抢救办法。荣宝斋两位经理和张贵桐、王家瑞两位修复古书画专家，应邀前往应县，面对实物，进行分析研究。然而，抢救如此大量残损不堪的文物，荣宝斋领导和经验丰富的专家也感到棘手，能不能胜任，心里没有把握。经过反复思考、商量，出于“抢救国家文物责无旁贷”的责任心，荣宝斋最终还是担当起抢救这批文物的使命。于是，山西文物部门妥善将这些文物送到荣宝斋来。

抢救数量这么大，在历史上这么重要，而残损程度这么严重的文物，就连在装裱业中“久历沙场”“身经百战”的修复古书画高手张贵桐、王家瑞都是第一次，其难度难以预料。荣宝斋集中了最强的技术力量，组成抢救班子。佛画由老一代专家张贵桐、王家瑞、李荫基负责抢救，佛经由冯鹏生、李振东等中年专家负责抢救。

面对这些糟朽易损，手触即碎，或粘连糜烂，难于展开的文物，技师们犹如医生为危重病人做手术，必须制订周密的方案，不能有丝毫的差池，他们全神贯注，兢兢业业，小心谨慎，唯恐伤及病人。但抢救中究竟会遇到什么困难，却无法预料，这就要求他们在进行中碰到什么问题，随时商量，耐心探索，寻求解决问题的办法。他们攻克了一个又一个难关，对一触便碎的卷轴，用边湿边展的办法，慢慢逐一展开，平放在新纸上，以便于下一步的工作。对画面严重的脏污和霉迹，用皂角汁浇渍的古法已无济于事，也容易冲走松脆的碎片，他们采用微水量，轻动作，重复冲洗多次的办法，既达到去污的目的，又保护了画面的完整。揭去画幅的旧背纸，是修复破损书画的重要环节，既要把原来裱上去的旧背纸揭掉，又不能伤及画心的毫厘。他们先在画面覆一层新纸，然后反转过来进行操作，每次只能用镊子揭下半颗米粒大小的旧背纸，稍不留意，就可能连松脆的画心一起揭下来。就这样极其耐心地把一幅幅画的旧背纸揭细揭透，不留任何痕迹。揭完旧背纸，接下来就要托心。因为画面已破碎成无数小片片，而且东歪西扭不成形，托心前必须以极度的耐心将这些小片片摆正连接好，否则将造成无可挽救的失误。即便如此，仍有局部缺损，如《炽盛光佛降九曜星官房宿相图》在佛光处就缺少一小块碎片，是在画幅裱好一年后在筛土时找回来又补上去的。

从1978年冬到1981年春，经历了两年多的时间，荣宝斋的装裱技师们付出了艰辛的劳动，呕心沥血，为国家抢救、修复了九十二件辽代重要文物，圆满地完成了历史使命，被文物界称为文物史上的一大奇迹。

德国某博物馆收藏我国清代画家丁观鹏画的《妙嬉国佛说法图》，已经破损，他们不知道如何修复，特地送到荣宝斋来。此画为重彩人物画，面积达30多平方尺，破损很严重。技师们制定了周密的方案，精心施工。在大家的共同努力下，圆满完成了修复任务。德国朋友喜出望外，激动地说："中国装裱真奇妙！我们非常感谢。"

中央直属系统和北京市许多机关团体、社会机构的书画几乎都由荣宝斋装裱，如中南海、人民大会堂、全国政协礼堂、钓鱼台国宾馆、北京饭店、港澳中心等等，有些大幅的书画装裱后往往还需派技工前去为他们上墙张挂。从全国各地送来装裱的也有很多。一次，内蒙古某单位派人送画到荣宝斋装裱，荣宝斋因为活太多，没有接收。来人十分为难地说，单位领导指定我送到你们这里装裱，你们不接收，我回去无法交代呀！

书画家们更是如此，他们认为荣宝斋的装裱技艺高超，质量好，设计美观大方，能为作品增光添彩。范曾先生曾赞到：荣宝斋的装裱"锦绫其外，精粹其心，高手云集，艺苑增辉"。所以他们每有佳作或收藏到重要的需要重裱的画，必定送到荣宝斋来装裱。

吴作人先生曾为《北京日报》的一长篇通讯作一幅《雄鹰图》，画好特别嘱咐来取画的人："此画要请荣宝斋装裱，别的地方装裱我不放心。"

台湾文物艺术收藏家协会筹委会委员叶启中先生，是台湾地区颇有影响的收藏家，他最欣赏荣宝斋装裱技师们的手艺。1989年9月，他携带自己收藏的元代、明代两幅绢本绘画，慕名来到荣宝斋。他参观了装裱现场，仔细观看了正在揭裱的两幅古画，不无感慨地说："你们的场地、设施和技术水平是别处无法比拟的。你们揭裱的古代字画，装裱的当代名家字画，其水平，毫无疑问都是世界第一的。"他当即恳请荣宝斋的技师们为他揭裱带来的两幅历史名画。

荣宝斋不但重视自己装裱人才的培养，使老一代技师的高超技艺，严谨细致的工作作风和兢兢业业的敬业精神一代代传承下来，还曾将一部分技术人员输送天津、广州、上海、西安、太原、沈阳、哈尔滨等省市的文化艺术部门；并为云南、贵州、青岛、河南、吉林等地培训了不少装裱人才。这些人不仅把荣宝斋的装裱技术和精细的工作作风带到当地，成为这些地方的装裱事业的骨干，甚至将他们在荣宝斋学到的东西传承给当地青年。这也是荣宝斋对国家书画装裱事业的贡献。

书画装裱行业的翘楚张贵桐

张贵桐在修复明代钟钦礼的《雪景山水》

张贵桐，中国书画装裱行业中大名鼎鼎的装裱大师。1959年，年仅34岁时就在北京市获得“装裱老艺人”的荣誉称号，每月领取比装裱最高工级八级工和装裱技师都高得多的120元工资（八级工每月99元，技师102元；这120元相当于当时行政十五级干部的待遇），并出席了全国群英会，受到中央领导同志的接见。60年代初，作为中国装裱专家，被文化部派往前苏联和捷克斯洛伐克，为这两个国家修复其收藏的中国古代书画，在那里工作了半年多。1979年为庆祝中华人民共和国成立三十周年，荣宝斋派出以经理侯恺为团长，有著名画家董寿平、范曾和荣宝斋各方面专家参加的代表团赴日本举办大型的“荣宝斋展览”，他作为装裱专家参加了这项活动。他经历了许多重大、复杂的书画装裱工程。面对装裱人民大会堂巨幅国画《江山如此多娇》和山西应县木塔近百件亟待抢救的辽代文物，谁敢领军受命？唯我张老艺人——张贵桐义不容辞地接受任务。

张贵桐1915年出生于河北衡水。13岁来北京谋生，先后在琉璃厂融古山房、修本堂、玉池山房、森古斋，师从赵翰章等师傅学艺，后与刘焕章合开“桐焕阁”裱画店；公私合营时加入宣武区裱画合作社，1959年随裱画合作社合并到荣宝斋。他在多年的实践中，用心学习，刻苦钻研，练就了一手书画装裱和修复古旧书画的高超技艺，不仅继承了历史的各种装裱技法，还形成自己精细、严谨、一丝不苟的装裱作风和认真负责、刻苦耐劳的敬业精神，成为装裱行业中的佼佼者，著名的装裱专家，“京裱”的代表人物。齐白石、徐悲鸿、蒋兆和、吴作人、李可染、黄胄、傅抱石、关山月都很推崇他的手艺。

张贵桐在担任荣宝斋装裱车间主任期间，组织、带领工友们完成了许多重大的、具有历史意义的书画装裱、修复任务。其中最突出的例子是装裱人民大会堂巨幅国画《江山如此多娇》和抢救山西应县木塔辽代文物。

张贵桐更是个实干家，脚踏实地，兢兢业业，亲手为国家和社会装裱、修复了许多书画。

20世纪50年代初，吉林大学于省吾教授和北京山水画家周怀民鉴定并购得意大利传教士八尺绢本风景山水四条屏真迹，这是这位传教士于明代万历十年来华时，用中国画颜料和中国制式的以西洋技法画成的。一位意大利画家得知此事，要周怀民将此画送回罗马修复，并拍成电视片，被周婉拒。后于、周二先生商定，将这象征中意两国文化交流的重要历史文物献给辽宁博物馆，并希望尽快修复。80年代初，荣宝斋应辽宁博物馆之邀，派出年近七旬的老技师张贵桐及其子张书刚去辽宁博物馆修复此画。这四条屏破损十分严重，整个画面破裂成许多小片片，最小的只有两毫米左右。张氏父子以高超娴熟的技艺和极大的耐心，用小镊子，一片片细心拼接，仅用一个月的时间，将这件稀世之宝修复，使其重放光彩。

荣宝斋收购过两件明代的珍贵绘画，一件是陈老莲的《瓶梅》，一件是钟钦礼的《雪景山水》。前者，画主曾送到别的地方去卖，因为破损严重，几乎看不清其面目，未被接收。荣宝斋的收购人员慧眼识宝，将其收购下来。后者，是作者仅存于世的两件作品之一，一件现藏于南京；这一件《中国美术家辞典》中有记载。这求之不得的宝贝，如今送上门来，荣宝斋当然不会放过。钟钦礼的这件作品，也已满目疮痍。这两件古画都残缺大块绢地。这两件

修复前、后的钟钦礼《雪景山水》

重要历史绘画，经张贵桐技师精心整治，不仅不留任何破碎痕迹，重补了绢地，绢丝对接得天衣无缝，恢复了原来面貌，使其重放异彩，调入荣宝斋美术馆，永久收藏。它们不仅具有很高的历史价值和艺术价值，而且成为荣宝斋装裱技艺的标志，是荣宝斋修复古代书画的经典之作。到荣宝斋参观的人，看了装裱前后两组照片的对照，无不惊叹。此事更震惊了世界装裱业，使张贵桐成为世界级的装裱大师。日本京都专裱国宝级书画的装裱老店“冈墨光堂”主人冈兴造先生看完极为赞叹，希望进行技术交流。在美国纽约博物馆从事装裱该馆收藏中国书画的装裱师参观后，更感叹不已，当即邀请张赴美修复中国古代书画。但由于种种原因，均未能成行。

关山月先生不但对以张贵桐技师为首的装裱师傅出色完成装裱他与傅抱石合作的人民大会堂巨幅国画《江山如此多娇》一事赞叹不已，而且还说：“荣宝斋对我们书画界的支持，是多方面的，我画了三张长卷，其中《漓江百里图》《江峡图卷》两幅，也是由张贵桐老师傅精心装裱的。他们精湛的裱工，使画幅增辉，我很满意。还听说，因为荣宝斋工场没有那么大的地方（两个卷子都有十几米长），特地找了郊区一个较大场地施工，使我很感动。”

这里还要给大家讲一个“驴腿子”的故事。大家都知道我国北宋张择端著名的风俗画《清明上河图》，其作者以现实主义手法，描绘当年清明时节开封汴河两岸市井及土桥上人们活动的情景。其中人物与车马驴骡众多。该画上一次装裱，有一头驴的一条腿被搬了家，从驴子身上分离出去。因为这头驴画得很小，这个缺失始终没有人注意到。直到再次重裱时，张贵桐参加了这项工作。一向精细入微的他发现了这一情况，并经过认真的查找，终于在画面上的另一处找到了那条被分离出去的驴腿子，将其移回那头驴身上，恢复了原状。这个传奇故事的产生，绝非偶然，这是他一贯精细严谨作风的体现，也是他长期对破旧古画纷坛复杂画面进行观察而形成的一种犀利敏锐的洞察力使然。

张贵桐大师对装裱事业的贡献，还表现在培养装裱人才上。他虽然是从旧社会过来的，但彻底摆脱了“师傅教会徒弟丢了饭碗”的旧观念，和别的老师傅一起，把培养装裱人才当作义不容辞的责任，大公无私地将他们的技艺毫无保留地传授给青年，希望老一代技师所掌握的一整套技艺一代代相传下去。冯鹏生、李振东、王辛敬、蒋福顺、李淑珍、孙建民等技艺出众的技师，都是张贵桐等老师傅直接或间接培养出来的，使荣宝斋的装裱事业后继有人。

装裱大师王家瑞

荣宝斋的书画装裱高手密聚，老一代的有张贵桐、李荫基、刘焕章等，中生代有冯鹏生、李振东等，新生代的有王辛敬、蒋福顺、李淑珍等。王家瑞是老一代装裱师中最出类拔萃的高手之一。荣宝斋遇到难度较大的裱件，都要与其商量如何解决，或由他亲手装裱。

王家瑞，1917年生于河北深县。十三岁到北京琉璃厂尚古斋学艺。他虚心学习，刻苦磨练，在长期的实践中不断总结和研究，学得精湛的技艺，还在传统的基础上有所创新。

早在20世纪40年代，年未满三十的他，在同行中已露头角。当时琉璃厂海王村公园内，有一家“博闻簃古玩店”，经理郝保初，收购了清“四王”之一王石谷的《山水轴》，由于画心陈旧污损、虫蛀鼠咬十分破烂。由谁重裱，关乎这件艺术品的生死存亡。最后选择王家瑞承担此任。经过冲洗、揭旧、补缀、全色等环节的细心操作，使这件破旧不堪的古典艺术品重现其艺术青春。老板郝保初喜出望外，风趣地说：“清代有四王，今又添一王了。”此事一直被业内传为美谈。

中华人民共和国成立后，工人阶级成为领导阶级，劳动人民变成国家的主人。王家瑞同所有被压迫、被剥削的劳动者一样欢欣鼓舞，提高了劳动热情，也认识到装裱工人并不只是打工赚钱，养家糊口，而是在做着保护国家文物的很有意义的工作。因此激发了他更大的积极性，更努力，更主动地钻研业务，提高技术水平，使自己的装裱技艺上了一个新的台阶。

他修复古代书画的技艺，受到邓拓同志的赏识。一次，他买到《龚半千山水屏》八条。龚半千为清初“金陵八家”之首，用墨师董源而自开生面。这八条屏是他的精品。邓拓获此欣喜若狂，于是携画直奔荣宝斋，亲自找到王家瑞，千叮万嘱：“一定要把残损之处一一修补，烟熏污垢冲洗干净……。”这样还不放心，稍一有空，就跑来关照。王家瑞当然尽其所能，谨慎行事，光是“全色”一项，就用了一百余个工作日。其他如揭背、托心、嵌补、镶边、覆背、上轴等等，都细心谨慎，做到极致。然而，在冲洗环节中却遇到了障碍。这八条屏烟熏污迹特别严重，烟迹似油渍，再三冲洗也冲不掉。迫不得已冒险采用化学制剂来除污。尽管加倍小心，意外还是发生了，竟然洗掉了一小部分图章。这对一个装裱技师来说，无论什么理由，都是不可原谅的。要知道，干这一行的，在所裱的书画中稍有伤损，要比从自己身上割肉还难受。更何况，他干这么多年，从未出现过这种纰漏，因而被首长所看重，却偏偏在这么重要的裱件中造成了无可补救的失误。如果是当代名家作品上图章缺损，还可以设法弥补，造成古典名画上图章的缺失，简直是灾难。他心里难过极了。所幸者，天无绝人之路，他竟然神奇地从朋友王一平那里找到了《龚半千山水卷》的残片，恰巧钤有这方图章。他拿出嵌补，做得天衣无缝，就连一向细心认真的邓拓同志，也未发现其中的奥秘。

遇到挫折，虽然心里难过，却不惊慌失措，设法寻找补救办法，使问题得到圆满解决，这就是装裱高手的职业品质吧。

邓拓同志购买宋代苏轼的《潇湘竹石图》以后，文物界的一些人诋毁他霸占国家文物，散布他玩物丧志的论调。为了回击他们的攻击，邓拓同志让许麟庐从他收藏的书画中挑选出包括《潇湘竹石图》在内的144件精品，请王家瑞带着徒弟到他住所进行装裱，弄得整整齐齐、干干净净，然后捐献给中国美术家协会。这再次说明邓拓同志对王家瑞技师装裱技艺的高度赞赏和对他的充分信任。

新疆出土的明代四大画家之一唐寅的《伏羲女娲图》，系绢本人物画，画心绢素已遭破坏成许多小碎片，工作时如不关紧门窗，不小心稍有微风，残破的画心就会被吹散。修复这样残破的旧画，非精于揭裱旧字画的高手王家瑞技师莫属了。手持小镊子，熟练地将一块块小碎片，从原画画心上夹起，在另一张纸上绢丝对着绢丝拼接、粘贴，不露拼接的痕迹。经过不断地夹起、拼接，竟然神奇地将这些碎片重新组成一幅完整的画。当然，其中有些绢素已成碎末，无法夹起拼接，且有些碎片已在包装运送过程中脱落漏掉，这只能在揭心以后，再用接补和“全”的办法来解决了。经过一系列的工序，恢复了此画的原貌，使这件具有很高艺术价值和历史价值的珍贵文物重放光芒。

1978年冬至1981年初，荣宝斋的装裱技师们以高超的技艺，经过两年多的艰辛劳作，抢救、修复了山西应县木塔辽代文物92件，被文物界称为奇迹。王家瑞技师是抢救、修复这批文物的主力之一。

数十年来，王家瑞技师以精湛的技艺，令人钦佩的敬业精神，亲手装裱，修复了难以计数的古今名人书画，为祖国的文化事业做出了杰出的贡献，受到广泛的赞誉和尊敬。

从工人到学者

——冯鹏生的事迹

冯鹏生

一、自学成才的典范

冯鹏生，1942年生，1959年到荣宝斋学习裱画。他热爱这工作，认真向老师傅学习，进步很快。他原来文化水平不高，但好学上进，喜欢看书，读了许多中外名著。他的工作有机会接触一些领导同志，受到他们的启示和鼓励，也得到了常到荣宝斋裱画的邓拓同志的亲切关怀、点拨并寄予他殷切的期望。他全部的业余时间，都用在看书学习，提高文化素质上面。他用业余时间读完了宣武区红旗大学中文系的课程。他的文化素养，为日后的研究工作打下了坚实的基础。1986年他被派到中央美术学院史论系深造。这对有二十多年书画装裱工作实践、见识过许多古代书画作品，并已出版过《中国书画装裱概说》的他来说，真是如鱼得水。他可以借此安下心来，通过学习，从理论上对过去的艺术实践进行梳理，加以总结，提高认识，对进一步开展研究工作有重要的意义。

此后，冯鹏生继续他早已开始的《中国木版水印概说》的资料搜集、整理和研究工作，成为中国书画装裱和中国木版水印两个领域的专家学者，被中央美术学院特聘为客座教授、研究生导师，为学生们讲授中国传统书画、装裱技艺及书画鉴定等课程。

一个装裱工人，通过不懈的努力，成为书画艺术领域的专家学者，不能不说是奇迹，是自学成才的典范，更是荣宝斋的骄傲。

二、书画装裱的精英

冯鹏生16岁到荣宝斋装裱车间当学徒，经过二十年的努力，成为装裱行业的精英。他的成功，有三个重要条件。一是认识到这项工作对于书画艺术的重要性。一开始，师傅就给他讲“三分书画，七分装裱”的道理。中国书法艺术和中国绘画艺术，是独特的中国传统艺术。但是没有装裱技艺与之配合，其特点难以显现，也不能张挂、展示，更难以保存、流传。他热爱书画艺术，而自己所从事的，正是属彰显书画、艺术的特色，保护书画作品的那“七分”的工作。正如赵朴初后来在他的专著《中国书画装裱概说》的题字：“书画赖有装裱助，乃能挂壁增光辉”的道理。明白了道理，认识到自己工作的意义，就能发挥主观能动性，努力学习，踏实工作，从裱新画的托画心、覆背、镶边……开始按部就班，每一个工序、每一个步骤都扎扎实实地学好、做好。这是每一个装裱工人所必具的基本功。冯鹏生就是这样一步一个脚印的学徒工。二是师傅的无私指导。荣宝斋汇集了北京市的装裱精粹，高手如林，如张贵桐、王家瑞、李荫基……旧社会有“教会徒弟，饿死师傅”之说，有技术的人，怕徒弟学会了，自己丢了饭碗。所以总要留一手，以防不测。新中国的工人成为国家的主人，都有固定的收入，没有后顾之忧，有特长的师傅，一般都能将自己的技艺传授给年轻人。张贵桐、王家瑞等装裱技艺高超、德高望重的师傅，毫无保留地、无私地将其绝技教给冯鹏生等青年，在工作中手把手进行指导、示范。这是荣宝斋年青一代装裱工人学习技术的优越环境。冯鹏生是这一代装裱工人中充分利用这有利条件的出类拔萃的一个。三、冯鹏生是一个聪明的，勤于思考，肯于钻研，有创新精神的人。老师傅传授的东西，不但记得住，消化得快，往往经过思考，还能从中悟出新的东西。这就是所谓触类旁通，对师傅的经验进行升华，达到一举多得的目的。他的这种特质，使他很快成为熟练的装裱工人，而且精通修复古书画的高级技艺，成为这一行业的专家、学者。

几十年来，冯鹏生以其独特的技艺，为国家和社会修复了许多古代书画、经卷，为保护国家文物做出了杰出的贡献，受到各方面的高度赞扬。经他，或他与同事修复的唐、宋、元、明、清珍贵文物达四百多件。

经他修复的辽宁博物馆文物有唐代的《万岁通天帖》、明清著名画家的册页二十多本、元代绢本《普贤像》等。《普贤像》年久失修，满目疮痍，颜色脱落，几近损毁，他经数月的精心修复，妙手回春，恢复了原来的面貌，形象生动，色调古雅，受到著名画家、书画鉴定家谢稚柳先生的高度赞扬。

文物专家史树青先生曾在山东发现一幅明代的绢本人物画，人物的面部在“文革”中被红卫兵涂上了墨汁，甚为可惜。画主遍访各方人士，没有人敢应声出来抢救这件文物。最后还是史先生想到冯鹏生，请他担当此项任务。冯鹏生责无旁贷，毅然出手。经过几昼夜艰苦细致的工作，终于神奇地使人物露出庐山真面目，传为美谈。

在被文物界称为奇迹的抢救山西应县木塔辽代文物的工作中，冯鹏生和李振东担负了抢救经卷的任务。这批经卷被发现时，已腐朽、粘结成一根根烂木棍似的东西。他和同伴以高超的技艺和特殊的方法，化腐朽为神奇，硬是把它们展开、揭裱、修复成一卷卷完整的经卷。他还通过这次修复，对这批文物进行学术研究。

尔后，内蒙古又在一座释迦佛像内发现了一批辽宋时代的经卷、经书和经扉画，是研究我国这一时期的政治、经济、文化状况的宝贵资料。然而，它们也像应县木塔的文物一样，已经成朽棍，不堪触摸，更难以展开。他们遍邀专家，无人出手应承这批文物的抢救工作，最终还是由冯鹏生来承担。抢救应县文物，是由荣宝斋出面担当，有一班子高手参与，在设备齐全和宽敞的场地进行。这次是他一个人独自包揽，在狭窄的卧室兼工作室中操作的，其难度不言而知。其中最难以想象的，是其中一卷又糟又朽，长达三丈多的经卷，必须在水中展开再捞出来揭裱，他居然在斗大的卧室中小心翼翼地完成。当史树青等专家看到他修复的第一卷时，交口称赞：“鹏生之举，无可挑剔，修旧如旧，难能可贵。”

一位奥地利朋友参观了冯鹏生抢救国家文物的现场后，深有感触地说：“世上有十个冯鹏生就好了，我们也请去一个。因为我们国家里也有许多亟待修复的中国书画。”

冯鹏生继承和发扬了我国传统的书画装裱技艺，不但受到业内和专家的盛赞，也受外国朋友的赞誉。

三、无私奉献的“怪侠”

在商品社会里，人们以自己的劳动获取合理的经济利益，这原本是正常的、正当的、合理、合法的行为。冯鹏生靠那点微薄的工资和退休后的养老金，生活并不富裕。以自己的手艺取得一定的经济报酬，补贴其生活，这是无可厚非的。但他认为自己的技艺是国家培养的，虽然我们现在还生活在商品社会里，但以自己的技艺作为向国家索取的手段，不符合他人生处世的信念。因此，他默默地奉献，宁可自己清贫，也不收取一些单位给他的报酬。

他为辽宁博物馆修复那么多的重要文物，分文不取。

他为山东某单位修复那幅脸部被涂了墨汁的明代人物画，有人劝他到文物局去请奖，史树青先生也要付给他报酬，他都一一谢绝。

他为内蒙古抢救辽宋时代的经书、经卷、扉画，为国家节省了大笔费用，也分文未取。

某国的友好团体了解到他的技艺、才能和当时的处境，主动提出无偿给他七八百万元经费，资助他的工作，被他婉言谢绝。

一位日本朋友对他说：“你身怀绝技，如果能到日本，每月能拿到百万日元的薪金。”他不为之所动。

谢稚柳先生了解到这些情况后，感慨地称他为“怪侠”。

冯鹏生对国家文物事业的贡献，是不能用金钱来衡量的，而他无私奉献、不取分文的精神，更值得我们敬佩。

四、著书立说的学者

冯鹏生是属于触类旁通那种人。装裱艺人也好，装裱大师也罢，他们是装裱行业的巨匠，能够把本行业的事做得尽善尽美，做到极致，但也仅此而已。兼有触类旁通特质的人，则能透过本行业中的某些事物、某些事件，去探索、研究别的事物。冯鹏生在抢救应县木塔辽代文物的工作中，通过这批文物，去研究辽代的美术创作和艺术风格，这就大大超出书画装裱行业的范畴了。

冯鹏生同著名学者傅振伦、史树青等一道对应县木塔辽代经卷、书籍和佛画进行整理和研究。他侧重于经画、版画及经卷扉画的研究，撰写了题为《木塔秘藏辽代美术作品探讨》的论文。文中对我国辽宋时期一幅着色的最大、最美、雕印俱佳、具有极高艺术价值和历史价值版画的研究，付出了艰辛的劳动。此画原初定为《说法图》，后改为《炽盛光佛九曜图》，但他觉得仍有不妥之处。经过长时间的研究和对原画榜题残笔遗迹的细致观察，也未拿定主意。他与著名学者张畅耕商讨，张先生亦认为此画定名确仍有不妥之处。他又经过几天几夜的研究，翻遍了辽宋典籍，研习木塔经卷，最后定名为《炽盛光佛降九曜星官房宿相图》，为学界所共识，受到广泛赞誉。文中对辽宋时期的艺术风格进行深入的研究和阐述，论据充分，观点鲜明，为研究这一时期的美术创作，做出了显著的贡献。

此论文发表在《文物》杂志上，引起广泛的关注。著名古代书画鉴定家杨仁恺先生读后激动地对冯鹏生说："你拿这篇研究文章就可以去申请一个博士学位了。"研究中国美术史的美国专家高居翰教授，看了论文，专程来华与冯鹏生进行切磋。

这就是有触类旁通特质的冯鹏生。

冯鹏生以其聪明、智慧和刻苦精神，成长为从学徒工到装裱行业的佼佼者。但他的志向早已冲出装裱技艺领域。20世纪60年代，受到有关领导同志的启发与鼓励，他就立志要写一部中国书画装裱历史的书，并付诸行动，广泛搜集资料，用十余年的业余时间，进行研究、梳理，于80年代初，出版了《中国书画装裱概说》一书，详尽论述了我国书画装裱渊远流长的历史，填补了这一领域的历史空白，在书画界和学术界引发了不小的轰动。

也是受到一些领导同志的启迪和嘱托，他在《中国书画装裱概说》尚未付梓时，就着手《中国木版水印概说》的准备工作。然而，中国的“饾版”术，即木版水印技艺，从孕育、萌芽到成熟，年代久远，历史上没有这方面的专著，许多史实散佚于浩瀚的典籍中。他游弋书海，几乎跑遍了北京的图书馆，众览群书，广泛涉猎，犹如艺海拾贝，先后阅读古籍四千多册，获得大量的资料。他边搜集边研究，分析、消化、梳理；同时与专家学者进行交流、探讨和请教，得到他们热情的支持、帮助和指教。有的还将自己收藏的宝贵资料赠送给他。经过二十余个春秋艰苦卓绝的奋斗，终于在中华人民共和国五十华诞之前，作为献给祖国的礼物，由北京大学出版社出版。

《中国木版水印概说》书影

这本《中国木版水印概说》可真了得！

我国的彩色套印术，古称“饾版”，今叫木版水印，与雕版印刷、活字印刷一样，是中国对世界印刷文化的又一杰出贡献。从出版印刷史和美术史研究的角度，一直需要一部集历史、理论、方法为一体的学术专著。《中国木版水印概说》应运而生，填补了这个历史空白，它使我们先哲发明创造的彩色印刷术得到科学的总结、系统的梳理，成为一门独立的科学。它在出版印刷史研究中独树一帜，在书画艺术史研究中又开了先河。

该书根据一幅有隋大业三年（607）题记的《敦煌隋木刻加彩佛像》及其他文字记载，推断出雕版印刷术始于隋的结论，结束了雕版印刷究竟始于何时这场延续了一千多年的讨论，从而也驳斥了“韩国发明印刷术”的论调。

书中将应县木塔三幅辽代佛画的制作方法推断为丝漏印刷，有力地印证了肖东发教授等人套印术发明始于宋辽时期之说。

此书还用唐宋时期的文献及一千多年前的实物证明拱花术产生于我国唐代，最晚在9世纪初我国就有水纹纸出现，标志着拱花术已经诞生，比意大利1282年生产的带有十字架的纸早400多年，从而也否定了水纹纸起源于意大利之说。

总之，此书被学术界誉为研究中国版画的集大成之作，其学术价值将在今后的研究工作中愈益显现。

冯鹏生并未就此止步。他现在正在写一部《中国装潢志》，这将是一部时间跨度更大、涉及面更广、内容更浩繁的巨大学术工程。现在有几家有影响的出版社争着要为他出版这部巨帙。以他的智慧，他的经验和奋斗精神，我们相信，他一定能如愿以偿，完成这部巨著。

古画临摹

临摹复制古画的辉煌成就

荣宝斋从1954年开始，陆续组织画家到辽宁省博物馆和故宫博物院从事古画临摹复制工作，先后摹制了古代优秀绘画百余件。其规模之大、时间之长、数量之多、水平之高、影响之深，在我国美术史上是没有先例的。这项技艺同木版水印、书画装裱与古书画修复一起，成为荣宝斋三大技艺，构成了荣宝斋的主要特色。

古画临摹复制，历史悠久。据载，距今1600年东晋时期的顾恺之，既是个大画家，也是临摹复制的先行者，他摹制过前人的画作。5世纪南朝刘宋时期的画家刘绍祖，也是个“善于传写”的临摹高手。现存的不少历史名画，并不是原始画作，而是后人摹制的。原画已毁于自然风化，虫蛀鼠咬或天灾人祸。比如顾恺之的《女史箴图》，传为隋末唐初的摹本；他的另一幅《洛神图》，则为宋人的摹本；唐张萱的《捣练图》为北宋赵佶所摹；大家所熟悉的五代顾闳中《韩熙载夜宴图》，被认为是“南宋院中人笔”。

历史给我们的启示是，任何艺术品的生命都不可能是永恒的。正如世界上的一切事物都有其发生、发展和衰亡的过程一样，书画艺术的载体纸和绢，都是有机物质构成的，很容易受到自然界和人为的损毁。虽然我国的宣纸有“纸寿千年”之说，但一千年在历史的长河中毕竟是短暂的。然而，我们聪明智慧的先人，创造了延长书画艺术品生命的办法——这就是书画临摹复制技艺。正是这种神奇的技艺，使我们今天还能领略到许多原件早已不复存在的古代优秀书画艺术品原来的神韵。荣宝斋大规模临摹古画的工作，取得了那么大的成就，一旦这百多件摹品的原件损毁了，人们依然能够通过这些摹品去了解那些稀世之宝原来的面貌。

临摹复制古画，是属于工艺性质的一种技艺。它不是艺术创作。画家可以凭自己的审美观念和绘画技巧，自由创作，任意挥洒；临摹则应绝对忠实地、纯客观地、严格地去再现原作面貌，不能有丝毫的走样，不能加进临摹者任何主观的东西，否则就会失之毫厘，谬之千里。临摹者固然需要才能，需要技巧，而这都是用来服务于真实再现原作面貌这个目标的，临摹还必须有极大的耐心。

从事古画临摹仿制者，大多是学识深厚、造诣很高的画家。他们了解我国的绘画历史，深知各朝代、各流派画家的艺术风格与特点；又有深厚的美学修养和高超的绘画技巧；还熟悉各种绘画材料（纸绢、笔墨、颜料等）的特性与功能，比较容易理解所要临摹古画的创作意图和艺术特点。但这还不够，还必须懂得原作经过时间的磨砺，画面发生种种变化的原因，了解其受损的状况，以及解决这些问题的办法。

众所周知，荣宝斋是以木版水印出名的。他们所复制的齐白石、徐悲鸿等名家的佳作，惊动了世界。为了进一步发展木版水印事业，需要更多适合木版水印的稿源。于是，他们把目光投向收藏古代优秀绘画十分丰富的辽宁省博物馆和故宫博物院。然而，那些古画件件都是国之瑰宝，是不能直接拿到荣宝斋来复制的，必须先进行临摹，得到副本，才能进行复制。这就产生了另一项重要的业务——临摹复制古画。

说到临摹古画，首先必须提起当时的荣宝斋顾问、著名画家董寿平先生。他根据木版水印的迫切需要，向荣宝斋领导提出了临摹古画的建议。荣宝斋领导很快接受了这项建议，并责成董先生物色临摹人才。

董先生与美术界有广泛的联系，熟知画家们的特长。他首先推荐了临摹高手金振之先生和擅长工笔绘画的冯忠莲先生；继之，又先后推荐了陈林斋、李伯实、郭慕熙、孙天牧、于非闇、侯培显、李鹤筹等人，加上荣宝斋原有的董寿平、王宗光、孙树梅和后来自己培养的米景阳、董燕娜等人，这支队伍逐步壮大。

荣宝斋领导和技术人员在研究临摹工作

这支临摹队伍可真了得！除了作为后续人才来培养的部分青年外，大多是社会上知名的画家，都有深厚的美学修养，很高的创作技巧和鉴赏水平，有的早已是有名的临摹专家。

于非闇，为一代工笔花鸟画大师，作品有浓郁的民族风格，形神兼备，富丽典雅，独树一帜，又写得一手工整劲美的“瘦金书”。

冯忠莲，著名画家陈少梅的徒弟及夫人，绘画功底深厚，作品曾多次参加全国美展，并被有关单位收藏。代表作有《江南春》《红楼十二金钗》等。

孙天牧，陈少梅先生的高徒，有坚实的工笔绘画功力。

王宗光，虽不是出师名家与高等学府，但一直在荣宝斋从事临摹勾版工作，积累了丰富的经验。1934年担任重刻明代《十竹斋笺谱》的临摹、勾描工作。

1954年，荣宝斋与辽宁省博物馆签订了合作临摹复制古代绘画的协议，由馆方提供古画、工作场所和住处，荣宝斋派人去临摹。凡被选定的古画，各摹制两幅，一幅留辽博，一幅归荣宝斋做木版水印画母本。荣宝斋先后派了十余人去从事这项工作。馆方为临摹人员开放绘画藏品，让他们观摩，并从中选出适于临摹与木版水印的古代名画。尔后又得到故宫博物院院长吴仲超的支持，派人到故宫去临摹。故宫也为临摹人员提供方便，让他们参观书画藏品，选择适于临摹的画，专为他们开辟了工作场所。

临摹复制古画，是一项浩大的艺术工程，每一件画，少则几个月，多则几年甚至更长的功夫才能完成。这又是一项艰苦卓绝的工作。摹制者需要有极大的耐性，要静下心来，忍受寂寞，才能专心致志进行工作。工作中时时都可能碰到困难，要想办法去解决，要去与同事商量、讨论，去请教有经验的人；有时还需要经过反复的试验才能找到解决问题的办法。由此可见临摹工作艰苦之一斑。当然，他们也有快乐和喜悦，那就是当他们每完成一件古画的临摹复制，看到自己的劳动成果，产生一种成就感的时候。

历史上，宋、元、明、清书画大多使用绢帛，书法多在绫上写，绫绢的品种因圆丝、扁丝和纺织的疏密而不同。我们临摹古画的绢，当时市场上是买不到的。而所需的每一种绢，数量却不同，要到杭州、苏州丝绸厂去定制，是不可能的。于是只好自起炉灶来制造了。经过多方打探，了解到全国总工会有一位勤杂工高月堂，解放前专为张大千、溥心畬临摹古画织造旧绢。荣宝斋把他请来，按照他的要求，购置了“机床”等设备和所要的真丝，仿照宋、元、明、清各种不同类型的绢帛织造起来了。后来又调来一位织绢高手商魁亨，和高月堂一起工作，才满足了临摹用绢的需要。

荣宝斋的临摹家，日复一日，年复一年，克服多种困难，在故宫博物院和辽宁省博物馆伏案工作，默默耕耘，如春蚕吐丝，像蜡烛燃烧，费尽心血，献出了美好的年华。冯忠莲临摹《清明上河图》，历经二十春秋，付出了巨大的劳动。她说：“完成《清明上河图》的临摹死而无憾矣！”荣宝斋先后临摹复制了古代名画百余件，为弘扬民族传统文化做出了不可磨灭的贡献。这些摹品，比较重要的有：

唐　周昉《簪花仕女图》（金振之临摹）

五代　顾闳中《韩熙载夜宴图》（陈林斋临摹）

北宋　赵佶摹唐张萱《虢国夫人游春图》（冯忠莲临摹）

宋　张择端《清明上河图》（冯忠莲临摹）

五代　董源《夏景山口待渡图》（孙天牧临摹）

南宋　马远《踏歌图》（金振之勾描）

北宋　王诜《渔村小雪图》（孙天牧临摹）

唐　韩滉《文苑图》（郭慕熙临摹）

《宋元册页》（郭慕熙、米景扬、董燕娜临摹）

元　赵子昂《秋郊饮马图》（陈林斋临摹）

清　袁耀《万松叠翠图》（冯忠莲临摹）

北宋　赵佶《瑞鹤图》（于非闇临摹）

南宋　马和之《唐风图》（陈林斋临摹）

……

这些摹本，无论艺术水平、作旧水平都是很高的，其面貌、气韵与原画丝毫不爽，件件传神，件件都是不下真迹一等的艺术品。冯忠莲先生临摹的《清明上河图》副本，被故宫博物院定为国家一级文物。据说陈林斋先生临摹的《韩熙载夜宴图》副本完成之后，故宫对原画进行冲洗揭裱，使其色度和气韵减退，逊于摹本，故有人误将摹本当作原画。这虽然是文物界和美术界的趣事，却足以说

唐　韩滉《文苑图》

明陈先生对原作理解之深刻和临摹技艺之高超。

这些艺术劳动的成果，曾举办专项展览，邀请各有关单位和社会名流、绘画艺术爱好者前来参观指导。知名人士张伯驹、陈半丁、陈毅、肖劲光、郭沫若、廖承志、沈钧儒、吴仲超、齐燕铭、邓拓、张奚若等人都兴致勃勃地参观了展览。他们充分肯定了这一创造性的工作，认为这对普及和传播优秀民族历史文化，是一个别开生面的突出贡献。齐燕铭说："这些古画临摹制品也是艺术价值很高的。我看应该把临摹仿造者的姓名也写上，因为他们也是了不起的艺术家。从前他们一直是隐姓埋名，这很不公平。"

荣宝斋组织画家临摹复制古画的初衷，只是为木版水印扩大稿源，促进木版水印事业的发展，不料通过这次展览，却发现了这项工作的另一重大意义——文物专家从中得到启示，找到了保护古代优秀绘画的好办法，那就是像荣宝斋一样，对古书画进行临摹复制，需要时，以摹本代替古书画藏品进行展示，不轻易动用原作，这样可以更好地保护这些珍贵的文物。

临摹复制古代名画成果专项展览结束后，故宫博物院领导人专程来到荣宝斋，真诚地希望荣宝斋把在故宫和辽博摹制的古画副本卖给故宫，说故宫会妥善地把这些副本保存好，必要时代替原画供观摩、展览之用。荣宝斋领导考虑到国家的需要，从大局出发，便爽快地答应故宫领导的要求，只象征性地收了一点钱，便把艺术家们多年的劳动成果——临摹复制古代优秀绘画的副本交给了故宫博物院。现在荣宝斋只保存着一件《韩熙载夜宴图》的副本和《宋元册页》的副本。

古代名画的摹本，如荣宝斋领导之所愿，确实促进了木版水印事业的发展。1954年，用木版印刷技艺试印清代王云的绢本画《月夜楼阁图》获得成功，填补了一千多年来雕版印刷从未问津于绢画的历史空白。《簪花仕女图》木版水印画的问世，标志着荣宝斋复制绢本绘画技艺的成熟。而木版水印画《韩熙载夜宴图》的复制成功，则标志着荣宝斋开创了我国雕版印刷艺术的新纪元。包括《虢国夫人游春图》《清明上河图》等木版水印拳头产品的问世，如果没有临摹副本去做母本，是断不可能的。

荣宝斋在我国开了大规模临摹复制古代绘画之风，使文物界、美术界意识到这项工作的重要意义，其影响是深远的。据说后来有些单位效仿荣宝斋的做法，组织专业人员进行古书画临摹复制工作。

荣宝斋的临摹专家通过多年的临摹实践，创造了一整套临摹和作旧的技法。亲自参加临摹实践的画家、临摹专家米景扬先生说，他们在仿织原作用绢、染旧纸绢、胶矾加工，使墨及颜料呈古旧色，处理用色薄厚及重彩脱落；配制和渲染旧水色、背后顶色等等一系列技法，都是经过反复实验，总结出来的。冯忠莲先生对这些技法进行整理、概括，写成了《古书画副本临摹技法》一书，把专家们的经验升华为艺术科学，使专家们的技法得以流传。在这个意义上，他们的贡献，甚至可能超过他们临摹复制古书画这项工作本身。

侯恺与郑振铎的对话

——荣宝斋的古画临摹工作

为了解决木版水印画的稿源，必须选择优秀的古画来进行复制。而这些藏在博物馆的珍贵古画，是不能直接拿出来复制的。于是侯恺组织画家到博物馆去临摹。工作进行得很顺利。对木版水印事业怀着高度责任心和积极性的他，看到这情况，展望着木版水印的美好前景，心情十分舒畅。

不料，美术界和文物界中却出现了临摹古画必然损伤原作的"造谣中伤的怪论"（杨仁恺语），使曾竭力保护荣宝斋、引导私营的荣宝斋率先实行公私合营，免遭倒闭厄运，并热情支持新荣宝斋工作的老朋友郑振铎先生得知此事后，十分生气，把侯恺找到办公室，进行严肃的批评。

众所周知，郑振铎先生是研究我国古代美术的权威专家，对古代绘画尤其珍爱。他收集了大量的美术资料，写了许多专著和论文。他视古代绘画若生命。新中国成立后，又担任文化部文物局长赋予他保护文物的职责。他认为，大规模进行临摹，必然要对这些古画造成损伤，必须予以制止。

"听说你们组织了许多人到博物馆临摹古画？"郑先生问。

"是的，有这么回事。"侯恺答道。

"你不知道这么做的后果吗？"

"后果？"侯恺疑惑起来了。

"后果是很严重的。"郑先生带着严肃的口气说。

"很严重，我没想过。"侯恺平心静气地答道。

"胡闹！这么大的动静，连后果都不想想。"郑先生近乎愤怒了。

“郑先生，我不知道您说的后果是指什么？”侯恺丈二和尚摸不着头脑，恳切地问道。

“你知道，我们博物馆现在保存的古代绘画，是历经多少劫难幸存下来的。它们是我们国家、民族的宝贵文化财富。我们每个人只有责任来保护它们，而没有任何权力去损害它们……”

侯恺恭恭敬敬地听着。

“你们那么多人去搞临摹，一张画短则数月，长则几年，每天来回折腾，能不损伤原作吗？”

“我们并没有损伤原作。因为现在民间适合用来作木版水印母本的画很难找，才想到博物馆。以前您给我们推荐的清代华嵒的《花鸟图》，就是您从文物局借来的。复印出来，效果极佳，得到您和其他专家的赞许。我们很感谢您的支持和指导。”侯恺很礼貌、很感激地说。

“别扯远了。保护古画事关重大。这是我的职责所在，也是你们的责任。你们的临摹工作必须立刻停下来。”郑先生严肃、郑重地命令道。

侯恺对这位领导、权威和老朋友，一向很尊重，现在命令荣宝斋把投入这么大力量，并充满希望的临摹工作停下来，也急起来了。他不顾郑先生的面子，毫不客气，针锋相对，据理反驳。

“我们组织画家临摹古画，是在保证原作不受损伤的前提下，获得副本，复制成木版水印画，使文化工作者和热爱绘画艺术的人，通过木版水印画，得以了解、欣赏，研究和学习古代绘画的机会。这是一项弘扬传统文化，普及高雅艺术，丰富人民文化生活的十分有意义的工作。这有何不妥呢？这些古代优秀绘画，藏在博物馆不让临摹，为少数人所垄断，成为死物。这是缺乏群众观念，脱离群众，不利于发扬光大传统文化的做法……”

侯恺胸有成竹，滔滔不绝地说着。郑先生的心也似乎渐渐平静下来，耐心地听着。侯恺停顿了一下，继续说：

“至于临摹是否会损伤原作，您可向辽宁省博物馆馆长张拙之先生和分管书画的杨仁恺先生了解。我们的临摹工作，是在确保古画不受损伤的前提下进行的。辽宁省博物馆的领导和专家，也像您一样，视古代优秀绘画为生命。他们在经过现场考察、验证了我们的做法丝毫无损于原作的情况下，才允许我们去临摹的。”

侯恺接着详细解释了临摹过程是如何保障古画不受损伤的。

“临摹册页，将原作一开开装入防蛀木料制作的玻璃镜框，接触画幅的背板衬一层宣纸，以防磨损画幅。装好后，用胶条封住框子四周的缝隙，防止灰尘进入。

临摹手卷，则将画装入可立于桌子上的手卷盒。盒子的底板用宣纸裱糊，防止磨损画幅。盒子两边，各连着一个半圆形的筒子，用来装纳手卷两端的卷起部分。盒子中间展露画面的部分，用无色玻璃覆盖，周边缝隙也用胶条封住，防止进尘土。

临摹条幅，将横式的手卷盒改成上下形式即可。此外，还可用平视临摹工作台。总之，这些都以不直接接触画幅为原则。无论临摹过程还是出入库，都不会碰着原作。因此，那些被选出来进行临摹的画，都是万无一失，绝对安全的。”

侯恺关于如何在临摹过程中保护原作的叙述，郑先生听得很入神，心情也彻底平静下来了。

“老侯，你说得有道理。发展木版水印，是我一向所关切和支持的。你们荣宝斋在这方面作了许多大胆的尝试，取得了很好的成绩，为这项事业作出了很大的贡献。我为你们的进步感到高兴。今后我还会一如既往地支持你们。

至于临摹会不会损伤原作，你说得也有道理。不过，我还需做进一步的了解。如果确如你所说的那样，我也会支持你们的。你放心。”

为了解除人们对临摹古画是否会损伤原画的顾虑，辽宁省博物馆和荣宝斋的领导及双方的相关人员，带着古画原件、临摹本及临摹工具，向文化部领导和专家作了详尽的汇报，证实临摹过程对被临摹的古画采取了妥善的保护措施，丝毫无损于这些珍贵的古画；而临摹品又能忠实再现原作的面貌，使文化部领导和专家不但打消了顾虑，而且充分肯定这项工作。特别是时任文化部文物局局长的郑振铎先生，是决定荣宝斋能否继续进行古画临摹工作的关键人物，他认真地听取了汇报，十分兴奋。他说，临摹古画对于保护文物，弘扬中华优秀文化具有重要意义。他还对辽宁省博物馆领导和侯恺同志让他详细了解古画临摹过程所做的工作表示感谢。

有了郑振铎先生的支持，荣宝斋不但继续在辽宁省博物馆临摹，而且为之后在故宫博物院进行大规模临摹开通了道路。

甘心寂寞　更不平凡

——记古画临摹专家冯忠莲

冯忠莲

冯忠莲，画家，古画临摹专家。祖籍广东顺德，1919年出生于天津。性聪颖好学，尤喜欢绘画。1936年就读天津女子师范学校文学系，经朋友介绍，得识画家陈少梅先生，冯忠莲喜欢其清逸淡雅，寓柔秀于阳刚的画风，遂拜师学画。1938年考入北平辅仁大学，为美术系的高材生，溥雪斋先生的高足。

陈少梅、冯忠莲师徒二人志同道合，在绘画活动中结下了深厚的友谊，并逐步发展为爱情，于1941年结为伉俪。夫妻二人相敬相爱，在绘事中互相鼓励，共同切磋砥砺，画技精进。冯忠莲得到陈少梅绘画技巧的精髓，笔墨功底扎实，为以后的艺术生涯打下了坚实的基础。

正当陈少梅的画艺如日中天之时，却于1954年英年早逝。这对年仅35岁的冯忠莲来说，有如晴天霹雳。她不但失去了生活中的伴侣，更失去了艺术上的良师益友。陈少梅与前妻离婚时，四个子女都归他抚养，而且还有两个老人需要赡养；丈夫一走，这副担子自然落到冯忠莲身上。她当时已在荣宝斋工作，月薪88元，属中上水平，加之出身名门，受过欧美式教育和高等教育，以及修养、学识和工作能力等优越条件，完全可以追寻幸福，另组家庭。她却毅然选择留下，挑起赡养老人和抚养四个孩子的重担。

冯忠莲以其天资和刻苦精神，又得到陈少梅的真传与指导，练就了深厚的笔墨功夫和娴熟的绘画技巧。她继承了陈少梅的画法，山水、人物、造像，无所不能，她的作品多次参加全国美展，并为一些单位所收藏。她本来可以在创作的道路上继续发展，成为像陈少梅那样有影响的大画家。然而，她视名利如云烟，选择了隐姓埋名，默默无闻，甘于寂寞的古画临摹工作作为终身的职业。

1954年荣宝斋在我国展开大规模临摹古画之风。冯忠莲是荣宝斋顾问董寿平先生推荐到荣宝斋从事临摹工作的首批画家之一。她先后在辽宁省博物馆、故宫博物院摹制了晋代顾恺之的《洛神赋图》、宋代赵佶摹唐代张萱的《虢国夫人游春图》、宋代张择端《清明上河图》、明代仇英《白马如疾风图》、清代袁耀《万松叠翠图》、与陈林斋合作临摹长沙马王堆《一号墓西汉帛鱼》等古代名画的副本。这些摹本，件件都真实再现了原作神韵，可以乱真。

在这些摹本中，最费心力、最消磨人的是《虢国夫人游春图》和《清明上河图》。

《虢国夫人游春图》绢本人物画，纵53厘米、横145厘米，描写虢国夫人（杨玉环的姐姐）及其家人女扮男装出游的情景。画中数匹高头骏马，大块而又厚实有变化的敷色，极难仿制。冯忠莲费尽心思，反复试验，敷上了不成，又洗掉重来，反复多次，仍不奏效，急得不知如何是好。辽宁省博物馆的专家杨仁恺先生曾亲眼见过冯忠莲临摹此画的情形，说她“常常为一根线条，一块敷色，一束发丝，反复修改多次。图中有一匹黑马，黑色浓而透明，为了再现它，冯先生反复研究试验，甚至废寝忘食……”荣宝斋的孙树梅同志回忆说，“记得冯忠莲先生临摹《虢国夫人游春图》时，无论如何也无法将那浑圆壮实的马染匀，试验多次都不成功，急得冯先生像热锅上的蚂蚁。”还有一种比较直白的说法，说她为此“急得直哭”。最后在同事们的帮助下，终于如愿完成此画的摹制。

《清明上河图》，北宋风俗画，绢本，纵25.8厘米、横534.6厘米。这件长卷，详实描写清明之际，发生在东京汴梁（今开封）郊野汴河土桥及东角子门市廛通衢的景象。全卷分三段，分别写旷野、疏林、田园、小桥、茅舍及车马人等往来的情形；汴河宛若飞虹的土桥上及附近，漕船繁忙运输、船工搏斗激流及众多人等争睹的情形；沿河街景、城楼、马车行人等等。全卷景物纷纭，车马人物浩繁，景色、车马、人物逼真传神。临摹这样一卷历史巨画，是一项浩大的艺术工程，实在费力耗神。

冯忠莲先生从1958年受命临摹此画，历经十年浩劫，下放“干校”、调动工作（由荣宝斋调到故宫博物院），至80年代初，前后二十余年，肩负工作重任与家庭重担，她的艰辛，难以言状。我们从她1958年3月给其正在北京矿业学院学习的长子陈长年的信中可见一斑。

长年：

收到你的信正是“三八”，我非常高兴。近来妈妈对你的照顾比较差，原因是工作太烦（繁）忙，因而身体不支，就容易急躁，所以对你的照顾也就差了。

我现临摹的是宋代张择端画的《清明上河图》，过于工细，明年“七一”作为献礼。长一丈六尺五，这是世界闻名的作品，而且大家都期望我能复制出来。这是一个艰巨的任务，时间过紧。因此每天一分钟都不停的（地）在工作，实在感到疲倦，回家就很想躺下了。有时你们回家我也很不耐烦，原因就是太累了，胸口出不来气，总想大声喊几下才好，可能还是心脏病。不管它，明年“七一”以后我在（再）好好医治一下身体吧！

我们星期天也加班，星期六也回来很晚，所以也很难见到你们。

……

妈妈

我们从中可感受到她的艰难处境和矛盾心理。一方面是高度的责任心和使命感，临摹“世界闻名的作品”，是国家对她的信任，是光荣的、值得自豪的，应该不辱使命，把工作做好，必须抓紧时间，“每天一分钟不停的（地）工作”。另一方面，她把陈家的四个子女当成自己的孩子，必须把母爱毫无保留地给予孩子们。这不仅需要经济上的照顾，更多的是需要关怀，需要有时间陪伴他们，而由于工作太忙、太累，往往做不到，因此觉得愧疚，对不起孩子们。她在很长的时间里处于劳累和心理的矛盾中，损害了她的健康。

《清明上河图》从受命临摹到完成，历经二十余年。她临摹的《清明上河图》副本，完全再现了原作的面貌，被故宫博物院定为国家一级文物。故宫博物院研究员、国家古代书画鉴定组成员刘九庵先生观看此摹本后在题语中说："北宋张择端《清明上河图》卷为显赫巨迹，名播中外……现代摹本首推冯忠莲，她是故宫博物院藏张择端真迹对照摹制，毫发不异，可谓不下真迹一等。"

画家、老舍夫人胡絜青曾对冯忠莲说："你的功底是一般人比不了的，本来可以搞创作，可你却心甘情愿搞临摹，无名英雄啊！"冯忠莲却平静地说："名利是身外物，什么工作总得有人干才行啊！"

金振之的仿古临摹技艺

仿古临摹不同于画家创作。画家可以凭自己的特长，海阔凭鱼跃，天空任鸟飞，自由地、尽情地去创作体现自己特有风格的各种作品。古画临摹仿制，则受着诸多条件的制约。如不同时代、不同风格；作品所用纸绢、颜料的不同；流传时间和保管方式的不同，并由此造成的变化与损伤程度不同等等。临摹仿制，只能在选定古画所具上述条件下，绝对忠实地再现原作的面貌与神韵，才是高明的临仿者。要达到这个要求，临摹者必须懂得许多专业知识，具备应有的专门技巧。临摹古画，是一种高端的技艺。

荣宝斋先后摹制了古代名人佳作百余件。中间遇到各种各样的困难。在解决这些问题当中，古画临摹专家金振之先生起了关键的作用，为荣宝斋的仿古临摹工作作出了重要的贡献。

金振之与吴一舸、吴幻荪、金协中并称为徐燕孙的四大弟子。金先生虽然是以工笔人物画见长，却不以创作名世。在世人面前，显示其长处的，是他的仿古临摹技艺。

荣宝斋的临摹古画工程启动后，董寿平先生为荣宝斋引进来从事临摹工作的第一个画家，就是金振之。尔后又陆续调进了冯忠莲、于非闇等画家。他们都是师承名师，绘画功力深厚，擅长工笔画的画家。但从事古画临摹，特别是临摹像《簪花仕女图》这样巨幅而又细腻的著名古代绢画，却感到十分陌生。比如用什么样的丝绢？到哪里去找？如果用新丝绢，又如何做旧成原画的样子？再就是原画上所用的颜料，都是天然物质，历经上千年，色彩和光泽发生了许多变化，形成了古画特有的沧桑古旧，难以捉摸的韵味。怎样才能在临摹本上再现这独特而生动的色彩和光泽呢？金振之如何帮助几位画家解决这些难题呢？

负责荣宝斋临摹工作的计划安排、组织实施，并参予实践的荣宝斋原编辑室主任孙树梅口述，其女儿孙志萍整理的《荣宝斋木版水印背后的故事》（二）一文中，有一节关于金振之在荣宝斋临摹古画工作中的作用的记述。我们在这里引用其中几个事例来加以说明。

金振之很早就从事古画临摹，并潜心研究作旧技艺，积累了许多“独家”诀窍。他来荣宝斋后，首先被派去辽宁省博物馆临摹唐代画家周昉的绢本《簪花仕女图》手卷，因为他技艺高超，经验丰富，工作进行得很顺利，不到半年就完成了两件。一件留给辽博，一件带回荣宝斋。大家一看，效果非常好。于是，立即启动了大规模的临摹计划，调集许多画家加入了临摹的行列。而金先生已完成的《簪花仕女图》，便成为摹品的样板。

当画家们面对新课题束手无策的时候，金振之毫无保留地将他的“独家”诀窍无私地贡献出来，与大家分享。因而使荣宝斋的临摹计划得以顺利进行。

唐　周昉《簪花仕女图》　荣宝斋木版水印作品

在荣宝斋计划要临摹的古画中，难度最大的，要属《虢国夫人游春图》了。因为该画中有很多妇女形象，她们都是云鬟高堆，面白如粉，并且经过上千年岁月的磨砺，这些乌黑的云鬟上有的泛着白霜，有的则泛着淡淡的蓝光，而她们粉白的面颊则有着石质的感觉，这种感觉，不是铅粉所能表现出来的。对于这些问题，金先生都有独到的解决办法。

比如，乌黑的云鬟，如果用新墨晕染，则会出现亮光，行话称之为“贼光”。如何将这“贼光”去掉，这就需要明白“贼光”产生的原因。如果没有丰富的古画临摹经验，一般人很难明白个中原由，也就无法找到解决的办法。金先生讲：这乌黑的云鬟，虽然当初也是用新墨晕染的，但是经过上千年的时间，制墨时所用的胶早已化掉，只剩下墨粉。因此，想要在摹本上达到这种效果，就必须用旧墨，或者将新墨中的胶去掉。于是，荣宝斋就开始四处寻找旧墨，并大量收购，以供临摹和木版水印之用。但是旧墨存量毕竟有限，十分难寻，所以又在金先生的指导下，开始用新墨作旧。

再比如，这些乌黑的云鬟并非只有墨黑，上面还有着丰富的变化：云鬟上的“白霜”、淡淡的蓝光色泽。对于“白霜”，解决的

办法很简单，只在墨里加上香烟灰，就可以逼真地再现出来。面对淡淡的“蓝光”，解决起来就比较麻烦了。需要用制作青花的树叶，如含有“蓝靛”的木蓝子叶、冬蓝叶、板蓝叶等。将其沤烂，取去花青，将剩下的渣子“青黛”掺在墨里，就能造出与原画相同的效果。

而原画中那些“美人”的粉面如何渲染，则又是一道难题。因为现代用的白粉（铅粉），是化学颜料，无论如何也染不出原画中有着石质感觉的“粉面”。金先生让临摹者和木版水印用现在基本废弃的“蛤粉”（即用蛤蚌化石研制而成的白粉），问题就解决了。

如何将新丝绢染成与原画的色彩相同，也是一门学问。这些绢本古画，由于其各自经历不同，存放条件不同，画家当时所用颜料制作方法不同，历经千年后，绢丝所呈现的旧色也完全不同，有的暗黄中带红色，有的则暗黄中有一种烟色，因此，将新绢作旧成与原画的丝绢颜色相同，需要丰富的经验。根据金振之及仿制旧绢的技工高月堂两人的经验，最终确定了作旧所用的三种主要原料，即红茶、橡碗、栀子，根据原画绢面的颜色，来调整三者用料用量比例；如果还不能达到原画效果，则再添加一些别的东西。但这三种原料基本能满足大部分做旧的需求。将新绢染旧，只是第一步，这样的绢还不能着色，还必须经过第二次处理——刷胶矾。然而，这需要在一定的温度下进行；温度太低了，胶矾水就会凝固，刷不开，只有在三伏天进行。这样的绢如果用于木版水印，还要托裱一层宣纸，否则因为丝绢太软，不能印刷。但是经过刷胶矾的绢托裱后，常常出现脱胶的现象，脱矾的地方还需补矾。

以上说的新绢作旧的方法。在绢上作画也需要相当的技巧。因为绢丝是有机物，作画是用纯天然颜料，两者很不容易结合。因此，如何使画面着色以及让较大色块均匀着色，就需要些技巧。冯忠莲先生在临摹《虢国夫人游春图》时，无论如何也无法将那些浑圆壮硕的马染匀，试验多次都不成功，急得像热锅上的蚂蚁。还是金振之先生及时出手相助，将绢画双面染色的技法传授给了冯忠莲。

不仅如此，在荣宝斋以木版水印技艺复制古代绢本绘画的过程中，金先生也有贡献。

用木版在绢上印刷与画家在绢上绘画有许多不同，这些不同不是能预先想到的，也没有任何有记录的古代经验，只有在印刷实践中才知道。孙连旺技师在试印《簪花仕女图》时采用了画家临摹用的生丝绢，无论如何也印不好。经反复研究发现，生丝绢只适用于绘画和临摹，而不能用于木版水印。原因是生丝绢比较板硬，绘画与临摹可以利用毛笔的柔韧性，通过双面多次染色，达到着色牢固、均匀之效果。而用木版印刷时，由于木版不具毛笔的柔韧性，而且因为绢的背面托了一层宣纸，不能双面染色，故怎么也印不出原画的效果。经反复试验，最后还是金先生提议，使用熟丝绢代替生丝绢。因为相对于生丝绢，熟丝绢比较软，容易与木版贴合。至于因绢背面托纸，无法双面染色的问题，金先生向孙连旺传授了“蹾染法”来加以弥补。所谓“蹾染法”，就是在每次染色之后，用手指反复按压，使颜色尽快渗入绢丝中，使单面染色也能达到双面染色的效果。但因为印刷一版至少要印五十张，都用手指按压，不堪其劳，而且有的色块面积较大，用手指按压会影响印活的速度，所以印刷技师创造了一种工具——“小蹾子”，即根据色块的大小，用小气球或纱布，装入适量的棉花，将口扎紧。用这种小工具在色块上反复地蹾，便提高“蹾染法”的效率，解决了绢本印刷中的大问题。这种方法一直沿用下来。

《簪花仕女图》印刷成功，标志着荣宝斋复制大型古代绢本画作的技艺基本完备。尔后又在实践中逐步改进、充实，使这套印刷技艺日臻成熟、完善，而金振之先生对此也功不可没。

临摹巨幅《江山如此多娇》

朋友，你知道国庆十周年时，人民大会堂宴会厅前对着台阶的墙上那幅纵6.5米、横9米的巨幅国画《江山如此多娇》是谁画的吗？国画大师傅抱石、关山月合作的呗。这谁不知道。画这样巨幅的国画，在我国绘画史上是没有先例的。它表现出崛起的东方大国的非凡气魄，是伟大民族恢宏气度的象征。它深邃的意境、雄伟的场面，正是祖国“江山如此多娇”的体现。数十年来，陶冶了多少在这里从事国务活动的精英和有幸进入人民大会堂的人们，以及来访的外国嘉宾！

那么，现在在那里继续“服役”的，却是荣宝斋临摹的，这你未必知道吧。临摹这么巨幅的画，同样在中国美术史上也是没有先例的。

尽管1959年荣宝斋的装裱技师们在装裱此画时，针对这么巨大的画幅，采取了许多保持张力平衡、防止爆裂的措施，但经过三十一年的张挂，到1990年，张力失衡，画面出现了开裂，且因年久风化，发黄变旧，并有漏雨污迹，继续张挂，将对画幅造成更大的伤害。而此画是经毛泽东主席和周恩来总理亲自审定的，原作者之一的傅抱石先生已故去二十多年，另一作者关山月先生年事已高，无法重画，另找别的画家来画也不妥当，于是，有关领导决定临摹一张，代替原作，继续“服役”。原画交历史博物馆永久保存。

谁来担当如此重任呢？原作者之一傅抱石先生已逝世二十多年，另一作者关山月先生已年近八旬，不堪此劳。有关方面曾想请

荣宝斋为人民大会堂临摹和装裱的《江山如此多娇》

同是金陵画派的宋文治或亚明先生，因为他们熟悉傅抱石先生的风格。但他们的画风毕竟与抱石是有区别，临摹出来，未必能与原作一样。中央美术学院和上海国画院跃跃欲试。上海国画院曾拿出一个临摹稿，有关领导觉得不能尽意，未予采纳。最后，这个任务责无旁贷地落到荣宝斋的头上。因为这种纯属复制的临摹，必须绝对忠实于原作，上海国画院等单位均属创作单位，未必能做到绝对忠实于原作。荣宝斋则擅长临摹、复制，有一套规范的操作规程，能够使复制品酷似原作。

临摹工作由孙树梅、米景扬、张和平及孙树梅的助手张新河等人，在人民大会堂进行。他们先用透明的软胶片置于原作上，一部分一部分将原作的轮廓用墨线勾在胶片上，蒙上宣纸，将胶片上的轮廓线用铅笔勾在宣纸上，这就保证了摹本的结构与原作的一致性。然后对照原作，在勾得的宣纸上落墨、着色。临摹工作也是在地上进行的，与画家创作时一样辛苦。在荣宝斋装裱技师的配合下，最后装裱、装框上墙挂好。

临摹工作完成后，请老画家何海霞、白雪石、郭传璋来看。他们一致认为，摹本再现了原作的神采和气势，是成功之作。最后，由万里委员长和彭冲副委员长审定认可。

据说，后来原画作者之一的关山月先生来京开会，人民大会堂的领导请他来鉴定这件摹本的效果，得到他的肯定。

朋友，如果你有幸到人民大会堂，在欣赏、赞叹《江山如此多娇》这件惊世巨作之余，可不要忘记：这是荣宝斋的画师、临摹师以高超的技艺再现傅抱石、关山月大师原作风貌之作哟！

篆刻

荣宝斋的篆刻业务

金石篆刻是荣宝斋传统的经营项目。金石篆刻、书法、国画，是中国传统文化的核心艺术，它们互相关联，构成了我国传统艺术的主体。这是荣宝斋赖以生存的主营项目之一。

荣宝斋及其原王府井的金石书法部，是书法篆刻活动十分活跃的地方，许多著名书法篆刻家和这项艺术的爱好者，经常在这里举行展览，互相观摩，交流心得，如溥雪斋、沈尹默、宁斧成、陈云浩、郑诵先、吴玉如、郭风蕙、邓以蛰、钟刚中、孙荣斌等，是这里的常客。

在荣宝斋挂笔单为社会提供篆刻服务的篆刻家有：郑诵先、顿立夫、徐之谦、刘博琴、董石良、康默如、李燕生等。

20世纪80年代，又先后调进熊伯齐、骆芃芃、刘佳明从事篆刻专业。后来又调进学有所成的刘新惠、朱宁、王兴家、王吉祥；还有一批自学成才者，如宋学伟、傅稼生、王晓爱等。他们中的熊伯齐、骆芃芃、刘佳明、刘新惠、朱宁、王兴家、王吉祥是中国书法家协会的会员。他们都在荣宝斋营业部挂笔单，为社会提供篆刻服务。这一时期，是荣宝斋内部篆刻活动最活跃的时期。徐之谦、熊伯齐是这些人中的佼佼者。

徐之谦的书法篆刻艺术

徐之谦在工作

徐之谦（1903—1986），北京昌平人，农民出身。是荣宝斋最早为社会提供书法篆刻服务，并享誉书法篆刻界的艺术家。他是中国书法家协会会员。因为他年纪较大，大家都亲切地称呼他为“徐老”。

他热爱书法和金石篆刻，广泛涉猎，刻苦学习，吸取各流派艺术家之所长；更是崇拜西泠印社的创始人之一王福厂，喜欢他的金文、小篆、隶书、楷书和融会浙派、皖派之长，并上溯秦汉古印的篆刻艺术。他用心揣摩，临习不止。有道是“滴水穿石，集腋成裘，有志者事竟成”，长期艰苦的学习与钻研，终于形成了他自己的艺术风格。他的书法工整严谨，真草隶篆无所不能；金石篆刻严谨整饬，满白、圆朱文、汉印无所不精，既工于圆润匀称的铁线篆，又能刻粗犷豪放的单刀印。

他20世纪30年代在荣宝斋上海分店工作。解放后又到北京荣宝斋工作，成为荣宝斋有关书法篆刻业务独当一面的人才。中央一些机构的公章，由他刻制。郭沫若很喜欢他的书法篆刻艺术。他到荣宝斋来写字时，常请徐之谦来帮忙，他曾为郭老治印。1964年郭老在荣宝斋王府井门市部为荣宝斋写巨幅书法——毛主席词《满江红》时，右上角的引首章“江山如此多娇”，是他用毛笔蘸朱砂直接在上面篆写的。周恩来总理的一对红玛瑙章，是由郭沫若推荐徐之谦刻的。“荣宝斋出版社”的印也是他刻的。荣宝斋出版社的一些画册，多由他题签；荣宝斋的其他业务中，凡需要用手写体文字的，一般也都由他来担当。20世纪60年代，文物出版社要出版一本《毛主席诗词》，中央决定采用宋体字出版。徐之谦20世纪30年代曾在上海商务印书馆编译所工作，练就了一手精美的宋体字，故此书特请他来书写，然后制版印制。由于他写得很精美，故出版后受到普遍的好评。

“文革”中，徐老费了九牛二虎之力，写成了一本《毛主席诗词三十九首草书字帖》。在当时的政治背景下，书写、出版毛主席诗词，是一件极其严肃的事，绝对不能出现丁点儿的差错，否则后果将不可想象。而草书字帖更加复杂。草书，如果作为个人的一种书法艺术作品，自由度很宽泛，每个字的笔画多一点、少一画、长一点、短一点，都无可厚非。但字帖，是作为人们练习草书的范本，每一笔、每一画都必须有来源、有根据，必须成为一种标准。这是很难的。徐老以其阅历、长期积累的草书知识和执着的精神，终于完成了一本精美的、严谨的，既可以供人们欣赏，也可供人们学习草书时仿效的草书字帖。这是很可贵的。但这本草书字帖以毛主席的诗词为内容，这就不仅仅是书法艺术的问题，而且具有强烈的政治性，不能有任何差池。为了避免出现错误，徐老请米景扬陪同他去面见郭沫若，请郭老为这本字帖把关。

1971年3月的一天，米景扬同郭老的秘书约好，陪同徐老去郭老住所。说明来意后，郭老从徐之谦手里接过帖稿，小心翼翼地打开，仔细翻看。他边看边夸徐的字写得好，做事认真，还说出版草书字体对宣传毛泽东思想、丰富群众的文化生活，是一件很有意义的工作。

当翻到《七律二首·送瘟神》时，郭老以商量的口气说：“这句‘青山著意化为桥’中的‘著’字，好像应该写为‘着’字吧。”徐似乎没有听明白，郭老就在一个小本子上写下“青山着意化为桥”这一句，并在“着”字上画了一个圈儿，说：“这个‘着’字要多考虑一下。”

“著”字和“着”字，过去可以通用。但在现代汉语中，“著”（zhù）只用于表示显著、显出、写作，著作。当“着”读音为zhuó和轻音zhe时，“著”都被作为异体字放在“着”后面的括号里，表示在这种情况下，“著”一般都不再使用了。毛主席“青山着意化为桥”一句中“着意”二字，是用心的意思，所以，郭老说“应该写为‘着’字”。徐老即照郭老的提示，将原帖稿中的“著”字改为“着”字。

徐之谦老先生的这本凝聚着他的心血手书出来的《毛主席诗词三十九首草书字帖》，1971年由荣宝斋正式报批、出版、发行。在当时出版物极其匮乏的情况下，这本字帖满足了人们学习毛主席诗词和学习草书的需要，订单纷至沓来，第一版印数高达45万册，创下了荣宝斋出版物印数的最高纪录。

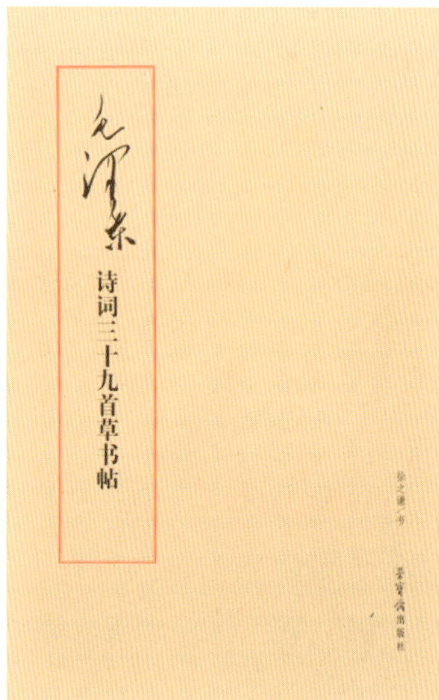

《毛主席诗词三十九首草书字帖》书影

耕耘方寸　志存高远

——记著名篆刻家熊伯齐

熊伯齐

熊伯齐的一生，是传奇的一生。他因习画，要在作品上盖章而开始学习篆刻。他无心插柳，却长成了茂密的柳树林。从此走上了篆刻艺术的道路，创出了辉煌的业绩，成为名扬国内外的著名篆刻家，被评为国家一级美术师。

伯齐先生没有受过正规的美术教育，凭借他对传统艺术的热爱，执着的追求和他的聪明才智与刻苦精神，使他不但在篆刻领域独树一帜，而且在书法、绘画和诗词的创作上，也闯出了自己的一片天地。他精于真、草、隶、篆各种书体，尤长于篆书、行书，瘦金书甚称当代翘楚。他的写意花卉秉承宋元明清文人画的传统，又受近现代吴昌硕、郭味蕖、来楚生深刻的影响，用笔、用墨、用水，均大胆泼辣，既讲究笔墨意韵，又重视写生造形，意态敦厚，朴拙而烂漫。他的诗词朴实敦厚，文词清丽，抒发了他真实的内心世界。他的诗、书、画、印互为陶冶，互相融合，互相支撑，塑造了一个文人艺术家的立体形象，他正在走着吴昌硕、齐白石融诗、书、画、印于一体的艺术道路。近年荣宝斋出版了《熊伯齐书画作品集》，无锡市政府、中国书协、西泠印社在无锡市主办“熊伯齐诗书画印展览”，和荣宝斋在营业大厅举办同样内容的展览，全面展示了熊伯齐先生诗、书、画、印的艺术才华和修养。

1973年经朱德同志的推荐，熊伯齐来到荣宝斋从事篆刻和编辑工作，成为职业篆刻工作者，为社会提供篆刻服务。他从业以来，大约为社会各界刻印了两万方图章。曾为邓小平、江泽民、刘云山、李铁映等党和国家领导人以及李可染、李苦禅、启功等文化名人刻章；还曾为台湾的陈立夫、蒋经国和日本前首相中曾根康弘刻过章。

他凭借荣宝斋这个平台，在大量的篆刻实践中，不断研究、求索，志存高远。他受到了荣宝斋老篆刻家徐之谦先生的指点，研究、借鉴了荣宝斋所收藏的丰富的名家印章。从明代的文彭、清代的丁敬、蒋仁、赵之谦、赵之琛、黄士陵到近现代的王禔、金城、寿玺，特别是吴昌硕、陈师曾、齐白石大量的原刻印章真迹，揣摩这些名家印作的章法，推敲其刀法。是时恰逢“文革”“扫旧”，荣宝斋对面的庆云堂时有名家的印章出售，他从中购得吴昌硕、黄牧甫、齐白石等名家的原刻印章，还在那里见到过陈曼生、董小池、赵古泥、齐大壮、钱瘦铁等人之作。他将自己收藏的名家篆刻作品整理成手拓本，计有《吴昌硕陈师曾齐白石印存》《三砚室印录》《石言·伯齐印集》等。他还先后收集到《削觚庐印存》《钱瘦铁印拓》《陈师曾治印》等名家原拓印谱。对于那些无法得到的原拓印谱中的名家印作，他用手描的方法，将其收集起来。在这一系列大量、广泛的涉猎中，我们不难看出，一个对篆刻艺术无限热爱，不辞辛劳，孜孜以求，甚至到了如痴如迷地步的熊伯齐。他那入古出新，雄健博大，自成面目的篆刻艺术风格的形成与发展，是有源源不断的优秀传统的源头活水来滋养的。这样，一个篆刻艺术大家出现在我们面前，是不奇怪的，很自然的。

“文革”期间，许多人失去了生活方向，昏昏噩噩，白白耗费了自己的宝贵年华。熊伯齐却一头扎进了篆刻艺术世界，视寸阴为寸金，终于修成正果，成为我国书法篆刻艺术的顶层专家。他的名字常与董寿平、费新我、王遐举等名家排列在一起，参加了一系列重大的书法篆刻艺术活动，是我国书法篆刻艺坛中叱诧风云的人物。

熊伯齐　篆刻　上善若水

熊伯齐　篆刻　大吉祥

1976年，他参加了中国书法篆刻作品首次赴日本展览；1979年，作为篆刻家参加了以经理侯恺为团长的荣宝斋代表团，同画家董寿平、范曾等赴日本举办大型的“中国荣宝斋展览”。期间，日本大阪电视台拍摄并播放了熊伯齐在日篆刻创作的全过程。1980年，应黑龙江省长陈雷之邀，参加了陈叔亮为团长，秦咢生、费新我、王遐举、谢冰岩、胡公石、陈天然、欧阳中石、赵家熹、白煦为团员的中国书法讲学团赴黑龙江讲学；1983年，参加西泠印社，后当选为该社理事，并担任该社的篆刻创作研究室主任；他的作品多次参加全国书法篆刻展览和其他重大国内外展览，并多次担任评委；1985年，参加日本筑波世界科技博览会中国馆篆刻现场创作交流表演活动，历时半年，中间还在东京银座朝日画廊举办个人书法篆刻展；1985年起，连续当选中国书协第二、三、四、五届理事，并担任中国书协篆刻专业委员会副主任。他还担任中国画研究院中国篆刻艺术院研究员、中国文联牡丹书画艺术委员会副会长、北京印社副社长。他的书法篆刻作品被多个机构收藏。他出版过数种书法篆刻出版物，发表过数篇篆刻论文。2014年获得书法篆刻的最高奖——中国书法兰亭奖艺术奖。

中国书协一位副主席在2012年于无锡市举办的“熊伯齐诗书画印展览”开幕式致词中指出，熊伯齐先生最大的贡献是在篆刻艺术上。

他的篆刻风格出自古玺印及晚近流派，参以独创的“熊体”小篆，博大雄健，苍古而清新，不但有古代印章的金石气，而且极具当代篆刻创作中的刀笔表现力和形式思考，自成面目，丰富了我国的篆刻艺术。

熊伯齐先生是学者型的篆刻家，潜心研究古玺印，发表了《略谈古玺布局艺术》《界格在印章史上的作用》等论文，在篆刻界产生了广泛的影响。前者抓住古玺最鲜明的特征，将其各种章法技巧分类排列，总结其规律，对古玺印印面形式的构成分类解析，发前人之所未发，然后再有的放矢地把这些规律运用到自己的篆刻实践中，其作品清新奇古，洒脱自然，为当代篆刻艺术贡献了一种独特的、可资借鉴的风格。这种在古玺印中探索当代篆刻新路径的做法很有创意，直接对当代篆刻创作产生影响力。多年后，师法古玺印的创作，已成具有潮流性的影响。而熊伯齐先生正是这种创作潮流的先行者和倡导者。

他在《界格在印章史上的作用》一文的结尾中说：“界格在印章史上深刻的影响……以至我们现在刻印，除了刻意拟古玺风格外，皆不知不觉地在印面上划出竖界或十字界后再安排文字。界格正如如来佛的手掌，孙悟空难以翻出，竟统治印章达两千余年。”纵观伯齐先生几十年的艺术实践，一直在真诚执着地做着跳出“如来佛手掌”的尝试。他实质上是在实践一个“否定之否定”的哲学定律。对以往的篆刻艺术形式，不能一味地循规蹈矩，必须有所突破，否则就无所谓创新与发展。这是“推陈出新”的原则。篆刻艺术如此，其他一切艺术也盖莫能外。

鉴定与收藏

荣宝斋的书画鉴定工作

自从书画艺术品成为商品，就有人造假，以书画家的名义出卖、谋取不正当的利益。书画赝品的出现，又需要有人来识别书画艺术品的真伪，这又催生了另一社会行当——书画鉴定行业。书画艺术家、造假者、鉴定者三者并存，相生相克。随着书画艺术品的不断增值，造假者越来越多，手段越来越高。然而，魔高一尺，道高一丈，正义终归要战胜邪恶。假的就是假的，再高明的造假者，总要露出蛛丝马迹，为鉴定者所识破。

书画鉴定，从广义上讲，不仅要辨别书画艺术品的真与伪，还包括识别书画艺术品的高下、精粗与美丑。在这个意义上，用鉴赏一词更加确切。但鉴别真伪，是鉴定工作第一位的任务。

笔者曾到中国音乐学院看望朋友，同那里的老师聊天。他们说，真正能鉴别书画真伪的，是琉璃厂那些整天跟书画打交道的人，靠书本、靠理论是培养不出鉴定人才的，这就是实践出真知的道理。实际情况的确如此。北京市文物局那些搞书画鉴定的人，大多是从琉璃厂调去的。20世纪80年代中国古代书画鉴定小组成员刘九庵先生，就是从琉璃厂打拼出来的。荣宝斋的鉴定人员也都是在实践中锻炼出来的。没有一个是从学校培养出来的。自然，能把理论和实践结合起来，那就更好了，如启功、徐邦达等著名鉴定家。前提是实践，他们见过许许多多包括真品赝品的书画，没有实践，是不能成其鉴定家的。

荣宝斋所以能在书画市场中站住脚，并且名声卓著，是因为它坚守“荣名为宝”的宗旨，从不收售书画赝品。要做到这一点，就必须有一支能够鉴别书画真假和高下的鉴定队伍。从第一任经理庄虎臣，第二任经理王仁山，著名画家董寿平、许麟庐，首席鉴定家王大山，艺术总监雷振芳到原业务科科长杨集铜，副科长田宜生，都有很高的鉴定水平；米景扬、王宗光、孙树梅、黄宝善、萨本介、王卫，都有较高的鉴定能力；营业人员韩度权、崔振崑、孙云，装裱技师张贵桐、王家瑞、冯鹏生、李世忱等，都有相当的鉴定能力。他们中有的在书画鉴定界有相当的影响。王大山是业内公认的杰出鉴定家，是鉴定齐白石作品的权威，是国家文物鉴定委员会的成员。雷振芳也是国家文物鉴定委员会的成员。正是这支鉴定队伍，长期以来确保了荣宝斋书画艺术品的高质量，成为保真度最高的书画艺术品经营者，受到广大顾客的信赖。

为了防止我国重要文物流失，国家规定，凡是要出口的文物，必须经各地文物局鉴定，确认不属于国家保护的文物，并打上“火漆印”才允许出境。20世纪50年代中后期，文化部授权荣宝斋行使属于文物局的这种权限，让北京市文物局将一个“火漆印”交给荣宝斋，由其自行确定哪些书画和文房四宝属于国家保护的，不能出境，哪些可以出境。这说明作为国家文化事业管理部门的文化部对荣宝斋鉴定能力的充分信任。国家还规定，文物不能跨地区（省、市、自治区）收购。荣宝斋虽然不属哪个省、市、自治区，却在北京，按规定，只能在北京地区收购文物。而1959年至1963年期间，文化部开了绿灯，批了专款，特批荣宝斋到上海、南京、苏州、镇江、杭州、合肥、无锡、成都等地收购文物。这一方面说明文化部重视荣宝斋，支持荣宝斋；另一方面，也说明文化部相信荣宝斋有识别文物真伪与高下的能力。

荣宝斋经营的书画定位为高中档艺术品。这里既是书画家之家，更是书画艺术的殿堂。能在这里张挂作品的书画家，被社会认为是艺术成熟的书画家；书画作者则认为自己的作品能挂在这个艺术殿堂是一种荣耀。因此，许多书画作者都希望自己的作品能登上这个大雅之堂。靠什么来确保其书画达到较高水平呢？这里有个鉴定小组，只有经过这个小组认可的书画作品才能进入荣宝斋。

荣宝斋收藏历代书画和文房四宝数千件，是北京收藏书画艺术品最丰富的单位之一，除了故宫博物院、国家博物馆、首都博物馆、中国美术馆，就数荣宝斋了。这些藏品中，有许多具有很高的历史价值和艺术价值，如元代盛懋的《清溪渔者图》、明四家之一仇英《松溪高士图》、徐悲鸿《飞鹰图》、齐白石《朱砂梅》，被称为“明代三稀”的程南云、李东阳、唐顺之三家的书法手卷等。文房四宝方面历代笔、墨、纸、砚、印章、印材、笔筒、笔洗、臂搁、镇纸、水盂、水勺等等，林林总总，多姿多彩。尤以田黄石为突出，其数量和珍贵程度，在国内均屈指可数。其中的“田黄王”和和硕怡亲王巨型田黄对章，是绝无仅有的。

20世纪60年代初荣宝斋收购了末代皇帝溥仪从宫中盗出，后流失民间，“踏破铁鞋无觅处”的宋代四大书家之一米芾的代表作《苕溪诗卷》等国宝及其他文物数十件，无偿地捐献给故宫博物院，还将从外地收购的明代唐寅的《墨梅》捐献给故宫博物院。此外，还将收购的八大山人、石涛、傅山的佳作调剂给他们的出生地江西、广西、山西的文物管理部门保管。

首席书画鉴定家王大山

王大山，1933年生于北京。因家境困难，读到初中二年级就辍学。辍学后曾在东单、前门摆地摊，做小生意，挣些钱补贴家用。以后就在父亲开的“醉经堂”书画店帮助父亲做生意。从十四岁起，就进入了书画艺术领域，在浩瀚的艺海中沐浴、浸染、熏陶，从懵懂到开窍，到逐渐成熟，到崭露头角，到叱咤风云。一路走来，虽然艰辛，却一步步显露出他在书画鉴定方面的才华。

王大山在鉴定字画

天生我材必有用

1956年公私合营时，醉经堂合并到特艺公司前门管理处墨缘阁门市部，后又并入宝古斋，王大山担任门市部副主任。此时，他的书画鉴定能力，已为业内所推崇。1960年，仅二十七岁的王大山，就被广东省副省长、书画收藏家魏今非所赏识，当作书画鉴定专家调到广州，为筹备广东省博物馆征集文物（书画）。1961年，因父亲去世，弟妹尚小，母亲又没有工作，家庭经济十分困难，遂向广东博物馆申请留京。后经时任北京市委文教书记的邓拓同志的帮助，调入荣宝斋工作。

那时的荣宝斋，是除文物商店外，全国唯一有资格经营书画艺术品的文化企业，其书画艺术品流量很大，据有关人士估计，其书画销售量占全国一半以上。这就为王大山发挥其才能提供了广阔的天地，他在这里可以说是如鱼得水了。因为过眼的古今书画多了，知识积累多了，经验更丰富了，鉴定水平又提高了一个档次。他在这里收购过宋代四大家之一米芾的代表作《苕溪诗卷》等多件国宝级文物，体验过职业生涯未曾经历过的感受；每当收购到有收藏价值的书画，就提议调为藏品，为荣宝斋的收藏做出了重要贡献，他在荣宝斋和同行里的名声越来越高了。他虽然还不到四十岁，就被称为“王老”（一种尊称），还获坊间“画儿王”的美誉。他同刘九庵、苏庚春、李孟东并称为“琉璃厂书画鉴定四大家”。后来在评职称时，被评为国家一级美术师。他还是国家文物鉴定委员会的成员。

我国实行改革开放政策以后，荣宝斋也走向国际市场。王大山曾在新加坡、中国香港等地开展书画鉴定活动。

1985年荣宝斋在新加坡举办书画展销和书画鉴定业务。王大山担任鉴定师。送书画前来鉴定的除新加坡顾客外，还有慕名从马来西亚、印度尼西亚、美国、中国台湾等国家和地区携书画前来鉴定的。鉴定活动连续进行了三天，顾客盈门。王大山不辞辛劳，认真审视、鉴别。经他过目的书画有数百件之多。凡是真品，他都如实告诉收藏者，某件是作者的上品，或一般作品；有存疑者，也直率以告，可暂时保存，留待日后再议；对于赝品，为了不伤收藏者的自尊心，一般都婉转地用双关语说：“我看不太好。”（可以理解为鉴定者虚心说自己看的“不太好”，或鉴定的书画“不太好”。）总之，使顾客抱着希望而来，带着满意而归。

当地媒体纷纷报导与评论，影响不小。

1985年7月，王大山参加香港博雅艺术公司举办的“中国书画文房印石展”活动。展览期间，王大山接受媒体采访谈及书画鉴定问题，报端以《王大山漫谈齐白石书画》《揭开鉴定的神秘面纱——访正在港的荣宝斋书画鉴定家王大山》等标题，说王大山“是内地目前少有的齐白石书画鉴定权威之一”“很有兴趣了解王大山的鉴定生涯和对齐白石书画的鉴定心得”“‘鉴定这门学问并不神秘，这好比你一看就能辨出你朋友的字迹一样道理，因为你对朋友有一个全面的了解’来自北京荣宝斋的书画鉴定专家王大山，一语道破了人们对书画鉴定的神秘感”等等，在香港掀起了一阵不小的“王大山热”。这是香港媒体对王大山书画鉴定成就的肯定和他在中国书画鉴定界中的地位的推测。

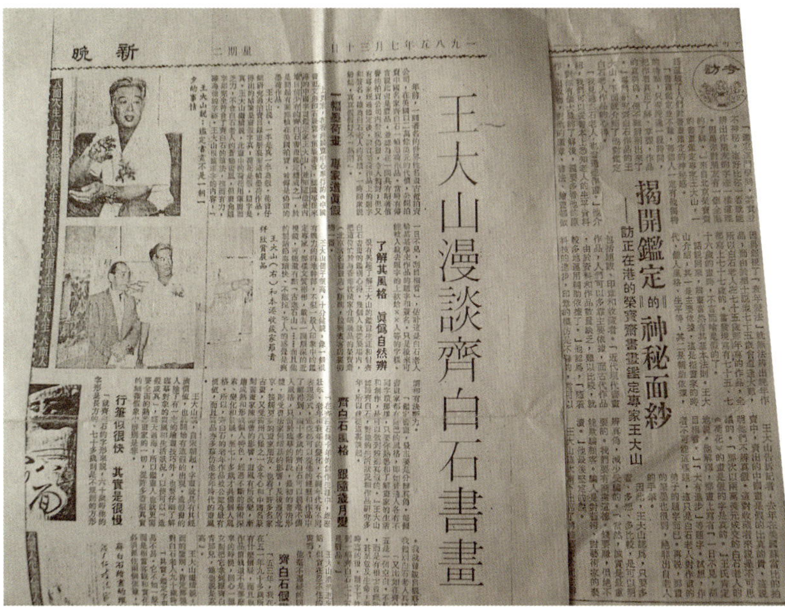
新晚

一九八八年七月三十日 星期二

王大山漫談齊白石書畫

揭開鑑定的神秘面紗

——訪正在港的榮寶齋書畫鑑定專家王大山

香港媒体专访王大山

1993年7月，王大山在北京病逝。荣宝斋和北京书画界为失去一位才华出众的鉴定家而扼腕痛惜。香港《大公报》和《香港商报》也惊挽：“艺苑专才，山颓木坏，天不假年，深感惋惜”。

鉴定齐白石书画的权威

众所公认，王大山是鉴定齐白石作品的权威专家。他看过数不清的白石老人的书画作品，有过目不忘的本事。然而，他也有过失误，买过假齐白石的画。他说：“1951年，我在天津买了一幅齐白石老人在1951年九十岁所作的画。当时没有觉得有什么怀疑，……但我拿着画走上电车的时候，回心一想，就知道，那是假画……”“后来，经过自己在多方面的鉴别，肯定那张画是假的。只是我当时对白石老人九十岁时期的画作不太熟悉。”

任何鉴定家、收藏家，一辈子不走眼，那是不可能的。况且王大山当时才十八岁，入行不久，涉世不深，经验不足，一时失误，在所难免。可贵的是，他很快就找到了失误的原因。正如著名书画鉴定家张珩先生所说：“既想知真，必须知假。”吃一堑，长一智，找出了失误原因，就能总结经验，把坏事变为好事。这次失误，是一个深刻的教训，对他以后的书画鉴定事业，产生重大的影响，促使他下更大的功夫，更加努力去了解齐白石的方方面面。或者说，这次失误，可能是他成为齐白石作品鉴定权威的一个动因。

书画家由于有别于别人的思想、性格、习惯、审美观念和创作方法，形成了自己独特的书画风格；同时随着社会的变迁，年龄的不同，经历的变化，其风格也随之发生变化。王大山广泛涉猎齐白石的各种资料，详细了解他的经历，并在长期的鉴定实践中，通过大量的作品，观察其早、中、晚年各个时期作品风格的变化，甚至每一时期中的微小变化。在他的心中，有千百张白石老人作品的生动画面，闭上眼睛，就能想出老人每个时期作品的面貌。

他说：“在齐白石几十年的创作生涯中，经历壮年、老年和衰年的变化，不同年代有不同表现形式，这些都可以从他的经历和作品中了解得到：四十多岁的齐白石可以说毫无个人风格，只停留于临摹的阶段，最初的书法形体，则受书法家何绍基的影响；及后迁居北京，接触更多的画家朋友，也看了许多名家古画，又受“扬州八怪”之一金冬心和陈师曾的影响，画风有所改变，渐趋成熟和形成个人特色，经过不断的艺术探索、变化和发展，至七十多岁才具备个人风格。所以齐白石的老年作品被公认为最有价值，而且赝品也多摹仿他老年时代的画风；八十岁以后改以大字篆书题字。另外，齐白石的大写意画，看似行笔甚快，其实他的行笔很慢；题字看起来是写得很快、很巧，其实他的笔法很拙。我就曾亲自观察过他的写画过程。这些对我鉴别白石老人真迹，很有帮助。

又比如在齐白石的作画生涯中，七十五岁是一个空白，不是说他七十五岁没有作画，而是有相士批他七十五岁会遭大难，甚至危及生命；所以白石老人在七十五岁时写的画，题字下款都写七十七岁。如果看到一幅齐白石七十五岁的画作，那必定是赝品。”

王大山这些经验之谈十分可贵。由于他把握了齐白石各个时期作品风格变化的脉络，辨别其作品的真伪就不难了。

当有人问起美国苏富比拍卖公司以二万美元拍出的一幅称为齐白石所作的荷花，是真是假，众说纷纭，真相到底如何时，王大山胸有成竹地回答：“我研究过拍卖册中的这幅画，认为真假各半，题字是真，画是假。他分析：“一日不见，刮目相看”“大有进步”，是白石老人在其学生作品上的题字及落款，以资鼓励。笔迹拙而有力，符合白石老人的风格；而荷花行笔绵软无力，绝非出自老人之手。只是此画作者的名款被人挖走，企图偷天换日，以此来冒充齐白石的画。试想，白石老人在自己的作品上如此题字，岂不成为笑话了！

王大山的分析入木三分，合情合理，令闻者无不折服。

书画家的挚友

“以文会友”，是荣宝斋的老传统。以书画为纽带，把荣宝斋与书画家紧紧连结在一起。书画家需要荣宝斋，荣宝斋也需要书画家。他们之间的关系，是一种新型的文化关系。

荣宝斋与书画家的这种关系，是通过其工作人员来实现的。而荣宝斋工作人员与书画家之间，除了工作关系之外，也有个人的感情。王大山是荣宝斋工作人员中与书画家联系最多者之一。他同书画家有共同的语言，可以在书画艺术上进行交流，他们彼此信赖，相互支持，相互帮助，在长期的交往中产生了深厚的感情，建立了亲密的朋友关系。

王大山一家与启功先生是三世之交。启先生在赠送王大山一幅

《朱竹》手卷中题道：仆与大山兄交盖已三世，青年时每登醉经堂，闻先德松亭翁议论，于鉴赏之道，获益殊多。中年与大山往来，讨论笔墨，常有针芥之契。近岁又于庭阶得见令嗣兄妹，俱能以文物考古之学振其家声。昔人云：读书有种，翰墨有缘，信非虚言。

20世纪80年代，当启先生了解到，考进北京师范大学的学生中，有一些家庭经济十分困难，无力供给他们的学习费用时，动了恻隐之心，决意以自己之力，筹集资金，以恩师陈垣先生“励耘书屋”之名，设立“励耘奖学助学基金”，来帮助这些贫困学生。他征询王大山如何筹集，王大山说：“我最近两年在香港结识不少有实力的收藏家，建议在那里举办您的作品义卖活动，以此来筹集资金。此事由我来张罗。”启先生听了十分高兴。

这次义卖，王大山亲自请来荣智健、李嘉诚、霍英东等收藏家，筹得260余万元，圆了启先生之愿。先生十分感谢王大山的鼎力相助。

1989年荣宝斋（香港）有限公司与香港协联拍卖行联合在香港举办书画拍卖会，给出保真的承诺。王大山是这次活动的主要筹划人。当时一些不怀好意的人在报刊上造谣，说拍品有一幅齐白石《一帆风顺》作品是赝品，闹得沸沸扬扬，使王大山陷入困境。启先生得知此事，亲自赴港进行鉴定，肯定该画是齐白石的真迹，出具了书面证明，并在该画上题跋。故此画以这次拍卖会最高价六十五万元（港币）拍出，比预估价高出一倍。从而解了大山之围，大山感激不已。

早在1960年，王大山在广州为博物馆征集书画藏品时，李可染先生到广东从化温泉搞创作，王大山全程陪同，协助可染先生，并详细观察他的创作过程。1961年大山父亲去世，要回京治丧，去与可染先生辞行，可染先生对大山说：你遭此不幸，我深表同情，我没有什么钱，送你几张画，你在北京卖了，为父亲办理后事。后来在北京，两人的联系就更多了。一直到可染先生去世，都保持着很好的关系。

著名人物画家叶浅予先生曾在给王大山的信中写道：

大山同志：

闻手卷裱得，不胜欣喜，乘未到手之前，希代制楠木或樟木匣两个，以资保护，谅可办到，先此道谢。

我住房已落实，在甘雨胡同二十五号，星期一去看过，共6间，早则月底，晚则下月，即迁新居矣。

问好。

叶浅予

8月9日

十年浩劫中，中央美术学院是重灾区。叶浅予先生被诬为“反革命”“文艺黑线分子”，遭批判、住牛棚、坐班房，受罪多年。1975年出狱后，一度生活十分拮据。王大山常到家里看望，并带些笔墨纸等绘画用品，供叶先生作画之用，还通过领导关系，帮叶先生解决了住房问题。叶先生对患难之交的王大山，十分感激。

王大山与著名山水画家何海霞，往来频繁，亲密无间。在王大山几个孩子的眼里，何海霞就是和蔼可亲的何爷爷。他在京时，常到王大山家里串门聊天。一次，画家来找王大山，碰巧大山外出，就和孩子们一起聊天，讲故事，教孩子们写字、画画，谈到在陕北高原写生，兴之所至，还唱起了“信天游”。临走，还给孩子们画了一组小屏风（四幅），成为孩子们珍爱的宝贝儿。

书画市场的运营家

王大山不仅是个书画鉴定家，同时也是个书画市场的运营家。他在荣宝斋不仅负责书画艺术品的收购、鉴定，同时也负责征集、估价、销售。他是书画家的挚友，也是书画艺术买家信赖的经营者。他了解书画市场的需要，适时组织畅销的商品，同时也积极向收藏者推荐有成就的、前景好的青年作者的作品。

荣宝斋店堂挂什么人的书画，到什么地方去搞展销活动，都以王大山为主作出决定，组织实施。而荣宝斋挂什么人的书画，搞什么人的作品展，谁的作品是什么价位，在相当一个时期内，都成为国内的风向标。种种迹象表明，王大山不但是荣宝斋书画艺术品营销的核心人物，而且他的运作，在整个书画市场产生重要的影响。

进军国际书画市场，是荣宝斋重要的经营策略。改革开放以后，荣宝斋将几十位有影响的书画家的作品推向国际市场，王大山是重要推手之一。而占领香港书画艺术市场，打破外国拍卖公司对我国书画艺术品的垄断，王大山则功不可没。

香港是一个国际化的大都市，利用荣宝斋的影响在那里占有一席之地，就可能占有一定国际书画市场的份额。基于这种认识，1987年荣宝斋与香港博雅艺术公司合资开设荣宝斋（香港）有限公司，王大山出任董事顾问。实际从筹备到开业的运作，都是以王大山为中心进行的。因为有荣宝斋的背景和王大山的声望，这家公司开市大吉，很快成为香港地区艺术市场中的一朵奇葩，仅两年就把投入的资金都收回来了。王大山也成为这里书画市场中的风云人物。

香港的书画艺术品拍卖市场，一向为外国公司所垄断。如何打破这种局面？当时荣宝斋（香港）有限公司尚无拍卖艺术品的资格，等待申请、批准，远水解不了近渴，王大山等想出了一个捷径，在征询许多书画爱好者的意见和建议后，决定与香港协联拍卖公司联合拍卖，由荣宝斋（香港）有限公司负责征集拍品、鉴定、估价等筹备工作。终于第一次以内地企业为主，于1989年11月在希尔顿饭店成功举办了书画艺术品拍卖会。结果远远超过预期，从而打破了外国公司垄断中国艺术品拍卖市场的局面。新华通讯社、人民日报、中国新闻社等重要媒体都以醒目的标题对此进行了连续的报道。此举具有历史性意义。王大山因此被誉为中国近现代国际书画市场的奠基人、先行者和推手。

艺术总监雷振芳

雷振芳

雷振芳，16岁初中毕业后就到荣宝斋工作，一直从事书画鉴定，后来还成为国家文物鉴定委员会的委员。

荣宝斋是个传统艺术的大染缸，这里的人们，不管自觉或不自觉，都会受到传统艺术的浸染与熏陶，加上自己的努力，很有可能成为某种技艺的专门人才。著名书画鉴定家王大山，木版水印专家、装帧设计家、画家孙树梅，装裱专家冯鹏生，画家、书画鉴定家米景扬，篆刻家熊伯齐等，都是突出的例子，雷振芳也是其中之一。

雷振芳刚参加工作时，在荣宝斋王府井东城门市部当营业员，有许麟庐、李世尧、柳汉丞等同事，雷振芳在这里耳濡目染，从他们身上学到了许多业务知识，开始对书画鉴定业务产生浓厚的兴趣。但是，“文革”初期，正当他在业务上渐入佳境的时候，荣宝斋被“军宣队”列入了“被取消单位”的名单，1971年初，在周恩来总理发表保护荣宝斋的讲话之前，军宣队就已经将荣宝斋东城门市部的人员、房子、设备、货物一并交给了北京市一商业局。雷振芳也随之离开了荣宝斋，这对他来说，无疑是个巨大的打击。但是，他人虽然离开了荣宝斋，心一直没有离开荣宝斋，他立志要在书画鉴定上学有所成，再回荣宝斋工作。1972年徐邦达先生从文化部“五七干校”调回北京，开始发表鉴定方面的文章，雷振芳如获至宝，认真阅读，并萌生了拜徐邦达先生为师的想法。通过自己的努力，最终得到了徐先生的认可，成为先生的入室弟子。在徐先生的悉心指导下，雷振芳的鉴定知识和水平突飞猛进，在他的成长过程中，具有里程碑意义。

1977年，在他离开荣宝斋六年后，他终于如愿回到了荣宝斋工作。第二年，为了适应文化市场的需要，荣宝斋组建了以王大山、米景扬、孙日晓、张彦亭、雷振芳为成员的业务科，负责收购书画，组织货源，联系书画家，进行市场调查和价格管理等业务。在书画鉴定实践中，雷振芳学到了不少东西。有时，其他同事外出，只有他一个人在单位，有人拿来书画出售，他必须自己识别其真伪与高下，拿主意，决定是否收购。这对他是实实在在的锤炼。陈老莲的《瓶梅》，钟钦礼的《雪景山水》等作品都是他参与鉴定、收购的。

在业务科这个环境中，雷振芳有许多机会接触书画家。启功先生是与荣宝斋联系最多的书画家之一。他每次来，雷振芳都非常热情地接待他，跑前跑后，为他服务，使他越来越喜欢雷振芳这个小伙子了，有什么事总愿意交给雷振芳去办。雷振芳是非常懂得如何为书画家服务的，他了解启先生的为人、性格、文学修养、书画艺术特点和习惯、爱好等，总是把先生交办的事办得妥妥帖帖。慢慢地，他逐渐成为了启功先生的朋友，成为先生的莫逆之交。

启功先生和徐邦达先生一样是我国书画鉴定的权威专家，是中国古代书画鉴定组的负责人，是国家文物鉴定委员会的主任。雷振芳能与启功先生成为朋友，那么，学习的机会就更多了。因此，他经常在一些书画鉴定场合聆听启先生的高见，平时也可以随时请教，启先生也总是耐心而详尽地讲解，他从启先生那里学到很多东西。

雷振芳不但向启功先生学习书画鉴定知识，还学习他的书法、绘画和诗词，并且成为一个研究启功艺术的专家。启功先生去世后，有关方面成立了启功艺术研究会，雷振芳被推举为该会的副会长。2012年，在纪念启功先生诞辰一百周年时，雷振芳特意写了一篇《启功先生绘画浅谈》，发表在故宫博物院主办的《紫禁城》杂志上。

1992年，雷振芳被荣宝斋派往香港，担任荣宝斋（香港）有限公司副经理，一直工作了七年，1999年才回到北京，先后担任荣宝斋营业部主任、荣宝斋副总经理、荣宝斋艺术总监。

雷振芳有幸得到徐邦达、启功两位先生的亲自指导，又有荣宝斋这个实践平台，将鉴定的理论知识同实践很好地结合起来，成为优秀的近现代书画鉴定专家。2006年，由于时任国家文物鉴定委员会主任的傅熹年先生的推荐，雷振芳成为了国家文物鉴定委员会的委员，从此，他的工作和影响超出了荣宝斋的范围，经常参加国家文物局的一些文物鉴定活动，也常到国家文物局主办的书画鉴定培训班讲课，以及撰写一些书画鉴定的相关文章。

荣宝斋收藏概况

收藏文物，是一种高雅的文化活动。对于个人，是一种有益心智，经济上能保值增值，文化上有益于社会和后世的健康、高尚的事业。对于文博和其他有收藏职能的单位，则是关乎社会文化生活和国家文化建设、文化积累的大事。

荣宝斋既不同于个人，凭自己的审美观念和爱好进行收藏，也有别于博物馆、美术馆等文化事业单位，由国家赋予某种收藏职能。荣宝斋是个传统文化企业，按其性质，并无收藏的任务。其收藏工作，是在特定时期和特定的经济、文化背景下形成的。中华人民共和国成立后，原来经营字画和传统文化用品的南纸店，几乎都停业或改行。荣宝斋是国家保护下来的一个国有文化企业，其职能是弘扬民族传统文化，团结书画家和文化界人士，促进书画艺术的繁荣和发展。这就决定了荣宝斋必须把社会效益放在第一位。为了发扬老荣宝斋“以文会友”的传统，为了本身业务的需要和给书画家与文化界人士提供欣赏、借鉴，从20世纪50年代开始收藏历代书画和文房四宝精品，形成了相当可观的规模。

这些艺术品的收集和积累，寄托了文化部领导的厚望，凝聚着荣宝斋职工的心血。20世纪五六十年代，文化部规定，不能跨地区收购文物。而对荣宝斋却实行“特殊政策”，不仅为其出具给各地文物部门的介绍信，允许它到全国各地收购，还拨款支持其收藏。因而荣宝斋派员到上海、南京、苏州、杭州、无锡、镇江、合肥等地收购时，得到各地文物部门和收藏家的支持和协助。荣宝斋的明清藏品，相当一部分就是那时从上述各地收购的，其余则是从门

仇英《松溪高士图》

市部收购的商品中挑选的。业务人员都有为单位收藏精品的责任感和意识，凡是收购到重要的、有收藏价值的书画与文房四宝，就主动提议调为藏品。至于当代名家的藏品，如傅抱石、李可染、关山月、王雪涛、程十发、黄胄、宋文治、郭沫若、赵朴初等，或是直接从作者手里收购的，或是作者赠送的。

所藏元、明、清绘画，有重要画家盛懋、沈周、文徵明、仇英、吴伟、董其昌、蓝瑛、陈淳、徐渭、陈洪绶、朱耷、原济、王鉴、王时敏、王原祁、王翚、恽格、龚贤、袁江、袁耀、金农、郑板桥、黄慎、李鱓、李方膺、汪士慎、高翔、罗聘、高其佩、高凤翰、费丹旭、赵之谦、任伯年、虚谷、吴昌硕等人的作品。中国古代书画鉴定组谢稚柳、启功、徐邦达等专家，曾对其中一部分进行鉴定。他们对盛懋、文徵明、仇英、朱耷、原济、查士标、高其佩、任伯年等人的作品赞不绝口，并将其中的百余件佳品收入《中国古代书画目录》。这里仅举几例与大家共赏。

仇英的《松溪高士图》，纸本，墨笔画，纵165厘米、横88厘米。此图与上海博物馆所藏另一件仇英作品相似。起初，专家们意见不一，经过与上海藏品比较和反复讨论，最后一致认定为仇英的真迹，而且是其精品，定为一级品。

仇英是“明四家”之一，工临摹，擅画山水、人物、鸟兽、界画，作品工细严整，设色华丽。《松溪高士图》却以墨笔小写意的手法绘成，是其作品中之少见者。画中一高士于溪畔松下岩石上设几摊书，席地而坐，表情闲适平和，专注地观书；旁一童仆正在煮茗。背景是松石、溪谷和远山。低缓的吟哦，淡淡的茗香与松风、清流应和着，多么幽雅清逸的境界呀！

徐渭是大写意画的先驱之一，齐白石大师对他佩服得五体投地，恨不得早生三百年去为他研墨、理纸。荣宝斋收藏了他一件墨笔杂画卷，启功先生在此卷的跋中有“难得一缣三绝具”和“此卷杂写花竹，各系绝句，署曰三绝，谁云不宜”的评语，可见启功先生对此卷之推崇了。

此卷纵30厘米、横401厘米，纸本，画牡丹、梅石、葡萄、荷花、芭蕉、竹子、螃蟹、水仙花八段，每段缀以七言绝句一首，每段既独立，连接起来又成一个整体，最后署“万历壬辰青藤道人醉涂于万玉山房”。确是诗、书、画三绝。诗、书姑且不予评论，此卷画之笔墨，确令人叹为观止。那荷花的黑白对比；那芭蕉墨色的变化和枯笔的运用；那葡萄不求形似，逸笔草草，随意点染而生动活泼；那螃蟹不事雕琢，信手涂抹却活灵活现；那梅花的铁骨清韵……处处流露出他醉后的真情，给人留下深刻的印象，令人激动不已。

20世纪80年代初，荣宝斋收购了明代钟钦礼的一件绢本《雪景山水》，纵137厘米、横76厘米。

《中国美术家人名辞典》载：“钟礼（明）字钦礼……擅画云山、草虫。所居门对南山，古松荫翳，日箕踞其下，玩峰峦云气之变，遇得意辄起奋笔……成化、弘治间直入仁智殿。孝宗皇帝背立观其作画，忽持须呼其为‘天下老神仙’因镌图章佩之。”

这位画家的作品，流传下来的极少。他的这件《雪景山水》，是了解这位画家的极其宝贵的资料。可惜被人送到荣宝斋时已破碎不堪，面目皆非。荣宝斋的收购人员慧眼识珠，把这件行将沉沦埋没的宝贝接纳下来，经过装裱老艺人张贵桐的冲洗、揭心、拼接、补缀、托裱、全色，恢复了原来的面目，调入资料库中，成为一件重要的历史文物。

翻开《中国美术家人名辞典》，陈明自名下有如下记载：“善画，崇祯十一年（1638）尝作花卉册，金俊明题之。”此册现在就在荣宝斋的藏画柜里。金俊明，与陈明自同是明末清初时人，以善书著声吴中，得之者，争相夸示以为幸。此册十开，系陈明自仿宋设色工笔花卉翎毛草虫，典雅工丽；每开由金俊明题行草五言绝句一首，书法流畅，有王羲之法度，与陈画珠联璧合。最后一开署“崇祯戊寅……陈明自拜临”。崇祯戊寅，即是崇祯十一年，与《中国美术家人名辞典》的记载正相吻合，这真是历史的巧合。

八大山人（朱耷）的《岩下游鱼图》被中国古代书画鉴定组的专家们评定为精品。此画为纸本，墨笔画，纵188.5厘米、横71厘米，70岁以后之作。悬岩上倒垂着几枝芙蓉花，岩下两条鱼在水中悠游，眼珠向上，即所谓“白眼看青”。构图极其简约，笔墨豪放，冷逸中隐含着温雅，是八大山人的代表作。

朱耷《岩下游鱼图》

扬州画派画家华喦的《春江赤鲤图》，画一条巨大的赤鲤跃出江面，卷起漩涡和巨浪，并题：“春江迎赤鲤，吐气风云从；击碎桃花浪，翻身欲化龙。”有吞吐大江、叱诧风云之气势，是一件难得的佳绘。

荣宝斋收藏的现代画家的作品，在整个藏品中占有十分重要的分量。这里引用几个材料，从不同角度加以说明。

一、2001年12月26日新华社电讯报道，文化部规定1949年后已故国画家作品一律不准出境的有：何香凝、李可染、林风眠、徐悲鸿、高剑父、黄宾虹、傅抱石、潘天寿等人。他们的作品荣宝斋都有。作品原则上不准出境的17个国画家，荣宝斋有其中于非闇、石鲁、齐白石、刘奎龄、刘海粟、吴作人、吴湖帆、陈少梅、陆俨少、钱松岩、黄胄、蒋兆和、谢稚柳、溥心畬、张大千15人的作品。

二、2000年中国美术家协会等单位举办的“百年画展”，回顾了我国20世纪绘画发展状况。这项活动的“艺术委员会”成员，通过无记名投票，选出了20世纪我国最有成就的国画家13人，按得票多少，依次是齐白石、傅抱石、黄宾虹、吴昌硕、林风眠、李可染、潘天寿、徐悲鸿、张大千、蒋兆和、刘海粟、石鲁、黄胄。他们的作品荣宝斋都有。

三、《收藏》杂志2004年第五期刊登了这样一个资料：根据北京、上海、香港等二十多家拍卖公司10年来拍卖的资料，以画家作品平均价格排序、作品个件最高价格排序、作品进入市场数量排序三个因素，来评定画家作品市场综合指数排序。荣宝斋收获了综合指数前50位画家中44位画家的作品。这44位画家，除了前面两项已列的画家，还有：吴冠中、程十发、张善孖、王震、赵少昂、朱屺瞻、关良、范曾、郑午昌、王雪涛、关山月、贺天健、李苦禅、马晋、唐云、黄永玉、宋文治、启功、徐燕孙、杨延文、钱慧安。

此外，还收藏精品不准出境和其他重要画家陈师曾、陈半丁、黎雄才、杨善深、魏紫熙、亚明、金城、胡佩衡、何海霞、董寿平、叶浅予、刘继卣、白雪石、田世光、萧谦中、吴光宇、吴镜汀、王叔晖、郭味蕖、曹克家、张书旂、方济众、冯超然、秦仲文、诸乐三等画家的作品。

这些国家文化管理机构（文化部）、美术团体（中国美协等）和市场（拍卖公司）从不同角度说明其重要性的国画家，构成了20世纪我国绘画艺术的主体。荣宝斋收藏了这些画家中绝大部分人的作品。而且，许多人的作品收藏相当丰富，如齐白石、傅抱石、黄宾虹、吴昌硕、李可染、徐悲鸿、潘天寿、张大千、钱松岩、黄胄、王雪涛、陈少梅等。由此可以看出，荣宝斋收藏的近现代国画名家的作品的分量，是相当重的。以下也举数例为证。

齐白石71岁至83岁期间所作精品集结而成的一本草虫花卉册

页，每开都有工笔昆虫，笔墨极其简练，有的画法很特别。如其中的玫瑰花，先用较淡的洋红铺底，然后用粗笔蘸很浓的洋红在上面来回折勾数笔，乍看像一块八角玲珑的太湖石。这种画法，未见老人在其他作品中用过。此册是大师的铭心之作，因此特地题字嘱咐："此册十开，即如平泉庄之木石，是吾子孙不得与人。"平泉庄是唐代李德裕在洛阳的别墅。李德裕有《平泉树石记》、李文饶有《平泉山居草木记》。白居易有《醉游平泉》诗曰："洛客最闲唯有我，一年四度到平泉。"这几篇诗文大意都谓平泉庄木石之宝贵，故白石老人将其得意之作喻之，属子孙永宝。其后代大约是由于某种迫不得已的原因，才将这本册页出让给荣宝斋，相信荣宝斋会妥为保护。

1994年为纪念傅抱石先生诞辰九十周年，在中国美术馆举办的傅抱石作品展中，有一幅《听泉图》（110.3厘米×52.8厘米），被香港出版的《名家翰墨·傅抱石瀑泉雨景专号》作为封面，可见行家们对此画评价之高。荣宝斋收藏傅先生的《溪亭观瀑图》构图与《听泉图》相似，尺幅比其大（134.2厘米×66.2厘米），而且气韵与笔墨均优于《听泉图》，当为傅抱石的精品。在庆祝全国政协成立五十周年而举办的"近代国画名家"展中，有位画家说，站在此画跟前，似乎听到了哗哗的流水声，足见此画的魅力了。

李可染先生一反他以墨为主、"黑乎乎"的调子，根据毛泽东"万山红遍，层林尽染"词句的意境，以朱砂为主，为荣宝斋画了两幅山水画，名亦为《万山红遍，层林尽染》。大幅的纵137厘米，横85厘米；小幅的纵75.5厘米，横70厘米。这两幅画具有极高的艺术价值和收藏价值。

李可染1962年开始以"万山红遍，层林尽染"为题材进行创作。凭他一个山水画大家的想象力，他觉得毛主席诗词中那些抒情写景的美丽词章，是许多波澜壮阔、气势雄浑的画图。"万山红遍，层林尽染"既概括而又具象，就是一幅动人的山水画，他运用其擅长的"积墨法""积色法"，层层递加，画出他意象中"万山红遍，层林尽染"的生动画面。此后几易其稿，愈画愈佳，但总共也不过七幅，荣宝斋收藏的大幅《万山红遍，层林尽染》是这七幅中尺幅最大的，也是他这个题材几经改进以后的图式，是1964年国庆前画的。

这幅画与1962年的第一稿比较，朱砂的成分更大、更厚重，整个画面更灿然夺目，层次变化更多；画面左侧多了一道高悬的瀑布，增加了生气；左上角的远山，由原来以黑色为基调，改为一步步将远山提亮，把较为平缓的黑山头改为迭宕多变的红山头，更突出了红调，使整个画面的红色意象更加强烈，达到如火如荼，灿烂辉煌。此画的成功，是李可染先生绘画艺术的一次超越，为他的大家风范奠定了基础，是社会主义特定时代的经典之作。

张大千的两件巨幅山水手卷，可谓荣宝斋的镇斋之宝。《华山云海图》（46.3厘米×586厘米），初师张僧繇没骨法，后稍加勾勒，似李思训。是一幅金碧山水，全部用金粉、朱砂、石青、石绿、蛤粉等矿物颜料绘成，金碧辉煌，气势雄伟。《设色山水》（47厘米×559厘米）从宏观上描绘祖国山河的雄奇壮阔；对局部山石、树木的处理，又不失细致入微。这两件作品分别作于1936年（37岁）和1938年（39岁）。是时他精力充沛，而艺术上已臻成熟，应是张氏之力作。他后来在国外和中国台湾，由于年事高，眼力不济，已画不出这种作品了。1983年他去世后，为纪念这位为我国绘画艺术作出重要贡献的大师，中国美术馆举办过一个张大千作品展，这两件作品被借去展出，成为整个展览会中最为引人瞩目的佳绘。以后的一些全国性的重要画展，也都被借去展览。如20世纪“国画回顾展”、为庆祝全国政协成立五十周年而举办的“近代国画名家展”等。

值得一提的还有藏品中的一些专题绘画。20世纪50年代中期至60年代初期，荣宝斋陆续出版了《中国画汇编》和《现代国画》两个系列的木版水印画，向全国近百位画家征稿百余件；1980—1981年，为出版扇画集，向全国60位画家征稿近百件。这些稿件绝大部分作为藏品保存下来，这对研究上述两个时期国画艺术的状况，是很有价值。此外，还有颜伯龙的十二生肖册页，齐白石、王雪涛等人合作的十二生肖册页，吴作人的动物信笺稿（10幅），关山月的梅花信笺稿（20幅），叶浅予的舞蹈人物信笺稿（10幅），郭味蕖的花卉信笺稿（10幅）等等，都十分有趣，也有一定的研究价值。

行家认为，荣宝斋的明清藏品，书法的分量重于绘画。明代中后期最有影响的书法家祝允明、文徵明、董其昌、邢侗、米万钟、解缙、王守仁、王宠、陈淳、王穉登和有创新精神、作品有强烈个人风格的张瑞图、陈宪章、徐渭、黄道周等人的作品都有。尤以被誉为“明代三稀”的程南云《五体书韦应物诗卷》、李东阳的《自书诗卷》、唐顺之的《自书诗卷》最为珍贵。

程南云书法不拘一格，为一代巨擘，但其真迹流传极少，仅散见于故宫博物院所藏《韩熙载夜宴图》卷首题字“夜宴图”三字和辽宁省博物馆所藏《陆游自书诗卷》卷首题字“放翁遗墨”四字，而《五体书韦应物诗卷》纵30厘米、横361厘米，以楷、行、篆、隶、章草五种书体写唐代著名诗人韦应物诗22首，且书法较元代赵孟頫著名的《六体千字文》更跳跃活泼，具有新意，在我国书法史上占有重要位置。

李东阳不但是著名的政治家，同时又是重要的文学家，是“茶陵诗派”的首领。其《自书诗卷》共书自作诗18首，计《房山山房相墓道中记事》七律8首，《复畏吾村旧茔志感》七律10首，记述相墓和复旧茔奔波劳碌过程中所见北京风土人情，不仅书法精美，而且是研究其文学成就和北京史的珍贵文献。

唐顺之是明代中叶兴起的文坛“唐宋派”重要人物，其不少诗作可作史诗研究。其书法较之程南云、李东阳更为珍稀，仅潘承厚《明清藏书家尺牍》第一册收入他致汝登札一通，别处均未见到。其《自书诗卷》书自作古今诗体114首，书法刚健遒劲，用笔精到，具有很高的书法艺术价值和文学史料价值。

披阅明代重要书画家董其昌的书法手卷，兴致正浓，而作品戛然而止，既无署名，亦未钤印，似未完成之作，颇感茫然。读完跋才明白，原来是收藏者杨鹤将此件让朋友杨与亨观赏，主人见客人爱不释手，当即手裂其半相赠，故然。杨鹤，字修龄，崇祯初累拜兵部左侍郎，总督陕西三边军务。他在这留以自赏的董迹前半截上题道：“此卷乃董太史临褚河南、王世将、颜鲁公、米颠诸家书法。塞上无事，命工重为装潢，与亨见而爱之，遂割半相赠，如以

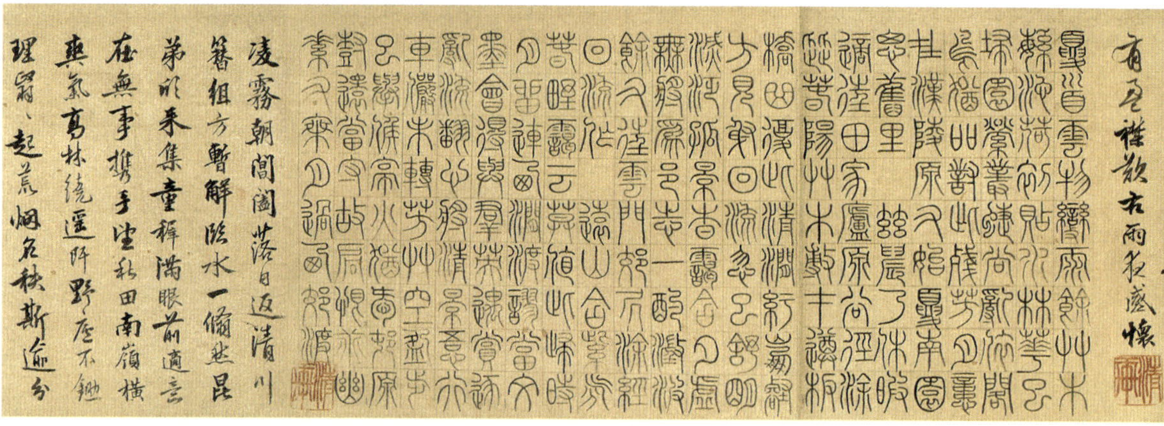

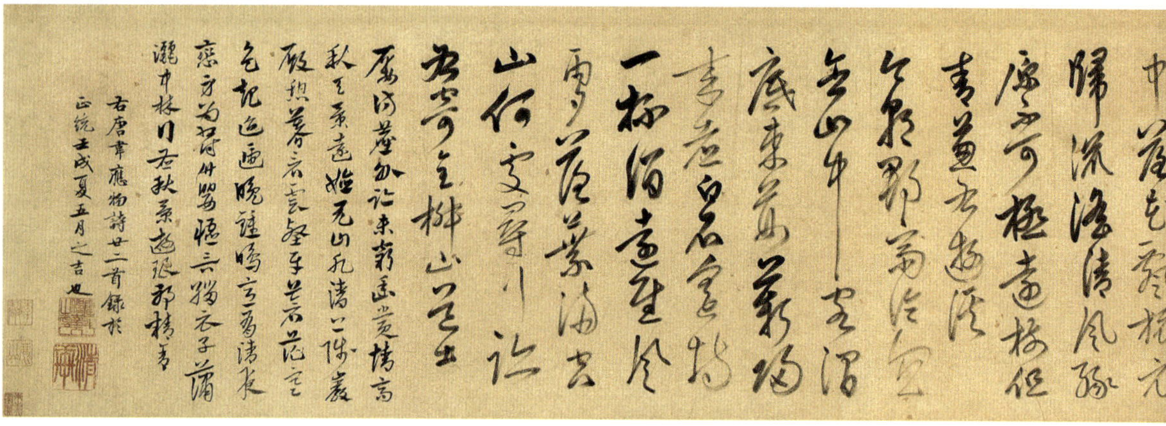

髻珠与人，非为与亨不能破悭。”朱怀瓘又题：“太史书法遍海内，而真伪各半。顷与亨游塞上，修龄先生出董迹示之，与亨凝视不已，且曰卷佳甚，苦太长，恐观者难竟其妙耳。杨公即手裂其半与赠。然与亨之赏识，制台之割爱，一段奇事也。”此事传至作者董其昌，有感杨与亨对其书法的厚爱和杨鹤之慷慨，欣然为杨鹤留下的这前半截作跋：“与亨有昌歜之好（注），杨制府以拙书成其癖，皆海内之神交之侣……”，并署名钤印，使其虽缺而不残。韩霖评此卷临褚、颜、王、米诸家，“青出于蓝，圭判为璋，开卷尺许，和气迎人。”清代翁方纲、平恕仁、吴锡麒、法式善、嵩龄、王芑孙、桂复曾拜观，并题识。

荣宝斋的这件藏品，不仅是难得的书法艺术品，还给我们留下一桩书法史上感人的文人轶事。

徐渭的行书手卷《白鹿表》，也是一件可贵的书法艺术品和明代史料。徐渭因著于文才与好韬略，时负剿灭倭寇和海盗使命的浙

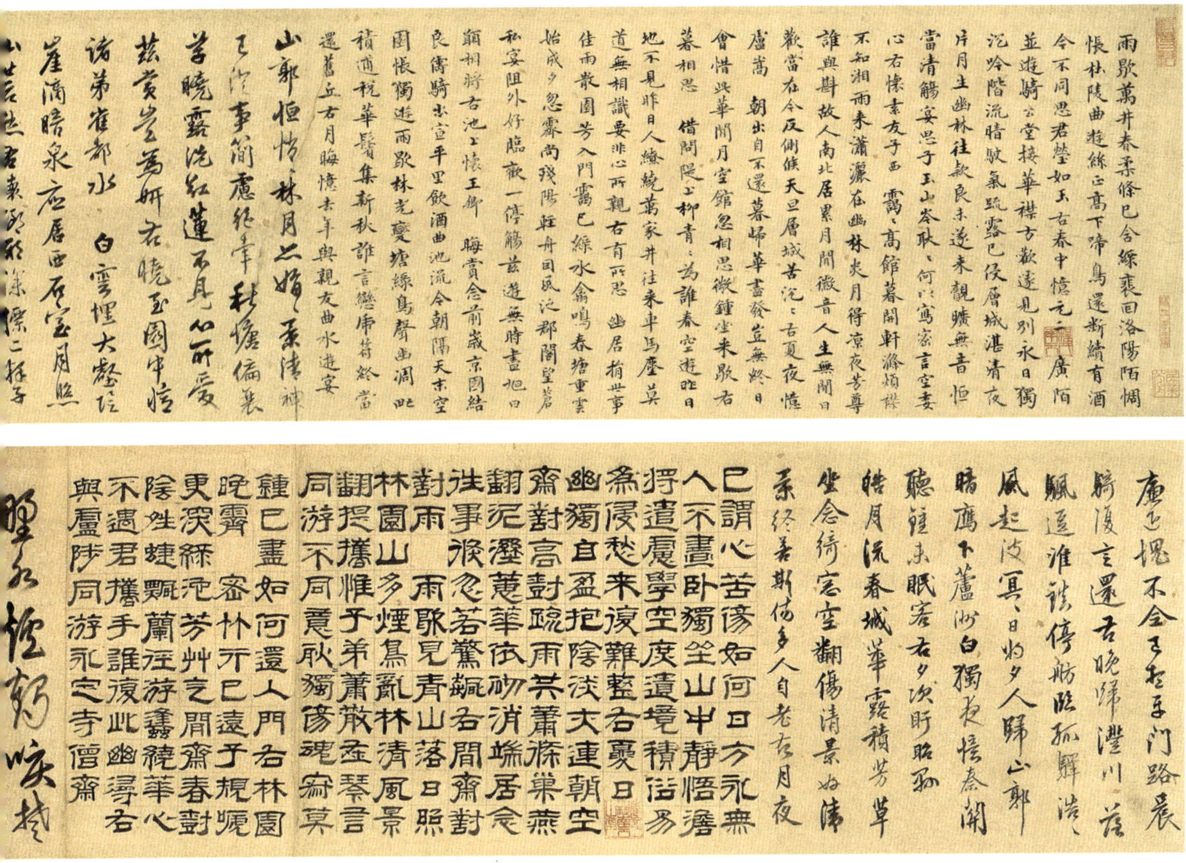

明　程南云《书应物诗卷》

江巡抚胡宗宪招为幕僚。1558年胡在宁波得一白鹿，白鹿是一种吉兆，胡欲将白鹿进献皇上，托人撰写瑞表。撰毕，召渭视之。渭瞠而不语。遂又托渭代拟《白鹿表》。胡是武将，不识表之优劣，便属使者将两表同携晋京，请京中友善之学士分辨优下，优者呈上。京中学士果然赏识徐渭之作，遂将徐表献上。世宗皇帝“嘉悦其文”，并很快在京中“遍诵人口”。尽管如此，徐渭仍因曾为胡宗宪代写献瑞表，心中颇不以为然，并因未能劝止胡进献白鹿而感遗憾。但时隔34年，1592年他去世的前一年，又重书荣宝斋收藏的这卷《白鹿表》，足以说明他对这件作品的喜爱和重视。表前画一白鹿安卧于草丛之中，神态祥瑞可爱。表曰：“白鹿别有神仙之品，历千岁始化而苍，又五百年乃更为白。自兹以往，其寿无疆。至于练神伏气之征，应德协期之兆，莫能罄述，诚亦希逢必有明圣之君，躬修玄默之道，保和性命，契合始初，然后期祥可得而致……”确是研究当时社会风俗的宝贵材料。而其书法则更臻醇熟老到，奔放豪迈，潇洒自如，是其书法艺术的巅峰之作。

荣宝斋所藏清代书法作品，更丰富，范围更广，更具代表性。钟明善著的《中国书法史》所列清代各个时期有代表性的书家的作品，这里绝大部分都有。清初至乾隆，因康熙皇帝酷爱董其昌的书法，提倡董追求疏淡韵味、圆劲苍秀的书风，董所刻的《戏鸿堂帖》风靡海内，帖学笼罩着整个书坛。这时期有代表性的书法家18人，荣宝斋有傅山、石涛、朱耷、王铎、汪士鋐、姜宸英、笪重光、张照、刘墉、王文治、梁同书、姚鼐、钱澧、钱坫、郑燮、金农16人的作品。嘉庆、道光以下，碑学大兴，书家由唐碑上溯六朝碑板，以至秦、汉、魏、晋各种金石文字，开辟了书法继承与革新的新天地。有人称此时期为“碑学期”。其实，这时期是碑学兴而帖学不废的书法盛期，个人风格突出，有成就的书法家众多。荣宝斋收藏了其中最有影响的邓石如、伊秉绶、陈洪绶、包世臣、何绍基、吴熙载、赵之谦、翁同龢、杨守敬、沈曾植、吴昌硕、康有为等人的作品。读完荣宝斋所藏上述两个时期这些书法家的作品，即可了解整个清代书法艺术的概貌。

现代书法，像黄宾虹、于右任、沈尹默、舒同、林散之、沙孟海等大家的作品，荣宝斋都有，而齐白石、郭沫若、赵朴初、启功的作品尤为丰富。仅郭老的作品就有牌匾、对联、横批、条幅多件。有些作品尺幅之大是别的单位所少见的。此外还有木版水印《百花齐放》集子原稿自书诗作104首计800多行万余字。由于篇幅所限，其余就不再一一介绍了。

荣宝斋的另一类藏品，是文房四宝和文房清玩，包括笔、墨、纸、砚和印章等其他各种传统文化用品，而以古墨和印章为丰富。

印章（印材）数百方，在藏品中占有重要的位置。其中的田石、白寿山石，无论数量、质量，都为国内收藏单位所少见，而名家刻章亦为收藏界和篆刻界所瞩目。

田黄章（印材）近百方，有田黄的极品黄金黄、桔皮黄；有温润洁白如玉的白田；有重各一公斤、刻有“和硕怡亲王宝”和“冰遇道人之章”的田黄大对章；有重4275克的“田黄王”。“田黄王”是我们所见到的最大的田黄石。田黄石以大为贵，向来有一两

（旧制十六两为一斤，一两31.25克）成材，半斤为大型之说。这块“田黄王”为公认大型田黄石标准的十七倍多，足见其稀罕了。它是荣宝斋最为耀眼的藏品之一。每有首长或重要宾客来访，必以其待客观赏。

收藏白寿山石章百余方，集中20世纪60年代初收购的“皕印斋藏石”20箱，箱子全是楠木做的。这些石章是民国年间“皕印斋”主人收藏的，并请当时的名人杨仲子、林兆禄（眉盦）、张伯英、寿玺等名人分别为每个箱子题写“皕印斋藏石”。从有年款的边款看，这些石章最早刻于清咸丰二年（1852），最晚刻于1930年，其传世时间跨年度近百年。奇怪的是，这些不同年代的石章，其质地和色泽却惊人的相似。这是收藏者苦心经营，精心挑选，汇集而成的、品位极高的藏石。按其石质，绝大部分属于白芙蓉。白芙蓉是寿山石中最名贵的品种之一，它同田黄石、昌化鸡血石被誉为“印石三宝”。这些藏石有白玉白、猪油白、象牙白，均为白芙蓉石中的佼佼者，肌理细腻，质地温润，晶莹洁净，剔透通灵。表面形成一层包浆，光亮而凝重，更显得高雅贵重。这些石章块头也大，多数在100克到800克之间，最大的800多克，只有少数几方几十克的。这么多高品位的寿山白芙蓉石聚集在一起，别处尚未见到。

名家刻章也是荣宝斋的重要藏品。有明代文彭的，有清代丁敬、蒋仁、赵之谦、赵之琛、黄士陵的，有近代王禔（福厂）、金城、寿玺的，仅吴昌硕、陈师曾、齐白石三位大师的作品就达百余

民国时期荣宝斋特制文具盒

荣宝斋定制的文房用品

方。这对研究我国篆刻艺术，特别是研究近代篆刻艺术，是十分重要的资料。

荣宝斋藏砚很有特色。第一，品种多，有端砚、歙砚、澄泥砚、漆沙砚、水晶砚、汉瓦当砚等。第二，历史悠久，品味高。这些砚，是从多年收购的无数商品中挑选出来的，具有历史价值、石质好、工艺有特色的精品。一方鸭形小歙砚，大约是宋代之物；还有明代的端砚。一方产于清初的灵芝池端砚（老坑），石质细密，温润无比，且有蕉叶白、胭脂火捺等石品，是谓端砚极品；七星伴月端砚，有七颗拇指大小的淡绿色的鸲鹆眼环绕着一个半月形的小水池，亦为难得佳品；梅花端砚，雕镂精巧，一株横卧的老梅的主干，托着一个砚池，数枝镂空的枝丫上托着繁星似的石眼当作梅花，背面有清初学者、书画家和鉴定家朱彝尊的铭文；眉子歙砚，致密苍润，似美人眉毛的石纹遍布上下两面，为歙砚之少见者。第三，铭砚多。刻有铭文的砚称为铭砚。以名人的铭砚为珍，荣宝斋收藏了自清初至近代著名书画篆刻家王铎、朱彝尊、查昇、金农、高翔、高凤翰、袁枚、赵之谦、黄士陵、吴昌硕、陈师曾等人的铭砚十多方。这些铭砚，已超出作为文房四宝之一的文化范围，是一种品位极高的名人文化，是研究这些名人的某些侧面的重要资料。

除纸、墨、笔、砚、印章（印材）外，其他文房用品藏品，统

清代绿彩刻花小水盂

清代刻竹笔筒

称为杂项，包括笔筒、笔洗、笔架、帖架、镇尺（也叫镇纸）、规尺、臂搁、墨盒、墨床、画床、印泥盒、卷筒、砚滴、水勺、水盂等，林林总总，五花八门。这些传统用品，有不少已为现代生活所陌生、所淡忘，市场上已经找不到了。它们是我国传统文化的组成部分，每一种都有其实际用途和文化内涵；既是文房四宝，又是足以玩赏、品味，使人赏心悦目的文房清玩。那雕镂名人字画的镇尺，格调高雅，意味深长；那康熙青花瓷笔筒，竹刻人物、山水笔筒、竹节笔筒、树根笔筒，古典美、雕琢美与天然美各有千秋；那牙雕、玉雕龙头水勺，鸭嘴形水勺，明代的灵芝形水勺，巧夺天工，美不胜收；那明代的茄形铜水盂、螺形水盂、哥窑水盂，清代的青花山水水盂、三足哥窑水盂、祭红水盂、绿彩水盂、云龙水盂，诉说着不同时代、不同造型、不同图案、不同色彩之美，也令人陶醉。

注：昌歜之好，昌歜是昌蒲根切段腌制而成的一种咸菜。因为文王喜欢吃这种咸菜，孔子效之，故昌歜之好被视为文雅之好。

奇遇

——收购米芾《苕溪诗卷》等国宝的前前后后

20世纪60年代初，荣宝斋以1400元收购了一个哈尔滨青年送来的，包括国宝级文物——北宋四大书法家之一米芾的代表作《苕溪诗卷》在内的一批重要书画，轰动了文物界。时隔20多年，新闻媒体重提此事。广州《羊城晚报》刊登一篇题为《那位哈尔滨青年今何在——碎纸片中的秘密——六十年代留下的一个谜至今未有答案》的文章。1990年7月13日哈尔滨《新晚报》转载了此文。1996年3月30日《新晚报》登该报记者圆小玲寻访那个哈尔滨青年及其母亲的文章《六十年代之谜天下大白——一个女人为护国宝坎坷一生……》，至此谜底似乎已经揭开。但4年以后的2000年3月30日《中国书画报》又登《书画碎片之谜——荣宝斋收购名画记趣》一文，还说这批书画的来源"至今仍是个谜"。新闻媒体对这些"碎片"的议论，似有沸沸扬扬之势。

关于"书画碎片之谜"的信息，大约源自杨仁恺先生《国宝沉浮录》一书，因为书中谈到荣宝斋收购的这批书画，但未说明其来源。《羊城晚报》的文章，正是在此书的出版印刷过程中发表的。圆小玲虽然报道了"书画碎片"的来源，却未能详述它们流失的背景，也不了解荣宝斋收购、处理的过程及未了事宜，而且她的文章是在地方晚报上发表的，不能为更多关心此事的人所知道，更不能满足他们关心事件始末的愿望。因此，有必要将事件的前前后后、来龙去脉弄清楚，并公诸于众，了结这桩让人牵肠挂肚的陈年旧事。

1963年8月的一天，一个衣着朴素的年轻人，携带一个帆布包，匆匆走进荣宝斋店堂，询问这里是否收购字画。接待他的是有30多年经营经验的营业科副科长田宜生和年轻的鉴定家王大山。他们从这个自称来自哈尔滨的青年手中接过一个破碎不堪的纸卷，小心翼翼地打开，发现其中一些书画和碎片上钤有皇宫的印鉴，心想，今天可能遇到一批重要的文物，心开始怦怦跳动。他们粗略地翻了一遍，确认是一些从宫廷中流散出来的宝贝。它们鱼龙混杂，真假不分；有完整的，有残缺的，有的则只是一些碎片。他们抑制住内心的激动，以平和的口气问那青年，这些东西要卖多少钱？青年说，你们看着给吧。田宜生说，东西是你的，价钱得你说。青年说，给1500行吗？田宜生和王大山交换了一下眼色，彼此会意，对方要价不高。为了稳住来人，进一步弄清这卷东西到底都是些什么宝贝，设法把它们收购下来，托故对青年说，这会儿经理不在，也快到中午了，请你把东西留下，等经理回来请示后再作答复。青年同意把东西留下，并约定下午3点再来。

青年走后，田宜生和王大山索性把东西拿到后院一个僻静的地方，仔仔细细地整理、鉴别。经过清理，这个纸卷里有唐、宋、元、明、清书画及书画碎片30多件，其中有许多是《故宫已佚书笈书画目录四种》中的国宝和其他文物。他们尽情地品味这些从未见过的古代书画精品，体验着从事书画收购工作以来未曾经历过的喜悦和快乐。他们兴奋极了，竟忘了吃午饭，一看表，已快到和那青年约定的时间了。他们断定，来人并不了解这些东西的价值，他要价1500元实在不多，但又不能多给。他们商定还价1400元，这样接近卖主的要价，比较自然，或者可以把青年稳住，把东西留下来。

下午3点，青年如约来到柜台前，痛快地接受1400元的还价，办了手续，把东西留下，点了钱走了。

这批文物中，重要的有：

米芾传世的两件代表作之一《苕溪诗卷》（另一件《蜀素帖》在中国台湾），当时虽已成碎片，但经过细心拼接，仅缺8字，幸故宫曾留有照相底片，可据以补全。此件为米氏30岁时所作，乃是其书法大成之时，在书法艺术上具有极高的水平，为历代所推崇，是国之瑰宝。

原题签为唐周昉《地宫出游图》的后半段。著名书画鉴定家杨仁恺先生认为，此图虽不大可能为周昉所作，但人物形象蕴藉而含蓄，在宋人宗教画中难以见到，就其时代风格论，应为晚唐之作，弥足珍贵。

北宋陈洎《自书诗稿》，为传世孤本。此诗稿共16首，后有司马光、苏轼等名家题跋。虽然第一首诗题名残缺，后面题跋也少了几家，幸故宫博物院此前已购得残缺部分，两者拼装即成完帙。陈洎为北宋著名诗人陈后山之祖父。此卷经名家题跋，已成赫赫名迹，实为我国文化宝库之明珠。

北宋苏轼题李公麟《三马图》残跋。李公麟的《三马图》与苏轼所书《三马赞》的前半段，在香港某收藏家手里。此次发现的苏轼书赞后半段，与宋人莲池生、紫芝道人、王震诸题连在一起。苏书笔酣墨饱，当是其盛年的得意之作，字字玑珠。

北宋范仲淹《师鲁二扎》中所缺的十余字。此帖已为故宫购得，但缺此十余字，无法通读。此次发现，使其成为完美无缺之名迹。

已流失国外的国宝——北宋乔仲常《赤壁赋图》失散的6位宋人及元赵岩诸跋。这6位宋人之跋虽不具名款，却都是各有风度的好书法。

元倪赞《诗画合璧》中的倪氏自书诗一段及清代收藏家曹溶一跋。故宫已征集到此件中的倪氏墨竹一竿，但孤零零的让人感到不舒服，此次发现，使这件艺术品密不可分的两部分重新聚合，成为完璧。

故宫藏元高克恭《秋山暮霭图》失散的元人李国藩、文志仁两跋，使其珠联璧合，恢复原貌。

元陆居仁、杨维桢《书法合卷》中的陆书后段16行半。陆书的前段和杨书，至今不知下落。

已流失国外的国宝——北宋画家燕文贵《溪风图》失散的元人刘赓、袁桷、赵世延、张珪的题跋。

元末明初和尚上道衍（即姚广孝）书《慧顺法师铭》和道衍的同时人、僧人大佑书《慧顺行实》。这两件书法原裱在一卷，后失散。现在又得以重新聚合为一卷。

明代几位皇帝的手迹《明（太祖）朱元璋、朱高炽（仁宗）、朱瞻基（宣宗）三帝合书卷》中的朱高炽手书两页。其余二帝书，仍无下落。

此外，还有丰坊《千字文》、沈周《辛夷花图》、王宠《麻姑坛·阴符经》、徐渭《千字文》以及其他明、清书画和书画碎片。

这批踏破铁鞋无觅处的国宝的出现，使文物界沸腾起来了。国务院副秘书长兼文化部副部长齐燕铭、文化部副部长徐平羽、文化部办公厅主任黄洛丰、文物局长王冶秋、故宫博物院院长吴仲超、文物局文物处长张葱玉、书画鉴定家徐邦达闻讯相继来到荣宝斋鉴赏，文化界和其他关心文物的人士也纷纷赶来。大家激动不已，啧啧称奇。当时我国古代书画首席鉴定家张葱玉喟叹道：能亲眼见到《苕溪诗卷》，死而无憾！

激动之余，荣宝斋经理侯恺和经手人田宜生、王大山觉得，这么多重要文物，不管其来源如何，能保存下来，就是对国家的重要贡献，只付给1400元实在太少，应该再给予补偿。

或许有人要问，荣宝斋是国有企业，既然这批文物这么重要，为什么不多付给他一些？经验告诫他们：凡是遇到重要文物，而售者不知其价值，我们也不了解售者意图的情况下，切莫一下子给价过高，否则东西就可能留不下来。因为如果售者只图多卖钱，给价高出其要价，可能使其产生复杂的心理活动，唯恐吃亏，托故不卖，反而事与愿违，使东西留不下来。正因为荣宝斋是国有企业，以继承和发扬民族传统文化为目的，以买卖公平而得到社会各界的信赖。当这批极其重要的文物收购下来，并确认其历史价值和艺术价值之后，认为给价少了，马上主动提出了补偿办法，这不正是国有企业荣宝斋的公道之处吗？

经理侯恺把给那个青年经济补偿的想法，报告了身兼国务院副秘书长、文化部党组书记和副部长的齐燕铭同志。齐燕铭同意再给他送去5000元，但不要说是补偿，说是奖励。于是，侯恺决定派田宜生和李克卿二人去哈尔滨给那个青年送钱，顺便了解一下这批字画的来历，并看看他还有没有类似的字画或其他文物，如果有，鼓励他再卖给荣宝斋。齐燕铭还表示，由他出面，请东北有关领导同志给予关照，在当地报纸上表彰这个青年保护文物的事迹。通过此事宣传党和国家的文物政策，号召拥有从伪满故宫流失出来的文物和其他文物的人，以这个青年为榜样，把文物交给国家文物管理部门或荣宝斋，同样能得到表彰和奖励。但是由于那青年留下的地址不详，加上领导部门要荣宝斋抽调干部下乡搞“四清”，抽不出人去送钱，接着又是那场十年浩劫，终成憾事。

荣宝斋将这批书画全部无偿地捐献给了故宫博物院。

从圆小玲的报道判断，荣宝斋收购的这批字画，当是溥仪从故宫盗往长春，他逃跑时从伪满故宫中流失出来的。

辛亥革命推翻了统治中国260多年的满清封建王朝，但是由于资产阶级革命的不彻底性，仍在清宫里保留着一个“小朝廷”，历代封建帝王掠夺的书画名迹等文物，未加清理，原封不动，仍归溥仪处置。据杨仁恺先生《国宝沉浮录》一书披露，溥仪从1922年起到1924年11月5日被冯玉祥将军撵出清宫，在不到3年的时间里，竟从宫里盗出历代书画名迹1200多件。1926年“清室善后委员会”把这批被盗的书画名迹编入《故宫已佚书笈书画目录四种》。这批书画，后来大部分被运往长春。1945年8月日本投降，溥仪企图逃走时携带一部分，被俘时被缴获；其余大部分被伪满“国兵”哄抢。有的在哄抢时被撕成碎片；有的被转卖，或失散民间，或流亡国外；有的仍在“国兵”手里；有的或畏罪销赃，或因无知被毁。解放后国家通过各种渠道回收了一部分，但许多名迹仍下落不明。回收这些历史名迹，还我中华文明，乃是国人之愿望。

圆小玲的文章说，当年来荣宝斋求售的那个青年叫丁心刚，（化名，以下与此事有关的人物，均为化名）在哈尔滨某大学工作。他的父母为这批字画付出了性命和心酸。

丁心刚的父亲叫丁征龙，母亲叫孙曼霞。丁征龙早年毕业于东北大学政治系，并留学德国和法国，曾在日内瓦世界劳工局工作，后受张学良的资助，又进了日内瓦大学。卢沟桥事变后回国，在张学良北京办公处工作。1945年8月调往营口大桥煤矿。同年9月8日，他告别妻子，与朋友骆大昭、王学武一起去长春看望同学和老师。

丈夫走后，孙曼霞并没有太在意。几天过去，有些想念，又过几天仍不见回来，于是由想念而期待，而担忧，而着急，心中似乎有一种不祥的预兆。终于，一天晚上，一个自称认识丁征龙、不愿透露姓名的陌生矿工来到家里，告诉她9月20日夜里发生在货运列车上的事：他因扒车盗苹果，藏在车厢内的苹果筐里。大约9点多钟，火车过了沈阳附近的灯塔站，他突然听到车厢里有人喊“救命”，紧接着是一阵厮打声，又喊了几声之后，便没有动静了。他缩在那里，连大气都不敢出。第二天，他听说有人在铁道旁发现两具尸体，一个是她的丈夫丁征龙，另一个是与他同行的王学武。

孙曼霞得悉丈夫噩耗，满腔悲恨，决心为丈夫之死弄个明白。她女扮男装，到长春去探究丈夫一行的活动。她了解到，丈夫到长春时，正值日本投降不久，街上许多摊贩都有从伪满“故宫”流散出来的宝贝。喜好书画，知道这些古物的价值的丈夫，花了许多钱买了一批字画和字画碎片。他和王学武、骆大昭看望了同学和老师，带着这些字画，一起于9月20日搭货运列车回营口。从此便无丈夫和王学武的音信，唯骆大昭一人回到营口。这正印证了那个陌生矿工所说丈夫和王学武被害的话。然而，三人同行，为什么只有骆大昭一人活着回来？他回来后又为什么只字不提丈夫和王学武被害之事，却谎称丈夫和王学武去辽阳，在车上遭“老毛子”抢劫？这不是“此地无银三百两”式的告白吗？他回营口的第三天，有人发现他那个不离身的大包裹里有字画和丈夫的遗物。后来他把字画转移到沈阳朋友家和营口叔叔家。接着又散布说，朋友家被盗，字画丢了；叔叔也把那些“不值钱的书画”卖了。种种迹象表明，杀害丈夫并夺走他的字画的，正是骆大昭。她机智地向苏联驻军司令部告发骆大昭的罪行。骆大昭在铁的事实面前不得不认罪。苏联驻军司令部下令枪毙了骆大昭。孙曼霞终于为丈夫昭了雪，并在枪毙骆大昭那天夺回了那批字画和丈夫的其他遗物。

丈夫死时，孙曼霞刚满40岁，是有6个子女的母亲，悲愤和生活的重压，曾使她感到天旋地转，茫然不知所措。但她毕竟是个有文化、见过世面的妇女。她当过教师，曾随丈夫旅居欧洲；在北京

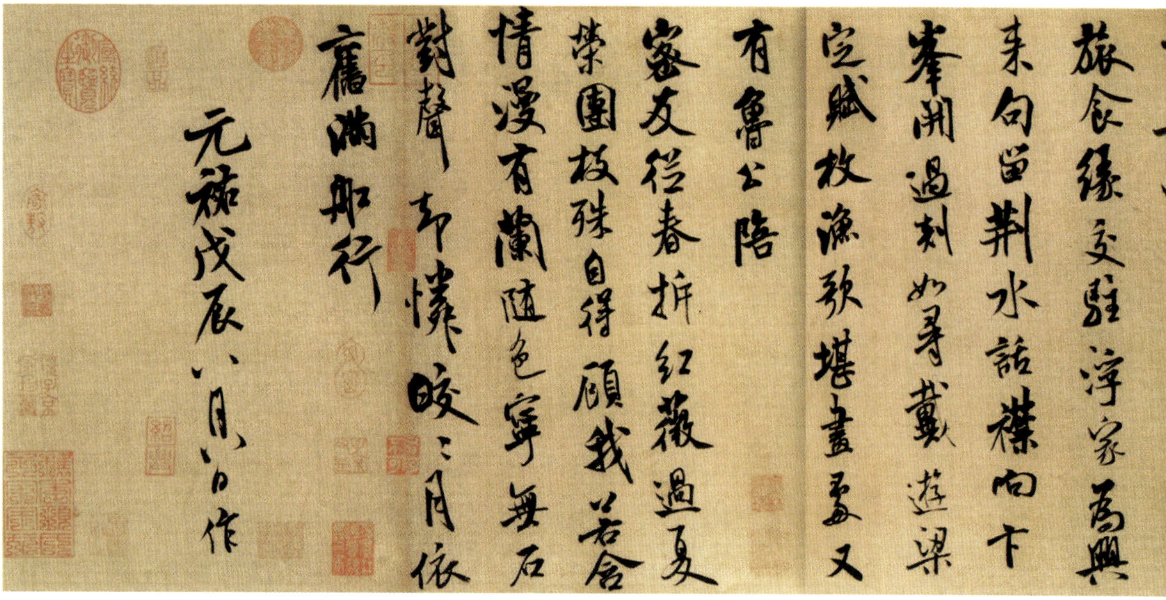

米芾《苕溪诗》(局部)

居住期间，经常随丈夫去故宫看字画，受到传统文化的熏陶。她的文化底蕴和经历，使她勇敢地面对生活。她首先想到的是那批字画。她虽然不知道那批字画的具体价值，但隐约感到它的分量，而且丈夫为此付出了性命。因此，她小心翼翼地将它们秘密保存起来。一个女人，要养活6个子女，生活的艰辛可想而知。她拖儿带女，靠捡煤渣、织毛衣挣钱养家糊口，颠沛于沈阳、海城、营口之间，不管日子怎么艰难，从未动过卖字画的念头，且多次对子女说，再困难也不能卖字画。始终不渝地保护着这批字画。

后来，孙曼霞和子女们感到，这些东西长期放在家里也不是回事。孙曼霞对记者说：纸这东西，说完就完，把它保存下来真不容易。万一有闪失，对不起国家，也对不起死去的丈夫。其次，担心这些东西会不会再次给家里招来灾祸。他们想给这些东西找个妥当的去处。1962年5月，丁心刚带着东西来到当地某博物馆，可是该馆工作人员不感兴趣，只留下了宋代徐铉的《千字文》和元代杨恒的小篆《乐毅论》（前半部），付给50元把他打发走。丁心刚不愿再听那些真伪不辨的议论，不愿再看那些怀疑的眼神，他决心到北京请行家弄个明白，于是他趁出差去上海之便，带着东西来到了荣宝斋。

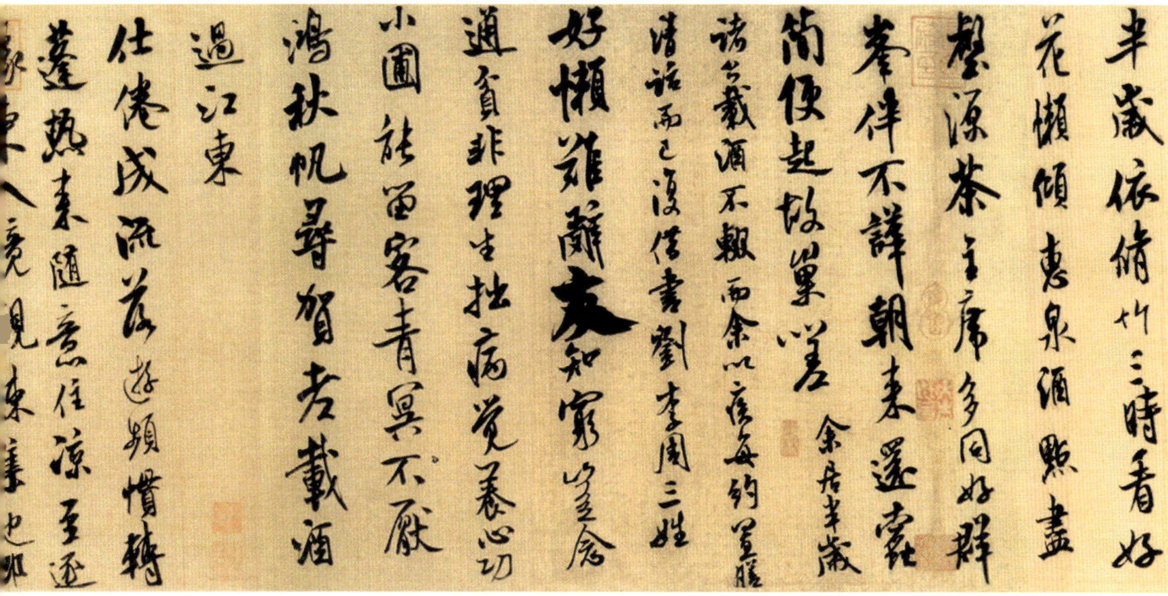

丁征龙为这批文物付出了性命，孙曼霞及其子女丁心刚等，为了保护这批文物付出了辛酸与心血，终于使这批文物得到了最好的归宿。这是对国家文化事业的重大贡献。这批文物的价值，怎么估计也不过分。当年荣宝斋虽然付给丁心刚一些钱，但那点钱与这批文物的价值，相距太大了。单就米芾的《苕溪诗卷》而言，当年张葱玉就说值6万元。前几年，故宫博物院以2990万元收购米芾的另一件作品《砚山铭》，仅31个字。《苕溪诗卷》则有数百字，而且是米氏的代表作，按现在的行情，价值几何，可想而知。如果说当年的丁心刚和他母亲不知这批文物的真实价值，那么文化市场开放以来的字画行情，他们应该是知道的，但他们并没有来找后账，要求补偿。可见他们要把这批文物交给国家的愿望是真诚的。应该说，他们是把这些文物捐献给了国家。荣宝斋当年已把这批文物全部无偿地献给了故宫博物院，也是对国家的捐献。

这就是事件的经过和结局。

这里，我们要告慰丁征龙、孙曼霞夫妇在天之灵和他们的子女丁心刚等，你们要把文物交给国家的夙愿已经实现了，我们感谢你们为保护国家文物所作出的重大贡献。我们还要告诉所有关心此事的朋友们，那批文物已得到最好的安置和保护，可以不必牵挂了。

和硕怡亲王的巨型田黄石对章

1979年荣宝斋以数百元收购了宝古斋原老板邱震生收藏的一对清代和硕怡亲王的特大田黄石章。这是国宝级的重要文物。

“和硕怡亲王”是雍正皇帝封其十三弟允祥的爵位。这个爵位可以世袭。雍正八年（1730）允祥传给其七子弘晓。乾隆四十三年（1778）弘晓薨。他拥有这爵位达48年之久。上述那对特大田黄石章，就是弘晓的图章，一方刻白文“和硕怡亲王宝”，一方刻朱文“冰与道人之章”。前者是他的爵位，后者是他的号。这对田黄石章，是弘晓的地位和文化修养的象征，自然也是他的心爱之物。

弘晓（1722—1778），字秀亭，号冰玉道人，谥僖。他在当时诸王中风流儒雅，为人们所尊重。著有《明善堂集》十二卷。时人赞其藏书“只能披云蠹，何尝歌野雁。牙签通四部，眼藏彻三乘”，赞其书法“染翰蒙君宠，挥毫对客能。文心留浩翰，书腕急奔腾”，赞其人“体为吟诗瘦，怀因观道澄。……长才放四海，藻鉴辨淄渑”。

弘晓与《红楼梦》作者曹雪芹是同时代人，与曹家关系十分密切。今传己卯本《石头记》为弘晓怡府所抄，是现存《石头记》底本中最早之本。此本可能是怡府直接从曹家或脂砚斋等人之手抄来的。

弘晓的这对田黄石章，以前书上有记载，说其“大如皇帝之玺”“古旧苍润，若云斑雨晕”“世无其比”。但很久没有露面，人们以为已流失国外，不免为之怅怅。它的突然出现，使人们感到庆幸和欣慰。它形体高大，方正形，上端为天然的随形；质地晶莹剔透，黄中泛白，是所谓“金裹银”，温润可人；而且两方的形体、成色和纹理都一样，应该是从同块巨大的田黄石中开出来的，是田黄石中极为罕见的。其珍贵更在于是清代王爷的印章，而且保存完好无损。据知情者说，故宫博物院都没有这么大的田黄石章。这对和硕怡亲王的特大田黄石章，应是国家的一级文物，为国之瑰宝。

邱震生为何把这么重要的文物送到荣宝斋，又以这么低的价格卖给荣宝斋呢？为解答这个问题必须了解邱震生的经历和当时的背景。

邱震生16岁到琉璃厂虹光阁古玩铺学徒，25岁便成为虹光阁的顶梁柱；经理杜华亭是个甩手掌柜，放手让他经营了12年，邱于1944年离开虹光阁，与人合资开设宝古斋，他是股东兼经理。1949年前后的十年，他是北京古玩行业的头面人物：1949年前是北京古玩商会理事，1949年后被推选为北京市文物业公会主任委员，他同文物界有广泛的联系。1957年被错划为“右派”，下放劳动18年。1979年得到平反。

因为他是古玩书画业的行家里手，又有广泛的社会联系，1979年荣宝斋打算把他调到荣宝斋来工作。他也很愿意来，于是，他将这对“文革”中埋在地下的田黄对章挖出来，作为见面礼，来见荣宝斋的经理侯恺同志。荣宝斋收下了这对图章，按他提出的价钱付给他。他还向侯恺建议，将这对图章开成八方，可以多卖钱。

荣宝斋藏和硕怡亲王的巨型田黄对章

调他来荣宝斋工作之事，因有关部门对他另有安排，只好作罢。荣宝斋收下他作为见面礼的这对田黄石章，也未锯开卖掉，而是调进资料室收藏起来。然而此事还有几点须要进一步说明和思考：

一、邱震生在古玩商中思想进步。1949年后他参加民主建国会和工商联合会，担任北京市文物业公会主任委员。1956年社会主义改造高潮中，他带头参加公私合营，把许多文物字画交给了公家，却留下了这对田黄石章；“文革”中又冒着巨大的风险把它埋藏起来。足见他深知它的价值。为了到荣宝斋工作，他将这么重要的文物作为见面礼，说明他很看重这件事，也说明他是个重礼仪、重情义的人。

二、这么一件重要文物，为什么只卖几百元？这首先要从时代背景来看。当时“文革”刚刚结束，文物价格普遍都比较低，荣宝斋在此前后收购了一些重要文物，价格也都不高。我们不能以现在文化市场的价格去与那时相比。另一方面，邱震生从1957年被错划为右派就失去了工作，迫切希望到荣宝斋发挥余热（他当时已72岁），实现晚年的人生价值，以此物作为晋见礼，而不是一桩普通的买卖，并不期望得到更多的经济利益，所以要价不高。

三、他建议把这对大田黄玉石章开成八方，可多卖钱，这恐怕就是他的局限性和失误了。邱震生毕竟是个商人，无论是给别人当伙计，还是自己当老板，一辈子做古玩生意，一切都从经济利益出发，并不理解国有文化企业荣宝斋与私营企业的本质区别。所以他从一般买卖的意义上考虑，建议荣宝斋锯开多卖钱。由于这种局限性，造成了认识上的两大错误：第一，按他的建议把这对图章锯开了，就破坏了一件重要的历史文物。那就不是多卖钱少卖钱的问题，而是成为历史的罪人了；第二，田黄石的形体向来以高、大、方为贵，历史上公认，田黄石一两（旧制一斤十六两，一两为31.25克）成材，半斤就是特大了。而邱氏送来的这对图章为正方形同大，高8.5厘米，边长各7厘米，重各一公斤，不但具备形体“贵”的所有特征，而且每方都是公认特大标准的四倍，是历史上罕见的。把它们锯开了，不但不能多卖钱，反而会降低其价值。

作为文物专家的邱老先生，并非不懂这些常识，恐怕是一时失误了吧。

不管怎么样，这对田石巨章总算完整地保存下来了。如今，它与1986年收购的“田黄王”无疑都是举世无双的田石巨擘，都是荣宝斋的镇斋之宝。

举世无双的田黄王

荣宝斋藏的田黄王

一块被荣宝斋命名为“田黄王”的田黄巨石，是我们所知的现存于世的最大田黄石。它重4275克，随形，质地晶莹，温润，色泽橙黄中泛白，具有萝卜纹、红格、石皮等田黄石独有的典型特征。其最晶莹处，厚约5厘米，手电筒一照，光就透过去。它是荣宝斋最重要的收藏品之一。

传说，田黄石是女娲补天剩下带在身上的石头。补天事毕，跳舞庆祝时洒落在地上的。这只是美丽的传说而已。实际上，田黄石应该是某地质年代，地壳发生变动，山崩时掉在有水的地面上的碎石。据说，当地的水含硫。这些碎石在含硫的水中浸泡，或者还有其他物质渗入，他们经过漫长的岁月，逐渐发生了变化，最终成为人们所喜爱的田黄石。奇怪的是，地球这么大，却偏偏只有福建寿山乡小小盆地的稻田里有这种石头。田黄石不像别的石类，构成石脉，一经发现，就能成批开采出来；它是偶然在稻田里被发现的零星独石。这种石自明末清初被发现就被视为奇珍，数百年来，有多少人为了找这种珍奇之石，不惜毁掉了稻田，甚至将田里的土筛过，却往往找不到，或只找到很小的田石。而稻田一旦被毁，则需经过数年的恢复才能种稻。可见其代价之高。物以稀为贵。元代篆刻家王冕开用石料刻印之先河。

此后，文人起而效之，蔚为风气。且石料种类繁多，如寿山石、青田石、昌化石等等。而田黄石一经出现，便成为印章石料的佼佼者，是帝王、皇族、高官、巨贾、文人墨客倾心猎取的稀罕之物。在清代，就有“一两田黄一两金”和“黄金易得，田黄难求”之说。由于田黄石越来越少，其价格自然也越来越高。现在，上好的田黄石，比如黄金黄、桔皮黄等，绝不是十倍等量的黄金能换来的，它可能是等量黄金价格的数百倍，甚至是上千倍。

荣宝斋的这块田黄王，是1986年从福建寿山乡收购的。其收购过程，是一个颇具神秘色彩的故事。

20世纪80年代中期，正值我国改革开放不久，党的富民政策在人民心中播下了致富的种子。寿山乡的五位农民，费了九牛二虎之力，毁掉了稻田，挖出了一块世上罕见的田黄巨石。他们深知其价值，欣喜万分，庆幸自己将成为“万元户”。为了万无一失，他们十分谨慎，严格保密，连自己的妻子、家人都不让知道；当地的文化管理部门也无从知晓。但他们既希望以此致富，就必须通过一定渠道与外界联系。荣宝斋在福州的一个朋友——寿山石商陈耀华，恰好是他们信得过的朋友。他们把此事告诉了他，希望通过他为这块奇石找到可靠的买家。陈耀华闻讯立即通报荣宝斋，他深知，只有荣宝斋才能慧眼识宝；也只有荣宝斋才有实力出巨资收购这百年难遇的贵重奇珍。

荣宝斋是不会放过任何收购高质量文房四宝的机会的。获此信息，迅速做出反映，派业务科领导米景扬和印章石材专家袁良南下福州，去探个究竟。他们二人怀着不平静的心情，期望此行能是一次奇遇，真能见到自己从未见过的宝贝，把它买下来，进一步充实荣宝斋的宝库，为荣宝斋增光添彩。

他们到福州，找到了介绍人陈耀华，借了一辆上海牌小轿车，直奔田黄石的产地，也是大田黄石主人的住地——距福州30公里的寿山乡。

寿山乡，这个小小的盆地，周围山岗上住着许多农户，中间有一片几亩地大小的水田。啊，那多姿多彩、惹人醉心的田黄美石，就产于这片不大的水田里。这里竟是全世界热爱田黄石的人们所心仪的圣地！大自然真奇妙呀。

米景扬、袁良急切要看那块奇石，催陈耀华赶快带他们到石头主人那里去。陈说，那五户人家自打挖出那宝石，就很警惕，生怕有什么风吹草动，造成不测，一直严格保密。我们这样开着车，大张旗鼓找上门去，太显眼，人家会不高兴的。还是让他先把他们找来吧。不一会儿，他带着一个中年汉子，对二人说：这就是田黄石的主人。又将二人介绍给主人：这是北京荣宝斋来的人，是特地来看你们那宝贝的。尽管介绍人事先给他们打过招呼，他仍满脸狐疑，对来客审视良久，又是盘问，又看工作证，要介绍信。好在凭借陈耀华的面子，主人终于答应让客人先看看东西。

他带米、袁二人来到山岗上的一户人家，屋里好生热闹。客人一进门，主人就将无关人等赶走，关上门，小心翼翼地从床底下拖出一个油桶，从中取出一个包得很严实的沉甸甸的东西，一层层打开。果然是一块光芒四射的大田黄石。米、袁二人认真审视，从纹理、质地、色泽、形状、重量各个方面仔细查看，反复观察，认为它具有田黄石所有的特征，断定为田黄石的上品。而其块头、重量，却是从未见过的，确是稀世之宝。二人心中暗喜，下定决心买下来。

关于价格，则由对印材市场行情十分了解，且善于交易的袁良与他们谈判。虽经反复讨价还价，仍定不下来。主人说，今天就谈到这里，你们回去休息吧，明天我们到你们的住所继续谈。

其实，这只是个借口，实质是他们对客人仍存戒心。正如陈耀华所说，他们是想看看你们是不是住得起大饭店，只有住得起大饭店的，才真是荣宝斋的人。

他们的谨慎，我们应予以理解。因为他们担心，一旦因哪儿想得不周，出现不测，致富的希望将成为泡影，所以必须慎而又慎。

谈判中断，米、袁二人只好返回福州，按陈耀华的提示，换了一家最好的饭店住下。

果不其然，第二天，主人一行五人在介绍人的陪同下来到米、袁住处。一进门，东瞅瞅，西看看，果然是豪华的饭店。又查看了住宿登记薄。确信客人是北京荣宝斋来的，这才一块石头落地，放心的继续谈判价格。最终双方敲定，以135000元成交。

135000元，这在当时可是个天文数字呀！袁良在单位是负责进货的。在他的职业生涯中，从未买过单价这么高的东西。当年荣宝斋收购那批轰动文物界的宋代大书法家米芾的《苕溪诗卷》及其他多件国宝级文物，也不过1400元。尽管如此，他们坚信这笔交易值。他们从出发时一直悬着的心，暂时放下了。

然而，主人又给他们出了难题，不要支票，货款必须全数以现金支付。

他们当即将谈妥的价格和对方要求现金支付之事向店领导作了汇报，得到肯定的答复。于是同货主约定，四天后携现金到寿山乡提货。

货款很快电汇福州。但要一次提这么多现金，银行是不允许的。幸好陈耀华的爱人在当地银行工作，经她设法疏通，终于解决。

货款是如数提现了，而新的问题也随之而来了。须知，当时人民币尚无50元和100元面值的钞票，最大面值是10元一张的“大团结”。这135000元，一共有13500张，以100元为一沓，也有135沓，整整装了一个提包，两个纸箱。这么大量的现钞，又是在异地，怎不使当事人感到扎手呢！他们也提心吊胆起来了。为了保证安全，他们小心谨慎，守护着这批现钞，严格保守行踪的秘密。当晚一夜无眠。

第二天，他们悄悄地押着巨款，坐上原来那辆上海牌旧车，一路悬着心，驶向寿山乡田黄石主人的住处。

主人见到这么多的现金，显得十分兴奋。他们打开包，一沓沓、一张张地数起来。许久才点完，告称已如数收讫。但是，宝贝石头呢？按常理，交易双方应一手交款，一手交货。买方并没提出这样的要求，先把钱交给他们。可是，钱收好了，却不见石头的影子。于是无不担心地问：石头呢？主人不慌不忙地指向对面山岗。瞧，一个臂搭雨衣的人，正绕过山岗，急忙朝这边走来。到跟前，将雨衣一掀，就露出那闪闪发光的宝石。原来，前几天米、袁二人看过货，为防不测，他们立刻将它转移。米、袁从来人手中接过石头，仔细查看是不是原来看过的东西。确认无误后，正要装包走人，不料卖方却拦着不让装包，让其等等。米、袁一愣，以为又出了什么幺蛾子，差点惊出一身冷汗。

二人惊魂未定，忽从门外走进几个妇女，正是挖出田黄石那五个汉子的女眷。她们瞪着大眼，围着田黄石叽叽喳喳看个没完。原来那五汉子挖出了宝贝，为了安全，别说让家眷看东西，连吱一声都没有。期间还几易存放地点。可见他们的警惕不光是针对米、袁的。二人十分佩服他们的机警。现在交易停当，钱已到手，没有风险了，该让眷属们开开眼界了。故事先安排她们在门口等候。此刻不让她们进来，更待何时。

女眷们看够了，米、袁急匆匆装好了包，正要起程。此时主人（卖方）才显出应有的热情，说要设酒杀鸡款待二人。此刻他们根本没有心情去做客，因为宝贝在他们手里，该轮着他们谨慎、警惕，以防不测了。他们谢绝主人的好意，带着宝贝，赶紧返回福州，马不停蹄地买了回京的火车票。一路小心谨慎，不敢有丝毫的麻痹大意。

米景扬、袁良二人以他们的热情，高度的责任心，忠心耿耿的主人翁精神和丰富的经验，慧眼识宝，为荣宝斋物色了一件镇斋重宝，出色地完成了任务。他们此行堪称“金色之旅”。这个贡献将是永恒的。他们的名字，将连同这件宝物载入荣宝斋的历史。

我们说，米景扬、袁良二人实现了出发前“充实荣宝斋的宝库，为荣宝斋增光添彩”的愿望，并非虚言。且看如下事实：

这块大田黄石，经过加工增亮，又制作了花梨木底座，配了玻璃罩，安放在荣宝斋古色古香的客厅里，辉煌庄重。消息迅即传开。爱石者闻之，纷至沓来，一睹为快。观者啧啧称奇，赞叹不已，说其堪称“田黄王”，荣宝斋即据将其命名为“田黄王”。

后来调入资料室，成为永久的藏品。每当有首长来视察，或重要客人来参观，必作为一种礼仪，将其捧出，以供观赏。凡看过此石者，无不感叹，盛赞。

凡荣宝斋举办综合藏品展览，这“田黄王”都是必不可少的重要展品。如：1994年荣宝斋百年之庆，2001年庆祝荣宝斋公私合营五十周年，先后在中国美术馆举办的荣宝斋美术藏品展；多次在荣宝斋营业大厅和美术馆举办的藏品展，都将其布置在显眼的位置，成为这些展会中最耀眼的展品。

2004年，国内享有盛誉的学术团体杭州西泠印社创办一百周年，举办展览时，要借“田黄王”去参展。荣宝斋领导同意借出，但必须保险。当借方询及保险金额时，我们说，至少得一个亿。对方闻之咋舌，只好作罢（这只是个象征性的数字，其实，这种不可复制的文物，其价值是不能用金钱来衡量的）。

“田黄王”买来不久，一个海外朋友要以100万元购买，被婉言拒绝了。当时一位国务院副总理得知后说：“拒绝得对。谁卖大田黄，谁是汉奸！”经验告诉我们，可遇不可求之物，一旦有幸遇上了，就必须紧紧抓住，否则就后悔莫及。更何况这种百年不遇的奇珍！尤其是荣宝斋这样以弘扬传统文化为宗旨的国有文化机构，怎么能够为了小利而卖掉这样重要的文物呢！

藏墨选赏

墨同砚、毛笔、宣纸并“文房四宝”，是中国传统书画艺术的基本工具。我国的墨历史悠久，相传秦汉时期产于陕西隃麋（今陕西千阳县）的“隃麋墨”，是我国有文字记载的最早的墨，至今已2000多年。河北的“易水墨”在唐代比较有名，五代以后，制墨事业的重心逐渐移至安徽，故“徽墨”成为墨的代表。南唐的李廷珪曾用珍珠、犀角等物制出过非常精美的墨。据说，他制的墨，一日写五千字，可用十年。

墨按用途可分为实用墨和观赏墨。实用墨注重实用性，观赏墨则注重形状、色彩和装潢。好的观赏墨集诗、书、画、印、雕刻、造型艺术和制墨工艺于一身。从这些藏墨中，可以了解上述各个时期政治、经济、文化的某些侧面。

荣宝斋收藏的明、清古墨甚丰，从明万历到清康熙、乾隆、嘉庆、道光、光绪各时期的墨数百锭。按墨的生产者分为御制墨、文人自制墨（实为请墨工代制）和民间制墨（商品墨）。荣宝斋藏墨三者皆备，尤以清代全盛时期乾隆御制墨为多。民间制墨则有明代程君房、方于鲁、清代曹素功、吴天章、汪近圣、胡开文等著名制墨家的名墨。这里仅举数例，略加说明，与读者共赏。

康熙御制《耕织图墨》两套，共47锭。第一锭正面双龙戏珠：两条金龙的上方嵌一颗珍珠，两龙中间拥抱着“御制耕织图序”六个楷书金字。背面为康熙所作序文。左下两填金方印，一阴文“康熙宸翰”，一阳文“稽古右文之章”。以下耕、织图各23锭，分别绘制、镂刻了从“浸种”“耕”到“收割”“入仓”“祭神”和

“大起”“浴蚕”“采桑”到“练丝”“染色”“成衣”“祀谢”整个耕、织劳作过程的每一个具体场面，画图细腻生动。每锭的另一面有眉题篆书阳识“御诗”二字，其下镌记该劳动场面的“御诗”行书一首。两套均配绘祥云和双龙戏珠的漆盒。从这用心良苦、设计精良、制作浩繁、气派豪华的《耕织图墨》，可以了解康熙鼓励耕织，发展农业的政治主张和他推崇董其昌书法圆劲苍秀、追求疏淡韵味的文化品位，以及当时的绘画、雕刻、造型艺术和制墨工艺等情况；也说明清王朝已步入了康乾全盛时期。

乾隆御制《天保九如》墨是另一件古墨精品，它呈圆八瓣形，直径11.5厘米、厚2厘米，高边中凹，通体漆衣。正面眉题篆书“御墨”二字，其下竖排隶书“天保九和”，右下一方印，阴文篆书“追琢其章”，皆填金。背面为“九如图”，镌日、月、山、川、冈、阜、松、柏等。左边阳识“景祺图珍藏”。这块墨把充满想象力的祝寿之词引入墨锭，既增添了赞美之意，也为墨文化增添了丰富的内涵。

明代著名制墨家程君房，安徽歙县人，是以罗小华为代表的“徽派”制墨的主要成员之一。后成为制墨业中的旗手。他自幼酷爱制墨，曾讥李桂廷的墨质色不及他，自诩“我墨百年可化黄金”。董其昌曾赞：“百年之后无君房而有君房墨；千年之后无君房墨而有君房之名。”他制的墨曾进贡朝廷，受到赏识。

程君房《百子图墨》，长方形，长15.2厘米、宽7厘米、厚1.8厘米，左边阳识楷书“程君房制”四字。两面各镌孩童50个，三五成群，或舞狮弄驴，或吹箫敲锣，或追鸟逐鱼，或戏水打闹，或摔跤角力……生动有趣，活泼可爱。外盒为金丝楠木盒身加红木边框花梨木心推拉盖，色调和谐，精致而严实。

据《中国书法辞典》载：程君房于明天启（1621—1627）年间曾制作圆形的《百子图墨》。此墨与荣宝斋收藏的长方形《百子图墨》应为姐妹墨。前者是否存世，不得而知；后者则至今近400年仍完整无损，墨色之间，蓝光隐现，墨香幽然，缕缕不绝，实为品质绝佳的珍宝。

“清代制墨，主要向‘精鉴墨’（专供鉴赏的墨）和‘家藏墨’（多作收藏或馈赠亲友之用）两个方向发展，成为精美的工艺美术品。”（《中国工艺美术大辞典》）集锦墨是观赏墨中的一种，为明代安徽休宁派所首创。通常以几锭或十几锭为一套，多者则几十锭为一套，并配以讲究的包装。清代从皇家到民间，特别重视这种形式。集锦墨的形状、名称、图案各具特色，有的形似古钱、琴瑟、书卷、钟鼎，或镌山水、楼台亭阁，赋予典故或华彩词章，构图巧妙，形式优美，雕工精良，涵义隽永，美不胜收。

荣宝斋的藏墨中，有一盒吴天章制的《龙宾十友》集锦墨。吴天章为清初制墨名家，安徽休宁人，名倬，字天章，墨肆“暗然室”，是明代休宁派集锦墨的继承人之一。《龙宾十友》集锦墨为长方形漆彩盒，盒盖上方有“龙宾十友，结契文房，金兰胶漆，既坚（音聚）且芳”16个隶书金字，落款“暗然室”。下方是一组古器和灵芝等图饰。内装各种造型的墨10锭，计古琴形一对，古策形、臂搁形、砚形、镇纸形、书卷形各一锭，还有长方形镌不同图案的三锭。每锭都有精美图饰、隽永文字和吴天章的名款。如写字时置于宣纸上作为手臂支撑点的臂搁形墨，正面镌两竿石绿色的竹子，从左下向上、向右伸展，右下一方章，印文“此君”；背面阳识行书“龙蛇飞舞”“挥洒方浓，左宜右有，维君之功”，名款“天章氏”。仿宋徽宗御用的砚形墨，正面为螭龙盘饰的砚池，顶端为填金“宣和御砚”篆书四字；背面镌阳识行书“鸲眼鲜明，端溪上品，久伴龙香，

荣宝斋藏清代吴天章集锦墨

尚存余瀋”。综观整体，造型别致，构图精美，设色绚丽而古雅，文字优美，是集锦墨的不可多得者。

曹素功是清代著名制墨家，其名品墨有“紫玉光”“天琛”“青麟髓”等18种。曹氏《墨品赞》彭定求题“青麟髓”墨云：“咏麟趾于南国，擗麟脯于西池。世以罕见为珍，物以稀有是奇。”荣宝斋所藏的“青麐隋”墨，就是曹素功18种名墨中的“青麟髓”（麐同麟，“青麐隋”应是“青麟髓”的另一种写法。），椭圆形，长7厘米、宽2.6厘米、厚1厘米。通体漱金，饰云龙：一条巨龙若隐若现，从正面缠绕到背面，穿行在祥云之中。正面上方篆“青麐隋”三字。背面上方圆框里有阳识“古歙曹素功监制”七字。此墨虽小巧玲珑，却金光灿烂，辉煌不减当初，实为墨中佳品。

荣宝斋与文化名人

结缘笺纸

——荣宝斋与鲁迅、郑振铎

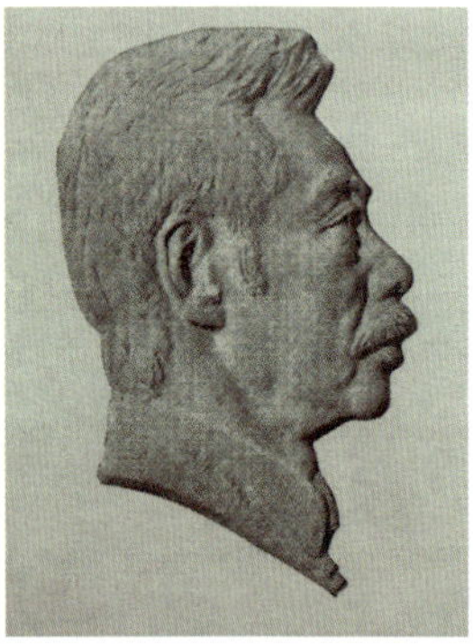

鲁迅像

郑振铎像

一部《北平笺谱》和一部《十竹斋笺谱》，既是鲁迅先生和郑振铎先生对我国传统文化的重要贡献，也是他们与荣宝斋关系的历史见证。

鲁迅先生酷爱传统艺术，尤其喜欢木刻画，夙好有丰富文化内涵的笺纸，关注笺纸艺术的命运。他1912年至1926年居京期间，到琉璃厂文化街四百八十多次，购物三千多件，其中就有不少笺纸。荣宝斋是琉璃厂的著名南纸店，鲁迅先生是少不了光顾的。他在1914年3月15日的日记中写道："午后赴留黎厂（即琉璃厂，下同），托立本堂订书，又到荣宝斋买笔。"

郑振铎先生曾在北京得到不少笺纸，觉得印得十分精致，自己舍不得用，当作礼品赠送朋友。他说："引起我对笺纸更大兴趣的是鲁迅先生。"他同鲁迅先生一样关注我国笺纸艺术的命运，对20世纪30年代笺纸艺术的衰颓同具眷恋顾惜之情。

宣统末年，由于文人作画入笺，为笺纸艺术带来了清新的风格。但为时不久，又开始衰败。鲁迅、郑振铎以文学艺术家敏锐的洞察力，发现了这在历史长河中稍纵即逝的艺术火花，以高度的历史使命感，毅然担当起抢救这一民族优秀文化遗产的重任，于1933年搜集、编辑了《北平笺谱》，由原刻的各南纸店印刷后委托荣宝斋汇总，并装订成册。翌年又委托荣宝斋翻刻明代的《十竹斋笺谱》。

这两部书的出版和翻刻，耗费了鲁迅、郑振铎先生巨大的精力和心血。时鲁迅居沪，所有出版事宜，都是通过他与郑振铎频繁的书信往来和郑振铎奔走于京沪之间完成的。为讨论这两部书的出版，鲁迅从1933年2月到1935年9月给郑振铎写了44封信。郑振铎为此而给鲁迅的信，至今没有找到。据《鲁迅日记》记载，从1933年4月到1936年9月，他收到郑振铎的来信52封，寄物（信笺、书籍等）22次，与郑会面19次。相信这些信、物和会面，大多与这两部书有关。由此观之，在近代历史中，没有谁比鲁迅、郑振铎更关心笺纸这种传统艺术了。

1933年2月5日，鲁迅致信郑振铎："去年冬季回北平，在留黎厂（琉璃厂）得了一点笺纸，觉得画家与刻印之法，已比《文美斋笺谱》时代更佳，譬如陈师曾、齐白石所作诸笺，其刻印法已在日本木刻专家之上，但此事恐怕不久也将消沉了。

因思倘有人自备佳纸，向各纸铺择尤（对于各派）各印数十至一百幅，纸为书叶形，色彩亦须更加浓厚，上加序目，订成一书，或先约同人，或成书后售之好事，实不独为文房清玩，亦中国木刻史上一大纪念耳。"

鲁迅信中所说的"此事恐怕不久也将消沉了"，是指当时北平不少南纸店投合洋人和时好，为了使笺纸能用于写钢笔字，用"舶来之薄而透明的洋纸"（郑振铎《访笺杂记》）或上矾的纸制笺，使笺纸原有的丰韵荡然无存；有的虽仍沿成法，但粗制滥造，笺纸的韵味也十去其六。难怪郑振铎惊呼：刻笺之业将随古城的荒芜而销歇乎！

郑振铎在《永在的温情——纪念鲁迅先生》一文中说：

> 那一年寒假的时候，我回到上海，到他寓所时，他便和我谈起在北平的所获。
>
> 他搬出不少彩色笺纸来给我看，都是在北平时所购得的。
>
> "要是有人把一家家南纸店所出的笺纸，搜罗了一下，用好纸印刷几十部，作为笺谱，倒是一件好事。"他说道。
>
> 过了一会儿，他又说道：
>
> "这要住在北平的人方能做事。我在这里不能做这事。"
>
> 我心里很跃动，正想说，"那末，我来做吧。"而他慢

吞吞地续说道：

“你倒可以做，要是费些工作，倒可以做。”我立刻便将这责任担负下来。

郑振铎从上海回到北平，立即开始访笺，但事不凑巧，不久，日军占领热河，并向北平进发，北平人心惶惶，访笺之事不得不搁置起来。秋天，战事告一段落，郑振铎又去上海，以说不出的凄惋心情，同鲁迅谈起此事。战争使他们产生了一种迫切感：必须抓紧时间进行，不然可能再没有机会了。于是郑振铎风风火火返回北平，又开始寻访笺样。

1933年9月底的一天，他从任教的燕京大学天河厂，长途跋涉，风尘仆仆来到荣宝斋。“那一天狂飙怒号，飞沙蔽日，天色是那样的惨淡可怜，顶头的风和尘吹得人连呼吸都透不过来。一阵的风沙，扑脸而来，赶紧闭眼，已被细尘潜入，眯着眼，急速地睁不开来看见什么。本想退了回去，为了像这样闲空的时间不可多得，便只得冒风而进了城。这一次是由清秘阁向东走，偏东路北，是荣宝斋，一家不失先正典型的最大的笺肆。仿古和新笺，他们都刻得不少。我们在那里，见到林琴南的山水笺、齐白石的花果笺、吴待秋的梅花笺，以及齐、王诸人合作的壬申笺、癸酉笺，等等，刻工较清秘为精。仿成亲王的拱花笺，尤为诸肆所见这一类笺的白眉。”（郑振铎《访笺杂记》）

郑振铎不辞劳苦，跑遍了北京二三十家南纸店，搜集了光绪以来的笺样五百多张。

他非常敬重鲁迅，认为鲁迅的审美能力比他高明得多。他与鲁迅约定，他负责搜集，鲁迅负责审定。他每寻访到一批笺样，便立即寄往上海；而鲁迅收到笺样，总是连夜审阅，决定取舍，作出标记，迅速寄回北京。一次，他在寄回笺样时复信说：“齐白石的花果笺有清秘（阁）、荣宝（斋）两种，画悉同，而有一张上却都有上款，写明为‘△△制，殊奇。细审之，似清秘（阁）版乃剽窃也，故取荣宝（斋）版。”鲁迅从郑振铎陆续寄去的500多张笺样中选出330种，根据不同内容，编成六册。其中有荣宝斋的65种，

《北平笺谱》(封套)

占全书的五分之一。

最麻烦、最乏味的是交涉印刷的事。选定的330种笺样，分别为荣宝斋、淳菁阁、静文斋、清秘阁等十家南纸店所刻印，版片由上述各家所藏。为了节省工本和时间，必须由原刻印的各家利用原版印刷。郑振铎分别与这十家南纸店交涉。有的店家很合作，虽然印数少，在经济上不合算，也欣然应允。但多数店家最初坚执百部不能动工。以清秘阁最为“顽强”，交涉了几次，不是说百部不能印，便是说人工不够，没工夫印；再说下去，就是给你个不理睬，任凭你说得舌疲唇焦，他总是无动于衷，最后托了刘淑度女士同他们商量，才勉强答应。郑振铎颇有感触地喟叹道：看够了冰冷冷拒人千里的面孔，玩够了未曾习惯的讨价还价，说尽了从来不曾说过的无数恳托敷衍的话，有时还未免带些言不由衷的浮夸——这一切都只为了这部《北平笺谱》，为了鲁迅殷切的寄托，为了实现他和鲁迅抢救这份民族优秀文化遗产的共同愿望。荣宝斋虽“初亦坚执百部不能动工之说，然终亦答应了下来”（郑振铎《访笺杂记》）。不但承担了被选定的65种笺样的印刷，还承担了全书的汇总、装订成册的任务。郑振铎对此十分感激。十八年后的1951年8月，他在《〈北京荣宝斋新记诗笺谱〉序》中说：那时“北平有南纸店二三十家，荣宝斋是其中的白眉，且也最愿意合作，有了他的合作，我们的《北平笺谱》才能够出版。我至今还感谢他。”

其余工作，从确定体例、版式、纸张、书名、目录到如何装订、如何防止盗版、请谁书写序文，等等，都是通过大量的书信往来，反复讨论决定的。这些看似次要的“琐事”，鲁迅却十分认真，颇费心思，考虑周全、缜密。

关于书名，鲁迅说：“书名就是《北平笺谱》罢。因为‘北平’两字，可以限定了时代和地方。”（1933年11月11日致郑振铎信。1928年民国政府由北京迁往南京，6月20日北京改称北平。1949年10月1日中华人民共和国成立，复称北京。书名《北平笺谱》，表明该书是在这时期的北京搜集和出版的。）

关于目录，鲁迅让郑振铎拟出初稿，他看了初稿，在给郑振铎的复信中诙谐地说：“对于目录，我有一点异议，所以略有小捣乱，寄回希酌。排列的意见，是以无甚意思的‘仿古’开端，渐到兴盛，而末册却又见衰颓之象，并且不至于看到末册，即以索然无味的‘仿古’终，对于读者，亦较有兴趣也。”（1933年11月19日致郑振铎信。）

关于如何防止盗版，鲁迅说：“此次《笺谱》成后，倘能通行，甚好，然亦有流弊，即版皆在纸铺，他们可以任意续印多少，偷工减料，亦无可制裁。所以第一次我们所监制者，应加以识别。或序、跋等等上不刻名，而用墨书，或附后一纸，由我们签名为记（式样另拟附上），以后即不负责。此非意在制造‘新董’，实因自己看了《芥子园》而恨及创始之王氏兄弟，不欲自蹈其覆辙也。”（1933年11月3日夜致郑振铎信。）

鲁迅还亲自为本书撰写了序文：

镂象于木，印之素纸，以行远而及众，盖实始于中国。法人伯希和氏从敦煌千佛洞所得佛像印本，论者谓当刊于五代之末，而宋初施以彩色，其先于日耳曼最初木刻者，尚几四百年。宋人刻本，则由今所见医书佛典，时有图形，或以辨物，或以起信，图史之体具矣。降至明代，为用愈宏。小说传奇，每作出相，或拙如画沙，或细于擘发，亦有画谱，累次套印，文采绚烂，夺人目睛，是为木刻之盛世。清尚朴学，兼斥纷华，而此道于是凌替。光绪如吴友如据点石斋，为小说作绣像，以西法印行。全像之书，颇复腾踊，然绣梓遂愈少，仅在新年花纸与日用信笺中保其残喘而已。及近年，则印绘花纸，且并为西法与俗工所夺。老鼠嫁女与静女拈花之图，皆渺不复见；信笺亦渐失旧型，复无新意，惟日趋于鄙倍。北京夙为文人所聚，颇珍楮墨，遗范未堕，尚存名笺。顾迫于时会，苓落将始，吾侪好事，亦多杞忧，于是搜索市廛，拔其尤异，各就原版，印造成书，名之曰《北平笺谱》。于中可见清光绪时纸铺，尚止取明季画谱或前人小品之相宜者，镂以制笺，聊图悦目；间亦有画工所作，而乏韵致，固无足观。宣统末，林琴南先生山水笺出，似为当代文人特作画笺之始，然未详。及中华民国立，义宁陈君师曾入北京，初为镌铜者作墨合、镇纸画稿，俾其雕镂；既成拓墨，雅趣盎然。不久复廓其技于笺纸，才华蓬勃，笔简意饶，且又顾及刻工，省其奏刀之困，而诗笺乃开一新境。盖至是而画师梓人，神志暗会，同力合作，遂越前修矣。稍后有齐白石、吴待秋、陈半丁、王梦白诸君，皆画笺高手，而刻工亦足以副之。辛未以后，始见数人分画一题。聚以成帙，格新神涣，异乎嘉祥。意者，文翰之术将更，则笺素之道随尽；后有作者，必将别辟途径，力求新生，其临睨夫旧乡，当远俟于暇日也。则此虽短书，所识者小，而一时一地，绘画刻镂盛衰之事，颇寓于中；纵非中国木刻史之丰碑，庶几小品艺术之旧苑，亦将为后之览古者所偶涉欤。

《北平笺谱》1933年末成书，第一版印一百部，鲁迅、郑振铎亲自在每部的版权页上签名。鲁迅对此书的出版非常满意，1934年2月24日在给郑振铎的复信中说：“日前获惠函并《北平笺谱》提单，已于昨日取得三十八部，重行展阅，觉得实也不恶，此番成绩，颇在预想之上也。”1935年3月30日鲁迅又在信中欣喜地写道：“《北平笺谱》如此迅速成为‘新董’，真为始料所不及。”

由于第一版很快被抢购一空，不久又再版一百部。这次是把编者鲁迅、西谛（郑振铎笔名）刻成版，印在版权页上。

为了宣传中国的传统文化，纠正外国人对中国版画的偏见，第一版《北平笺谱》，鲁迅除了自己收藏和赠送朋友，还分别寄给了美国、法国、英国等国的图书馆。他就准备寄一部给俄国版画家之事在给郑振铎的信中说：“《笺谱》出后，也要寄一部，他们之看中国，是一个谜，而知识甚少，他们画五六百年前的中国人，也戴红缨帽，且拖着一条辫子，站在牌楼之下，而远处则一定有一座塔——岂不哀哉。”（1934年1月11日。“红缨帽”和“拖着一条辫子”本来是清朝的“特产”，把它们安在元代或明代人的头上，“岂不哀哉”。）

《十竹斋笺谱》的翻刻，是郑振铎提议，鲁迅力促其成。郑振铎在《永在的温情——纪念鲁迅先生》一文中说：

> 有一次，我到上海来，带回了亡友王孝慈先生所藏的《十竹斋笺谱》四册，顺便地送到他家里给他看……
>
> “这部书似也不妨翻刻一下？”我提议道。那时，我为《北平笺谱》的成功所鼓舞，勇气有余。
>
> “好的，好的，不过要赶快做。”他道。

《十竹斋笺谱》是明崇祯十七年（1644）在南京刊成的，它集中并发展了我国“拱花”“饾版”两项雕印技术的精华，精工富丽，含蓄隽永，是我国制笺艺术的最高成就。但时值李自成攻陷北京，印数很少，以后也从未翻刻过。到20世纪30年代，国内已很难见到。当时日本“文求堂”有此书，而当郑振铎求购时，店主有意垄断此书，匿而不售。幸而从通州王孝慈先生处借到此书。翻刻此书，使之在中国流传下去，乃是鲁迅、郑振铎的夙愿之一。北平“雕工、印工现在只剩三四人，大部陷于可怜的境遇中，这班人一死，这套技术也就完了”（鲁迅1934年3月致日本友人增田涉信）。通过翻刻此书，提高雕、印艺人之技艺，使这套传统技艺延续下去，这是鲁迅、郑振铎的夙愿之二。

1934年初，郑振铎从上海回到北平，即与荣宝斋洽商翻刻事宜，得到了肯定的答复和支持。

此书四册，有笺画261幅（原书283幅，王孝慈藏本缺22幅），每刻一部分，郑振铎就寄给鲁迅审阅。起初，鲁迅对荣宝斋能否胜任《十竹斋笺谱》这样高水平艺术品的翻刻和印刷，尚存疑虑：“如先生觉得刻本尚不走样，我以为可以进行，无论如何，总可以复活一部旧书也……但若极细的古刻，北平现在的刻工能否胜任，却还是一个问题。”（1934年2月9日致郑振铎信。）当他收到翻刻的笺样，立刻消除了顾虑，复信道：“《十竹斋笺谱》的山水，复刻极佳，想当尚有花卉人物之类，倘然，亦殊可观。”（1934年3月26日）鲁迅收到花卉笺样又复信：“《十竹斋》笺样花卉最好。”（1934年8月5日）

鲁迅对此书的校阅极其认真严肃。当时难以找到其他藏本进行校订，仅从书中的记述就发现了问题："书中照目录缺四种，但是否真缺，亦一问题，因为此书目录和内容，大约也不一定相合的。例如第二项'华石'第一种上，题云'胡曰从临高三益先生笔意十种'，但只八幅，目录也云'八种'，可见此谱成书时，已有缺少的了"（1935年4月10日致郑振铎信）。

鲁迅还为此书设计了版权页的"牌子"，并以其手写体印于书上："中华民国二十三年十二月，版画丛刊会假通县王孝慈先生藏本翻印。编者鲁迅、西谛，画者王荣麟，雕者左万川，印者崔毓生、岳海亭，经理其事者北平荣宝斋也。纸墨良好，镌印精工，近时少见，明鉴者知之矣。"

"画者王荣麟"，即负责翻刻的第一道工序——勾描的王宗光先生，后来成为荣宝斋的木版水印专家。"雕者左万川，印者崔毓生、岳海亭"都是荣宝斋的刻印高手。崔、岳二人是印刷的指导师傅。《十竹斋笺谱》的实际印刷者，从头到尾是徐庆儒一人完成的。（此人1960年前后调到上海朵云轩，成为他们的技术骨干。）

此书的翻刻和印刷，工程浩大，难度极高，费工费时。"自复绘以至印刷之工，余曾目睹，故能语其层次：初按原谱复色分绘，就其所分绘者一一刻然，犹是未拼成之板块也；印者乃对照原本逐色套印，深浅浓淡之间，毋苟毋忽，虽一丝一叶之微，罔不目注手追，惟恐失样，用力之轻重，色之缓急，意匠经营，有逾画家，印成持较原作，几可乱真。"（郑振铎《〈十竹斋笺谱〉跋》）郑振铎及其在北京的朋友对此书的翻刻极其重视，"每次晤言，必语及版画，而于《十竹斋笺谱》尤为着意焉，即微疵点污，亦必指令矫改，以其尽善"（引文出处同上）。

经过一年的苦心经营，完成了第一卷。鲁迅收到此卷时喜如所期，复信说："六日信及《十竹斋笺谱》一本，均已收到。我虽未见过原本，但看翻刻，成绩的确不坏；清朝已少有此种套版佳书，将来怕也未必再有此刻工和印手。"（1935年4月10日）

鲁迅意识到自己的时间不多了，一再嘱咐郑振铎催促荣宝斋加紧完成其余三卷。1934年9月，当第二卷刻好将要印刷之际，鲁迅就致信郑振铎："后之三本，还是催促刻工赶至每五个月刻成一本，如是，则明年年底，可以了结一事了。太久了不好。"1935年9月又致信催询："《十竹斋笺谱》（二）近况如何？如此书能早刻成，乃幸。"然而，第二卷付印后，"华北事件"发生，燕云变色，资金也发生困难，郑振铎不得已而匆匆南下，以致镌工中辍，直至1936年鲁迅逝世，第二卷仍未完成，终成鲁迅先生一大憾事。

继鲁迅之后，王孝慈也去世；接着北平沦陷，假以翻刻的母本——王孝慈藏本《十竹斋笺谱》下落不明。郑振铎处境凄凉，心力交瘁。在极端困难的情况下，他念念不忘鲁迅先生的嘱托，决心继续先生未竟之业。几经周折，终于寻访到孝慈藏本的踪迹，得知此书幸归北平图书馆；又得朋友之助，借到此书，才得以续镌。

1940年冬，郑振铎的友人徐绍樵在淮城为他获得另一部明版《十竹斋笺谱》，孝慈本佚缺的22幅笺画，此本有21幅。然此时刻工已就，无法校补。1941年6月《十竹斋笺谱》全书四册翻刻告成。虽然所缺不能校补，但无论如何，在郑振铎先生和荣宝斋的努力下，终于复活了一部优秀的古书，完成了鲁迅先生的嘱托，实现了先生的遗愿。此时，郑振铎激动的心情，是难以言喻的。

中华人民共和国成立后，作为新中国文化事业领导者之一的郑振铎，继续关注笺纸的命运，关心荣宝斋木版水印艺术的发展。

20世纪40年代后期的人民解放战争，摧枯拉朽，扫荡了剥削阶级对中国的统治，荣宝斋被称为"贵族性文化"的行业，失去了原来赖以生存的基础。而新文化的主人——当家作主的人民大众，在中华人民共和国成立之初，忙于打扫战场、恢复生产，还未能顾及这一行业，于是，同行的许多店铺纷纷关闭或改业。荣宝斋当然也未能幸免。就在荣宝斋行将沉沦之际，郑振铎和文化界的其他有识之士，为荣宝斋出谋划策，奔走呼号，终于促成主管出版事业的中央人民政府出版总署于1950年向私营的荣宝斋投资，率先实行公私合营，从而保全了荣宝斋这份民族优秀文化遗产，保存了被鲁迅先生和他誉为20世纪上半叶我国制笺业"白眉"的荣宝斋的技术力量。应该说，这一举措保存了我国雕版印刷艺术的优良传统和新中国雕版印刷艺术的种子，为以后荣宝斋木版水印艺术的大发展，提

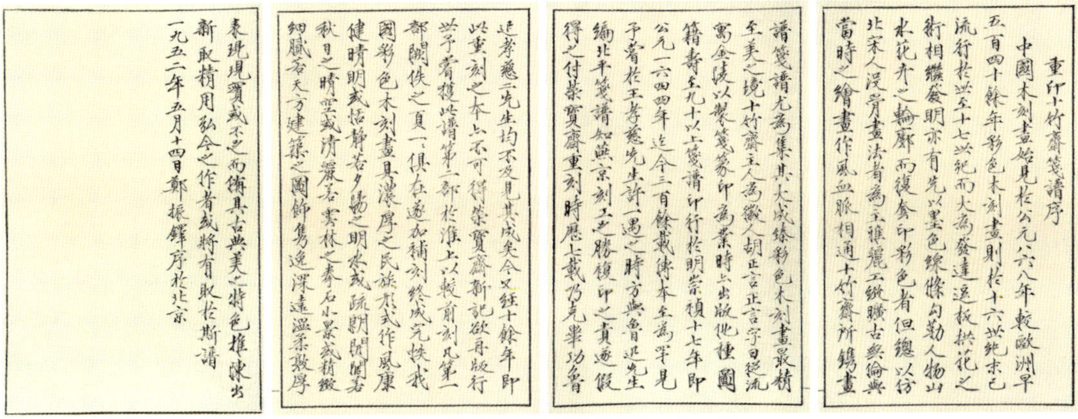

重印十竹齋箋譜序

中國木刻畫始見於公元八六八年，較歐洲早五百四十餘年。彩色木刻畫則於十六世紀末已流行於世，至十七世紀而大為發達，逗板拱花之術相繼發明。亦有先以墨色線條勾勒人物山水花卉之輪廓而後套印彩色者，但總以仿北宋人沒骨畫法者為主，雅麗工緻，曠古無倫，與當時之繪畫作風血脈相通。十竹齋所鐫畫譜箋譜尤為集其大成，臻彩色木刻畫最精至美之境。十竹齋主人為徽人胡正言，字曰從，流寓金陵，以製箋篆印為業，時亦出版他種圖籍，壽至九十以上。箋譜印行於明崇禎十七年，即公元一六四四年，迄今三百餘載，傳本至為罕見。予嘗於王孝慈先生許一遇之，時方與魯迅先生編北平箋譜，知燕京刻工之勝，復印之責，遂假得之，付榮寶齋重刻，時歷七載，乃克畢功。魯迅、孝慈二先生均不及見其成矣。今又經十餘年，即此重刻之本亦不可得，榮寶齋新記欲再版行世。予嘗獲此譜第二部於淮上，以較前刻，凡第一部闕佚之頁，一一俱在，遂加補刻，終成完帙。我國彩色木刻畫具濃厚之民族形式，作風康健晴明，或恬靜若夕陽之明，或疏朗開闊若秋日之晴空，或清麗若雲林之奇石小景，或精緻細膩若天方建築之圖飾，雋逸深遠，溫柔敦厚。表現現實或不足，而備具古典美之特色。推陳出新，取精用弘，今之作者或將有取於斯譜。

一九五二年五月十四日鄭振鐸序於北京

郑振铎
《重印〈十竹斋笺谱〉序》

供了技术保证。其意义是很深远的。

1951年荣宝斋出版《北京荣宝斋新记诗笺谱》，收入其历年刻印的优秀笺纸200种，郑振铎为该谱作序，说："在一九三三年左右，鲁迅先生和我谈起北京的诗笺有很好的图样，值得保存，我们便开始搜罗笺样。这时候，北京有南纸店二三十家，荣宝斋是其中的白眉，且也最愿意合作，我们的《北平笺谱》才能够出版。我至今还感谢他。经过了二十年，这二三十家都已先后改业或停业了，只有荣宝斋还巍然独存，且和人民美术出版社合作营业，欣欣向荣。他们有新的作风，肯向新的方向走，前途是很光明的。中国的彩色木刻在十七世纪初期就已很发展，胡曰从的《十竹斋画谱》和《笺谱》开创了彩色木刻的新作风。到了清末，尚未能脱其畴范。荣宝斋所刻的齐白石诸家的诗笺却是另具风格的，从细致到豪放，从精工到活泼、生动，进步相当的大。在十多年前，他已将所刻的笺纸择其精者二百幅，编为《荣宝斋诗笺谱》出版，这是中国版画史上的里程碑之一，自有他的意义与价值，在今日也还值得再版，特别是《北平笺谱》绝版已久，无法再印，有此一书，探讨三四十年前版画史的人，也就有一部分材料可以依据了。我们应该欢迎这部书的再版出来。"

1952年荣宝斋重新刻印《十竹斋笺谱》，郑振铎作序。他在序中简述了我国木刻画的历史、明代《十竹斋笺谱》的历史地位及1934年鲁迅和他委托荣宝斋重刻这部优秀古书的过程后说："今又经十余年，即此重刻之本亦不可得，荣宝斋新记欲再版行世，予尝获此谱第二部于淮上，以较前刻，凡第一部阙佚之页，一一俱在，遂加补刻，终成完帙。我国彩色木刻画具浓厚之民族形式，作风健康、晴明，或恬静若夕阳之明水，或疏朗开阔若秋日之晴空，或清丽若云林之拳石小景，或精致细腻若天方建筑之图饰，隽逸深远，温柔敦厚，表现现实或不足，而备具古典美之特色，推陈出新，取精用弘，今之作者或将有取于斯谱。”

同年，他又为荣宝斋刻印的《敦煌壁画选》作序，指出：“荣宝斋的彩色木刻画，是久享盛誉的。今之复刻，用力尤劬。我们虽不能到千佛洞去，得此也足以窥豹一斑。对于我国艺术的创作上，亦将有推陈出新的作用。我想：凡是艺术工作者们都应该感谢敦煌文物研究所和荣宝斋新记的努力。”

1958年，他又在荣宝斋的《中国版画选》序文中，高度赞扬荣宝斋的木版水印艺术：“1933年鲁迅和我编辑的《北平笺谱》，并不是中国版画的一个结束，而是一个新的开始。荣宝斋这几年的成就是十分惊人的，既继承了古代的优良传统，又不墨守陈规，时时有新的发明，特别在绢面上的刷色，印刷到七八百次（像《簪花仕女图》的复制本），几有乱真之感。推陈出新的好例，于此足以说明之。这部浩瀚的版画集，也便是出于荣宝斋的工人之手，有许多幅不仅逼肖原本，甚至超过他们。”

木版水印权威专家孙树梅先生对郑振铎先生与荣宝斋木版水印的关系感受最为深刻。他说，1934年鲁迅、郑振铎委托荣宝斋重刻

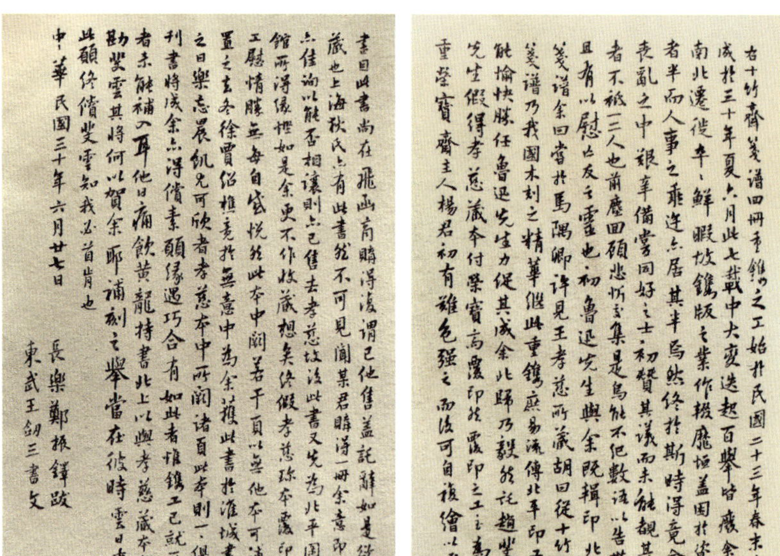
右十竹齋箋譜四冊重雕之工始於民國二十三年春末告
成於三十年夏六月此七載中大變迭起百舉皆廢余又
南北遷徙卒卒鮮暇故鐫版之業作輟靡恒蓋困於資力
者半而人事之乖違亦居其半焉然終於斯時得竟全功
喪亂之中艱辛備嘗同好之士初贊其議而未能覩其成
者不祗一二人也前塵回顧悲忻交集是烏能不作數語以告世人
且有以慰亡友之靈也初魯迅先生與余既輯印北平
箋譜余因嘗於馬隅卿許見王孝慈所藏胡曰從十竹齋
箋譜乃我國木刻之精華繼此重鐫庶易流傳北平印工當
能愉快勝任魯迅先生力促其成余北歸乃毅然託趙斐雲
先生假得孝慈藏本付榮寶齋覆印於覆印之工亦爲繁
重榮寶齋主人楊君初有難色強之而後可自複繪以至刷
畫目此書尚在飛函商購得復謂已他售蓋託辭如是欲自
藏也上海狄氏亦有此書然不可見聞某君購得一冊余意即一冊
亦佳詢以能否相讓則亦已售去孝慈歿後此書又先爲北平圖書
館所得緣慳如是余更不作收藏想矣既假孝慈孫本覆印畢
工懸情勝無每自欣悅然此本中闕若干頁以無他本可補姑
置之去冬徐賈紹樵竟於無意中爲余獲此書於淮城書至
之日樂忘晨飢凡可欣者孝慈本中所闕諸頁此本則一一俱在
刊書將成余亦得償素願緣遇巧合有如此者雖鐫工已就所闕
者未能補入耳他日痛飲黃龍持書北上以與孝慈藏本相校
勘斐雲其將何以賀余耶補刻之舉當在彼時斐雲曰重昭
此願終償斐雲知我必首肯也
中華民國三十年六月廿七日
長樂鄭振鐸跋
東武王紉三書文

郑振铎
《重印〈十竹斋笺谱〉跋》

《十竹斋笺谱》，是在荣宝斋种下了一颗木版水印的“善种”，而荣宝斋接受这项委托，竟然接下了将中国古代雕版印刷技术发扬光大的重任。在公私合营的前后，郑先生则是木版水印的领路人。在私营的荣宝斋行将沉沦之际，是郑先生和文化界其他有识之士促成荣宝斋率先实行公私合营，保全了荣宝斋，从而也保留下荣宝斋的木版水印技艺。在荣宝斋成功复制了徐悲鸿、齐白石的写意画后，郑先生又从文物局借来一件清代华嵒的小写意花鸟画让荣宝斋复印，引领荣宝斋在木版水印道路上继续前进。

郑振铎先生和鲁迅先生一样，直到生命的最后时刻都在关注笺纸的命运，关心我国雕版印刷艺术的发展。我们深切地怀念他们，衷心感谢他们为我国雕版印刷艺术所做出的重要贡献。

郭老的“书斋”

——荣宝斋与郭沫若

郭沫若与荣宝斋结有不解之缘。中华人民共和国成立后，百废待兴。私营的文化老店荣宝斋面临倒闭的厄运。为了保全荣宝斋这份优秀的民族传统文化品牌，人民政府拨款为荣宝斋还债。1950年率先实行公私合营，使荣宝斋获得了新生。为了区别新、老荣宝斋，郭老为新生的荣宝斋写匾额“荣宝斋新记”。他那潇洒俊逸的书法，和荣宝斋的古典建筑相辉映，闪烁着中国传统文化的光芒。从此，郭体“荣宝斋”三个字便成为荣宝斋的标志，后来以此注册为商标。

郭老支持荣宝斋，也喜欢荣宝斋。他认为，这里有丰厚的传统文化积淀，制笺、木版水印等方面技艺高超，商品质量好，人又热情，到这里来，既是一种文化享受，也有很多可研究、借鉴的东西。的确，这里环境幽雅，有各种上乘的文房用品，有历代的书画藏品，又有熟悉业务、颇具书画阅历、懂得如何为书画家服务，并

郭沫若书《冬日游武夷》诗

能与之交谈的工作人员。书画家和文人到这里来，如鱼得水。郭老公务之余常到这里来，或聊聊天、品品茗，或鉴赏书画、文玩，或会会朋友。郭老是人们所敬慕的书法大家，求书者众，因公务繁忙，不能一一应酬。荣宝斋自然是他抒发豪气，偿还“书债”的好去处。有一年春节，他偕夫人于立群连续在荣宝斋待了三天。

郭老平易近人，说话诙谐，谈笑风生，大家都喜欢同他“摆龙门阵”。有什么问题，可以随时向他请教；有什么建议，他都认真听取。一次郭老书兴勃发，挥毫写了一张，意犹未尽，正在沉思。这时，颇精帖学的老职工陈仰山，建议他把字写瘦一点，或许会更精神。郭老听了十分高兴，当即按照他的建议写了一张，果然显得更挺拔、秀美。人们只知道郭老字写得好，殊不知画也画得好。1963年夏的一天，郭老走进荣宝斋，见经理侯恺手里的扇子挺精致，拿过来端详，说这是把宫廷扇，制作精细，可惜缺了点什么。侯恺灵机一动，接过他的话说：“就缺您的字。”郭老说：“要我写字可以，可是我有言在先，若写坏了，我可没有这样讲究的宫廷小扇赔你侯老板哟。”说完拿起笔，在上面写了一首毛主席的词《忆秦娥·娄山关》。有了郭老的墨宝，这把本来就不一般的扇子，自然身价陡增，成为侯恺须臾不可离手的宝物，走到哪里就带到哪里。过些日子，郭老又来荣宝斋，恰巧著名文物收藏家张伯驹和著名画家、书画鉴定家谢稚柳也在这里，侯恺正摇着那把扇子和他们交谈。互相问候之后，郭老看着侯恺的扇子，无不幽默地说：“侯老板，你这就外行了，你们老西儿（指山西人）扇扇子不是这么扇。”侯恺不能解其意，丈二和尚摸不着头脑，正要请教。不料郭老迅即夺过扇子，唰地打开，示范起来：只见他双目微闭，手持扇子，立于面前，一动也不动，脑袋却冲着扇子来回晃荡，口中振振有词：“这么扇才是你们山西人本色嘛。”这不摇扇子而晃动脑袋的滑稽动作和表情，逗得在场的人捧腹大笑。笑毕，郭老看见扇子的另一面还是空白的，便兴致勃勃地说：“侯老板，我在这一面给你画上几笔吧。”侯恺从未听说郭老还能画画，郭老主动要为他的扇子作画，当然是大喜过望，忙说：“那太感激您了。”郭老随即抄起毛笔，蘸好了墨，唰唰几下，一株活脱脱的兰草跃然纸上。

在场者无不为之惊叹，齐声叫好。郭老却风趣地说：“不是我的画好，而是侯老板的笔好、墨好、扇子好。”画完扇子，郭老看见荣宝斋为傅抱石、关山月合作绘制人民大会堂巨幅国画《江山如此多娇》而特制的长杆巨笔，感到新奇，询问当年他们怎样使用这支笔，还拿起来看，有步枪那么长，觉得好玩，于是童心未泯，举起来，作持枪射击的动作，又觉得力不从心，感叹道：“老了，不行了！”（当时郭老已七十一岁）郭老的话引起在场的人互相询问年龄。张伯驹说他属狗，六十五岁了；谢稚柳说他也属狗，不过他比张小一轮，五十三岁；无巧不成书，侯恺也属狗，不过他比谢又小一轮，四十一岁。郭老见状又“幽”起“默”来，说：“那你们是老狗、大狗和小狗了。”又引得满堂哄笑。

荣宝斋王府井门市部与荣宝斋本店一样幽雅宜人，也是文人聚集的地方，郭老也常到这里来。有时想吃东安市场里的“馄饨侯”，就由这里的工作人员去端。郭老来这里，也是鉴赏这里收购的书画，写写字，聊聊天。20世纪60年代初的一天晚上六七点钟，他兴冲冲地来到这里，一进门就对工作人员说，明天《人民日报》要发表毛主席的四首诗词，让他们准备好宣纸，随即将毛主席这四首诗词，分别为许麟庐、韩度权、黄宝善、柳汉丞各写了一首。这里临街的大橱窗，更是展示郭老书法作品的场所。1963年冬至1964年春，陈列了郭老书其自作的《满江红》词（即1963年1月9日毛泽东《满江红·和郭沫若同志》词所和的郭老原词）：“沧海横流，方显出英雄本色。人六亿，加强团结，坚持原则。天垮下来擎得起，世披靡矣扶之直。听雄鸡一唱遍寰中，东方白。太阳出，冰山滴，真金在，岂销铄？有雄文四卷，为民立极。桀犬吠尧堪笑止，泥牛入海无消息。东风革命展红旗，乾坤赤。”后来郭老觉得不满意，于1964年春的一个下午在这里用如椽巨笔，在一张丈二匹接起来的宣纸（147厘米×442厘米）上写了毛主席《满江红·和郭沫若同志》词，把原来的替换下来。退休职工韩度权亲身经历此事，对当时的情形记忆犹新：这幅书法是在二楼写的，除了韩度权，在场的还有当时荣宝斋王府井门市部负责人、著名书画家许麟庐，后来任荣宝斋副总经理的画家、书画鉴定家米景扬，以及荣宝斋职工邹俊华、李世尧、柳汉丞、陈仰山。他们为郭老备纸、备墨，理纸、抻纸，每当写到字的墨太汪时，就立即用宣纸将多余的墨汁吸掉。当时还没有墨汁，写这么大的作品需要很多的墨，靠手工现研是来不及的。于是，由专门供应木版印颜色和墨的“制色股”用机器研好送来。第一张写完，郭老不满意，并且落掉了“只争朝夕”一句中的“只”字，所以重写了一张。许麟庐觉得第一张“争朝夕”三个字写得好，裁下来单独裱，另外请郭老在上面题了好多小字，成为他的心爱之物。作品右上角的引首章“江山如此多娇”，是荣宝斋的著名书法家、篆刻家徐之谦直接用朱砂在作品上篆的，因为当时没有与如此巨大的作品相匹配的巨型图章。作品由米景扬经手送到荣宝斋装裱车间装裱。装裱好后由许麟庐、韩度权负责，将原来郭老自书的《满江红》取下来，将这件陈列上去。这已是当年“五一节”的事了。这件巨幅书法作品在这儿展览了几个月。后来又先后在同一橱窗陈列过郭老的另一个件巨幅作品“自力更生，奋发图强”（144厘米×355厘米）以及于立群、邓拓、贾震的书法作品，为北京最繁华的王府井商业大街增添了深厚的文化色彩，使荣宝斋王府井门市部成为这条大街上最为亮丽的风景。凡过往行人，无不驻足；许多人则是特地来观赏郭老的作品的；那些常来荣宝斋的首长和文化界人士更是留连忘返。人们高度赞赏郭老这幅气势如虹、潇洒遒劲的书法作品。除已提到的“荣宝斋新记”、巨幅的毛主席《满江红・和郭沫若同志》“自力更生　奋发图强”外，郭老给荣宝斋留下的墨宝还有：匾额“荣宝斋”（另一块金字招牌，现挂在西斋门额上）“百花齐放”“推陈出新”“含英咀华”“巧夺天功”（侯恺同志以为此匾有过誉之嫌，怕引起职工的骄傲而未制匾）。抱柱楹联“百花齐放百家争鸣”“众志成城众擎易举”，行书对联两幅，行书轴两件，书毛主席词《沁园春・雪》三幅（其中一幅纵210厘米、横349厘米），诗《七律・答友人》一幅，自谦为荣宝斋原所属和平画店补壁自书诗横幅《冬日游武夷山》和《游西陵峡》。此外，还为荣宝斋客厅的抱柱楹联集毛泽东诗词句并书：“江山如此多娇，飞雪迎春到”“风景这边独好，心潮逐浪高”。不少职工手里也有郭老的作品。

郭老为和平画店写的那张横批，是在王府井原和平画店对过那里写的。当时郭老在那里为别人写字，荣宝斋专职党支部书记王士之过去请郭老为和平画店写一幅。郭老写完这幅字，凝视一下，转过脸对王士之说：写得不好吧？夫人于立群说，行了，就是它吧。王士之说，好，好，写得很好，请落款吧。郭老狡黠一笑，说：到底没有瞒过你呀。其实，郭老对这幅字非常满意，有些舍不得给和平画店，是故意那么说的。王士之见此，请郭老自己留下这一幅，另给和平画店写一幅。郭老不好意思留下，于是提笔写上“书为和平画店”，并署了名，盖了章。

郭老来荣宝斋，侯恺总是迎上去问侯：“郭老，您好！”郭老则随和幽默地回答：“精神尚可，有何吩咐？”人们知道郭老常来荣宝斋，经理侯恺和有关工作人员与郭老很熟，通过他们向郭老求字较方便。郭老知道这一情况，所以常常询问是否有求书的。泡茶、交谈之后郭老书兴起来，侯恺即招呼人准备纸笔，郭老写到一定火候，侯恺就将求书的名单呈与郭老。郭老则不辞辛苦，按名单一一写就，并根据不同身份落款。侯恺回忆，郭老的字通过他送人的，至少有二百幅以上。有一次，郭老一连为人写了二十几幅，侯恺觉得“太残酷了”，担心郭老太累了，赶紧请郭老休息。此外，社会联系广、经常接触各方面人士的业务人员，如营业科长杨集同等，手里也常有向郭老求书的条子。因此，郭老在这里写完自己想写的东西和侯恺提供的名单以后，还常常问：“我还有什么欠账？”这时，他们就将条子送给郭老。

最令荣宝斋经理和职工感动的，要算郭老支持荣宝斋出版木版水印集子《百花齐放》一事了。

20世纪50年代末，郭老为了形象宣传“百花齐放”的文艺方针，以一百种花为题材，写了一百首诗。写完，他觉得“百花”不是指一百种具体的花，而是一切花的总称。一百首诗，一百种花，不能涵盖一切的花。于是，又写了一首《其他一切花》，共计一百零一首。他说，他喜欢一百零一这个数字，因为它似乎象征一元复始，万象更新。这里有“既济而未济”的味道，完了，又没有完。荣宝斋拟请画家为郭老的每首诗配一幅画，出版木版水印集子《百

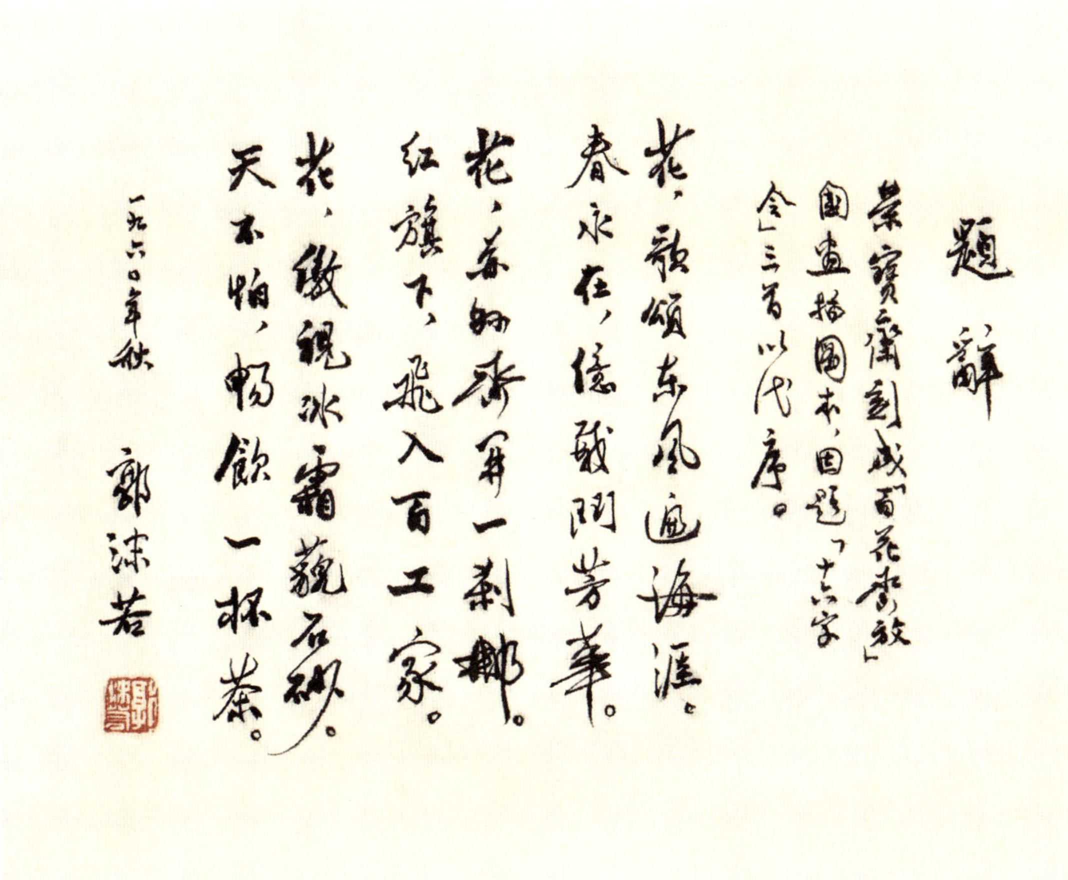

题辞

荣宝斋刻成「百花齐放」图画插图本，因题「十六字令」三首以代序。

花，歌颂东风遍海涯。春永在，亿载斗芳华。

花，赤县齐开一刹那。红旗下，飞入百工家。

花，傲视冰霜藐石砂。天不怕，畅饮一杯茶。

一九六〇年秋 郭沫若

郭沫若为木版水印《百花齐放》题辞

花齐放》。此事得到郭老的热情支持。他亲自约请著名工笔画家于非闇、俞致贞、田世光，商量、研究如何画；还四处奔跑为画家搜集花卉标本等参考资料。为了使这个集子能够诗、书、画合璧，侯恺想请郭老将诗再用毛笔写一遍，但考虑到一百零一首诗，每首八行，每行都十几个字，总共有万余字，工作量这么大，他公务那么忙，年纪又那么高，担心他不堪其劳。不料试探着向郭老提出这个想法时，他竟然欣然应允，说“你把纸准备好，我来试试”。不到一个星期，就把一百零一首诗全部写出来，而且还写了《十六字令》三首，作为这个《百花齐放》集子的代序：“花，歌颂东风遍海涯。春永在，亿载斗芳华。”“花，赤县齐开一刹那。红旗下，飞入百工家。”“花，傲视冰霜与石砂。天不怕，畅饮一杯茶。”

侯恺十分认真拜读这个代序，心里非常感激郭老。他很尊敬郭老，在他面前，举止谈吐彬彬有礼，却毫不拘束。他觉得《十六字令》第三首“傲视冰霜与石砂”一句的“与”字改成“藐”字，似乎更好。他丝毫没有在这位大诗人面前“班门弄斧”之虑，随即向郭老提出这个建议。郭老觉得这个建议很好，当即就改过来，把那一句变成“傲视冰霜藐石砂”，并将这个代序重写一遍。

《百花齐放》的印制，是1960年秋季开始的。这是一个大工程。参加这项工作的人员，包括组稿、编辑、勾描、刻版、制色、印刷、装帧、设计、装订和管理人员，达四五十人。这套书分上、下册，印三百部。这部作品是一百多种花的写照，描写细腻，真实生动技法纷繁复杂，色彩斑斓，千差万别，调配颜色和印刷，难度很大；印刷必须根据每个人的特长进行安排，亦颇费心思。大家称，这是一次木版水印的技术大练兵。所有参加这项工作的同志，齐心协力，艰苦劳动，克服了各种困难，经过一年的努力，完成了这部在雕版印刷史上有重要意义的艺术品。

《百花齐放》集我国文坛泰斗和书坛泰斗郭沫若的诗作和书法，著名画家于非闇、俞致贞、田世光之佳绘及荣宝斋木版水印技艺于一体，是一部极为难得的文学艺术珍品。

书，整个集子以略带楷意的行书写就，信笔写来，自然流畅，清秀俊逸，潇洒活泼，毫无做作，耐人寻味。虽不是一次写成，却前后贯气，似一气呵成，美不胜收。

诗，思路开阔，格调清新，拟人拟物，浪漫生动，意蕴深厚。而又朴实无华，通俗易懂，朗朗上口，读来意味无穷。

画，以工笔设色为主，兼有小写意和白描，色彩鲜艳，幅幅精致，真实地再现了各种花的形状和特点。三位画家各有所长，然格调和谐统一，俨然是一个争奇斗艳的百花园。

印刷，书法和画都采用被誉为“中国一绝”的传统木版水印技艺印刷，保持了书法和中国画水墨淋漓气韵生动笔墨情趣变化万千的艺术特色，原汁原味。这种效果，是其他任何印刷方法无法达到的。

翻开这个集子的每一页，都诗、书、画、印刷俱佳。装帧设计也十分讲究：宣纸线装，冷金笺书面，仿宋锦书套。以这种形式出版、装帧，在郭老等身的著作中，是独一无二的。难怪郭老对这个集子那么喜欢。

郭沫若书

郭老为这个集子手书的一百零四首诗词的墨宝，也成为荣宝斋收藏品。

《百花齐放》出版以后，在国内外都产生了很好的影响，见过此书的人，无不为之赞叹。除了在国内销售，还通过中国国际书店，销往许多国家和地区。书、画原稿和出版物，还曾被对外文委借去，在日本举办对照展览。

书既出版，荣宝斋要付郭老诗稿和书法双重稿费。郭老分文未取，嘱咐秘书，用稿酬在鸿宾楼宴请参加出版工作的有关人员，包括画家、编辑，木版水印的勾描、刻版、印刷以及装帧、装裱工人等。郭老亲自出席，荣宝斋的上级领导萨空了作陪；画家田世光、俞致贞也来了（这时于非闇已经去世）。郭老感谢大家为《百花齐放》集子的出版付出了辛勤的劳动。席间说说笑笑，气氛非常热烈，大家好不开心。

郭老是个细心人，他发现席间少了时任荣宝斋专职党支部书记的王士之，问侯恺为什么他没有来？侯恺说，他去参加宣武区区委的会议。（当时侯恺、王士之都参加区委的会议。这天的会与郭老的宴请冲突，两人只好分头活动）为此，郭老在夫人于立群及家庭教师的陪同下，单独在晋阳饭庄请王士之吃刀削面。当时郭老已年近七十，而王士之才三十多岁。由于身份和年龄差异悬殊，王觉得不好意思，但又不能推却。征得郭老的同意，带上了年纪较大且同郭老很熟的营业科长杨集同，才自在些。郭老平易近人的风度，王士之至今记忆犹新。

大凡文人都酷爱精致的文玩，对特别心爱的，甚至视之若生命。郭老对荣宝斋的古墨、印章、砚台等诸多精美的文房四宝和文玩之喜爱，姑不赘言，这里单说他对荣宝斋收藏的那块鸡血石的钟爱。

鸡血石是名贵的印材之一，因其含汞，鲜红若鸡血，故名。我国浙江昌化和内蒙古巴林都产鸡血石，但以昌化的为佳。其质地以羊脂冻、羊角冻、藕粉冻为上，艳丽夺目，晶莹剔透，煞是可爱，与田黄石、青田灯光石齐名。

荣宝斋客厅里多宝格上的这块鸡血石，是明末清初流传下来的，于20世纪50年代从上海一个收藏家手里收购来，它长方形似石碑，高十六点二厘米，重一千六百二十四克，“血”布四面，色泽殷红，质地也好。荣宝斋把它陈列在这里供来访者观赏。郭老每次光临，总要光顾它，或伫立多宝格前凝视，或干脆取下来，坐在沙发上把玩，上下摩挲，反复品味，仿佛从中得到无穷的乐趣，还多次戏谑：“我死后能在这上面刻上‘郭沫若之墓’几个字，就心满意足了。”可见他喜爱之深。鉴于郭老对这块鸡血石如此钟爱，经理侯恺请郭老带回家去玩赏。郭老把它摆在书房，日夜相伴。大约过了两年，郭老把它送回来，对侯恺说：“这么好的东西，还是放在你这里让大家欣赏好。”

如今，郭老已离开我们多年了，但这块凝聚着郭老爱心的昌化鸡血石，连同郭老的许多墨宝，已成为荣宝斋的珍藏之宝，它们将同郭老的精神以及对郭老的美好记忆永远流传于世，永远鼓舞着荣宝斋的职工。

元帅的文采

——荣宝斋与陈毅

陈毅元帅

陈毅元帅不但是驰骋疆场，运筹帷幄，使敌人闻风丧胆，为革命立下赫赫战功的我军高级将领，还是深谙外交理度，气度非凡，受人敬仰的外交家，而且是诗人，出版了《陈毅诗词选集》。他的《青松》诗云：“大雪压青松，青松挺且直。欲知松高洁，待到雪化时。”既通俗易懂，朗朗上口，又意蕴深长，耐人寻味。它是陈毅同志的品质与性格的写照。人们称誉陈毅同志为儒将，是十分恰当的。他的“儒”，还表现在他的传统文化艺术的修养和对荣宝斋的关爱方面。

1961年夏初，一个天气晴朗的下午，陈老总去机场送完客人，径自来到荣宝斋，兴致勃勃地直奔东院。经理侯恺见他站在院中，津津有味地欣赏东厢房的抱柱楹联，赶紧从办公室迎出来。

“陈副总理您好，对不起，失礼了，不知道您要来，没有出去迎接。”

“不必客气嘛。你就是贵宝号的经理侯恺同志？”

“我就是侯恺，请陈副总理指示。”

“谢谢你了，侯恺同志，你们荣宝斋为我国的对外文化交流做了许多工作。我早就想来看看，来学习，可是一直抽不出时间。听王昆化同志说，这里有一副《红楼梦》里的对联：‘垂帘不卷留香久，古砚微凹聚墨多’写得不错，这才从机场匆匆赶来。”陈老总一口气说出了来荣宝斋的理由。

“这是清代画家黎简（黎二桥）写的，的确写得很有味道。”侯恺说。

“这名联加上好书法，你们专家都说好，我更要好好咀嚼，品味了。”陈老总伫立院中，沉浸在艺术的享受中，还不时点头称好。

“陈副总理，这边这副对联也值得看看。”侯恺指着西厢房的抱柱楹联“软红不到藤萝外，嫩绿新添几案前”对陈副总理说。

“别开口闭口‘副总理’嘛，我们党内不是有个规定，不称职务吗。就叫我陈毅好了。”

“那我就称您陈老总吧。这是清代擅长用指头画画的画家高其佩写的，内容和书法也均称得上佳品。”

“哦，好啊！”陈老总细品之后说。

然后，侯恺领着陈老总转向北屋，对着门口的楹联“众志成城众擎易举，百花齐放百家争鸣”说：“这是郭老（郭沫若）为傅钟同志写的。我们借来临摹。写得多么潇洒。”

“郭老真不愧为书法大家呀。”陈老总说。

走进北屋，这是荣宝斋的会客厅，迎面又是一副写得很圆润匀称的篆书楹联。

“这是郭老集毛主席诗词的句子：‘江山如此多娇，飞雪迎春到。风景这边独好，心潮逐浪高。’由我们这里的老书法家徐之谦篆写的。”侯恺介绍说。

“那两块匾也是郭老写的喽。”陈老总从书法的风格上判断，指着后山墙上左、右“百花齐放”“推陈出新”两块匾说。

“是的，郭老是我们的常客，对我们很关心，给我们留下了许多墨宝。”侯恺说。

“这是谁写的？”陈老总指后山墙正中那块紫檀圆光上的书法问道。

“这是后人集元代赵孟頫写的四首诗。虽然经过摹和刻，却基本保留了赵书的韵味。”

“你们这里处处是宝贝，难怪那些文人那么喜欢。”

坐定以后，陈老总询问起荣宝斋的经营情况，侯恺一一作了汇报。当谈到收购古代书画时，陈老总问：“你们收购以后怎么处理？”

侯恺说：“一般的书画，收购后就作为商品出售。有收藏价值的，就当收藏品调进资料室收藏起来。我们已经积累成相当的规模，作为学习、借鉴和出版之用，并经常举办一些专题展览，供书画家和各界人士鉴赏，有的调剂给相关的博物馆，如朱耷、石涛、傅山的作品，分别提供给江西八大山人（朱耷）纪念馆、广西石涛纪念馆、山西傅山纪念馆；特别重要的，就交给故宫博物院，如明代唐寅的《墨梅》。”

“对头，对头。国家不稀罕你们能挣多少钱，而希望你们在文化方面，在保护文物，继承与弘扬传统文化，促进书画繁荣，丰富人民文化生活和对外文化交流方面起大作用。你们已经这么做了。但还要继续努力，做出更大的贡献。”

“谢谢陈老总的鼓励和指示。”

“说鼓励，是有这个意思，这是实际情况嘛。说指示，就不妥喽。到你们这里来的人很多，有党、政、军领导，每人说一通，如果都成了指示，那就乱套喽。你们有自己的上级领导，要听他们的。我只是说说我个人的感想，说得有道理的，你们可以当作建议；说的不对的，那就不能听喽。”

侯恺建议陈老总去看看木版水印的工艺过程。陈老总说：“好啊，我早就想知道木版水印画为什么那么神奇，被称为‘中国一绝’。”

来到木版水印画印制现场的第一道工序——分版勾描，侯恺介绍：“木版水印画的工艺分三道工序：勾描、刻版、印刷。勾描一般由画家来做，根据画面的不同颜色和不同色阶，把一张画分解为若干块版；少则几块，十几块，多则几十块，几百块，甚至上千块。然后分别用墨线勾在半透明的燕皮纸上。分版勾描的合理、准确，是木版水印画的前提。”

陈老总站在画家郭慕熙一旁，看她那么聚精汇神，一丝不苟地照原作勾描，颇有感慨。说：“真了不起！”郭慕熙抬头见是陈老总，连忙站起来说：“不敢当，不敢当。”

“艺术家就是艺术家，有什么不敢当的。请坐，不要影响你们工作。”陈老总说。

在刻版工序，陈老总看了他们所用的工具，询问用什么木料。侯恺介绍说：“刻版一般是用杜梨木，细线条的须用黄杨木。他们要把上道工序勾好的燕皮纸反贴在准备好的木版上，把纸稍为弄湿，用手指轻轻将纸搓掉，让墨线显现出来，在墨线的外沿走刀，然后剔掉墨线以外的部分，使墨线或轮廓凸起来。明代画家李克恭在总结刻版艺术的要诀时指出：“刻者必须刀头具眼，指节灵通。”他们以刀代笔，要在木版上表现出画家的笔墨情趣。

参观印刷工序，更使陈老总感叹不已，啧啧称奇。只见印者熟练地在版片掸上颜色，把宣纸抻过来覆在版上，用耙子（一种印刷工具）在纸背上或轻或重一砑，就出现与原作相对部位相同的色调和韵味，简直像魔术师了。侯恺解释：这正是木版水印与其他印刷方法不同之处。画家用不同颜色组合，一笔画出来的不同颜色和不同色阶，不能分版，必须由印者对照原作，在版上与原作相应的位置，用与画家同样的笔法，掸上与原作一样的颜色，才能再现原作的风貌。这种效果，是其他印刷方法无法达到的。

看完木版水印的工艺过程，陈老总非常高兴，说每道工序的工作人员，都是了不起的艺术家。木版水印是我国的传统艺术，必须好好保护，不断发扬光大。

以后，陈毅同志也和郭沫若、邓拓等文人一样，成为荣宝斋的常客。他觉得这里传统文化的气息非常浓厚，纸墨飘香，沁人心腑，在紧张的工作之暇，到这里放松放松，看看书画，或聊聊天，品品茗，可以很快消除疲劳和紧张的心情。因此，他只要有空，就到这里来。

1962年元旦后不久的一天，外交部通知荣宝斋，晚上有法国的客人来参观。我国改革开放以前，北京可供外宾参观的地方，屈指可数。但荣宝斋早在50年代初，就被有关部门指令为“涉外单位”，而且有鲜明的中国传统文化的特色，是外交部、对外文委、对外友协最喜欢带人来参观的单位。这里车马水龙，常常一天早中晚要接待几批客人。下午下班不能按时回家，职工已习以为常了。这天夜晚，营业大厅和生产车间灯火通明，全体员工和白天一样，照常工作，等待贵宾来临。

七点多钟，陈老总先于客人来到荣宝斋。侯恺以为他是陪客人来的，上前迎候道：“陈老总，贵宾未到，您怎么先来了？”陈老总面带几分神秘色彩道：

“我不是陪法国朋友的。忙了一整天，晚上还安排去看戏、太累了，戏也不去看了。我是到你这里来放松放松的，这比看戏好多了。”

过一会儿，法国客人来了。陈老总低声对侯恺说：“他们是法国艺术界的朋友，都认识我。已经安排人陪同了，不要让他们知道我在这里。我们另找个地方，找点东西看看。”

侯恺带陈老总到一个外宾看不见的地方。陈老总说：“最近新收购了什么宝贝，拿来一饱眼福。”

“最近收购了清代傅山的书法手卷和条幅请老总鉴定鉴定。”

“鉴定嘛，那是专家的事，是需要专门知识的，我陈毅不行。我只管看，凭自己的感觉，能快我目睛者，就是好的。”

侯恺差人取来了傅山的作品，展开让陈老总鉴赏。

“好，有特点，有个性。”陈老总边看边称赞。

“真假我可不管，我说不清楚，我以为字只要写得好，让人看了觉得舒服就行。至于真假，那是另一码事。”陈老总继续说。

“您说的有道理，其实，有的人写得很好，很有艺术价值和欣赏价值。只是冠以别人的名字，便成了假的，成为赝品。从这个意义上讲，赝品并非都毫无价值。”

“对头。不过，我并不是说鉴定不重要。鉴定的功能，主要是分清是非，还历史的本来面目。而艺术品的真假与高下，是两个不同的概念；艺术品的高下，是不能以真假来区分的。真品并非都是高雅的；赝品也并不都是低劣的，赝品中也有写得好，画得好的。对一般喜好书法的人来说，无须拘泥真假，只要写得好，就值得欣赏，就可以借鉴，可以学习。”陈老总虽不曾涉足鉴定领域，却对鉴定有精到的理解。他在欣赏傅山书法的过程中，滔滔不绝地历数我国历史上书法大家的风格、特点。他认为，书法的风格是由人的气质决定的。他特别佩服毛主席的书法。他说，毛主席的书法同他在政治、军事、哲学、诗词等领域一样，有雄才大略，高屋建瓴，叱咤风云，纵横驰骋之气势；拜观他的书法，给人一种雄奇阔达，心旷神怡之感受。

“您的书法也同您的性格一样潇洒。我们很喜欢。”侯恺说。

“不，不。我只是自己随便写写而已，谈不上什么风格。”

“您过谦了。您的书法不但洒脱遒劲，而且气度非凡。请给我们写个条幅吧，好吗？”

“不行，不行，我的字怎么能登荣宝斋这大雅之堂呢？这是要让人笑掉大牙的。我陈毅做事是有点敢字当头的勇气，但我还有自知之明，知道自己吃几碗干饭。要把我的字放在荣宝斋，不合适。”

“不仅我们喜欢您的字，许多书画家也赞赏您的字。我们这里有书画家的字，文学家的字，政治家的字，有各种风格才能体现百花齐放嘛。我们恳切请求您留下墨宝。”

“这么说是非写不可了，侯老板既然下了死命令，那我只能从命喽。”

“太感谢您了！”

“写什么呢？你说，我来写。”

“写什么，何时写，您自己定。”

“今天是想来放松，讨清静的，你侯老板却给我出了个难题。既然不急，就让我想想再写吧。”

几天后，陈毅同志和北京市副市长王昆仑又来荣宝斋，见着侯恺说：“我欠你的账还没还，今天又约王副市长来了。请先拿点东西来看看。”

“给我们写字的事，不要急。我先安排人去取些书画来看。”侯恺说。

在欣赏书画的过程中，侯恺向陈老总汇报打算办一个普及绘画知识的丛书《荣宝斋画谱》说："现在广大群众的文化水平提高了，很多人想学习画画，但缺乏初学者用的资料。我们打算办一个比较经济的、广大群众可以接受的《荣宝斋画谱》丛书。通过它，逐渐把现代名画家的作品介绍给读者作范本，为培养绘画人才做一些基础工作。我想，这是符合您对我们的期望的。"

"好，很好嘛。荣宝斋应该在这方面多做些工作。这个丛书办好了，一定会推动绘画知识的普及，促进国画的繁荣。我举双手赞成，并预祝你们成功。"

"我们会以最大的努力做好此事。我们有个要求，请您为《荣宝斋画谱》写序言。"

"侯老板，你又搞错了吧。为这个丛书写序，是美术界、出版界的事，应该由这方面的专家学者来写，怎么找上我这个门外汉了。不行，不行。"

这时，王昆仑插话了："我看这个序言由军事家、外交家和诗人的陈老总来写，是再合适不过了。"

"我说，王副市长，你怎么当起他们的说客，为他们说话了。"

"因为这不单是荣宝斋的事，而且是关系国画繁荣、发展的大事，您陈老总也是义不容辞嘛。"王昆仑同志说。

"王市长说得对，由陈老总写序，将大大为这个丛书增色，使其更具影响力。此事非陈老总莫属了。"王昆仑副市长的帮助，使侯恺信心倍增。

"哦。你们两个一唱一和，是不是事先捏咕好的？侯老板，你的统战工作搞得不错嘛。好好，你们是多数，我少数服从多数就是喽。我硬着头皮去写，但我有话在先，写完能不能用，由你们决定，不合你们的要求，就一扔了事。"

几天以后，陈毅同志的秘书打电话告诉侯恺：首长已写好《荣宝斋画谱》的序和一条幅，嘱咐我们给你们送去，侯恺非常激动，在电话上请秘书转达他对陈老总的谢意。

他急切地等待着陈毅同志的佳作。

当天，侯恺收到陈毅办公室送来的快件，打开一看，果然是两件：一个条幅，一个《荣宝斋画谱》序言，也是用毛笔写的。首先是陈老总那清秀遒劲的字使他爱不释手。再看内容条幅写的是：

人民荣誉是珍宝，革命斗争即书斋。

陈老总巧妙地把“荣宝斋”三个字嵌进这两句话之中。

1894年创号时，第一任经理庄虎臣选定“荣宝斋”三个字作为企业的名称，其含义是：“以文会友，荣名为宝。”并以此作为企业的宗旨，用文化艺术广交朋友，以商品的质量招徕顾客，视信誉为企业的生命。但这是以企业的利益为出发点的。现在，陈老总在这个条幅里对“荣宝斋”三个字重新诠释，扩大了它的内涵，把一个企业同人民的利益，同革命斗争联系起来，在新时期赋予它新的使命。

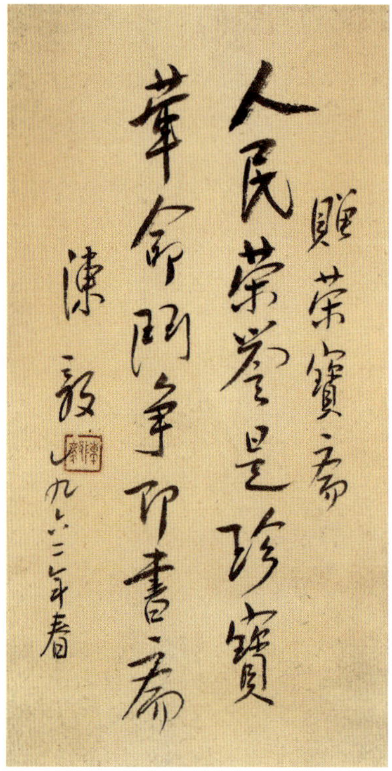

陈毅《赠荣宝斋》

《荣宝斋画谱》序言全文如下：

画谱的刊行，我们拍手欢迎。近代作画的不读《芥子园画谱》是例外，好像作诗词的不读《唐诗三百首》和《白香词谱》是例外一样。古人说：“不以规矩不能成方圆。这话讲出一个真理，就是我们搞任何学问要老老实实先搞好基础训练，讨便宜走捷径是不能成为大器的。荣宝斋画谱保留了中国历代画学的传统，又照顾到各时代的流派，且着重具有生活气息，而制作者系现代高手，可以肯定说他们的水平大大超过旧谱以上，值得欢迎，值得介绍。祝谱学新生，祝画学大发展。

陈老总在《序》中首先告诫学画者，必须老老实实搞好基础训练，不要企图讨便宜，走捷径。《荣宝斋画谱》将为这种基础训练提供便利。当然要学画仅靠画谱是不够的。但荣宝斋考虑到初学者的需要，出版《荣宝斋画谱》是值得称道，值得欢迎的。学画者要珍惜和充分利用这份资料。这个《序》的重点，则是为这个丛书指引了方向：要保留历代画学的传统，又要照顾各时代的流派，尤其要注重与实际生活结合，与时俱进，不断创新。

陈老总这个《序》极大地鼓舞着荣宝斋领导和工作人员，他们几十年来始终如一，遵循陈老总的教诲，以最大的热情倾注在《荣宝斋画谱》上，办出了自己的特色，受到广大读者的欢迎。

《荣宝斋画谱》曾于20世纪60年代前期用木版水印方法出版过一卷，因成本过高，销售不畅。后又因“文革”到来，一搁十几年。1979年改为胶印出版，一经问世，就受到习画者的热烈欢迎。

到2006年3月，已出版180卷，每一卷都将陈老总的手写体的《序》印在前面。1995年又开始策划《荣宝斋画谱》的古代部分，与现代部分并举，到2006年3月，也已出版57卷。两者相加，已达236卷，向国内外推出139位近现代和几十个古代有成就的画家的作品，成为一个有独特风格和广泛影响的出版品牌。1994年获“新闻出版总署直属出版社优秀图书选题奖”；1995年获第九届“中

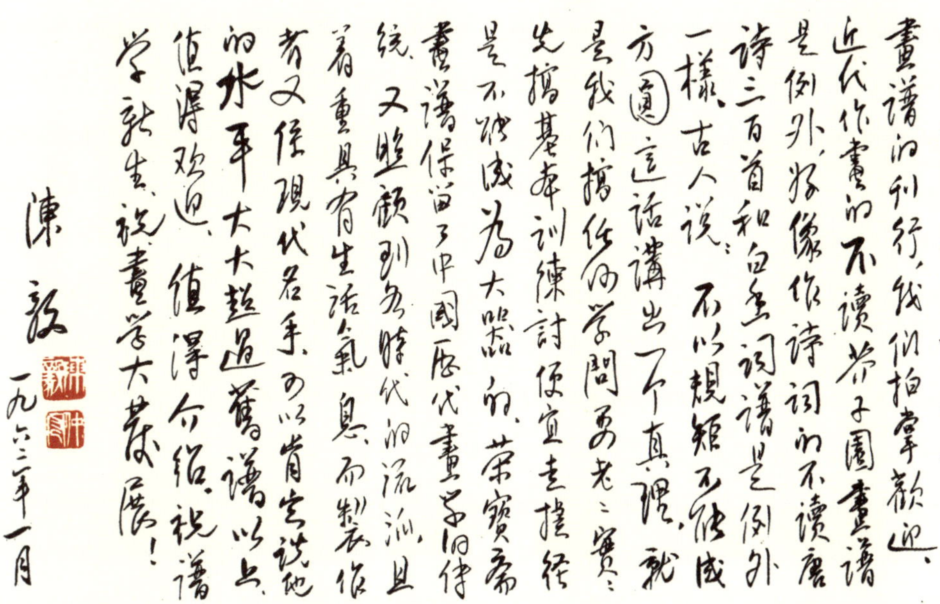

陈毅为《荣宝斋画谱》作序并书

国图书奖”；《荣宝斋画谱》古代部分被列入国家“95’重点图书规划”。这些画谱大多重版过，少则二三版，多则八九版（如王雪涛、俞致贞、田世光等人的画谱），全国有100多家书店设有“《荣宝斋画谱》专柜”。这种情况，美术图书里是很少见的。

《荣宝斋画谱》遵循陈毅同志指引的方向，继承古代画谱传播绘画艺术的传统，同时又避免了旧谱对绘画技法进行概括，形成概念化、程式化，抑制国画创新的弊病，以一个个有成就画家的作品为直接范本，提供多种多样生动活泼的技法，开阔研习者的眼界。《荣宝斋画谱》每卷，包括技法讲解和作品欣赏两部分，由画家本人或熟悉画家作品风格和技法者进行分析、讲解。它的包容性，更是以往任何画谱所不及的，从时间上讲，它概括了古代和近现代杰出的画家；从地域上讲，不分东西南北，各地画家都有；从内容上讲，山水、人物、花鸟鱼虫、走兽无所不包；从风格上讲，古今各流派无所不纳。这么系统、这么全面地把古今各种绘画艺术的风貌和技法直接展示在读者面前的庞大画谱，是前所未有的。《荣宝斋画谱》的出版，不但是我国画谱的新生和发展，其意义超出了画谱本身，实际上也是在为中国画立传。读完《荣宝斋画谱》，一部具象的、系统的中国绘画史，就生动地展现在你的面前。

《荣宝斋画谱》既是习画者的范本和画家交流技艺的工具，又有较高的欣赏价值。它雅俗共赏，经济实用，影响深远，实现了陈毅同志“大大超过旧谱”的期望，为培养新人，促进国画的繁荣与发展，做出了应有的贡献。它没有辜负陈毅元帅的嘱托，可以告慰他的在天之灵。

年纪稍大一点的人会记得，20世纪60年代北京最繁华的商业中心王府井大街北段路西，有一个“荣宝斋东城门市部”，十分风光，是这条大街最为靓丽的一道风景线，是文化界人士和一些党、政、军头面人物经常涉足的地方，比琉璃厂荣宝斋人气更旺。但“文革”中照样难逃厄运，在“斗、批、改”中被砍掉，工作人员和房子、家具、货物（书画、文房用品等）一概交北京市二商局处理。后来就再也要不回来了。荣宝斋和热爱荣宝斋的人，对此感到无限惋惜。

此事虽然已成为历史，但荣宝斋的老人始终忘不了陈毅同志，因为这里曾倾注了他对荣宝斋的一份爱。

20世纪50年代末，有人建议荣宝斋在王府井这寸金之地开设分店。荣宝斋领导觉得这个意见很好。一天，北京市委书记邓拓来荣宝斋。侯恺向他汇报了这个想法，邓拓当即表示支持。随后，邓拓又将此事报告市委书记万里和华北局第一书记李雪峰，万、李也都表示支持。在王府井办分店，主要是解决房子问题，邓拓指示侯恺去找北京市人委副主任李续刚商量。北京市想把和平画店交给荣宝斋办分店，但侯恺觉得和平画店的房子太小，希望连美术用品供应社的房子一起交给荣宝斋，市里也同意。而美术用品供应社的上级主管以美术用品供应社负责为出国人员提供礼品为由，表示不同意。尔后，荣宝斋又相中百货大楼北边一座梁思成设计的三层小洋楼，面积符合要求，设计又精美大方。但李续刚摇摇头说：好是好，但难呀！为什么？因为占用这座小楼的工艺美术服务部与美术用品供应社是同一个上级单位。供应社的房子他们都不放，这座楼更不会放的。而且他们的业务与国务院外办有关，即使他们同意了，还得国务院外办点头才行。

正如李续刚同志预计的那样，北京市美术公司坚决不同意将那座楼交给荣宝斋。于是，这个问题反映到外交部。而外交部内部对这问题的意见也不一致，最后报到陈毅副总理那里。

陈毅同志召集有关人员听取意见。不同意把房子交给荣宝斋的一方，仍以工艺美术服务部为外交工作服务为由，甚至援引周总理“外交工作无小事”的话，说明其重要性。

陈老总听完这话，似乎有些不高兴，说：外交工作是很重要，但什么是外交工作呢？荣宝斋几乎每天都有外宾参观，有时一天要接待几批。这是不是外交工作？工艺美术服务部为出国人员提供礼品，属于后勤保障；荣宝斋则是直接从事外交工作。是哪个重要呢？你们应该知道，中华人民共和国成立之初，国际上的反共反华势力十分猖獗，严禁我们的出版物进入他们的国家，现在还有不少国家在这样做。而荣宝斋的出版物，却以其艺术魅力，冲破重重封锁，行销几十个国家和地区。让这些国家和地区的人民通过这些出版物了解中国。这是不是外交工作？有谁能替代他们？说实在话，我陈毅是很感谢荣宝斋的。

陈毅同志一席话，说得反对者心服口服。

荣宝斋王府井门市部的房子问题，就这样由于陈毅同志的支持，使天秤倾向荣宝斋而得到解决。荣宝斋怎么能忘记陈毅元帅这份感情这份厚爱呢？

陈毅同志与荣宝斋，还有一个故事。

“文革”后期，荣宝斋用木版水印复制陈老总的《冬夜杂咏·青松》一诗的手迹，将印样送到“出版口”去审批，有人说，这是陈毅发泄对“文化大革命”的不满，不能出版。荣宝斋据实说明：这是陈老总1961年写的诗，（据《陈毅诗词选集》记载，此诗确切的写作时间是1960年12月）他怎么可能知道数年后要发生“文化大革命”，对老干部进行迫害，并预先发泄他的“不满”呢？于是，侯恺指示业务人员为这件木版水印复制品刻一方内容为“一九六一年”的引首章，印在左上角，使其摆脱与“文革”的干系，从而得以出版、发行。

说来也巧，笔者重读陈老总《冬夜杂咏》这组诗最后一首《不觉》时，突然回忆起一件往事。

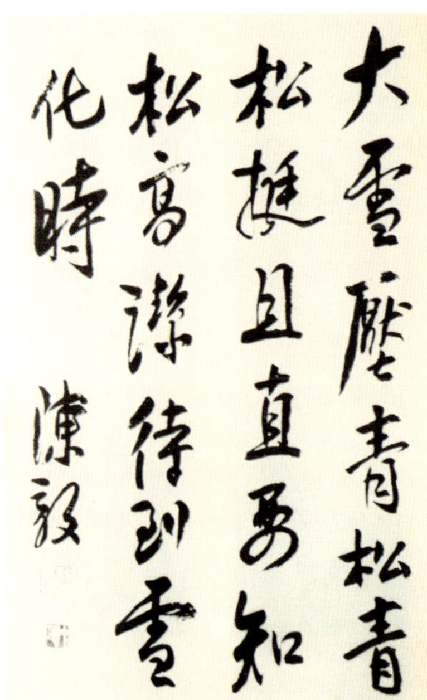

陈毅自书《青松》诗
荣宝斋木版水印作品

大约是1967年冬，笔者在中国作家协会机要室工作。陈毅同志用毛笔写的这组诗的原稿，和毛主席为《人民文学》杂志的题词“希望有更多的好作品出世”的原件，都保存在作协机要室的文件柜里。当时“文革”正轰轰烈烈地进行着，各单位的领导都已被夺权，无政府思潮泛滥，作协的领导权掌握在“造反派”手里，情况很乱。为了保护毛主席和陈老总的手迹，我们几个工作人员商量后，把这些上交中央办公厅。

陈老总《冬夜杂咏》这组诗有12首，都是五言诗。第一首就是流行很广的《青松》，次第是《红梅》《秋菊》《幽兰》《含羞草》《亡羊》《三峡》《长江》《故乡》《吾谈》《一闲》，最后一首是《不觉》。当时这些诗还没有发表，有幸读到这些华章实为快事。我印象最深的是《不觉》这一首。诗曰：“不觉天已晓，雪光上窗纸。诗总写不完，止于可以止。”

一个冬夜，诗人诗思飞扬，忽而吟咏松梅菊兰，忽而游三峡，忽而想到毛主席畅游长江，忽而回忆故乡的变化，忽而通过时间的隧道，去幽会陶渊明、杜甫、李白、白居易、苏轼、辛弃疾，品评他们的佳作……诗人诗意浓浓，兴奋不已，彻夜不眠。忽抬头望窗外，东方已泛白。

此情此景，让我们更深切、更具体地领略了元帅的“儒”的风采。

荣宝斋木版水印复制品陈老总《冬夜杂咏・青松》手迹，不是作家协会曾保存的那个，而是60年代初为外国朋友写的。荣宝斋老经理侯恺同志生前就在家里挂着这件复制品，一是怀念陈老总，二是以陈老总这首诗自勉。

管鲍之义

——荣宝斋与齐白石

齐白石，现代中国画大师，1956年国际和平奖获得者。齐白石五十多岁定居北京，九十七岁去世，几十年中同荣宝斋建立了深厚的友谊，这期间发生了许多趣事。

管鲍之义

春秋时著名的政治家管仲和鲍叔牙，情深义重，管仲说："生我者父母，知我者叔牙也。"齐白石便是荣宝斋情深义重的知己。

齐白石原是湖南湘潭乡的一个木匠，酷爱绘画，融会传统写意画和民间绘画，创造了独特的"齐派"艺术。但因其他出身"低微"和在艺术上刻意求新，20世纪20年代遭到北京旧文人的鄙视和排斥，处境十分困难。而荣宝斋却独具慧眼，不但接纳他、支持他，还特意把他的画挂在店堂最显眼的地方，使他的画逐步为人们所认识，所接受，以至推崇备至。因此，白石翁对荣宝斋感激不已，凡是荣宝斋有求于他，他必定尽力相报。这种深厚的友谊和亲密的关系，一直保持到老先生去世，甚至延及其子孙。

齐白石的"心病"

齐白石是一个有民族气节的艺术家。20世纪三四十年代，日伪统治北平，豺狼当道。齐白石拒不与民族的敌人和那些没有脊梁骨的人来往，闭门不出，还亲笔写了"白石老人心病复作，停止见客”的纸条贴于大门上，并旁注“若关画画刻印，请由南纸店接办”。其实，白石老人没有什么心脏病，而是以此表达对外族入侵者的痛恨和对那些丧尽民族气节的人的鄙夷。他关在屋里照常作画刻印，只要荣宝斋需要，派个小伙计去，一次就给十几幅画。老人对荣宝斋的伙计说：“我那‘心病’二字，是有深刻含义的。至于那个旁注，就是告诉人们要买画刻印到荣宝斋去，由他们来和我打交道。可见白石老人与荣宝斋的关系确实非同一般。”

白石老人的“秘密”

俗话说，人怕出名猪怕壮，人一出名就有人千方百计在他身上打主意。白石老人最恼火的是，有人肆无忌惮地假造他的画，败坏他的名声。他为此专门刻了一方图章“吾画遍行天下伪造居多”，告诫人们，买画要当心上当。低劣的假画，固然一眼就能看出来，但一些高明的造假者，确实能够鱼目混珠，使人伤脑筋。如何防止造假，白石老人想了不少办法。一次，荣宝斋经理到他家里作客，就发现了一个“秘密”。

齐白石

老人作画，常常是流水作业，一个题材，一次同时画好几张，比如画虾，先画头，依次把各张的头画好，再依次画各张虾的胸部……直到画完最后一道工序，几张画就都画好了。这天，老人"晨兴一挥"，画好了几幅虾。经理到他家时，有的已经用夹子晾在铁丝上，有的还摆在画案上。齐白石招呼经理坐定以后，就去盖章。盖完图章，又捧着画到一个柜子前，从腰里拿出钥匙，打开柜子，把头伸进去，揭开一个瓷盒，把盒里的朱砂粉撒在刚打上印泥的图章上，来回抖动让朱砂粉粘在有印泥的地方，再将多余的朱砂粉倒回盒子。顿时，图章上的朱砂粉凸出纸面成为"立体图章"。齐白石这做法，没有回避荣宝斋经理。撒完粉，锁好柜子，他对经理说："从图章上就看出来了。我曾用过钢印，可是钢印也能造假。这种办法，外人都不知道，也不让别人看到。"可见老人确实把荣宝斋当作自己人。

"要吃橘子到荣宝斋去买"

白石老人喜欢到荣宝斋来，一有闲暇就来这里聊天，倾诉心里话。俗话说，三句话不离本行，谈话内容大多与书画有关。每次白石老人来，荣宝斋总是热情接待，特地为他准备上等的点心水果。由此，老人产生了错觉，出了一个笑话："要吃橘子到荣宝斋去买，他们那里的橘子好吃，那里的妹子多，都特别热情。"老人以为荣宝斋也卖橘子和点心。其实，荣宝斋是一家专营字画和文房四宝三百多年的老店，从来不曾卖过水果和点心。老人来作客，荣宝斋是专门买来招待他的。荣宝斋女职工多，爱热闹，白石老人是名人，他一来，大家就跑到客厅去看望他，使他感到热情、亲切。

外界传说，白石老人如何吝啬，买了点心自己不吃，也不让家人吃，变了质还拿出来招待客人。其实不然，荣宝斋有人到他家里，老人必以茶点和糖果相待，而并不像传说那样是变质的食品。而且老人有个怪癖：客人必须吃，不然有事就难求。白石老人的家人私下告诉荣宝斋经理，老人备下的茶点糖果，不要客气，如果没有兴趣，也要当着老人的面用手动一动，否则他认为交情不厚而不高兴。照他家人说的办，果然灵验，诸如请齐白石为荣宝斋写大幅横匾“发扬民族文化”和纵245厘米、横72厘米、气概很大的《蕉下鸣蛙》作木版水印母本等，就都是在这样愉快的气氛下办成的。

“我看不出来”

齐白石的画神形兼备，构图巧妙，情趣盎然，笔墨洗练，最适合木版水印。他从二三十年代起就为荣宝斋作画笺，1953年荣宝斋试用传统的雕版印刷技艺复制中国画就是从老人的《白茶花》开始的。为此，老人还亲自到荣宝斋来作画示范，讲解他作画的技法特点。以后，他专门创作了许多适合木版水印的作品供荣宝斋复印。荣宝斋复印白石老人的画多达数百种，在所有的画家中，是最多的，难怪有人给荣宝斋起一个“齐白石出版社”的绰号。

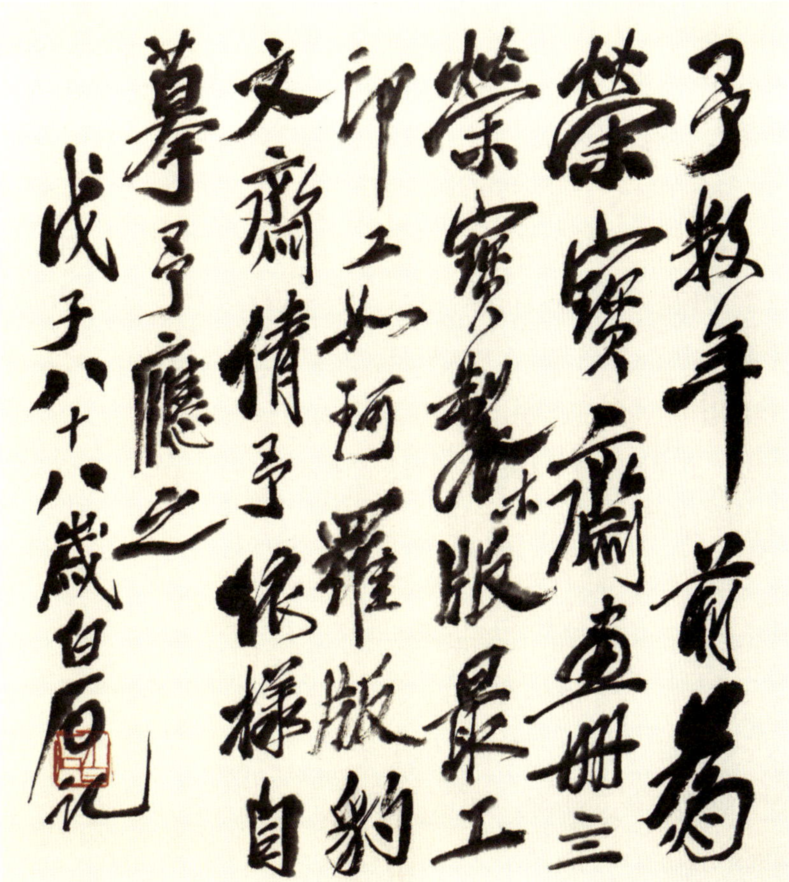

齐白石书赞荣宝斋木版水印

一次，荣宝斋经理把白石老人请来，把两幅《虾》放在他面前，一幅是齐白石亲笔画的，一幅是荣宝斋根据他的原作复印的，经理请老先生辨别一下，哪幅是他画的，哪幅是复印的。老人审视良久，摇摇头说："我看不出来。"荣宝斋的木版水印画真神了！

木版水印画由于所用的纸绢和颜色同中国画相同，加之工作人员技艺高超，复制品能惟妙惟肖地再现原作的风韵，可以乱真。而荣宝斋却严肃认真地在复制品打上"荣宝斋印制"图章，以有别于原作。白石老人的流水作业法，一次至多也只能画几张，而荣宝斋一次就能印二三百张，而且可以反复再版，印上千张甚至更多。既不损他作品的风韵，又可使他的名字和作品遍及天下，家喻户晓，老人何乐而不为呢！

不能忘本

1956年，上海科技电影制片厂要摄制一部介绍荣宝斋木版水印艺术的科教片。被誉为"中国一绝"的荣宝斋木版水印是在齐白石和徐悲鸿两位大师的扶持下发展起来的，这部影片应有他们的镜头。遗憾的是徐悲鸿大师已经作古，因此，白石老人成为本片唯一的"主角"。老人虽已九十六岁高龄，却精神矍铄，头戴自制一把抓黑缎小帽，身着紫红色寿字长袍，足登云粉底皂靴，手拄一把红色木质长尺，飘飘若仙，神气极了。荣宝斋经理觉得奇怪，以玩笑口吻问他："老先生为什么不用手杖，而拄这把尺子？"老人严肃地将尺子往地下杵了杵，又用右手拍那把尺子说："我是木匠出身，什么时候都不能忘了本呀！"

影片必须有白石老人为木版水印作画稿的镜头，但老先生年岁这么高，要当场作画，实在有困难。导演想出了个办法，画面上活动的是老人，而作画的是他的五子齐良已先生，镜头只拍作画者的双手和画幅，前后连接起来，给人的感觉是老先生在现场作画。翌年，老先生就与世长辞。然而，这部影片却把一个无止境地追求艺术的伟大艺术家的形象永留于世。

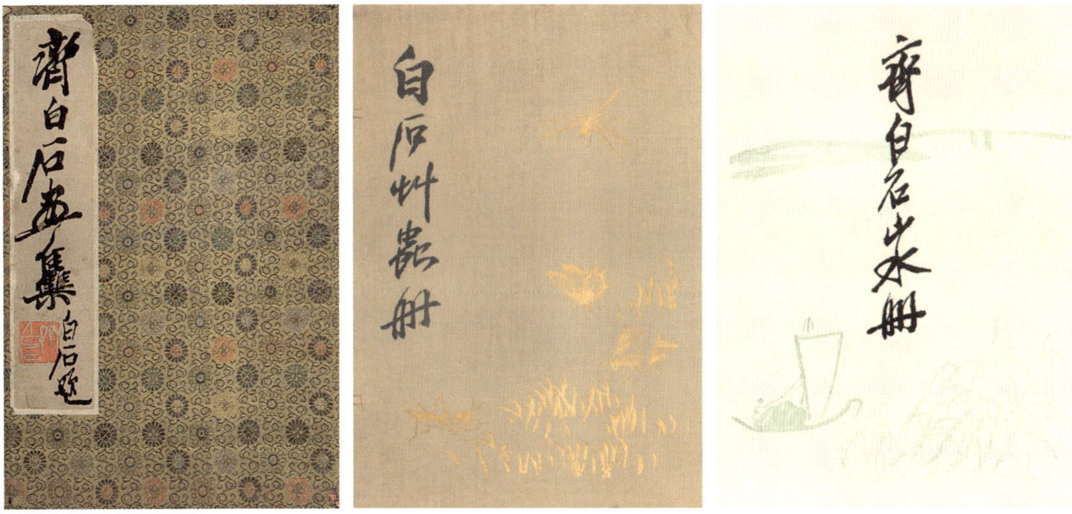

齐白石木版水印册页封面

“见物思齐”

齐白石的艺术在中国乃至世界都产生了很大的影响，而影响最深的，莫过于荣宝斋了。

看：门楣上“荣宝斋”匾是齐白石写的，大厅中央的巨匾“发扬民族文化”是齐白石题的；一楼东厅，齐白石作品的木版水印复制品挂满了墙壁，摆满了货柜；二楼东头圆门里挂的则是齐白石的原作，这里是北京城里齐白石作品真实性可靠程度最高的地方。走进木版水印车间，正在印制的齐白石作品比比皆是。

20世纪30年代到50年代，齐白石为荣宝斋的各种笺谱和信笺作画百余种。除了木版水印画和笺纸，荣宝斋还出版了其作品的大量胶印出版物，如：荣宝斋的系列《荣宝斋画谱》，就有齐白石的山水、人物、花卉草虫、动物四册，收入作品265幅；明信片四套，收入作品40幅；《齐白石印影》收入齐白石所刻印章1400余方；《荣宝斋藏三家印》收入荣宝斋藏齐白石刻印40余方。此外，还有齐白石作品的挂历、贺年片等。

荣宝斋收藏齐白石作品数百件，有绘画、书法、印章、手札，早、中、晚期都有。绘画作品题材广泛，有山水、人物、花卉草虫、动物，艺术形式从笺稿到册页、镜心、立轴、横批、条屏、扇画、手卷。书法作品有行书、篆书、杂体书。这些作品不乏精品。

如《朱砂梅》，用金粉在瓷青纸上画的工笔草虫花卉条屏和九十五岁以后画的十几件作品，都是大师作品中十分珍稀的。

这些藏品，经常为国内外有关齐白石艺术的各种展览作为展品提供。1989年还举办了荣宝斋所藏齐白石作品展，供各界人士欣赏。

齐白石的艺术渗透到了荣宝斋职工的心灵，凡是在荣宝斋工作的人，无论是老职工还是新来的学徒，都必须了解、领会齐白石的艺术特点。在这里，研究齐白石艺术，并学有所成者不乏其人。已故的书画鉴定大家王大山，是鉴定齐白石作品的权威。萨本介是荣宝斋新一代研究齐白石的代表，无论对齐白石艺术思想、艺术风格的研究还是对齐白石作品的鉴定，都颇有建树，写过不少研究齐白石的很有见地的文章。

齐白石《菊花》
荣宝斋木版水印作品

齐白石大师离开我们半个多世纪了，但他的形象仍铭刻在荣宝斋人的心中；他的艺术的影响更是无处不在，并将长久地延续下去。

傅抱石的“家”

——荣宝斋与傅抱石

傅抱石夫妇

傅抱石（1904—1965）是我国最有创造性、影响最大的国画家之一。有评论家说，中国山水画史上的笔法，在不断变化中有两次重要突破：首次变化为南宋李唐所创造的“卧笔侧锋”；第二次，在相隔一千年后，由傅抱石独创的“散锋笔法”为转折点，即世称著名的“抱石皴”。傅抱石在他的艺术生涯处于巅峰时期的20世纪五六十年代，同荣宝斋建立了密切的关系，结下了深厚的友谊。

一、傅抱石的“家”

1959年，傅抱石在北京东方饭店为人民大会堂绘制巨幅国画《江山如此多娇》，这是一个浩大的艺术创作工程，需要很多的材料和工具。一次，他发现工作现场缺少点什么，对身边工作人员说，要回家一趟去取东西，工作人员以为他在开玩笑，不以为然，没有理会。可他放下画笔就走，过了个把时辰，他把所需要的东西取回来了。大家觉得奇怪，问：“傅院长，您上哪儿取的这些东西？”傅抱石先生时任江苏省国画院院长，大家都这样称呼他。

“我回家取的”。

“你的家不是在南京吗？怎么这会儿就回来了？”

“我在北京也有个家呀，就是荣宝斋嘛。”

大家幡然领悟：是啊，荣宝斋就是书画家之家嘛。从地处宣武区万明路的东方饭店到琉璃厂西街荣宝斋，即便是徒步，来回一个钟头也足矣。但是，一般地这样理解是不够的，因为傅抱石与荣宝斋有一种特殊的情分。

荣宝斋的经理侯恺，是傅抱石的好朋友，说起来，也算是老战友了。侯恺从小参加八路军，是革命队伍里的“红小鬼”，曾在鲁迅艺术学院分校学习版画创作，尔后在抗日前线做宣传工作。傅抱石1936年从日本回国后，也投身于轰轰烈烈的抗日救亡运动，在郭沫若麾下工作。郭沫若在《竹阴谈画》中写道：“在武汉时期，特别邀了抱石参加政治部的工作，得到他不少的帮助。武汉撤守后，由长沙而衡阳、而桂林、而重庆，抱石一直都是为了抗战工作孜孜不息的。”他与侯恺有共同的经历，又都是美术工作者，自然有许多共同的语言。侯恺后来不再从事美术创作，却当了荣宝斋经理，成了书画家的“后勤部长”，侯恺深知抱石的为人，推崇他的作品，乐意为他做所能做的一切。这不正是一个画家最需要、最难寻觅的知遇吗！

这是傅抱石所以心仪荣宝斋的原因之一。

侯恺及其属下的荣宝斋职工，了解抱石先生的秉性和爱好，知道他酷爱清代乾隆时期的旧纸、旧墨、旧砚、旧印泥及漆砂砚、名贵印石等文房用品。荣宝斋现藏的傅抱石名画《溪亭观瀑图》，就是用乾隆时期的旧纸画的，画上题曰：“昔石涛得旧纸，有宫纸南朝不易得之叹。此楮逾二百年矣。”旧纸旧墨，用起来往往能产生一种奇特的效果，故为书画家所青睐。有深厚传统文化底蕴的抱石先生更深知这一特点，所以对这些古旧的文房用品，爱之更甚。荣宝斋每当收购到历史上遗留下来的文房四宝精品，总是为他留着。荣宝斋客厅里，上乘的笔、墨、纸、砚和其他书画用品一应俱全，抱石先生一来，就有懂得如何为书画家服务的工作人员前来“侍侯”，研墨、理纸、备颜料、抻纸等等，一切都做得妥妥帖帖。这里更有丰富的历代书画精品可资借鉴，这是书画家最为醉心之物。

傅抱石《溪亭观瀑图》

抱石作画离不了酒，他的作品常钤一枚印文为“往往醉后”的图章。酒后露真情，是抱石先生绘画创作的真实写照，往往在酒后能画出佳妙的作品。因此，经理侯恺的办公室里常年少不了茅台和五粮液。

这是傅抱石所以心仪荣宝斋的原因之二。

虽说抱石先生是国内最著名的画家，每月薪水也不过百多元（这在20世纪五六十年代已是高工资了），他子女多，开销大，光靠这点工资是远远不够的。荣宝斋则是当时国内最大的书画经销店。据研究文化市场的人士估计，50年代到60年代中期，荣宝斋的书画销售量占全国销售量的百分之五十以上。傅抱石的画在这里十分畅销，他的画只给荣宝斋，不给别的单位。他时常将一卷卷的画交给荣宝斋营业科副科长田宜生，也不说明是多少张，只说要二百元或三百元，荣宝斋就先把钱给他，然后再点是多少张。有时他手头紧，就先在荣宝斋借，然后再用画来顶。因此，曾发生过一个不小的插曲：在批判文艺界“三名三高”（名作家、名演员、名导演；高工资、高报酬、高××）的当儿，不知文化部怎么了解到这些情况，批评了荣宝斋一通。这在现在看起来近乎可笑，可当时却是非常严肃的事。不过，荣宝斋并未因此而停止收购他的画，直到他去世前不久，还给荣宝斋捎来一卷画。

通过荣宝斋这个大雅之堂扩大自己的影响，同时解决经济上的需要，这是傅抱石所以心仪荣宝斋的原因之三。

傅抱石身兼中国美术家协会副主席、中国美协江苏分会主席、江苏省国画院院长等职，又是全国人民代表大会代表，更是最著名的画家，经常到北京参加各种会议和活动。以他的身份，到哪儿都能安排最好的住处，受到最好的款待。然而，就其本意，宁愿到住宿条件相对较简单的荣宝斋来，而不愿去住豪华宾馆、饭店，因为一个画家，到了荣宝斋才真正有“家”的感觉，而他往往身不由己。但无论如何，他每次来京，总要到荣宝斋来“报到”。有时下了飞机或火车，就直奔荣宝斋，有时住饭店，不能先到荣宝斋，就用电话联系，总之，只要到北京，一定要到荣宝斋来走一走，用他自己的话说：“到北京，不论多忙，也得回家看看，不然心里总不踏实。”

一次，傅抱石住在荣宝斋，午睡起来，见侯恺那里有茅台和适口的酒菜，就独自喝起来，几盅下去，就来了神，看见案子上的纸笔，手就痒痒，张罗画画。侯恺给他找来了助手，于是就画起来。傅抱石一画画，就全神贯注，进入了绘画艺术的世界，忘却了其他一切。到该吃饭的时候，请他几次，都不理会。一直到他觉得肚子饿了，抬头看时间，已是深夜了。他问侯恺有什么吃的，侯恺戏谑说：“这里还有酒。”

“不，不，老侯，我真饿了，想吃点东西。”

“我说傅院长，酒终不能当饭吧，几次请你吃饭，你借着酒劲，一个劲地画，这会儿撑不住了吧。走，咱们吃夜宵去。”

“不了，如果你这里有饼干什么的，凑合吃一点就行。”

“饼干干巴巴的，怎么当饭，馆子离这儿不远，走吧。”

“老侯，你不知道，运动中有人批评我尽交酒肉朋友，吃吃喝喝的，我想还是注意点好。”

“哎，人长了个嘴巴，就是要吃东西的嘛。再说，下馆子不一定都是酒肉嘛，我请客。”侯恺拉着抱石的手，一起走出了门。

又一次，那时1963年的秋天，傅抱石应邀来京参加活动。这回，他决意不住宾馆，而住进了荣宝斋王府井门市部。这里地处北京最繁华的商业中心，人杰地灵，是王府井商业大街最为亮丽的文化景观。同琉璃厂荣宝斋本部一样，这里充满了传统文化的气息，一切那么幽雅宜人。郭沫若、邓拓、肖劲光、张爱萍、肖华、傅钟、老舍、周扬、夏衍、齐燕铭等政界、军界、文化界高层人士，进进出出，往来不绝。至于书画家这里写写画画，互相观摩，切磋技艺，那更是家常便饭了。抱石先生白天有时出去参加推辞不掉的活动，更多的时候是在这儿观摩、借鉴历代名家的书画作品。晚上常常与同行边喝酒边聊天，交流心得体会，或边喝酒边画画，往往忘却了时间的飞逝，画出了惬意的作品。他觉得，这里是他最为舒心的地方，荣宝斋这个“家”的感觉真好。

二、为人民大会堂创作《江山如此多娇》

为了迎接中华人民共和国成立十周年这个盛大节日，显示建国十年以来的光辉成就，1958年北京掀起了建设高潮，出现了许多具有时代意义的建筑物。人民大会堂、历史博物馆、民族文化宫、北京火车站等50年代十大建筑，就是当时的标志性建筑。这些建筑完成后，需进行内部装饰，特别是作为国家最高权力机关——全国人民代表大会活动场所的人民大会堂，是国家的象征，它的布置必须充分体现具有几千年历史的传统文化和人民当家作主的时代特征。中国美术家协会和荣宝斋等单位受国务院委托，承担了组织画家为这些建筑物画画的任务。人民大会堂宴会厅前对着台阶的墙上，需要一幅高650厘米、宽900厘米的巨幅国画，由美协提名傅抱石和关山月担当此任，荣宝斋负责物质保障和装裱等辅助性工作。

这幅前无古人的巨画，经过充分酝酿，画家集中了多方的意见，确定以毛泽东主席的《沁园春·雪》这首词为主题，画名就叫作《江山如此多娇》。这首纵贯中华五千年历史，横跨九百六十万平方公里大地，气势恢宏、气魄雄伟、旷古无论的词，其核心，或者说其精髓，就是“江山如此多娇”。无论是古代的秦皇汉武、唐宗宋祖、成吉思汗，还是今朝的风流人物，为之折腰的，正是如此多娇的江山、如此可爱的祖国。傅、关二位画家深刻领会并努力在画面中体现这首词的立意，抱石先生擅长领会毛主席的诗词，画过许多体现毛主席诗（词）意的画，而理解最深、体现最佳的莫过于

《沁园春·雪》这首词和《江山如此多娇》这幅画了。看，一轮红日从东方地平线上喷薄而出，象征年轻的人民共和国无限的生命力和人民当家作主的祖国无限广阔、无限美好的前景；那连绵起伏，无际无涯的山峦，或为昆仑，或为三山五岳，涵盖了我国东西南北的不同地貌和春夏秋冬的不同气候，有的部分正是万紫千红、春风和煦，有的部分却是白雪皑皑、红日普照，构成了朝晖夕阴，气象万千的奇观；那古老的苍松，则是中华民族不屈不挠坚强意志的体现。拜观此画，一种开阔、自豪、心旷神怡之感油然而生。此画具有重要的历史意义和很高的艺术价值，在我国绘画史上有重要的地位，它将同毛泽东的《沁园春·雪》这首词一样，被载入史册。

《江山如此多娇》从拟稿到完成，是一个浩繁的艺术创作工程。先由抱石拟出初稿，同关山月协商修改后，再由稿子扩大为高650厘米、宽900厘米的巨幅。他们是将纸铺在地上画的，所以也是一种艰苦的体力劳动。因为画放大以后效果同原稿不一样，在绘制的过程中还必须不断修改，例如画中太阳的位置就改了两次。第一次，画成连接起来（尚未装裱）挂在现场，让周总理审查，周总理发现，太阳的位置太低了，在台阶底下看不见，作了修改；修改后又太高了，影响了画面的布局，又重新修改。整幅画从落笔到完成，前后耗费了一个多月的时间。

为了在物质上保障画家创作的顺利进行，并达到最佳效果，荣宝斋提供了珍藏的古墨和丈二匹宣纸以及最好的颜料。光是珍存多年的丈二匹宣纸，就用了几十张，还特制了杆长一米多的如椽巨笔。所有的颜色，是用大号洗脸盆盛的，地上一摆就是五六个，可见用量之大。总之，是需要什么就提供什么。此外，还派专人给画家当助手，比如研墨、调配颜色、备纸、抻纸、涮笔等等。

装裱工作也密切配合，由装裱老艺人张贵桐和高级技工刘金涛率领十几个装裱工人在现场工作，画家每画完一部分，就立即托裱抻平，让画家看效果，进行修改。画中太阳位置的两次变动是关乎画幅全局的。大动干戈的修改，装裱自然而然也随之进行挖补，重新托裱。直到画幅完成、挂好，各方面都满意为止。难怪此画作者之一关山月感叹道：装池这么大的画是没有先例的，他们是有发明创造的，没有他们的密切配合，此画是难以完成的。

三、为毛泽东治印

傅抱石的画名誉满全球，他同时也是个著名的金石篆刻家，却鲜为人知，这是因为被他的画名所掩盖。事实上，他的篆刻名早于画名。早在他还是个十几岁的孩子在南昌师范学校念书时，因为家贫，交不起学杂费，母亲又得了肺炎，在愁苦无奈之际，学校一个认得城里几个绅士人家的看门工友，知道抱石小时从收破烂兼刻图章的邻居那里学得一手刻章的好手艺，让他刻几方仿赵之谦的印章，试着拿到绅士人家去卖。此招果然一时解决了他当时的困难。但不久东窗事发，买图章的人到校长那里告他假造他人印章。校长是个爱才的人，不但没有批评抱石，反而鼓励他，对他说，你既然能仿赵之谦的图章，何不以自己的名字刻好去卖呢？从此，抱石开始为人治印。他在日本留学期间，在东京举办个人作品展，他的篆刻艺术受到其导师金原省悟的称誉："于艺术才能、绘画、雕刻、篆刻俱秀，尤以篆刻为君之特技。"

抱石先生1930年就有《摹印学》一书问世，郭沫若为之作序，以为："自有篆刻以来，从无系统的篆刻史论之作，始作俑者，则只有傅抱石。"抱石的篆刻，用刀浑厚，布局严整，刚劲灵秀，潇洒自在。由于他在印学方面和绘画方面的成就，被享有盛誉的著名学术团体——西泠印社推选为该社副社长。

金石篆刻家的傅抱石，熟悉各种印材，对寿山石、昌化石、青田石等印石的品质，特别是对名贵的田黄石、鸡血石的特点了如指掌，如数家珍。他很喜欢这些印石中的精品，那些特别"酷"的印石，一经映入他的眼帘，就不能忘怀，总要千方百计弄到手，不达目的，决不罢休。

一次南京画家伍霖生先生陪抱石先生来京开会，刚安排好住处，抱石就迫不及待地要伍霖生跟他一起驱车到荣宝斋去。一进门，荣宝斋的老相识——营业科副科长田宜生笑脸相迎，落座奉茶以后，田说："傅院长，我们等您好久了，我特地为您留下一件宝贝哩。”抱石说：“什么宝贝？快拿来看。”田宜生转身从柜子里捧出一对鸡血石章，抱石伸手接过来，仔细端详，但见那对鸡血石大约边长各为四厘米，高九厘米，六面殷红，鲜若刚宰杀的鸡血，是所谓“大红袍”了，质地清透如冻，如此大型优质的鸡血石极为罕见。抱石心情激动，十分兴奋，爱不释手，他不断将这石章往鼻子尖和脸上蹭（因为鼻子和脸上有油，这是识别石章优劣的一种方法），反复观摩、欣赏，啧啧称奇，赞不绝口。询问价格，对方回答说：“八百元。”这在当时，简直是个天文数字，有如给他泼了一瓢冷水，傅抱石连连摆手说：“八百元，太贵了太贵了，买不起，买不起。”只好怏怏作罢，但他的心似已被这对奇特的鸡血石所摄取。他无精打采地离开荣宝斋，回到了住处，一直心事重重，闷闷不乐，那石章不时浮现在他的脑际。晚上老朋友来访，谈得兴奋时，或许能暂淡忘，可当客去人散，夜深人静时，那对鸡血石又重新占据他的头脑。他躺在床上辗转反侧，久久不能入眠。跟随他学画多年的伍霖生先生与他同住一个房间，对老师的这一切，看在眼里，记在心上。他担心老师因此睡不好，影响身体，心里十分着急。他深知老师的性格，这种可遇不可求的心爱之物，一旦错过时机，就会耿耿于怀，酿成终生的遗憾。他也为老师未能如愿而感到无限惋惜，寻思着帮助老师实现其心愿。他脑子忽然闪现了一个想法，对老师说：“您何不多画几幅画，把这对鸡血石换下来。”

“对呀！我怎么就没想出这个办法呢。”他非常高兴地采纳了伍霖生的建议，这才安心地入睡。

第二天一早，抱石先生偕同伍霖生又来到荣宝斋，说明来意后伍霖生代写了八百元的欠条，注明以抱石的十幅画相换，由抱石签字，交给了田宜生，田遂将那对鸡血石交给了抱石。傅抱石兴奋极了真像得到了宝贝一般，回到宾馆，一扫昨日的沉闷气氛。他兴致极高，一边把玩这刚到手的宝贝儿，一边跟伍霖生数说我国印章石料的品种，从昌化鸡血青田冻石，从寿山石到田黄石各种印石的特点，以及如何鉴别田黄的优劣、真伪，似乎有说不完的话。

后来，由当时在荣宝斋工作的画家许麟庐先生出差去南京，顺便持抱石先生的欠条，换回了抱石先生的十幅画，此事才告一段落。

1959年傅抱石和关山月合作，为人民大会堂绘制巨幅国画《江山如此多娇》需请毛泽东主席题画名。按照中国画的传统习惯，在画上题字，需要盖题字者的印章，于是傅抱石想起应该为毛主席治印。在这么大的画上题字，字自然也是很大的。这么大的字，必须有与之相适应的大印章，于是傅抱石将上述那对心爱的鸡血石分别刻了朱文“毛泽东”和白文“毛润之印”两方图章，通过陈毅元帅送给了毛泽东主席。但据悉，毛主席说他不习惯用印章，题字就行了。的确，我们从大量的毛泽东题词和他自书的诗词中，没有看见他用过印章。所以从《江山如此多娇》这幅画上，没有看到傅抱石刻的这两方图章。虽然如此，此事却已构成一个著名画家热爱和敬仰人民领袖的动人故事，他体现了傅抱石先生豁达、豪爽的性格。而抱石所刻的这两方图章，也必将成为重要的文物。

四、永远的纪念

傅抱石先生离开我们几十年了，但从荣宝斋的藏画和木版水印画中，仍可不时领略大师的风范。荣宝斋收藏的傅抱石作品，数量根相当可观，其中代表性的作品有《溪亭观瀑》《蜀江图》《金城图》《待细把江山图画》《芙蓉国里尽朝晖》《乾坤赤》等。

《溪亭观瀑》深厚滋润而空灵，皴法自然，瀑泉充满动感。

《金城图》是一幅人物画，一个古装人物深沉、忧郁，紧锁双眉的表情和头顶上几枝倒垂的柳条，使人想起唐代诗人韦庄的《金陵图》诗：“江水霏霏江草齐，六朝如梦鸟空啼。无情最是台城柳，依旧烟笼十里堤。”金陵是现在的南京。这座曾经是东吴、东晋和南朝齐、梁、宋、陈六个朝代都城的往事，梦幻般地过去了，就是鸟也觉得悲伤，空自在那里啼叫。只有玄武湖畔古城墙（台城）的杨柳，对六朝的兴亡无动于衷，依旧像烟雾一样绿蒙蒙地笼罩着十里长堤。金城历史上曾是金陵的属地，想必是抱石先生见到什么引起联想的景致，有所感而发思古之幽情，以此画志之。对于熟悉历史富于情感，善于以画笔表现历史典故的抱石先生来说，这种推测，未必是不可能的。总之，这是一幅有深刻文化蕴涵的佳作。

《乾坤赤》画中那从大海中喷薄而出的红太阳，在红霞衬托下，娇艳而生动，力度无穷；那被朝霞映红的汹涌、浩瀚的波涛，一望无际。其意境，其气势，妙不可言。虽是区区尺幅，其意蕴之厚，已足沦肌浃髓，沁人肺腑。这时期，正是抱石先生绘画艺术的巅峰，又怀着对人民领袖的崇敬心理，是毕恭毕敬、竭其所能、细心绘制而成的，无凝是抱石先生之力作。

《芙蓉国里尽朝晖》，同一题目荣宝斋收藏了两件，都是横幅，一大幅（48.5厘米×68.8厘米），一小幅（33.8厘米×45厘米），构图与内容都相同，都是画湘江两岸的风物。右岸为近景：一片果实累累的橘子园，一队携带劳动工具的人，插着红旗，有若干建筑物的山冈；左边为远景：山脚下有许多冒着青烟的工厂，天空布满朝霞般的胭色的云，映红了江面；江中许多船只往来穿梭。两幅画只在局部的描写上有些差异，如右岸的山冈，大幅的是一个，小幅的是两个。丰收的果园，辛勤劳作的人们，工厂与船只的

傅抱石《秋风吹下红雨来》 荣宝斋木版水印作品

繁忙，空中与河水尽染的胭色，这一切都烘托着一个主题：新中国从人的精神面貌到自然景象，都充满着朝气与活力。这就是傅抱石先生对“芙蓉国里尽朝晖”这一名句的诠释。

荣宝斋收藏的傅抱石作品，有一部分被复制成木版水印画，如《芙蓉国里尽朝晖》（小幅的）《长白瀑布》《峨眉处处有歌声》《秋风吹下红雨来》《风展红旗如画》等，以及他和关山月合作的山水画。有的还一印再印，反复出版，广销国内外。木版水印画有酷似原作的风貌和韵味，使许多喜爱傅抱石先生作品的人，可以通过木版水印画来领略和鉴赏傅抱石先生的绘画艺术。

木版水印的倡导者

——荣宝斋与徐悲鸿

徐悲鸿

我国的雕版印刷艺术，已有千多年的历史；荣宝斋设“帖套作”自己印制诗笺等传统艺术品也有百余年。但运用这种传统技艺来复制中国画，使之成为一种独特的印刷技艺。则是中华人民共和国成立后在国画大师徐悲鸿先生的提倡，指导和支持下进行的。

徐悲鸿是中国现代美术事业的奠基者和20世纪我国伟大的画家与美术教育家，为我国的绘画艺术做出了重要的贡献，他还十分关心我国传统的印刷艺术。1949年中华人民共和国建立之初，他在中山公园一个展览会上发现一种奇特的美术品，感到新奇，便开始了解这些东西是哪儿印制的。最终得知，是石家庄“大众美术出版社”制作的。这“大众美术出版社”，是由解放区革命队伍中的一些美术工作者组成的，他们以版画的形式来反映人民的革命斗争。徐悲鸿认为这些美术品从内容，形式到艺术特点，都值得保护、提倡。在他的积极活动下，促成主管出版工作的政务院出版总署在当年晚些时候，把石家庄“大众出版社”的一些技术人员调到北京，在出版总署下面组成了以侯恺为科长的木印科，开展木版印刷业务。差不多在徐悲鸿为保护“大众美术出版社”的技术骨干而奔波的同时，郑振铎、魏建功等文化界有识之士，为了保全荣宝斋这份优秀民族传统文化，也在奔走呼号。他们从两个方面促成了出版总署与荣宝斋进行公司合营的谈判。在公私合营过程中，徐悲鸿先生积极出主意，提建议。最终出版总署木印科与私营的荣宝斋于1950年实行公私合营，由侯恺作为公方代表出任经理，原荣宝斋掌柜王仁山作为私方代表任副经理。从而使这两支在不同背景下产生的木版印刷技术力量结合在一起，为后来的木版水印艺术奠定了坚实的基础。

徐悲鸿《奔马》
荣宝斋木版水印作品

合营后仍沿用荣宝斋这个品牌。为了有别于私营的荣宝斋，在后面加了“新记”二字，变成“荣宝斋新记”。徐悲鸿先生为其写匾。这是公私合营后文人为荣宝斋写的第一块匾。

合营后，徐悲鸿仍很关心荣宝斋，常来看看，聊聊。他多数时候是带着画件交荣宝斋装裱的。他来裱画时，都先设计好规格和绫边的颜色，并给有关人员讲解画芯与边饰互相作用的原理。他说，画件绫边的颜色，必须根据画芯色调的深浅、浓淡进行搭配，以求起到反衬和协调的作用。人须着装，有“三成人七成打扮”之说。国画亦然，边饰与画芯的颜色配搭得当，能使画芯增色，使其与画芯成为一件艺术品的整体。否则，就会影响画面的效果，使之失色。他从美学的高度进行讲解，却通俗易懂，使相关人员得到启示，提高了调配裱件边饰色调的能力。

荣宝斋继承了我国雕版印刷艺术的优良传统，从清光绪到20世纪30年代，大量印制了林琴南、齐白石、王梦白等文人创作的格调清新生动活泼的笺画，被鲁迅、郑振铎誉为“琉璃厂诸笺肆之‘白眉’”。1934年受鲁迅、郑振铎的委托，重新刻印明代的《十竹斋笺谱》，使其技艺达到了明末的最佳水平。此后又相继出版了《北平荣宝斋诗笺谱》《北京荣宝斋新记诗笺谱》等多部笺谱，并一直拥有着一支高水平的雕印技术力量。1952年已开始尝试运用这种技艺复制中国画，复印过齐白石的《白茶花》和《齐白石画集》，但还处于探索、总结的过程。徐悲鸿看到荣宝斋这些成果，非常高兴，给予很高的评价。鼓励他们继续完善、提高。

徐悲鸿《群马》
荣宝斋木版水印作品

一天，他带自己的一件作品《奔马》来找侯恺，说："一位英国朋友想要这匹马，我也打算送给他，但这匹马我也很喜欢，给他带走了，我就看不到了。"侯恺经理说："这好办，我们用木版水印为您复制。"徐先生听后非常高兴。随后领他到印制车间，他仔细观看了勾描、制版、印刷整个工艺过程进一步了解荣宝斋的工艺水平，使他对荣宝斋印好他的《奔马》充满信心。

大约过了两个星期，一匹欢快奔跑的马复制出来了。徐先生看了通过木版印刷艺术再现的这幅《奔马》，非常兴奋，大加赞扬。他对侯恺说："你们可以作为复制艺术品售卖，欣赏者购买时，我可直接在上面签名。"

由于复制的效果好，又有大师的亲笔签名题词，一经面市，就受到各方的好评，销量相当大。

由于徐先生的创作、教学与社会活动都很忙，再请他直接在每件复制品上签名，就不可能了。因此，就按原作的款识、印章，刻好印在复制品上。尽管没有画家的亲笔签名，仍然受到国画艺术爱好者的欢迎。

又过些时候，徐先生带着他画的另一幅马对侯恺说："这马我觉得还不错，就是这条腿长了点，有没有办法修修它？"侯恺说："这容易，复制勾描时，把它缩短就行了。您看去掉多少合适？"他用指甲在那条马腿上划了两道印，示意去掉两道印中间的部分。

又从公文包里拿出一张照片，说这是他剪接好的，可作修改时参考。在这幅画的印制过程中，他常来指导。当他看到那条修改过的马腿印出来的样子时，高兴极了，说：“修改得天衣无缝，这真是一门好艺术。中国画一笔下去就见效果的，发生一些笔误常常是难免的，往往是整幅画看上去还很好，可是有一笔发生笔误，去也去不掉，把它丢弃了吧，又觉得可惜，很影响情绪。用你们这种办法，可增可减，就把笔误改正过来了。这真是一门了不起的艺术。”他说着，便拿起刻刀，亲自在木版上修改。侯恺在一旁说，还是用灯草把木版上的棱坎磨掉好，用刀修改会留下刀斧痕，就显呆板了。他说：“没有关系，咱们就是用木版印的，带点刀斧痕更有特别的意趣。这是绘画与雕版两门艺术的结合。木版印刷本身就是一门艺术，它能使艺术再现，很好，很好！”

徐先生除了将自己适合木版印刷的作品拿来复制外，还为荣宝斋寻找和推荐其他的画来复制。齐白石赠送他的二十四开册页，件件都是精品。他让荣宝斋派人到他家里去挑选。荣宝斋从中选了十二开，印成一本册页。他为这本册页题名：白石墨妙。这本册页，成为荣宝斋木版水印的精品，几十年来一直在印刷和销售。任伯年不但为中国绘画的发展作出了很大的贡献，而且他的画具有强烈水墨淋漓的气韵，印出来效果一定很好。徐先生拿出自己收藏的任伯年几幅画，又从别处借了几幅，共选出八幅，印成一本册页。效果果然不出所料，受到各方的高度赞扬。这本册子，现在拿出来，摆在行家面前，真找不出刻版和印刷的痕迹，与原作没有什么区别。即使是名家，通过它，也可以领略任伯年这位海派大师的绘画艺术，从中得到启示，吸取营养。

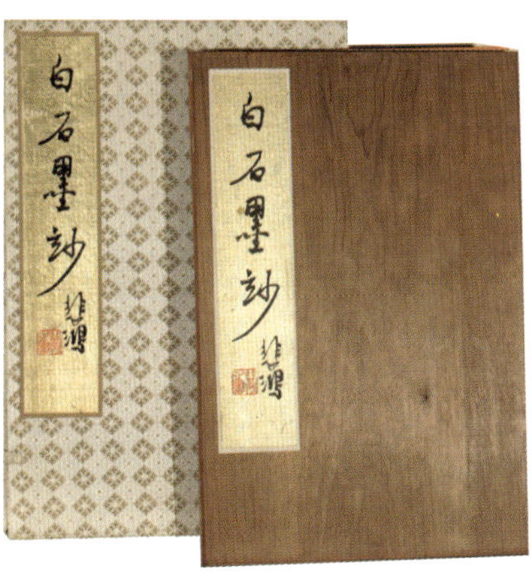

徐悲鸿为木版水印册页题签

在徐悲鸿先生的积极提倡、指导和具体帮助下，荣宝斋运用传统雕版印刷技艺复制中国画的实践，不断取得进展，技术上不断改进、完善，使之成为一种专门复制中国画，追求中国画艺术特色，再现中国画风貌的，独立于其他印刷方法的印刷艺术——木版水印艺术。

半个多世纪以来，荣宝斋复制了古今名家字画千余种，使这些以前只能在博物馆和收藏家那里才能见到的书画艺术珍品，通过木版水印同广大人民和外国友人见面，既弘扬了传统文化，丰富了人民的文化生活，也促进了对外文化交流。

荣宝斋在复制徐悲鸿作品的同时，也复制了齐白石的许多作品。由于他们的作品很适于木版水印复制，效果佳，销路好，印得多。徐先生为木版水印提供的作品和收藏品都不收取分文稿费。他和齐白石两人作品的复制品，给荣宝斋带来了丰厚的经济效益。以徐悲鸿的第一件木版水印复制品《奔马》为例，1952年制作成本才两万元（旧币，一万元等于稍后发行的新币一元）售价十五万元，为成本的七倍半，而买者还觉得便宜。这在公私合营后还没有趟出经营路子的情况下，解了荣宝斋的燃眉之急，使其走出了困境。所以业内有荣宝斋公私合营后以“徐齐起家”之说。不仅合营之初是这样，他们作品的复制品，一直是荣宝斋木版水印画的主体，是所有画家中的作品被复制得最多的，光是徐悲鸿作品的复制品就有20多种，如《奔马》（大小有5种）、《天马》《墨马》《群马》（原大和缩小各一种）、《松下奔马》《漓江春雨》（原大和缩小各一种）、《风雨鸡鸣》《貓石图》《渔鹰》《群鹅》《飞鹰》以及与齐白石合作的《芋叶双鸡》等。其中的《群马》《奔马》《漓江春雨》等，是荣宝斋木版水印的名品，反复再版，长盛不衰。

徐悲鸿先生这些作品的木版水印复制品，在社会上产生了深远的影响。这些复制品，有的成为饭店等公共场所和家庭的装饰品；有的被作为范本，移植到其他工艺品，如《群马》就被作为丝织、丝绒、地毯、瓷制品等工艺品图案的蓝本。

徐悲鸿不仅倡导了荣宝斋的木版水印艺术，他的作品也是荣宝斋藏品的重要组成部分。已被复制为木版水印画的徐先生的原作《奔马》《天马》《松下奔马》《貓石图》等，是公认的徐氏绘画的精品，都藏在荣宝斋。其他还有花鸟画《四喜图》，人物画《少陵诗意》，山水画《溪岸峭壁图》，油画《先人像》等。特别是他

徐悲鸿《松鹰图》 荣宝斋木版水印作品

的《松鹰图》，画一只凶猛的苍鹰，追攫两只鸟，把他们逼到了绝境，并题：“明知生死关天意，如此淫威实极凶。廿五年夏尽，感奋时事，写于南宁。”当时日本军国主义已占领我东北三省，正准备大举进攻中国腹地，徐悲鸿以此画形象而深刻地揭露了日本侵略者弱肉强食本性，淋漓尽致地表达了他的爱国主义思想，是一件具有很高历史价值和艺术价值的作品。据说，故宫博物院领导曾要商调为故宫藏品，荣宝斋领导没有同意。可见此画在徐悲鸿大师作品中的分量了。

1953年，徐悲鸿先生在英年之际，过早离开了人世，使荣宝斋失去了一位良师益友。至今我们仍怀念他，感谢他对荣宝斋的关心和帮助。

大海隔不断的情缘

——荣宝斋与张大千

张大千去世不久，有关单位1983年在中国美术馆举办张大千作品展纪念这位为我国绘画艺术做出重要贡献的大师。荣宝斋收藏的两件张大千巨幅手卷《华山云海图》和《设色山水》被借去参展，成为整个展览会中最为人瞩目的佳绘。1994年荣宝斋“百年之庆”，分别在北京中国美术馆、中国香港、韩国举办荣宝斋珍藏艺术品展览，也都展出了这两件作品。1999年为纪念全国政协成立五十周年，在政协礼堂举办的“近代中国画名家”大型画展上，这两件作品再次成为最耀眼的展品。据悉，台湾和海外都不曾见过他的这类作品，这是迄今所知张大千价值最高的作品。

这两件作品，蕴藏着一个生动的故事，体现了张大千豪爽的性格和他与荣宝斋的缘分。

张大千不但是个艺术大师，还是个美食家；不但自己做得一手好菜，更是许多名菜馆的座上客。他居京时，最喜欢吃南新华街“春华楼饭庄”老板白永吉做的菜，还时常带一帮食客来，在这里吃，白老板还经常往他家里送鱼翅，不管是吃饭还是送鱼翅，白老板从未收取分文。时日久了，张大千觉得不好意思，于是先后画了以上两件巨幅山水赠送白老板。后来两件宝贝流入了荣宝斋的收藏柜，当然这不是偶然的。

张大千与荣宝斋的交往也一样地豪爽。在北京时，他的画都由荣宝斋装裱，荣宝斋还专门精心为他研制朱砂、石青、石绿等绘画颜料。

画家一般都不愿意为南纸店作笺纸画稿，因为那被认为是“雕虫小技”，不屑一顾，更何况像张大千这样的大画家。然而，荣宝斋需要时，他却毫不推辞。他曾先后三次“屈尊”为荣宝斋作笺纸画稿三套，每套八张，既有山水，又有花卉，分别刊于1935年、1951年和1957年各版本的《荣宝斋诗笺谱》。著名画家为荣宝斋作笺纸画稿，除张大千外，还有齐白石、溥心畬、吴待秋、陈半丁等，这是荣宝斋的笺纸被誉为“琉璃厂诸笺肆之白眉”的原因之一。

20世纪三四十年代，张大千就享誉中国画坛，有“南张（大千）北溥（心畬）”之称，一般画店老板求他作画十分困难，荣宝斋却是另一种情景。不管是经理还是伙计，只要向他说明店里需要什么样的画，他二话不说，很快就满足要求。琉璃厂文化街与之交叉的南新华街，每年正月初一到元宵节期间的厂甸庙会，是北京最热闹的地方之一，所有的画店都拿出最好的画挂在橱窗上，行话叫作“窗档”，以显示自己的实力。有一年春节，张大千一气为荣宝斋画了十五幅“窗档”，令同行羡慕不已，自叹不可企及。

荣宝斋的经理王仁山与张大千的交情非同一般。一次，王仁山到荣宝斋上海分店办事，顺便邀张大千到店里叙谈。二人谈得十分投机，最后，王对张说：“先生若赏脸，我请先生一起到北京，不光包先生的机票，还请先生吃谭家菜。”

谭家菜！提起谭家菜，张大千就神采飞扬：“谭家菜，周家酒，吃了喝了不想走。”王仁山对画家的吃、用、脾气秉性，了如指掌。张大千在北京，除了“春华楼饭庄”之外，最爱吃的就是谭家菜了。对王仁山这个非常友好的邀请，张大千是不会推却的。

数日后，他们一起乘飞机到了北京，王仁山立即在谭家菜馆订了菜。三天后，张大千偕好友溥心畬、陈半丁等前来品尝谭家菜。席间，老朋友无拘无束，谈笑风生，到得意时，张大千竟把鞋脱了。谭家菜馆是官宦、名流和富人光顾的地方，室内布置十分讲究。墙上所挂的名画中，有一幅张大千的荷花。王仁山见物生智，把话题引到了荷花上来：“张先生这荷花画得多好，让人见了就不愿意走。荣宝斋有许多名人字画，其中荷花也不少，但依我看，是数张先生画得最好，只有张先生把‘风吹荷花十八变’的种种妙趣表达得淋漓尽致。”

“王老板过奖了。你的意思，是不是我要为贵宝号画荷花？”

“如先生方便，那再好不过了。”

通过与画家交朋友，达到做生意的目的，这正是王仁山的高明之处。

1943年王仁山五十大寿，张大千特意以敦煌壁画的风格画了一幅《古梅图》，并题“梅花小寿三千年”，赠送王仁山，以示祝贺；还由其兄张文修在画的下方题了一段很长的文字：“仁山道兄行年知命，至友祝者或称其谦，抑或慕其鸿猷，或馈王母之桃，或献南山之颂。祝者固非虚誉，但非仁翁之所惬心。修交有年，知之至稔，且为吾弟大千之老友，恭介诞降，由敦煌绘红梅一株以寿之，取其清新俊逸之故也。盖仁翁虽操计，然筹小试匠心，而园林也，名山也，靡不有其足迹，性秉清逸。故大千以梅为寿，欢喜欲狂，适与性合故也。今缀数言，略表景仰，尤佩其居闹市之中，不失高尚之性，仁者乐山，信然乎。”由此可见王仁山与张大千及其兄长张文修交谊之深。

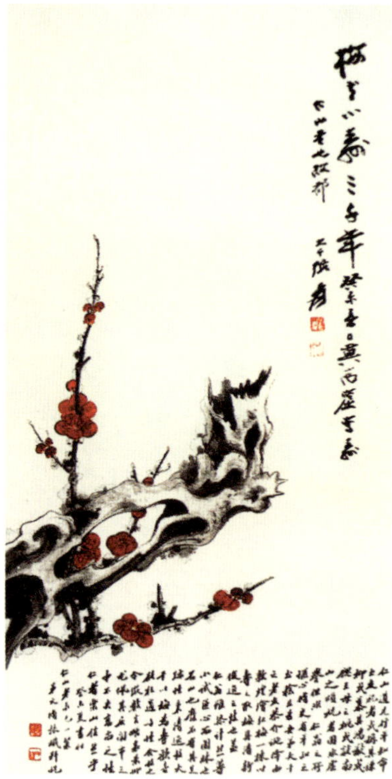

张大千《古梅图》

张大千是第一个去敦煌研究、临摹壁画的中国画家。1941年他带一班人马去敦煌，一住就是三年，受益匪浅，使其画风发生了深刻的变化。从此，向他索要敦煌风格作品的朋友越来越多，牵扯他很多精力。如何摆脱这种困难？他想起荣宝斋擅长印笺纸（诗笺），能不能用这种传统印刷方法来印他的画？如果印得好，印出一批来送人，岂不可以减轻许多应酬之苦吗？他对荣宝斋经理王仁山说出了这个想法，王仁山爽快地答应试试看。然而，尽管王仁山对印张的画很有信心，张大千却仍不太相信荣宝斋印得好。他接着王仁山的话说："不过……"欲言又止。

王仁山知道张大千的意思：荣宝斋的雕版印刷技术虽然是北京各南纸店的佼佼者，但从来都只印大不盈尺的笺纸，要印大幅的中国画，尤其是要印他以敦煌壁画风格画出来的画，谈何容易！王仁山任荣宝斋经理二十年，潜心研究雕版印刷技艺，是这一传统艺术的专家，虽说以前未印过大幅的中国画，但他熟悉这种技艺的特点和本店技师们的技术水平，有把握印好，因而胸有成竹地笑道："大千先生，您说'不过……'是什么意思？"

"不过，我担心我画出来，你们不一定能印得使我满意。"张大千停顿一下，捋着胡子，面带几分神秘继续说道："我现在的画同去敦煌以前可大不一样了。"

"请您放心，只要您把画交给我们，准保让您满意。"

"但愿如此。"

"一言为定。"

几天后，张大千送来一幅纵100厘米、横50厘米的《敦煌供养人》。此画线条练达、流畅，力度非凡，人物很有神韵，确系面目全新的力作。

王仁山高度重视这作品的复制工作，把它交给经验丰富、技术最好的师傅复制，并反复嘱咐，一定要印好，通过此画的复制，使荣宝斋的印刷技艺来个突破，让张大千惊喜。

结果如王仁山所期，他带上原作和复制品去见张。复制品从纸质、用色、线条到神韵，均与原作丝毫不爽，以致张大千一时难以分辨，遂拍案叫绝："王老板真可谓'三日不见，刮目相看'呀！"

王仁山以几分戏谑的口气问："大千先生还满意吗？"

张大千捋起胡子哈哈大笑："你王老板办事我还有什么不放心的呢！"

张大千与王仁山相交有日，对其办事能力和可信程度，的确是很放心的。他怎么也不会忘记1940年王仁山帮助他的学生肖建初从北平回四川同他一起去敦煌的事。当时日军继续大举进攻中国腹地，战事正紧，肖建初被困在北平。日本宪兵和特务盘查很紧，满

口四川话的肖建初如果单独南下，必凶多吉少。王仁山得知此事，想出了个比较安全的办法，帮助肖建初突围。他让肖穿着长袍马褂，戴上瓜皮帽，扮成荣宝斋的二掌柜，并派一个伙计随从，一路声称要去山西收购文玩字画，果然一路顺风。到了山西，再绕道回到了四川。

1949年，张大千离开大陆，流寓国外，最后定居台湾。由于政治和地理的原因，荣宝斋虽然与他失去了联系，但彼此情缘未断。作为一个国画艺术大师，荣宝斋依旧推崇他，继续经销他的作品，并收藏他有代表性的优秀作品。本文开头提到的两件作品，是他四十岁左右所作。他当时艺术上已经成熟，形成了个人的风格，而且精力充沛。《华山云海图》纵46.3厘米、横586厘米，初师张僧繇法，后稍加勾勒，似李思训，是一幅金碧山水，全都用金粉、朱砂、石青、石绿、蛤粉等矿物颜料绘成，金碧辉煌，气势雄伟。自题《西江月》一阕："到此欲骄日月，回头又失蓬莱。秋风吹出井

张大千《华山云海图》

莲开，何处长安尘埃。雪下玉龙游戏，月中青女徘徊，眼前忆着锦江来，今古纷纭玉垒。”

傅增湘为其题名《华山云海图》，并赋七绝一首：“神工直逼王安道，仙掌莲花手抉开；兵气初销更西笑，三峰岚翠泼天来。”

陈三立也题七绝一首：“作镇西天一华山，雄奇秀拔照人寰；尽收气象纤豪底，持压跳踉万怪顽。”

《设色山水》纵47厘米，横559厘米。此图运用写意手法，从宏观上描绘了祖国山河的雄奇阔达，对局部山石的处理上，又不失细致入微，秀润峻拔，令观者回味无穷。

张大千离开大陆以后，由于年事已高和眼睛不济，已画不出这样的作品了。荣宝斋熟知这两件作品的艺术价值，不失时机将其收入自己的收藏柜，成为镇斋之宝。此外，还收藏张大千的立轴、册页、对联、扇面、书札等多件，既有山水、人物、花卉，也有书法作品。

大约在张大千辞世的前二三年，他在北京的一个侄女及她的儿子，要绕道美国去台湾看望他，拿着张大千的两件作品到荣宝斋出售，筹备旅资。按照当时的收购价，这两件作品是远远不够的。为了帮助他们实现这个夙愿，也寄托荣宝斋对这位久违的艺术大师的敬意，荣宝斋把作品留下，给了他们足够的旅资，并托他们带去荣宝斋以木版水印方法复制的张大千的一幅仕女、一幅花卉和一对精美的石章，还请他们转达荣宝斋对大师的敬慕和问候。

张大千《持花仕女图》

这母子二人虽然到了美国，但由于当时两岸关系仍处僵局，竟未能如愿转道台湾。然而，荣宝斋送给张大千的东西，最终还是辗转到了他的手中。大师见物生情，引起了对往事的回忆。他本想画张画回赠荣宝斋，但不知荣宝斋的故人是否还健在，只好作罢。然此事勾起他对许多故人的思念，因而托来人带给北京画家叶浅予、胡爽盦、田世光每人一幅画，以寄托他对故人的情怀。

张大千离开大陆半个多世纪，辞世也已二十多年了，荣宝斋当年与他交往的老人也已相继故去，但他与荣宝斋的友谊仍留在荣宝斋职工的心中，他的佳作将在荣宝斋永远流传下去。

翰墨雅事

——荣宝斋与赵朴初

赵朴初先生为荣宝斋画展剪彩

赵朴初，全国政协副主席，中国佛教协会会长，词作家、诗人。曾任中国作家协会副主席。也是著名书法家，曾任中国书法家协会副主席，西泠印社社长。他的书法雅逸、隽秀，为人们所喜爱。在国家领导人和著名文化人士中，赵老和郭老（沫若）到荣宝斋来得最多。这都是基于对荣宝斋的热爱；同样，也常到这里来“还书债”（答应求书者而无暇书写，到这里来为他们写字）。写完字，便把图章留在荣宝斋，以便再来时之用。他们都是老经理侯恺的老朋友。

杨仁恺先生对荣宝斋与文化界人士的关系十分熟悉，他在《回顾与前瞻——记荣宝斋飞跃的三十年》文章中，讲述郭沫若、陈毅等国家领导人对荣宝斋的关怀后说：“何香凝老人、廖承志同志、周建人、叶圣陶、齐燕铭、夏衍、赵朴初诸老，对荣宝斋一向热心扶持，经常亲临垂询，为之解决困难。职工们更是看在眼里，暖在心窝。近年来，赵老继郭老之后，国内外求他翰墨的纷至踏来，有如山阴道上，应接不暇。赵老不肯拂人之意，总是不让求者空手而归，但他家中无人协助安排纸墨，书债积到一定数量的时候，便来到荣宝斋。一些青年同志，见到赵老，即刻会联想到还书债来了。于是兴冲冲都愿意为之效劳，一面希望能多写几幅，一方面又怕老人过于劳累，真是矛盾难于统一。赵老等所以要来此挥毫，借此有

赵朴初为荣宝斋题匾

提倡爱护之另一作用。”

荣宝斋有什么活动，只要请赵老，赵老必来，如公私合营三十周年和百年之庆，他都来了，并填了词，写了对联表示祝贺；许多展览活动，只要抽得开身，他一定会来。荣宝斋有什么请求，他都应允。他为荣宝斋留下了许多墨宝，甚至职工中也有不少人有他的书法作品。

1973年12月是毛主席八十大寿，赵老填了一首《八声甘州·咏梅》词祝贺，并同他的一位朋友一起，在荣宝斋研究其平仄格律，作了多次修改，直到满意为止。然后兴致勃勃地在宣纸上写成了竖幅：

对飘风骤雪乱群山，昂首看梅花。
叹凌空铁骨，荡胸灵气，炫目明霞。
任汝冰悬百丈，一笑暖千家。
不尽春消息，传向天涯。
且试登临，望丛林烈炎，大漠惊沙。
指冬云破处，残霸枉纷拏。
喜弥天红旗一色，听四面八方起欢哗。
愿常共，乔松劲健，新竹清嘉。
调寄八声甘州　咏梅贺
毛主席八十寿辰
　　一九七三年十二月　赵朴初

在赵老写这首词时，有不少观看的人，有的还念出声来，但断句不对。赵老写完，便抑扬顿挫地吟咏了一遍，给大家做个示范，使大家感受到这首词的味道和深刻的意蕴。

赵老很喜欢这首词，尔后又单独写过几次，自然也留给了荣宝斋。

赵老又一次在荣宝斋写这首词的时候，米景扬顺便向他建议："赵老，我觉得您这首咏梅词，不仅寓意深刻，而且形象生动，色彩鲜明，很容易入画。能不能由我们荣宝斋请一位著名的花鸟画家根据您的词意创作一张大画，画完以后您给题上这首词？"

赵老很有兴趣地说："那当然好，你们准备请谁？"

"请王雪涛。"

"那太好了！"

此事就这样定下来了。

后来，米景扬带着赵老这首词去找王雪涛，请他按照词意画一张六尺整纸的大画。画家仔细琢磨赵老词意，觉得写得很好，又是与赵老这位德高望重的大家合作，便非常高兴地接受了。

几天后画画好了。在漫天大雪中，梅花傲然盛开，苍劲的枝干，鲜艳的花朵，生动地表现了梅花凌霜傲雪的坚贞品格，确切地表达了赵老的词意。赵老非常满意，便在画上题了他那首词。两位大家各抒所长，相得益彰。

1976年5月，荣宝斋请赵老在何香凝先生画的一横幅红梅的左下角题了一首五言诗：

矫矫一株梅，心壮暮年笔。
画骨铁铮铮，着花光奕奕。
念兹烂缦春，多少霜雪历。
珍重岁寒姿，永葆贞刚质。

一九七六年五月　赵朴初敬题

在这幅集两位大师艺笔于一体的佳品上，何先生画中铁骨的古干，娇艳的花蕊，配上赵老壮美的诗句和隽秀的书笔，构成一幅既醒目又耐人品味的艺术珍品。荣宝斋将其制成木版水印画，供广大人民共赏，受到了青睐。

1976年1月，敬爱的周恩来总理逝世，南京画家亚明先生怀着沉痛的心情，画了一幅《折松图》，对周总理表示哀掉。图中画一巨松，一股粗大的支干从主干上折下，寓意周总理的逝世，是国家和人民无可弥补的损失。后来作者希望荣宝斋请赵朴老为这幅画题字。

赵朴老对周总理有深厚的感情，看了亚明的画，触景生情，引起他对周总理深深的怀念。就在周总理离开我们将近一周年的时候，在亚明这幅画的诗塘题了一首七言诗，并识：

落纸泪耶还是墨，画松痛哭老柯折。
老柯曾庇天下人，不比平常伤离别。
松干犹标雄杰姿，画师深意吾能知。
灰飞百岁形骸尽，日永千秋志业垂。

去岁亚明同志闻周总理之丧，涕泣画松以志哀，今年值总理逝世周年，自南京寄画来，属余题词，谨赋此以当瓣香之荐。

一九七七年一月　赵朴初

1980年荣宝斋迎来公私合营三十周年，赵老填了一首《沁园春》词表示祝贺：

炳且煊兮。艺苑蜚声，试为纪之。溯清初创业，嘉名斗换；功昭大雅，誉重京畿。巧夺天工，神传笔妙，欲起风雷破壁飞。经纶手，剪千丛云锦，都化虹霓。峥嵘卅载崔嵬。与国运同新树赤旗。向工农兵学，激扬文采；欧非拉亚，传播风微，远抱遐荒。高瞻寰宇，到处倾心众望归。征程邈，谨摛词献颂，朱墨同挥。

沁园春　为荣宝斋新记三十周年作　朴初

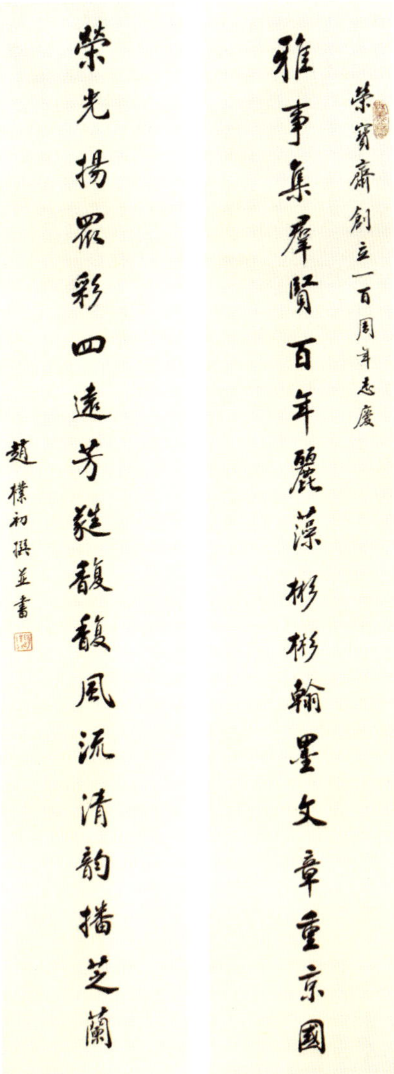

赵朴初　行书对联

赵老这首词回顾了荣宝斋的历史，尤其是公私合营三十年的飞速发展；赞扬荣宝斋神奇的技艺；讲述了荣宝斋在我国文艺界的地位和在国内外的影响，并指出前景是广阔的；还对荣宝斋寄予殷切的期望，鼓励荣宝斋职工继续努力，为国家文化事业做出更大的贡献。

1994年是荣宝斋创号一百年，举行了盛大庆祝活动，赵老又写了一副对联予以庆贺：

荣宝斋创立一百周年志庆。

雅事集群贤，百年丽藻彬彬，翰墨文章重京国；

荣光扬众彩，四远芳蕤馥馥，风流清韵播芝兰；

赵朴初撰并书

赵老这副对联工整，对丈、精妙、凝练、雅丽。把荣宝斋悠久的历史，群贤聚集，丰富的收藏，商品齐全，品质优良，在我国文化界中的地位、影响，及其在团结书画家、文化界人士和继承、弘扬传统文化方面的作用，浓缩在三十六个字中，让人去细细咀嚼，其味绵长。

赵老为荣宝斋题的“翰墨缘”匾至今仍挂在荣宝斋里。冯鹏生出版《装裱概说》一书时，赵老为其题字“书画有赖装裱助，乃能挂壁增光辉”。

荣宝斋收购一尊唐代的石刻佛头，刻得很好，还做了一个木托，陈列在客厅里。赵老很欣赏这件文物，但他觉得这么珍重的古代文物，应该有个更好的、更适合于它的场所。侯经理赞成赵老的想法，于是便将其送给中国佛协。这尊佛头很重，运走时是用吊车从四合院里吊出来的。

赵朴初先生虽然离开我们多年了，但他那文质彬彬的、可亲可敬的形象仍然留在大家的心中。

书画情

——荣宝斋与启功

启功先生2005年乘鹤西归时，荣宝斋上下无不痛惜。

这年7月7日，各界人士在八宝山与先生遗体告别那天，荣宝斋从解放后的第一任经理、已84岁的侯恺，到当时的总经理，历届领导及各部门的代表，共去了50多人，足见先生与荣宝斋的关系非同一般，他对荣宝斋的影响，也非一般人可比。这种关系和影响的深度，从荣宝斋为悼念先生而举办的先生作品展和先生《我和荣宝斋》一文，可以看得出来。

为了深切悼念启功先生，荣宝斋在噩耗传来的第一时间即决定筹办先生的作品展，7月6日在东斋画廊西厅正式展出，标题为“深切的思念·荣宝斋暨职工藏启功先生作品展”。展出荣宝斋及职工收藏的部分先生作品数十件。

展品中先生为荣宝斋写的书法作品有：

1972年草书毛泽东词《十六字令三首》中的第二首：“山，倒海翻江卷巨澜，奔腾急，万马战犹酣。”

1977年纪念周恩来总理逝世一周年楷书敬录周总理1975年1月

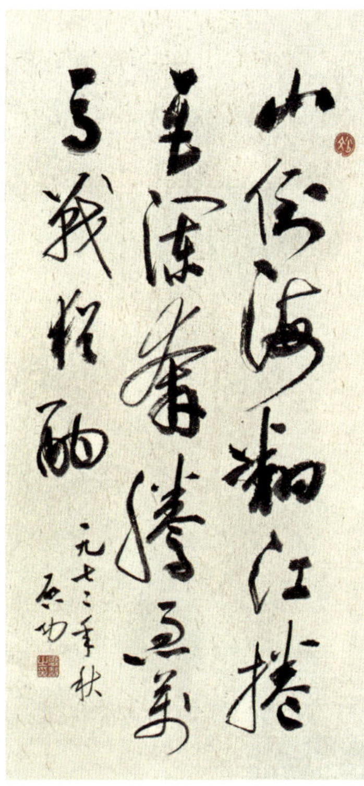

启功
毛泽东词《十六字令》

13日在第四届全国人大第一次会议报告中的一段（内容从略）。

1980年庆祝荣宝斋公私合营三十周年的题词："荣名好，寰宇早传扬，鸿业重开三十载，朋来四海聚高堂，欢笑共飞觞。宝山积，四友翠文房，鸾凤和鸣龙虎跃，笔歌墨舞倍铿锵，民族有辉煌。"

1985年荣宝斋公私合营三十五周年，写一副对联："荣誉重书林，三十五年推雅望；宝藏增艺圃，百千万品聚奇珍。"

1986年为赴日本"荣宝斋秘藏美术品展"题词："荣宝斋中多宝藏，明清妙迹尤辉煌，携来瀛海经梯航，奇珍异品相评量，目虽未寓堪赞扬。"先生题时，这些展品虽未过目，但他是中国古代书画鉴定组的成员，曾对荣宝斋的藏品进行鉴定，是很了解的。

1986年为《荣宝斋》杂志创刊题词："荣名为宝，笔肥墨饱，书画奇珍，无一不好。"并在下面自谦地写道："其中如收拙作，俱在赞外。"（注：这里说的《荣宝斋》杂志是当时荣宝斋自办的不定期刊物，非1999年起由中国美术出版总社主办的后由荣宝斋出版社出版的《荣宝斋》期刊。）

1987年启先生和董寿平先生合作为荣宝斋创作，董老画墨竹，启先生题字："饱墨浓挥四座风，三湘云物忆葱茏；爱他拂日凌霄处，百尺竿头万玉丛。"

1994年荣宝斋创号一百周年，先生为庆祝活动题会标："荣宝斋百龄之庆"，并为其题词："四宝经营一百年，功垂翰苑有殊缘；前身松竹荣名寿，文化云程不老天。"

1995年为荣宝斋一方巨型端砚作铭并书："英雄谐吉砚：鹰松谐韵是英雄，山骨端溪錾凿工，臣铤隃縻磨一尺，高挥椽笔写长空。"此砚产于广东肇庆，是中国四大名砚之首端砚中的名品——麻子坑石砚，椭圆形，长200厘米，宽100厘米，高30厘米，重1500公斤，周边雕刻祥云、苍松、雄鹰等。砚铭刻在左上方。此砚至今仍陈列在店堂的中央。

2001年为人民美术出版社和荣宝斋新记成立五十周年题词："人民美术最宜人，万紫千红别样新。更有荣名传世宝，中华书画不凋春。"

为荣宝斋收藏的雷峰塔残经袖卷题词：“梨枣雕镌溯晚唐，零玑碎玉出钱塘，袖中塔影庄严在，便是雷峰夕照长。”

这次展出，先生的画作不多，但有两件是很重要的。一是1937年25岁时所作的巨幅四屏山水（242厘米×61.6厘米），另一件是33岁（1945）仿明、清各名家的12幅山水册页。他们虽然是先生早年之作，却功力深厚，秀润清逸，颇具文人画的特点，尤其是巨幅四屏，更是气势非凡。这两件作品是研究先生绘画艺术的十分难得的珍贵资料。

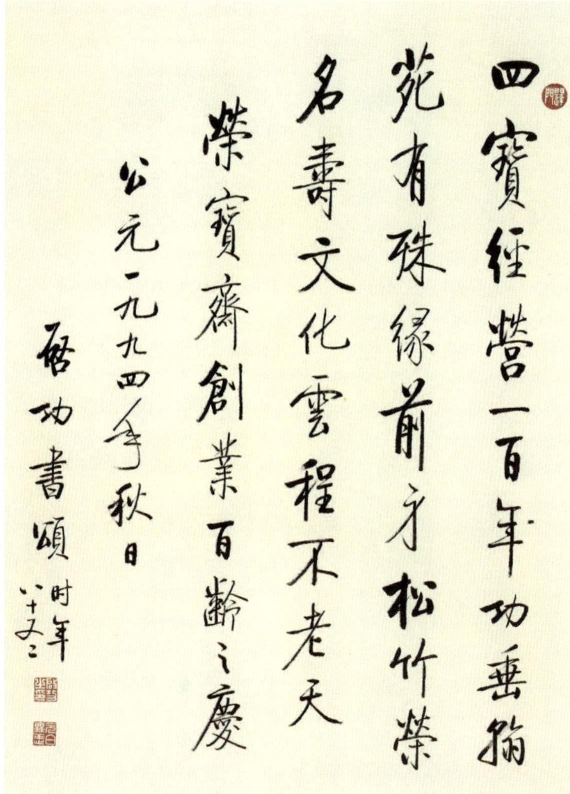

启功
荣宝斋创业百龄之庆诗

启先生赠荣宝斋工作人员的作品很多，从总经理、业务员到普通职工，许多人手里都有先生的作品。这里仅举这次展出的几件为例，就足以说明先生与荣宝斋工作人员的密切关系。

1991年启先生赠荣宝斋首席书画鉴定家王大山先生一卷2米长的朱砂竹，又作长歌书于其后，并在卷尾中说：“功昔奉手先德松亭老人，近常晤令嗣兄妹于文物赏会场中。读书有种，翰墨有缘，三世交期，不可不纪。”改革开放以后，启先生得知很多家境贫寒的学生考入北京师范大学，生活很困难。他十分焦虑，决心用自己的力量帮助他们，便于1990年在香港举办书画义卖活动，筹集资金260余万元，以先师陈垣先生“励耘书屋”中的“励耘”二字命名，设立“励耕奖学助学基金”。这种高风亮节不仅使师大师生深受教育，也在教育界引起广泛的影响。启先生的这次书画义卖，就是王大山先生操办的。王大山先生的公子王卫，原先在故宫博物院师从著名鉴定家徐邦达先生学习书画鉴定。20世纪80年代，启功、徐邦达等国内最权威的鉴定家组成中国古代书画鉴定组在北京等地进行鉴定活动时，王卫跟随工作、学习，直接聆听启先生等专家的教诲。平时，启先生去故宫看东西，也常与王卫交谈。后来王卫调到荣宝斋从事书画鉴定工作，更少不了就教于启先生。王卫结婚时，启先生画了一幅朱砂竹，以志祝贺。王卫之妹王芬，在国家文物局从事文物管理工作，也常在文物活动场所中得见启先生，受其教益。如此看来，启先生与王氏祖孙三代真正是“三世交期”的世交了。

曾任荣宝斋副总经理、艺术总监、书画鉴定家、国家文物鉴定委员会成员的雷振芳，打从做业务工作时起，就常与启先生接触，先生一来，跑前跑后，为其服务，聆听他的教诲；启先生有什么需要，有什么吩咐，总是认真去做；荣宝斋有什么求先生的事，也常由他与先生联系。他是荣宝斋与启先生接触最多、关系最密切的工作人员之一。由于有共同的爱好、兴趣和共同的语言，在长期的交往中产生了深厚的感情和友谊，成了莫逆之交。因此，先生先后赠送他数件书画作品，是很自然的事。这既是友谊的表示，也有感谢他长期为自己服务的意思，更是先生对他的书画鉴定业务方面的成就的肯定、鼓励与期望。我们从中可以感受到启先生崇高的思想境界。这些作品中，有一件是一个巨大的“鹅”字（先生把“我”字写在上面，“鸟”字写在下面），大约有70厘米高。这原本是启功先生1982年在荣宝斋为某单位写的，由于在写左上角的点时未落笔就掉墨，位置却偏远一些，先生率性将掉墨作为点，稍做加工，虽离字近一些了，却稍嫌大了。先生索性重写一幅。而这张未署名钤印的“废品”却被雷振芳收了起来。数年后，雷振芳请启先生为这字签章，启先生毫不犹豫地提笔落墨：“一九八二年春日在荣宝斋试笔，即以奉赠雷振芳老兄留念。”年款仍署1982年。这自然成为启先生赠给他的作品了。这次拿出来展览，这个“鹅”字笔道粗壮，墨气酣畅，显得很有气势，尤其是那个经过加工的点，更有趣味。据当时在场的人说，此字比先生重写的那幅更好。启先生很少写这么大的字，因此，这幅字便成为启先生书法作品中的稀奇者，自然更是雷振芳之最爱了。

荣宝斋营业部经理袁良（袁铁柱）负责荣宝斋的进货业务，曾得到一块端石，1990年自制为砚，敬赠启先生。启老很高兴，即为此砚作铭：“锋发墨，不伤笔。箧中砚，此第一。得宝年，七十七。一片石，几两屐。”并将此铭书成条幅，回赠铁柱，在砚铭下署曰：“铁柱老兄手制端砚见赠，因为之铭，并书志谢。”“箧中砚，此第一”，说明启先生对此砚甚爱。“一片石，几两屐”中的“一片石”，是指铁柱所赠之端砚。“屐”，为木制的鞋；也泛指鞋。“两”，原为“緉”，启先生简化为“两”，“几两屐”，即几双鞋。宋陆游《长歌行》中有“消磨日月几緉屐，陶铸唐虞一杯酒”句。宋辛弃疾《满江红·江行》中又有“佳处径须携杖去，能消几緉平生屐”，都是说过日子、度时光的意思。用比较直白的话说，就是平生能穿掉几双鞋。启先生“一片石，几两屐”句的立意不在“几两屐”，而在“一片石”，即借用“几两屐”的典故，感叹平生能得到几方这样的好砚！它将伴随自己度过笔墨生涯。

1993年启先生为宋学伟篆刻题写润格，并书曰：“宋君学伟，盛年劬学，雅好金石，暇以铁笔自娱，多观历代名家印蜕，篆学猛进。书此敬告艺林同好。”宋学伟，曾任荣宝斋营业部副经理，酷爱篆刻艺术，师从著名书法、篆刻家顿立夫和熊伯齐，是顿立夫晚年的入室弟子，继承顿老工细朱文铁线篆光洁灵动和白文满白的风格，并有所创新。20世纪80年代初就在荣宝斋挂笔单，曾为启功、宋文治、白雪石、范曾等名家治印，有《宋学伟篆刻选》问世。启先生题写笔单，是对宋学伟的褒奖和鼓励；把一个学有所成的青年篆刻家推荐给“艺林同好”，推荐给社会。这里，我们又一次感受到先生爱惜人才，提携后学，期望我国的篆刻艺术后继有人的宽阔胸怀。

1980年10月，荣宝斋隆重庆祝公私合营三十周年，出版一本大型的纪念册《荣宝斋》（1950—1980），启功先生为这本纪念册写了一篇文章，题为《我和荣宝斋》。先生在文中说：

“我尚在刚刚识字的时候，看见习字用的铜镇尺上两行刻字之下有‘荣宝斋’字样，问我的祖父，得知是一个南纸店的名字。约在十四岁时，我自己第一次到琉璃厂买纸笔，看到荣宝斋墙壁上以及通道的较高处都挂满了名人字画……有一般书画家的作品，也有大官僚、老翰林的笔迹。后者这些人当然不是专为卖钱，实在因为他们和这些文化商店打的交道太久了，感情太深了，并且以自己的笔迹能在这里挂出为荣。‘荣名为宝’的荣宝斋，就光荣地掌握着这样的权威过了近百年！

我青年时从上学到辍学，年长后过着边教书边卖画的生涯，直到今天，都从来没有和琉璃厂中断过联系。如果说书店是我的‘开架图书馆’，那么荣宝斋便是我的‘艺术博物馆’。我从它的墙壁上学到多少有关书画方面的知识和技能，又在它的座位间见到多少前辈名家，听到他们多少教导和鼓励。

从我开始到荣宝斋来，至今已五十四年了。这中间荣宝斋也经历了无限沧桑，社会动乱、民族灾难纷至沓来，而它却屹然未垮。在旧社会固然有资本家为利润而努力经营的因素，更重要的，是广大人民对文化艺术的客观要求，撑着它生存下来。

随着全国的解放，荣宝斋的事业也获得新的生命。由私营合营再到国营，由三间门面到一大排陈列室和营业室。木版水印品，由小块花笺到长卷的《夜宴图》《簪花仕女图》和巨幅画轴《踏歌图》。书画用品，由每天售出无多的纸笔到笔墨纸时常脱销和好宣纸供不应求。它的声望，由琉璃厂中的一家南纸店，到世界知名几乎和各地古迹相等的文化名胜。在这里不但可以看到国营企业的成就和气魄，也更可以听到‘拨乱反正’以来文化事业发展的脉搏。

我自己，从当年在荣宝斋拿了几元钱卖画的所谓‘润笔’，出门来又送进书店，抱着几本书回家去的情形，到今天亲眼见到我的笔迹赫然挂在中堂之上。这怎能不感谢人民给我的荣誉，怎能不感谢这个曾起过导师作用的‘艺术博物馆’！

今当新生的荣宝斋三十周年纪念时，我对这有三十年新交谊，又曾有二十四年旧交谊的荣宝斋，岂可无一言为祝！因此写出回忆中的片断和说不尽的感受，聊当我的颂词……”

启先生在文章里说得多么真诚，多么恳切啊！他说这是他“掏心窝子的话”。然而，文中说的仅是1980年以前的事，随着荣宝斋事业的发展和启先生声望的提高，这种关系与日俱增。

先生从荣宝斋的参观者到合作者、挚友、导师和顾问，在近80年的交往中经历了许多事，除了平常的合作——先生为荣宝斋提供书画作品，荣宝斋为他提供陈列作品的场所、书画用品用具和装裱服务外，还有过几次较大的合作。

1988年，改革开放已近十年，成果显现，国家经济得到发展，人民生活大有提高，百姓心情舒畅。快到春节时，荣宝斋相关人员想起五六十年代每年春节举办内部画展，供文化界和各界爱好人士鉴赏的情形，打算春节再办一个这样的展览。恰巧启功先生来荣宝斋，他很赞成说："荣宝斋每天都在陈列名家书画，这次咱们别开生面，荣宝斋职工不少人都喜欢书画，这次主要请荣宝斋职工参加，也可以请少量和荣宝斋来往频繁的画家参加，热闹热闹！就叫'荣宝斋同好艺展'吧。……艺展的启事由我来写。"没过两天启老就将启事用毛笔写在两张有竖红杠杠的信纸上，并由他署名盖章，显得十分庄重，典雅：

荣宝斋同好艺展启事

敝斋为书画篆刻作品汇萃之区，亦为诸名家聚首谈艺之所久矣。今值一九八八年春节，于本斋楼上再辟画廊，展陈最新精品，俾得欣赏交流；并设文房几案以供兴到试笔。暂似简章附呈台览。原出二三同好偶然面商，未及广泛征求高明意见。敬候各书画家、鉴赏家光临指导，无任盼祷之至！

荣宝斋启

启功书

启事发出后，得到荣宝斋职工的热烈响应，启功、董寿平、范曾、白雪石、刘炳森等名家也送来了展品。展览期间，气氛热烈，参观者活跃，也有现场挥毫进行笔墨交流者，再现了以前内部展览的盛况。

1983年在日本为先生举办书画作品展，1990年在香港举办先生的书画义卖活动；1994年在荣宝斋画廊和韩国分别举办启功、金膺显（韩国书法家）书法作品联展。

1993年出版《荣宝斋画谱·启功山水花卉》，1995年出版《启功论书绝句百首》；2002年出版《启功临怀素〈自叙贴〉》。

《启功论书绝句百首》书影

先生对荣宝斋是有求必应：如在日本为董寿平、费新我举办作品展，请先生作序题词；为荣宝斋题“艺海腾辉”“照古腾今”“荣宝艺术品拍卖有限公司”匾额等，上述展品也有许多是应荣宝斋的请求而写的。有请必来：凡荣宝斋举办什么展览会，书画欣赏会、座谈会或庆祝活动，只要发出邀请先生必拔冗莅临，并发表高见，给予指导。

先生学识渊博，言简意赅，往往只言片语，就使人顿开茅塞，足引深思，然而，却毫无架子，平易随和，幽默风趣，谈笑风生，使人觉得亲切可敬。这方面的故事俯仰可拾，这里仅举两例。

1994年10月，荣宝斋在中国美术馆举办“百年之庆”大型藏品展览。开幕式之前，先生来到休息室。这时，已在那里的荣宝斋原经理侯恺、副经理王士之起身迎候，不料启先生冷不丁向他们行了个清礼：只见他身子前倾，腿曲屈，右手垂直，口称“嗻”。足见他们之间的亲密无间，无拘无束了。这瞬间的情景被在场的记者捕捉到，摄入了镜头。侯恺不得不向记者说明：这是老朋友之间的玩笑，照片请不要发表。

大约1980年左右的一天，启先生与侯恺、王士之到四川饭店参加一个宴请。宴毕，在饭店小卖部买东西，王士之发现启先生打着领结，问其为何不系领带？回答说：“我是二百五。”“二百五？”侯恺、王士之觉得有些蹊跷，但琢磨不出是什么意思。回来后对王大山说，大山也感到茫然。后来他在营业厅看到启先生的书法作品标价250元，才恍然大悟，呀！定价低了，启先生有意见了。他把自己的发现汇报给了侯、王。经过商量，随即进行调整。过一段时间，每幅已调到1500元。再见到启先生时，王士之用调侃的口气问：“启老，您还是‘二百五’吗？”先生回答：“不了，我是‘一千五’了。”说完彼此会心一笑。大家不要误解，以为启先生计较或荣宝斋迁就。其实，作者关心自己的劳动成果和画廊根据市场需求随时调整价格，都是很正常的事。可贵的是，他们通过这种幽默，愉快地达到了理解和共识。

谋士

——荣宝斋与董寿平

董寿平先生在荣宝斋为其在日本举办的画展开幕式上致辞

著名画家、书法家董寿平先生（1904—1997）出身于山西洪洞的世代书香门第，自幼受家学的熏陶，有深厚的传统文化底蕴。他酷爱书画艺术，虽曾在大学学习世界语和经济学，但无意仕途，立志从事书画艺术。他原名董揆，因敬慕清初画家恽寿平，更名寿平。董先生潜心研习历代书画艺术，博取众长，不入流派，逐渐形成自己的独特风格。他擅长画山水和松、竹、梅，格调清新、高雅。他的书法流畅自然，潇洒遒劲，透着传统之美；他行云流水般的悬腕悬纸（把纸斜拉在空中）写法，曾使日本同行瞠目。

董先生于1952年经北京市副市长张友鱼的介绍，到荣宝斋工作，他以其渊博的知识和广阔的视野，为荣宝斋这个传统文化老店如何在新的历史时期进一步继承和弘扬传统文化，在新中国的文化事业中焕发光彩而出谋划策，对荣宝斋的业务建设，有重要的贡献。

在荣宝斋建立资料室，收藏名家书画和文房四宝精品的初期，他积极配合，帮助收集藏品，进行鉴定；为了提高职工的文化素质，他亲自给职工讲书法课、美术史和绘画知识，作绘画示范，还协助荣宝斋领导，请知名的画家给职工讲课；荣宝斋成功运用传统的雕版印刷技艺复制齐白石、徐悲鸿等人的纸本国画以后，1954年进一步探索运用这种技艺复制绢本国画，他积极参加筹划，选取适合的画稿，并从艺术上进行指导，绢本木版水印画的复制成功，有他的一份功劳。他更是荣宝斋临摹古画业务的倡议者。

董先生担任木版水印的顾问和艺术指导，为了发展荣宝斋独特的木版水印艺术，扩大稿源，增加品种，提高木版水印的艺术品位，他建议荣宝斋开展临摹古画的业务。荣宝斋领导觉得他的想法很好，接受了他的建议，并委托他物色临摹古画的人才。他熟悉美术界的情况，同画家有广泛的联系。他运用这些有利条件，广泛物色，先后推荐金振之、冯忠莲、陈林斋、孙天牧、郭慕熙、李伯实、侯培显等画家到荣宝斋从事古画临摹工作。著名工笔画家于非闇也曾加入这个行列。这些画家，都有深厚的功底，工于线条，擅

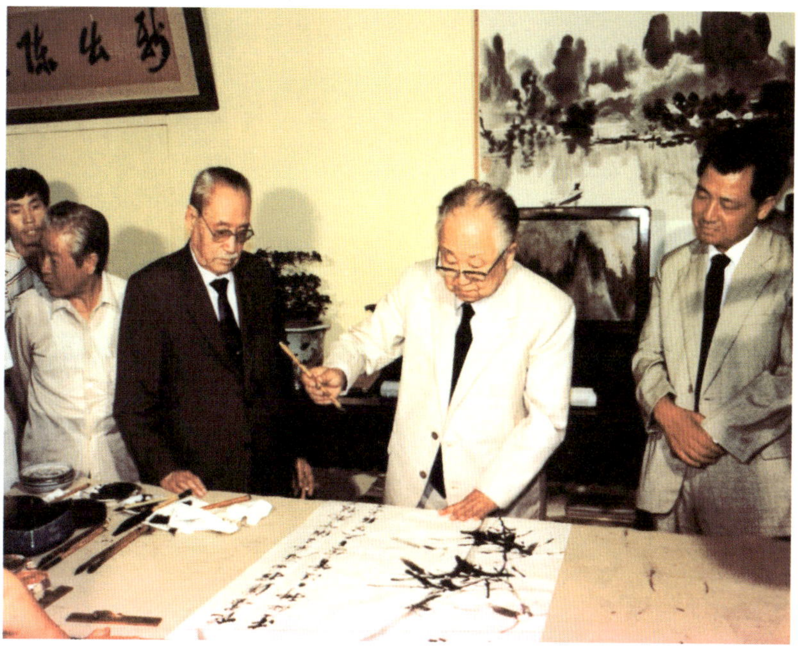

董寿平与启功合作作品

长工笔绘事，很适合古画临摹工作。

荣宝斋在董寿平先生的倡议和支持下，开新中国大规模临摹古画之风，先后在辽宁博物馆和故宫博物院临摹古画百余件，在我国的古画临摹史上创下了辉煌的业绩。不但大大促进了木版水印事业的发展，培养、锻炼了年轻的临摹人才，还为保护文物开辟了一条新路。

由此可以看出，董寿平先生关于开展古画临摹业务的建议，是一项卓识远见的建议，对荣宝斋的业务建设和国家的文物保护，都有重大和深远的意义。

董先生退休后，被聘为荣宝斋顾问，继续支持荣宝斋的工作，积极参加荣宝斋举办的各项活动，为荣宝斋做了许多事。例如，为荣宝斋题“艺苑珠林”“荣兴艺廊”匾，1991年荣宝斋在自己的画廊为日本画家村田茂树举办画展，董先生为这个画展题名；1987年为荣宝斋画了一幅墨竹，是他竹子画作中的精品，启功先生题：“饱墨浓挥四座风，三相云物忆葱茏；爱他佛日凌霄处，百尺竿头万玉丛。”书画合璧，成为十分珍贵的收藏品。

1979年，为庆祝中华人民共和国成立三十周年，由经理侯恺率领的包括画家董寿平、范曾，木版水印技师，装裱技师和经营管理干部组成的荣宝斋赴日展览团，在日本东京举办了大型的“中国荣宝斋展览”，展出书画、文房用品和木版水印画约3万件。这是董寿平先生第

董寿平先生为荣宝斋公私合营三十周年作《黄山图》

一次访问日本。这次展览，展出董先生的画作12件，受到日本美术界和民众的青睐。尔后，荣宝斋又在日本为董先生举办个人作品展，进一步扩大了他在日本的影响，引起日本各界有影响人物的关注，纷纷邀他访日。日本著名书法家村上三岛先生同董先生一样，对我国明代书法家王铎的书法都有深入的研究。董先生继承王铎悬纸行云流水般的草书表现手法，在展览现场进行表演，使村上先生对王铎的书法有了进一步的了解，并对董先生十分敬佩。后来董先生和村上三岛先生先后在北京“中国革命博物馆”和日本东京举办书画联展。此后，又应日本美术界的头面人物著名画家平山郁夫的邀请，到东京艺术大学讲学，并当场作画，进行示范表演；应日本公明党委员长竹入义胜之邀，赴日观赏樱花，浏览胜地；与日本首相中曾根康弘互赠书法作品……他先后十二次访日，同日本政要和许多美术家结下了深厚的友谊，成为中日文化交流的使者。

情之所钟

——荣宝斋与黄镇

黄镇同志给我的第一个印象，是他的长征漫画。记得报端上曾登过一组反映中国工农红军长征的漫画，当时还不知道作者是谁。后来报纸又报道，已经找到作者了，就是黄镇同志。这组画就是他在长征途中画的。这些报道，说明黄镇同志不仅是一个经过长征的老战士、老干部，而且是一个文化人。

20世纪70年代初，我被调到荣宝斋工作后，听说黄镇同志被任命为我国驻法国第一任特命全权大使时，曾到荣宝斋来，提出要将客厅里两个清初的紫檀木雕花多宝格柜子，带到我驻法大使馆里作陈设。此事虽然未果，却说明黄镇同志对我国传统文化的热爱与重视。硬木家具是我国传统文化的重要组成部分，紫檀木家具是硬木家具中的佼佼者。我们可以揣度黄镇同志的想法，法国是西方大国中与我国建交最早的国家，把我驻法大使馆布置得古色古香，充分体现作为文明古国的我国传统文化，既是对来使馆作客的国际友人的尊重，更可借此让外国友人了解我国的文化。

这是黄镇同志在文化方面给我的第二个印象。

1950年原政务院出版总署，为了保全荣宝斋这份民族优秀传统文化，在私营的荣宝斋濒临破产的时候，向其投入资金，率先实行公私合营，使其隶属于出版总署，后来出版工作归并文化部，荣宝斋也随之成为文化部的下属单位；“文革”中，出版工作又从当时的“文化口”（履行原文化部的职能）分离出来，荣宝斋又随之成为“出版口”（即新闻出版总署的前身）的下属单位。黄镇同志当文化部长期间，又单独把荣宝斋从“出版局”要到文化部去。

把荣宝斋要到文化部，既是黄镇的主张，又与谷牧副总理有密切的关系。谷牧和黄镇都酷爱书画等传统文化，常来荣宝斋，非常了解琉璃厂的情况。20世纪70年代后期，国务院决定改造琉璃厂文化街，谷牧副总理主管此事，他们常在一起就此交换意见。他们觉得当时出口文物的价格太低，文物是高雅的欣赏文化，价格不能这么底，而且必须分清哪些可以出口哪些不能出口。应当采取措施抢救文物，保护文物。他们认为，荣宝斋应该在抢救文物、保护文物方面发挥作用；它有悠久的历史和鲜明的特点，得到文化人士的喜爱，应该成为书画家和文化人士活动的基地和展示作品的场所，起到团结书画家和文化人士的作用，担负起统战工作的职能。而“出版局”则专司领导出版工作的职能，太专业，荣宝斋在它下面，其特点容易被忽略，不宜发挥其长处。

更奇特的是，荣宝斋归属文化部后，没有放在其下属的业务局，而是挂在文化部宣传部，由黄部长指派宣传部长刘备耕作为他的联络员，通过他进行垂直领导。这又为什么呢？他认为荣宝斋很特殊，特殊问题要特殊处理。放在艺术局不合适，其他局更不行；放在业务部门只能进行一般的管理。特殊性容易被忽视，被削弱。“文物无小事”（黄镇语），荣宝斋是搞文物的，他们的问题不是各业务局所能决定的，必须由部长亲自掌管，亲自关照。

从这个决定和这种做法，我们不难看出黄镇同志对荣宝斋有一种特殊的感情。这一方面是由荣宝斋的历史及其在国内外的影响所使然，另一个方面则是他对传统文化的深刻理解和高度重视，寄希望于通过荣宝斋的发展，进一步弘扬这种传统文化。

许多人并不知道，和平门十字路口西南把角那座10层高楼，曾几易其主，就是后来的瑞驰大酒店所用的这座楼。原先是为荣宝斋盖的，为什么盖好没有让荣宝斋用呢？这是黄镇同志从琉璃厂文化街和荣宝斋的全局考虑做出的决定。

中央领导部门的有关负责同志曾认为，荣宝斋的发展，在琉璃厂受到场地的局限，计划另选地方，为其建一座大楼，使其有更大的发展空间。70年代后期在改造琉璃厂的过程中，就选定了这个离琉璃厂不远、交通方便、可望人气更旺的地方，并委托设计，进行施工建设。就在这时，黄镇根据李先念、谷牧、他和王冶秋在民族文化宫一次会议的精神，决定荣宝斋不能离开琉璃厂，就在原地扩大重建。这个决定是非常正确的，这是他作为文化部长，站在国家文化工作领导岗位上，对传统文化的深刻理解，对琉璃厂文化街的整体保护和对荣宝斋的长远发展考虑而做出的决策。

琉璃厂文化街自清初以来，形成了具有鲜明中国传统文化的特色，在国内外产生深远的影响。中华人民共和国成立后，原来北京书画文玩业中的二三十家南纸店，有改业的，有倒闭的，只剩下荣宝斋一枝独秀。在相当长的时间里，荣宝斋实际上成为一个全国性的文化机构，是我国书画艺术品和高档文房用品的集散地和书画家的活动中心，还是对外文化交流的窗口，无疑是琉璃厂文化街中影响最大的，可以说是琉璃厂的首户。如果让荣宝斋离开琉璃厂，将会使琉璃厂大为减色。这与当时正在改建琉璃厂的举措的目的大相径庭。就荣宝斋来说，包括它的前身松竹斋，三百多年来，一直孕育在琉璃厂这块传统文化的沃土中，成为琉璃厂文化街的组成部分，与其他各店相辅相成，融为一体，命运相连，兴衰与共。文化街改建后，将为传统文化的繁荣与发展，创造更好的条件，不也有利荣宝斋在这里发挥其优势吗？正是所谓英雄有用武之地，为什么要让荣宝斋离开琉璃厂呢！

阻止荣宝斋离开琉璃厂的决策，让我们再一次领略了黄镇同志的站得高、看得远、真心热爱荣宝斋的良苦用心与衷肠。

1980年10月，荣宝斋离迎来公私合营三十周年，黄部长特批15万元（这在当时是一笔很大的款项）用于庆祝活动。一个小小的文化企业，用这么多钱来举行店庆，在当时是没有先例的。通过这次活动，扩大荣宝斋影响，加强与书画家和文化人士的联系，正是黄部长要把荣宝斋办成著名书画家和文化人士活动基地之初衷的一次实践，是他进一步办好荣宝斋的一个举措。

这年10月，正是北京的金秋，金风送爽，气候宜人。荣宝斋邀请全国各地区、各流派的著名书画家、鉴定家、美术评论家，与荣宝斋有业务关系的文化单位和文房用品生产厂家，文化界人士，以及香港、台湾、日本的有关人士二百多人，聚首京华，切磋技艺，共商如何在新时期进行合作，进一步办好荣宝斋。

真可谓群贤毕至，少长咸集。他们带来了衷心的祝福和真挚的友谊，带来了恳切的意见和真诚的建议。这次活动收到了有关领导、文化界人士和书画家作为贺礼的书画作品一百多件。期间举行了座谈会和笔会，出版了一本反映荣宝斋三十年成就的纪念册《荣宝斋》（1950—1980）赠送与会者及相关人士，还在和平门烤鸭店举办50桌盛宴答谢书画家和各界人士对荣宝斋的支持和厚爱。

庆祝活动的另一项内容，是在中国美术馆举办大型的荣宝斋藏品展览。展出荣宝斋收藏的古代、近现代著名书画家的作品，笔、墨、纸、砚等文房用品和文玩精品、木版水印画精品等近千件。这些展品，布满了美术馆一层的所有展厅。这次展出，在京城引发了一阵不小的轰动。

还有一项为群众所关注的活动，是在荣宝斋营业厅举办书画用品展销会。在当时社会物资还相对紧缺、宣纸等书画用品供不应求的情况下，举办有折扣的销售活动，确是新鲜事。展销期间，天天顾客盈门，整个大厅挤得水泄不通，所有柜台都排了长队，晚上到下班时间，顾客不肯离去，久久不能关门。记得有一个双腿截肢的青年，在报纸上看到荣宝斋举办展销活动的广告，花了五六小时的时间，用自己的手推动轮椅，从清河来到荣宝斋。因为人太多，轮椅无法进入展销厅。工作人员见此，为他开道，让他参观，并帮他购买所需的东西。

整个庆祝活动气氛热烈，场面动人。这不但是荣宝斋历史上的盛事，可以说，也是我国书画活动的一段佳话。这正是黄镇同志所期望的。

黄镇同志在繁忙的政务之余，还挥毫作画，以丹青来抒发情怀。荣宝斋曾以木版水印复制他的两件作品，一是梅石图，一是青松颂。两件都是四尺整纸，很有气势。梅花俊俏中透着劲挺；青松更是苍劲挺拔。两者都具斗霜傲雪的品格。这是这位长征老干部品格的写照，也是他留给人们的精神财富。

黄镇同志对荣宝斋及其所代表的中国传统文化的热爱，给我们留下了深刻的印象。

真诚合作

——荣宝斋与范曾

范曾先生出道近半个世纪以来，同荣宝斋建立了密切的关系和深厚的友谊，彼此互相信任，真诚合作，是荣宝斋最真挚的朋友之一。

范曾从中央美术学院毕业后，被分配到中国历史博物馆工作。他才华横溢，学识渊博，胸怀大志，要为我国的文化艺术事业奉献自己的才智。但当他在绘画艺术道路上刚刚起步的时候，生了一场大病，在养病期间，他琢磨着用白描的手法画一本鲁迅小说的插图集，他将这个想法告诉了在荣宝斋编辑室工作的好友米景扬，米非常支持，并表示画出来后，争取荣宝斋为他出版。他在养病过程中就完成了这本白描作品集，荣宝斋也决定为他出版。这是范曾先生见诸社会的处女作，也是他同荣宝斋合作的开始。这本白描的《鲁

范曾先生为荣宝斋题匾

范曾　行书对联

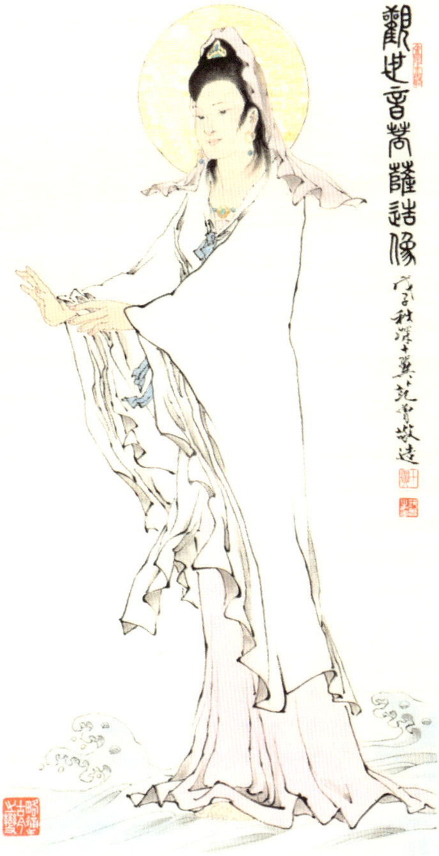

范曾《观世音菩萨造像》 荣宝斋木版水印作品

迅小说插图集》在美术界产生了很好的影响。随着该书的出版，他的病也逐渐好起来了。

1979年，为庆祝中华人民共和国成立三十周年，扩大中国传统文化在日本的影响，荣宝斋派出了以经理侯恺为团长，有木版水印、书画装裱、书画鉴定和营销业务等各方面的专家和书画家参加的荣宝斋访问团，到日本东京举办大型的《荣宝斋展览》，范曾先生就是其中的画家之一。范曾先生不是荣宝斋的工作人员，之所以能够参加这个团，主要原因就是，当时他的画在荣宝斋销路非常好，已为荣宝斋做出了不小的贡献。再者，他是青年才俊，前景十分看好。事实证明，荣宝斋的眼光是正确的。展览期间，范曾的二十几件画作，很快被日本顾客抢购一空。这次展览，打开了范曾作品在日本的市场。

1979年冬，荣宝斋在日本为范曾主办个人专展时，日本冈山一家很有名的“八仙阁”中餐馆的老板，请范曾画一张丈二匹的《八仙图》，挂在餐馆迎门的大墙上。一日，冈山著名的两备财团董事长松田基到这里吃饭时，被这幅《八仙图》所震撼，并决定在冈山建一座“范曾美术馆”，并于1984年3月30日举行了隆重的开馆典礼。

在日本，以外国画家的名义设立美术馆，毕加索是第一人，范曾为第二人。

1980年，荣宝斋又在香港为范曾举办画展，再一次引起了轰动，效果极佳。

自此以后，范曾的画在国内成为炙手可热的抢手货。范曾也与荣宝斋签订了独家全权经营的协议，并于1989年4月13日共同在《人民日报》上发表声明。

新世纪以来，从2004年春节开始，荣宝斋每年春节都在荣宝斋举办一次“范曾新作展”，每次画展的画作，很快就被订购一空。从2012年的展览开始，每年的展览销售额都超过了亿元。

2009年，荣宝斋大厦落成，范曾为大厦前厅书写巨幅对联“溯清初以还，拔俗画坛三百载；逢盛世重建，昭灵往哲几千秋”，与黄永玉先生的巨幅国画《荷》相辉映，成为大厦的一大景观。

滴水之恩，涌泉相报

——荣宝斋与黄永玉

黄永玉老先生创作《荷》的工作场景

黄永玉先生20世纪50年代与版画家李桦先生，曾以“学徒”的身份到荣宝斋来学习木版水印技艺，与荣宝斋的工作人员处得倍儿熟、倍儿亲切。此后，不管有事无事，常来荣宝斋，看看朋友聊聊天。几十年过去了，荣宝斋的领导和业务人员已换了几代人，他都一如既往，相处十分融洽。因为他是冲着荣宝斋来的，不论谁当经理，谁同他接洽，他都信得过，谈得来。

黄永玉先生曾经特意送了三幅大画给荣宝斋，这三幅大画已经是荣宝斋的重要藏品了。

一幅是写意荷花，1997年送的，题云：“去国八年，山海之外，梦寐之中，时有湖上桥边之思。今远游归来，故人相逢，忆荣宝斋，乃余初习水墨套印之殿堂也。套印旧作仍在，老友凋零过半，追忆茫然，作此纪念。”

另一幅是1999年6月送的《白描荷花》（145厘米×370厘米），他在款识中说了很长一段关于艺术方面的话以后，深情地写道：“湘西黄永玉作于世纪之末六月，以报荣宝斋盛情。荣宝斋木版水印传统技法不是随便教人的。一九五三年美院负责人江丰先生有意发展新兴木刻民族化，便派我到荣宝斋实心踏地从刻到印学习了两三个月。第一件习作便是大家后来看到的齐白石像和阿诗玛侧

黄永玉《白描荷花》

身像。屈指数来，四十又六年了。第一班学习传统水印木刻，我的那些学生也都六十开外。水印木刻就如此这样搞起来的。如此若干年后，新老交替，感情的连绵，苦难的共享，都没有中断了彼此的联系。余十年分别，天涯来归，荣宝斋同仁主催余之画展前后，近年奔波劳悴，费尽心力，不单我十分感动，相信连菩萨上帝见了都会动容。画展人人可开，处处可开，唯独这个画展令余称为平生之最也。盛情云云即此。湘西黄永玉补书。”

1999年，荣宝斋为黄永玉先生在中国美术馆举办了一次画展。荣宝斋为书画家举办作品展，是很平常的事，无论为谁办展，都会全力以赴，认真办好，这是荣宝斋的责任，也是对书画家的尊重。为黄永玉先生办这个展，也像为其他书画家办展一样，并没有什么特别的对待。但是，黄永玉先生是个极其重感情的人，他非常看重荣宝斋的这份情谊。

2009年，黄永玉先生为荣宝斋大厦创作巨画《荷》，则是这种感情的延续和深化。2009年，荣宝斋大厦落成，黄永玉先生特意创作一幅巨大的画作《荷》。如今，只要你走进荣宝斋大厦，这幅画就会映入你的眼帘，并深深地打动你。关于此画，时任荣宝斋总经理的马五一女士曾经亲自撰文《魂与梦——感谢黄永玉为荣宝斋创作巨幅〈荷〉》，发表在《光明日报》上。此文道出了黄永玉先生与荣宝斋关系的渊源，他对荣宝斋的深情厚谊和画家创作此画的立意与过程。这是一篇充满激情、意蕴深远，很有分量的好文章，兹援引于下：

《荷》是86岁高龄的著名画家黄永玉先生历时40多天，为即将落成的荣宝斋大厦创作的巨幅国画。这幅画高5米，长6米，合270平尺，创黄老画作幅面之最，在当代画坛也不多见。作为这幅传世之作的立意，创作全过程的亲历者，我深受感染和震撼；作为现任荣宝斋的一名管理者，面对这份沉甸甸的礼物，我深感肩上责任重大。

从清代康熙年间的“松竹斋”算起，荣宝斋已有300多年的历史。中华人民共和国六十年，特别是改革开放30年，是他发展的黄金时代。经营范围扩张了，功能扩展了，队伍扩大了，原有的铺面显得局促而狭小。荣宝斋几代领导人及员工都有一个梦想，就是建造一座新的、足以成为琉璃厂地标的、与荣宝斋名声相称的大厦。如今，这个梦想正在变为现实，投资1.1亿元，总面积16000余平方米，地上三层、地下三层的荣宝斋大厦拔地而起，巍然耸立在琉璃厂西街。

早在2006年，黄老听说荣宝斋将建新大厦的喜讯时，就对我和雷振芳副总经理说：“快盖好你们的大房子，留块墙给我，给你们画张大松树！”荣宝斋本来就是为书画家、文人雅士服务的，长期以来，以诚信精神和货真价实赢得业界的信赖，结交了一大批文化大师。但黄永玉先生与荣宝斋却有着非同一般的情缘。

半个多世纪前的1953年，时任中央美院教师的黄永玉，受院长江丰委派，到荣宝斋学习木版水墨套印（现称木版水印）技艺，为在美院版画科开专业做准备。他以“小学生”的谦虚态度，拜专业人员为师，认真学习了两个多月，完成了被他戏为“毕业论文”的《齐白石像》和《阿诗玛》插图。黄永玉先生与师傅们同吃同息同劳动，结下了深厚的友谊。他深情地回忆说：“两个多月来跟不少人工作上的亲近，成为终生幸福的纪念，几十年为动荡打断，有接续又被打断，……这一代又一代友谊的联系，成为一张让人生赞美的文化情网。”

“文化情网”，多么崇高而又亲切的概括！这张“情网”把艺术家的魂与荣宝斋的梦交织在一起。黄老得悉大厦将在建国六十周年前交付使用，便从今年6月25日开笔画他心中那幅大画。耐人寻味的是，老人动笔时改变了主意，不画“大松树”，而改画“大荷花”了。我想，这可能缘于黄老对荷花的挥之不去的珍爱与寄托。黄先生说过，他在小学的时候，学校有个荷塘，他每年夏天总是流连在荷花荷叶间，于是就开始画荷花。翻开黄先生的画集，每一个时期，特别是中年以后，都有浓墨重彩的荷图。他亲手栽植，细心观察，视荷为友，与荷对语；他的寓所，亦名为“万荷塘”。现在，黄老要调动自己对荷花所有的情感和技法，来为荣宝斋献上自己的赤诚心意。

这幅非同一般的国画高5米，宽6米，整整画了40天，每天十多个小时。整幅画没有草图，黄老真正做到了“胸有成荷”。每一点一划，看似随意挥洒点染，实则恰到好处。看

黄永玉先生为荣宝斋大厦创作巨幅国画《荷》(局部)

黄永玉先生与荣宝斋原总经理马五一女士合影

黄老作画是一种享受。画笔、墨彩，在他手里宛如绣花针，穿针引线之间，莲叶或舒或卷，菡萏或绽或敛，伸展自由，栩栩如生。宏大处，太阳当空，光芒四射，炽烈活跃，令人不敢逼视；细微处，荷叶上滚动的露珠，晶莹剔透，仿佛要流出画面。

“接天莲叶无穷碧，映日荷花别样红。”画面是烈日下的荷塘。高低错落60株荷花亭亭玉立，不言而喻，这是象征我们共和国母亲六十华诞。与我们过去见过的黄老画的风雨荷塘、残秋荷塘不同，这幅画色彩华贵，气度谐和，张弛得宜，生机盎然。这可以看作画家对人与社会、自然和谐的一种认识和祝愿。

黄永玉先生是极富个性的老人，且不说他养猎犬、喜拳击、打猎、听音乐，单是画上的题款就常出卓见，令人耳目一新。他在一幅上题了大段的《爱莲说辩》，反驳北宋大儒周敦颐关于荷花“出污泥而不染”的说法。黄老认为，荷花固然美，但正是花下的污泥养育了它的美，“土地者万物赖以生长之根源也”，那么，观诸此画，黄先生既赞赏了烈日下的荷花、莲叶、绿草、浮萍，也同时感谢着孕育这一切的“地母”——我们的祖国。先生的老朋友黄苗子在《画坛师友录》中谈及永玉先生说：他画的荷“一株荷花，几片荷叶，都具有生命，都在随风飘动。”他还说：“婴儿是母体的血肉分出来的，而一件创作则是从画家灵魂中分出来的。”信哉斯言，黄永玉先生亲口跟我说，这幅画中有他的“魂”。创作期间，他无时无刻不在想这幅画，所以才能上得画架，笔笔入境，有如神助。

由黄先生的创作态度，想到了我们的工作态度。黄老入木三分地说：“荣宝斋与文化人之间的关系有点患难与共的因缘。荣宝斋之成员不单具有高度文化修养，还兼顾着敏锐的文化行情和政治嗅觉。”这样的认识，即使我们身在荣宝斋工作的人，未必都能体悟到。以黄永玉先生为代表的艺术家，把自己的“魂”释放给荣宝斋，这对我们的工作提出了更高的要求。黄老曾经给我题句“行成于思”，就是告诉我理性的认识才能产生自觉的行动。我在想，“荣宝斋”这三个金光闪闪的大字该如何理解？是不是可以这样看：“荣”，荣耀，繁荣，以我们提供的产品，美化生活，繁荣文化；“宝”，珍宝，宝藏，以我们的经营，为民送宝，为国藏珍；“斋”，文房，书斋，以我们真诚周到的服务，与艺术家交友，振兴民族文化。总之，要让新荣宝斋成为真正的画家之家，文化创意产业的基地，“民间的故宫”。这幅巨《荷》将永远在荣宝斋大厦绽放。

此画的气魄与意境，震撼心灵。笔者未见过他在别处有这么大幅的画，可见，他对荣宝斋的友谊、感情，是多么的深远和真诚。

黄永玉先生还以其智慧和艺术修养，为荣宝斋设计了企业商标。黄老说，这个标识溯源于商周、战国青铜纹饰，以中国古代传说的长寿神（西王母）为表象，以艺术的“艺”字的原始图形为核心。标识中的仙女左手持木，象征着种植，寓意着生机、繁荣、收获；右手持物，为木版水印和装裱修复的工具，代表着荣宝斋两项传统业务。二者寓示企业艺术之树常青和企业的繁荣发展，以及一份耕耘一份收获的企业精神。标识以简练、艺术、形象的符号体现了一个以传统手工技艺为特色，以弘扬民族文化为宗旨的历史悠久、源远流长、繁荣发展、长盛不衰、朝气蓬勃的企业形象，寄托着企业的理想。

黄永玉先生设计的荣宝斋企业标识

滴水之恩以涌泉相报也好，魂与梦交织也好，黄永玉先生与荣宝斋的关系达到如此融洽，如此密切，如此诚挚，确实令人感慨不已！

魂之所系

——荣宝斋与邓拓

1964年邓拓在北京家中

我国的绘画和书法艺术，是世界上最古老、最深奥、最具魅力的艺术，是世界艺术宝库中最辉煌、灿烂的艺术之一。这是我们中华民族的骄傲。古往今来，从帝王将相、高官巨富、文人墨客到布衣平民，有多少人为其所痴迷、倾倒，甚至为其倾家荡产。中华人民共和国成立后，社会制度发生了根本的变化，一切财产属于国家属于社会，从国家领导人到一般干部、职工，只领取微薄的薪水。即便这样，也不乏书画的痴迷者，比如原交通部部长孙大光，广东省原副省长魏今非，广州市原市长朱光等人，他们除了日常生活费用，几乎把那点可怜的工资都用于收藏书画。邓拓更是书画艺术的痴迷者，他对书画的爱恋，甚至比孙大光等人有过之而无不及。他是个文人，擅写散文、杂文，因与吴晗、廖沫沙合写《燕山夜话》，被诬为“反党、反社会主义”的“三家村”，而成为十年浩劫的首批受害者。他是个书法家，写得一手洒脱流畅的行书。他对书画艺术，除了收藏、鉴赏，更重视研究探讨。应该说，邓拓是一个学者型的党的高级干部和文人。

从中华人民共和国成立到“文革”的十多年里，荣宝斋成为我国书画艺术市场的垄断者。据研究艺术市场的人士估计，这一时期，荣宝斋的书画销售量占全国一半以上。这是计划经济体制下特有的一种文化现象。因此，无论是书画家、书画艺术爱好者，都需要荣宝斋，经常出入荣宝斋，其中不少人便成为荣宝斋的朋友。邓拓是出入荣宝斋最勤的人，是荣宝斋最“铁”的朋友之一。

这种“铁”的关系，超越了买卖关系，是一种以书画艺术为纽带的文化关系，他们在艺术上有共同的语言，能够互相交流，共同进行探讨。书画艺术把邓拓和荣宝斋的经营管理人员连结在一起。成为互相理解、互相信任、互相支持、互相帮助的亲密朋友。这正是荣宝斋“以文会友”宗旨的生动体现。

一个人喜好某一种事物，一旦到了痴迷的地步，就会不惜一切代价，不放过一切机会，孜孜以求。邓拓对书画的热爱和执着，的确到了痴迷的程度。他来荣宝斋，不都是来买书画，多数时候是来看书画的。荣宝斋既然是国内书画艺术品的集散地，收购书画的量是相当多的。这些书画，除了少数极精的留下作为自己的收藏品外，大部分都作为商品出售。而商品是流动的，或许今天买进来，明天就卖出去了。为了看到这些书画，邓拓三天两头往荣宝斋跑，唯恐错过任何一件书画。他的魂似乎被这里的书画勾住了。毫不夸张地说，在相当长的一段时间里，邓拓几乎没有遗漏过鉴赏荣宝斋收购的书画。

邓拓来荣宝斋，除了鉴赏，有时也购买一些书画，但更多的时候是与荣宝斋交换书画。收藏家的藏品都是有进有出，经常更换的；已有的藏品，有的玩够了，不喜欢，或是其他原因，不愿意要了，就出让，以便买进新的，这是很正常的事。邓拓更换书画藏品，由于有与荣宝斋“铁”的关系，大多不是以买卖的方式而是采取以书画换书画的方式进行。这种交换前后有五次，每次交换的数量由几件到十几件不等。有时，他在别处看中了某一件书画，不是自己去买，而是让荣宝斋去买，然后拿自己的藏品来交换。如有一次，他在北京文物商店所属的宝古斋看中了一张画，就是这样做的。

邓拓同志作为北京市委的文教书记，又是荣宝斋的好朋友，非常关心和支持荣宝斋的工作。荣宝斋有什么困难，碰到什么问题，向他请示，或提出要求，他总是及时给予支持，帮助解决。

20世纪50年代，荣宝斋打算在寸金之地的王府井大街开设个经营场所，以扩大业务和影响，需要解决房子问题，经理侯恺向邓拓作了汇报，他立即表示支持。为了争取更多领导同志的理解和支持，使问题更容易解决，他将此事报告了市委书记万里和华北局第一书记李雪峰，他们都认为这个想法很好，表示支持。得到万里、李雪峰的认可后，他就给北京市有关部门打招呼，要他们给予方便，然后指示侯恺去找北京市人委副主任李续刚具体商量。尽管后来在办理过程中碰到了一些实际问题，但这些领导同志的支持，对于解决问题是很重要的。

邓拓很喜欢写字，荣宝斋王府井门市部开张后，他为其临街的大橱窗写了毛泽东作的词《西江月·井冈山》和王杰的诗两帧巨幅行书。那时期，郭沫若、于立群（郭沫若夫人）、贾震（北京师范大学原党委书记）也都曾为这个橱窗作书。郭老写的是他擅长的潇洒的行书，于立群写的是很具男性刚健力度的隶书，贾震写的是颇具古意的章草。这些出自高手的书法作品，风格各异，而且都鸿幅巨帧，气势恢宏，特别引人瞩目，成为这繁华商业区中最为亮丽的风景，过往行人无不驻足观赏；有的则是专程前来欣赏、品味的。这些书法作品，现在都成为荣宝斋珍贵的藏品。

荣宝斋出版过一本木版水印的《英雄谱》，宣传革命英雄的事迹，请画家画赵一曼、刘胡兰、董存瑞、杨根恩等英雄的画像。邓拓为其写《新英雄谱题词——浪淘沙八首》，赵一曼、刘胡兰、董存瑞、杨根思、杨连弟、黄继光、罗盛教、向秀丽，每人一首，并以行书写成横批。现选其中三首如下：

赵一曼

死节重崑仑，黑水沉冤，流干热血荐轩辕。
为党捐躯留浩气。地覆天翻，革命慰忠魂，
叱咤风云，白山苦战扫妖氛。
一曼红旗歌慷慨，声震三军。

刘胡兰

太岳动笳声，文水奇英，一生伟大死光荣。

保卫吕梁根据地。革命干城。含泪祭崇陵，

二七芳龄，万人仰止吊忠贞。

今日胡兰亭畔路，鼓乐齐鸣。

董存瑞

战火炼英雄，家世贫穷，幼年立志遂从戎。

阶级斗争增智勇，屡建奇功。

隆化炮声隆，决胜隆中，挺身爆炸压敌锋。

手托巨雷惊天地，烈士高风。

最能说明邓拓与荣宝斋关系之“铁”和邓拓的为人好，莫过于邓拓收藏苏东坡《潇湘竹石图》一事了。

1961年邓拓在荣宝斋的帮助下，购买了北宋苏东坡的《潇湘竹石图》，引发了一场不小的风波。

事情的经过与是非究竟怎么样呢?

光阴荏苒，日月如梭。事情已经过去半个多世纪了，事主邓拓已谢世多年，其余当事人也年事已高，有些细节已经淡忘。现根据知情人的回忆和邓壮先生《邓拓和〈潇湘竹石图〉》一文提供的资料，综述如下。

卖画者何许人?《潇湘竹石图》又从何而来?荣宝斋的当事人说，此人姓白，名隆平；邓文亦说姓白，而名坚夫。也许是一名一字，或一名一号吧。我们姑称其为“白先生”好了。“白先生”原为北洋军阀吴佩孚的秘书长，跟随吴佩孚多年。在那个年代，混到这等地步，自然是很有权势的人了。从他对古画那份执着和挚爱判断，此人应该是有文化、懂艺术，而不是那种拿艺术品附庸风雅、装点门面的人。

20世纪20年代，北洋军阀统治时期，“白先生”在北京方雨楼古玩店买了两幅苏东坡的画：《潇湘竹石图》和《枯木怪石图》。前者是方雨楼主人家传的；后者是方雨楼主人从山东某收藏家手中收购的。据载，这是苏氏传世仅有的两幅画，当然是弥足珍贵了。然“白先生”早年留学日本，又娶了个日本老婆，对日本很有些奴颜媚骨。为了讨好日本主子，竟将《枯木怪石图》卖给日本人，其所谓理由是“此图画技不精”。1931年“九一八”事变后，日本侵占我东北三省，“白先生”更数典忘祖，卖身投敌，为虎作伥，在敌伪电台上大肆为其主子鼓吹“大东亚共荣圈”。1937年“七七”事变，日本军国主义向我国发动了全面的侵略，激起了中国人民的义愤。在中国共产党和各界爱国人士的压力下，国民党当局不得不同共产党和其他爱国人士结成抗日统一战线，于是“白先生”之民族败类成了人人喊打的过街老鼠，国民党当局不得不把他投入监狱。抗战胜利，将其释放。但他的日本老婆在他被囚禁期间，已不辞而别，回日本去了。

“白先生”出狱后回到他的四川老家，做了平民，但他仍拥有国画《潇湘竹石图》。1961年，我国正处于天灾人祸造成的三年困难之中，“白先生”忍受不了饥肠辘辘之苦，欲将心爱的《潇湘竹石图》卖掉，解决“肚子问题”。他携带这幅古画专程赴上海，但未能实现期望。于是转辗北京，他找到故友、时任文化部文物局文物处长的张珩（字葱玉）。张是当时国内的古代书画鉴定权威，“白先生”想从他那里打探行情，为这幅画讨个价。恰巧有位书画鉴定家在张家做客，“白先生”将带来的画请这位鉴定家看。鉴定家认定“白先生”的画是赝品，“白先生”一气之下带着画离开了张家。当时北京只有荣宝斋和文物商店收购古画，荣宝斋影响更大，而且有认识的人，于是，他来到荣宝斋，住在东院后面一间小屋里。他把自己的意图告诉了荣宝斋。荣宝斋的相关业务人员看过他的画，以为是赝品，但又不好直言，只是含含糊糊说看不好，再研究研究，没有收购的意思。此事就这样搁置起来。“白先生”至此仍未遇知音，心理郁闷，索性去内蒙古探亲。

没有几天，邓拓从外地出差回京。一天，邓拓去了荣宝斋，当时在荣宝斋工作的画家许麟庐对他说了此事，并说此画真假难辨，依我们看，很玄乎。苏东坡的画！邓拓听了心中一震。苏东坡这位北宋，不，我国历史上诗、文、书、画大家，学识渊博，才气横溢，邓拓早已敬慕不已；而作为在封建帝制下敢于直言，疾恶如仇，淡薄名利，为百姓的疾苦奔走呼号的政治家，更为邓拓所敬佩。苏东坡的画是稀世珍宝，千载难逢，无论真假，应一睹为快；万一是真的，错过机会，岂不成为终身憾事！更重要，更迫切的是它既已浮现，必须弄个水落石出，否则再度沉沦，或流失国外，或毁于一旦，都是国家文化的一大损失。基于这些认识，邓拓急切询问这位“白先生”和他的《潇湘竹石图》现在在何处？许麟庐告诉他：“白先生”去内蒙古探亲，不久会回京，届时一定引见。

从此，邓拓心中一直惦记着苏东坡的《潇湘竹石图》。为了在“白先生”回京见到《潇湘竹石图》时进行判断有所依据，他开始研究起苏东坡的画来了。前面说过，邓拓是个学者型的领导干部和文人，从他对苏东坡《潇湘竹石图》的科学态度，可见一斑。苏东坡的画，只见书载，不见实物，甚至连印刷品也难以见到。在他正愁不知从何入手的时候，著名画家周怀民给他送来一个喜讯：他家有一本日本出版的画册，其中有苏东坡的《枯木竹石图》。（正是“白先生”早年卖给日本人的那幅画。）邓拓如获至宝，立即奔赴周家。此前，邓常到周家学画，他们早已是好朋友了。周怀民是画家，对历代绘画及画家的风格、特点十分熟悉，邓常向他请教，同他一起进行探讨。这时他们面对画册中的《枯木怪石图》仔细端祥，恨不得立即把它消化。周怀民以此画为例，向邓拓讲述苏画的特点：此图正合史书所载，枯木枝干虬屈。石皴硬，笔力跌宕，枯笔飞白不拘工整。可以想见，作者作此画时的心境，胸中蟠郁，大有屈子离骚情怀。

“白先生”从内蒙古回到北京，许麟庐把他带到邓拓家。向邓介绍：这位就是从四川来的“白先生”，今天他把珍藏几十年的画带来，请您鉴定。接着又向“白先生”介绍邓拓：这就是对你的画非常感兴趣的邓同志。许麟庐没有介绍邓拓的名字和身份。因为在那个以阶级斗争为纲的年月，如果讲出邓拓的名字和身份，可能会使“白先生”这个当过汉奸的人，在共产党的大干部面前产生顾虑，不能平等地探讨和商量问题。“白先生”谦恭地向邓拓欠了欠身，然后从一个木盒里取出《潇湘竹石图》，双手捧给邓拓。

苏东坡《潇湘竹石图》(局部)

邓拓接过画，置于书案上，展开画图，突然一股浓浓的文人画之逸气扑面而来，把他带进一个美妙的艺术境界：一片土坡上两块玲珑的怪石，几丛疏竹，左右云烟与山水相连，浩瀚渺茫，莽荡无涯。恰似湘江与潇水会合，又遥接洞庭。极目眺望，令人心旷神怡。他抬头顾盼，许麟庐和"白先生"伫立两旁，静声屏气似乎在揣度他的思绪，等待他的高见。他这才如梦初醒，从画境中出来，稍停片刻，他缓慢而深沉地说："我不敢说我懂艺术，至于鉴别真假，那更是专家们的事。我只是喜爱书画，有时甚至为它们所陶醉。至于苏东坡的画，因为缺乏资料，知之甚少。但我为他的才气与气质所折服，更为他的艺术魅力所倾倒。我虽然不能断定这幅《潇湘竹石图》真假，但我认为它的珍贵，是毋庸置疑的，很有研究价值。我很喜欢这幅画。'白先生'能够把它保存下来，而且保护这么好，着实不容易呀。这是对国家文化的贡献啊！"

邓拓话音未落，"白先生"已为他的真诚所感动。这位白发苍苍的老者扑通跪地，双手作揖，激动地说："这是我多年的心血啊！我跑了许多地方，只有您理解我，今天终于遇到知音了。这画交给您，我就放心了。"邓拓赶紧把他扶起来。

话虽这么说，但价钱尚未涉及，交易还没有达成。然而艺术上的共识，彼此心灵已沟通，这笔买卖也就不难了。不过，涉及价钱之前，还必须对买卖双方的心态作个分析。

邓拓一见此画，就喜欢得不得了。他口头上对“白先生”说难辨真假，内心却认为是真品。根据当时掌握的资料，确实还难以判断其真伪，但他趋向于宁可相信是真迹。他的这种想法，也决非一厢情愿，主观臆断。凭他对书画艺术的痴迷与热爱，凭他的见识与眼力和初步掌握的资料，他确信，最终将证实这是苏东坡的作品。因此，他下定决心，不惜一切代价，要将这幅画买下来。

前面提到，“白先生”是有文化、懂艺术的人。他几十年含辛茹苦，精心呵护这件宝贝，由于饥肠辘辘，不得已割爱将它卖掉，却难觅知音。他深知这件画的历史价值和艺术价值，不能稀里糊涂地把它交给不懂艺术的人，任其糟蹋，或卖给心术不正的人，把它弄出国外。以前把苏东坡《枯木怪石图》卖给日本人，已经对不起国家了；现在再不分青红皂白，为了钱把仅存的这件宝贝卖给不可靠的人，那不是罪上加罪吗？从这一点上看，这位“白先生”经过教育改造和人民的感化，还是有良心的，是爱国的。所以听到邓拓那番话，感到释然，消除了顾虑，决定把画卖给知音的“邓同志”。但是，他既然指望着它来解决“肚子问题”，也不会低价出卖的。

价钱是由许麟庐与“白先生”商量的。

“白先生”要价两万元。以该画的价值衡量，并不算高。（1963年荣宝斋收购到北宋米芾的书法作品《苕溪诗卷》时，张葱玉说，该卷值六万元。苏轼的画，比米氏的字价值应该更高。）但这在当时可是个天文数字呀！邓拓虽然是高级干部，每月工资也不过二百多元：他可能还有稿费收入，但那时稿费标准很低，即使有，也是微乎其微，他怎么拿得出这两万元呢。许麟庐说：这太高了吧，大家都靠工资收入，谁拿得出这么多钱呀。经许这么说，“白先生”的要价由二万降到一万五。

邓拓理解“白先生”的处境，担心再少了他不卖，对许麟庐说：“一万五就一万五吧。”许以为还是太高，打算再跟“白先生”商量，再降低一些。邓嘱咐：可以再试试，但必须掌握火候。适可而止，千万别说崩了。许从一万五砍到一万二，“白先生”再也不肯让了。邓很高兴，对许说：“行了，行了，谢谢你。别再说了，再勉强，就可能吹了。”而许仍然觉得太高，本想再进一步同“白先生”商量，也怕谈崩了不好收拾。

说来也巧，就在双方僵持的当儿，辽宁博物馆研究员、古代书画鉴定家杨仁恺先生出差来京，也住在荣宝斋。他是荣宝斋的老朋友，来北京常常住在这里。他与邓拓很熟，又与“白先生”同是四川人，是老乡。他知道此事后，自告奋勇当说客，对“白先生”说：“咱们是同乡，又都热爱书画，我理解你的想法，但这件东西你要这么多钱不现实。再说，邓拓同志是专门研究家，又是北京市委书记，他收藏你的画将来还不是都交给国家，你要价那么高也不太合适吧？”

“好，看在同乡和朋友的脸面上，邓拓同志既是荣宝斋和你的朋友，又是我的知音，我不卖一万二，也不卖一万，就卖七千好了。”

“好，够朋友。但我看还是高了一些，干脆就五千吧。”杨仁恺趁热打铁地说。

“五千就五千！交个朋友，也可了却我的一桩心事。”

“好，好！够气魄，有大收藏家之侠气。”

这讨价还价的一幕就这样结束了。但邓拓却产生了顾虑：“价钱这么低，是不是因为我是北京市委书记？要是这样，那就不好了。”许麟庐和杨仁恺说，大家都是朋友，而且是自愿的，已经说定了，有什么不好呢。

就是这五千元，邓拓也拿不出来。他翻箱倒柜，只凑够了两千元。其余三千元怎么解决？他自然地想到荣宝斋。他把侯恺请到家里，对他说：“我决定以五千元买下‘白先生’的苏东坡《潇湘竹石图》，我自己凑足了两千元，你是知道的，我平时把薪水都买书画了。其余三千元我实在付不起了。你们荣宝斋能不能帮个忙，先替我垫付，然后用我收藏的书画来顶替，你们派人来任意挑选，直到认为足够抵数为止。”

侯恺爽快地回答：“没问题。您那么支持我们的工作，这点困难还能不帮吗？”

荣宝斋替邓拓垫付了三千元现金，然后按约定的办法，派许麟庐到邓家挑画。邓拓把自己的全部藏画拿出来，任其挑选。许从中选了24件，估计与垫付款差不多，这笔交易就此完结。

邓拓收藏苏东坡的《潇湘竹石图》后，继续进行研究，他从历史博物馆借来历代的丝织品样标，用放大镜观察它们的构造和特点，与《潇湘竹石图》进行对照，他广泛收集苏东坡所用的金石印鉴和书法作品的资料深入研究；他还请许多鉴定家、书画家对此画共同研究、探讨，但都没有定见。随着他掌握资料的增加和研究的深入，他的认识愈来愈深刻、愈清晰。他用自己的心灵与苏东坡的灵魂沟通，进一步为苏东坡的才华、抱负和艺术魅力所震撼。他写了一首《怀苏东坡》诗，表达他的心情："曾谒眉山苏氏祠，也曾阳羡诵题诗。常州京口寻余迹，儋耳郊原抚庙碑。海角天涯身世感，朝云春梦死生知。千秋何幸留遗墨，画卷潇湘竹石奇。"他还因得苏东坡的画而将自己的书斋命名为"苏画庐"。他愈来愈坚信此画是苏东城的真迹，但直到他去世，他的见解始终未得到社会的认同。

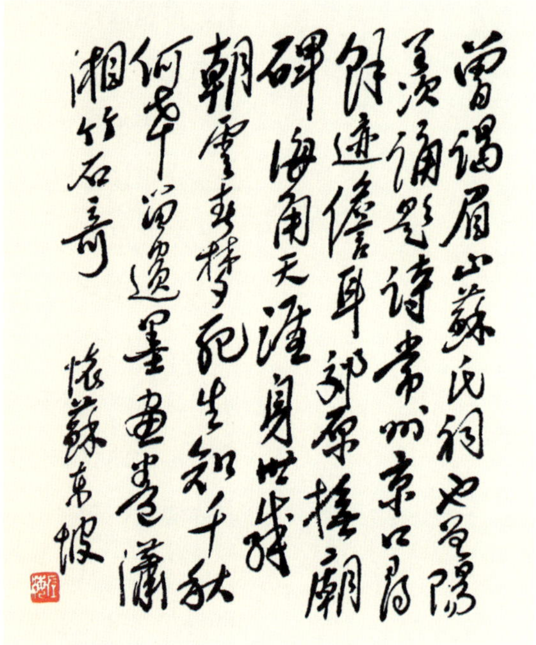

邓拓《怀苏东坡》

1984年经启功、谢稚柳、徐邦达、刘九庵、杨仁恺等著名鉴定家组成的，最具权威的中国古代书画鉴定组的鉴定，确认《潇湘竹石图》是苏东坡的真迹，终于肯定了邓拓的见解，为这场关于《潇湘竹石图》真假的讨论，做了结论。

至此，我们不能不为邓拓对书画艺术的热爱和执着所感动，不能不佩服他的智慧和卓识；佩服他契而不舍，孜孜不倦的精神和严谨的治学态度；佩服他敢于坚持真理和对国家、对历史负责的勇气。

邓拓收藏苏东坡的《潇湘竹石图》，惊动了文化界，陈伯达、吴作人、黄胄、肖劲光、傅钟等，闻讯相继到邓家来鉴赏。他们大多出于对文物的关心和热爱，一睹为快。关于民间收藏文物，邓拓在《燕山夜话》一书的一篇文章中明确提出："收藏家的活动对于各国人民的文化和学术事业，直接发生积极的影响……一个国家，特别是具有长期革命斗争传统的国家，历史文物非常丰富，光靠国家博物馆收藏是不够的，如果有一批民间收藏家，随时随地注意收藏革命的、历史的大大小小的各种文物，贡献给国家，那就方便得多了。”他收藏苏东坡的画，正是这种认识的一次实践，是有益国家的、健康的文化活动。但有些人却别有用心，散布流言蜚语，说什么邓拓跟国家抢购文物，霸占国家文物；也有些人借此进行人身攻击，诋毁他玩物丧志。

邓拓用光明磊落的行动回敬这些攻击。他请画家许麟庐在他收藏的古代书画中挑选出包括《潇湘竹石图》在内的144件精品，加盖他的收藏印鉴，并请荣宝斋的高级装裱技师王家瑞带着徒弟到他家里进行装裱，弄得整整齐齐，然后捐献给中国美术家协会，平息了这场风波。

1981年中国美术家协会在中国美术馆隆重举办了《邓拓藏画·书法展览》。

集锦

“以文会友，荣名为宝”，这是1894年荣宝斋创号时立下的规矩，这既是“荣宝斋”这个既文雅又吉祥的宝号的注脚，又是其经营宗旨。1950年公私合营后，上级主管部门赋予新生的荣宝斋团结书画家和文化界人士、继承和发扬传统的使命。将“以文会友，荣名为宝”由企业宗旨升华为国家意志。半个多世纪以来，新生的荣宝斋把“以文会友”的精神发挥到极致，使其成为书画家和文化界人士的精神家园。以上从《结缘笺纸——荣宝斋与鲁迅、郑振铎》到《魂之所系——荣宝斋与邓拓》诸文，仅反映了荣宝斋与文化名人故事的一部分，其他还有许多生动的故事。由于笔者对每个名人的材料掌握不够充分，未能一一成文。这里只能将所知的故事片段，以集锦的方式呈献读者。

一

荣宝斋曾以其特有的木版水印技艺出版何香凝先生的梅花条幅。上面董必武和郭沫若各题一首七言诗。由于木版水印的特殊效果，被一些人当作原作。试想，一幅何香凝亲手画的梅花，又有董必武、郭沫若亲笔题诗，当是何等贵重啊！即便是木版水印复制品，集当时的国家代主席和两位全国人大副委员长的诗、书、画、印于一体，也够可贵了。

何香凝，是中国民主革命的先躯之一，孙中山先生的亲密战友廖仲恺先生的夫人，也是著名国画家，擅长画梅花。她的作品，是国家保护的文物，被禁止出境。廖仲恺先生被国民党反动派杀害后，何先生痛恨以蒋介石为首的国民党反动派，继承先夫的遗志，继续投身革命，同情共产党，帮助共产党。她和廖仲恺先生的儿子廖承志，是中国共产党的重要干部。廖仲恺先生在民主革命时期，同海外侨胞有广泛的联系，在侨胞中有很大的影响。中华人民共和国成立后，为利用廖先生在侨胞中的这种影响，团结海外侨胞为祖国做贡献，何香凝先生担任了中央人民政府侨务委员会主任。何先生逝世后，其子廖承志、其孙廖晖，又先后担任了这个职务。

何香凝《梅花》
荣宝斋木版水印作品

董必武，中国共产党早期的党员，中国共产党第一次代表大会十几个代表之一，他同吴玉章、谢觉哉、林伯渠、徐特立在延安被称为“党内五老”。中华人民共和国成立后担任过中央人民政府副主席、中共中央政治局委员、最高人民法院院长、全国人大副委员长、国家代主席等重要职务。他既是党和国家高级领导，也是造诣很高的文人，他的诗和书法很受人们的喜爱。

郭沫若，中国的大文豪，既是诗人、作家、历史学家、考古学家，又是大名鼎鼎的书法家。担任过中国科学院院长、全国文联主席、全国人大副委员长等职。

郭老与荣宝斋的关系，本书有专文记述。董老喜欢荣宝斋，来过荣宝斋。荣宝斋美术馆藏有何香凝先生的画作，她还题赠荣宝斋书法“爱国”和“百花齐放”——前者被制成匾，一直挂在店内。

荣宝斋以其特有的木版水印技艺把这三位国家领导人和有重要影响的文化名人联系在一起。何先生的梅花铁骨铮铮，充分体现了梅花斗霜傲雪的品格。董老在条幅的左下角题：“花寒不落墨常新，劲挺疏枝最有神。端的双清楼上作，化身如愿暗香真。”郭老步其韵在右上角题：“突破寒流与岁新，梅花万朵见精神。香如洋海枝如铁，亘古长留一片真。”二老均以行书题之，书法自然、流畅，各显其美。

笔者曾在一个朋友家里见过这幅诗书画俱佳的木版水印画。他也知道是复制品，因其具有原作的观赏效果，又汇集了三位国家领导人和著名文人的手迹，十分喜爱，当作宝贝收藏着。

二

沈钧儒先生是著名的民主人士，中国民主同盟的主席，是中国共产党的亲密朋友。中华人民共和国成立后，担任过中央人民政府副主席，1949年10月1日开国大典时，他同毛主席一起在天安门城楼上检阅游行队伍，后来又担任过全国政协副主席。他不但是国家领导人，也是个文化人，热爱传统文化，对书法、绘画很有研究，还写得一手好字，也喜爱文房四宝。他喜欢荣宝斋，常到这里来看画，购买文房用品。

沈老的儿子沈叔平是学画画的。一次，沈老特意带叔平来荣宝斋看画，对他说："这里荟萃了全国许多著名书画家的作品，是个永不闭馆的艺术博物馆，你要经常到这里来观摩学习，看看这些名家先辈的画是怎么画出来的；还要通过这些画体验名家先辈们是怎样刻苦学习，练就他们的本事，又是怎样严肃认真作画的。不好好向他们学习，你就不能进步，不能提高。"儿子频频点头。

1956年4月的一天，他一个人兴致勃勃来到荣宝斋看画。在大厅里驻留了许久。侯恺经理得知，赶紧请他到客厅休息、喝茶。然后请他为荣宝斋留下墨宝纪念。沈老痛快地答应："好的，好的，应该的。能在你们这高雅的文化场所留下墨迹，是一件光彩的事，值得高兴。"

工作人员备好了笔墨纸，沈老从沙发上站起来，要脱掉外衣。侯经理考虑到沈老已这把年纪了，说："沈老，刚停暖气，屋里比较凉，容易感冒，别脱外衣了吧？""你说这话就有些外行了。写字如同打太极拳、练气功，需集中精神，运用全身的气力，方能写好。怎么会受凉感冒呢！站久了，写的时间长了，还要出汗哩。最好给我准备条擦汗毛巾。"沈老的话把在场的人都逗乐了。

"你们乐什么，不信你们看。"

沈老脱去外衣，走到写字台前，提起笔，蘸好墨，聚精汇神，不抬头，目不转睛。一个劲儿地写着：

我们必须继承一切优秀文化艺术遗产，批判地吸收其中一切有益的东西，作为我们从此时此地人民生活中的文学艺术原料创造作品时候的借鉴。

录毛主席在延安文艺座谈会上的讲话以志荣宝斋纪念

一九五六年四月　沈钧儒

原来沈老把毛主席《在延安文艺座谈会上的讲话》背熟了，胸有成竹，故从头到尾不须抬头。

他录完毛主席这段话，署好名，抬起头来，真的出汗了。工作人员赶快给他递去热毛巾。他边擦汗边说道："说要出真的就出汗了。平时患什么伤风感冒的，赶紧写写字，出出汗，顶多吃两片ABC就好了。"一席话博得一阵热烈的掌声。

在场有人惊诧沈老对毛主席的话背得那么熟，难怪这一大段话一字也不差。沈老说："毛主席的书我最爱读，虽然都是大白话，可越读越有味，反复咀嚼其味无穷。不但我自己读，我还告诉儿子叔平，别人的书可以不读，毛主席的书却是非读不可的。你们画家是文艺工作者，新中国的文艺工作者不读毛主席的书怎么行呢。"

此外，沈老还曾为荣宝斋题了"荣宝斋"匾，成为荣宝斋里众多名匾之一，丰富了这里的匾牌文化。

三

据老经理侯恺同志说，一次陈半丁老人特意为荣宝斋画了两张画，在儿子的陪同下，亲自送到荣宝斋来。可在公共汽车上惹了一肚子不痛快，一进门就劈头盖脸地发起了牢骚："明明我是老子，他是儿子，可售票员却置老子于不顾，偏偏称儿子为老大爷，还叫别人给他让座，把老子和儿子颠倒过来了。你说这公平不公平？"

"您老息怒，请到后面休息休息，喝杯茶消消气。"侯经理说。

到客厅，请老人坐下，吩咐人沏茶，侯经理也陪同坐下。

"陈院长，这也难怪，您个头矮，嘴上不长胡子，脸上没有皱纹，显得少相，所以人家认为您还年轻嘛。"侯经理似玩笑似安慰地说。老人品着茶，听完侯经理这番话，心气也平静下来了。

半丁老人曾担任北京画院院长，画又画得好，在文艺界很有名气。他自己似乎也有一些“傲气”，许多社会名流、文艺团体、出版社，都不看在眼里。而对荣宝斋和人民美术出版社却情有独钟。1956年他在某单位举行的一次座谈会的发言中，一而再地说：“美术界有两朵鲜花我最喜欢，一是美术出版社，二是荣宝斋。”他不仅会上这么说，在实际行动中也这么做。他经常在美术界中宣传这个观点，动员书画家常到荣宝斋走走，用实际行动来爱护、扶植百花园中讨人喜欢的这朵鲜花。

老人家呷了一口茶，对侯经理说：“我给贵宝号送来两张画，请你这位大老板看看成不成。”

“陈院长，谢谢你一贯对我们的支持。您的画没有不成这一说，您不满意是不会给我们送来的。”

“我满意有啥用？这是我给荣宝斋送来的，你这堂堂的荣宝斋说了才算嘞。”

“陈院长，您太谦虚了。”

说完，侯经理从老人儿子手中接过这两张画。打开一看，一幅是荷花，明显是老人的经意之作。那绿叶映着红花白花，一派生机盎然，香气逼人，沁人心脑。另一幅丝瓜小鸡。小鸡生动活泼，丝瓜鲜翠欲滴，两者构成一幅充满生命活力的画面，是一曲生命之歌。侯经理看完喜形于色，连连称道：“太好了，太好了。”感激之情溢于言表，再次向老人道谢。老人见着侯恺这样子，心里也很高兴。

此外，老人还送来一副对联，写的是：“多讲故事有益卫生，少谈理论凝意清神。”一眼看出，这分明与时调不合，侯恺不再讲什么，场面有些尴尬。老人见侯恺不言语，心里有些打鼓，说：“侯老板，要不是我把荣宝斋看成自己的家，说什么也不会把这样的画送给你们，谁给多少钱，我也不会拿到外面去卖。”

大家知道，半丁老人对共产党的一些主张，确有一些不太理解的地方，我们不必去苛求，这样一位从旧社会过来的文化人，但也不能去附和他“少谈理论凝意清神”的说法，所以不予议论为宜。

也算是给老人一个面子吧。出现这种情形，确实有些不愉快。但临别时侯经理还是客气地对半丁老人亲自送画表示道谢，并请老人有空多来走走。

四

王雪涛先生是齐白石老人的弟子。他遵循老师“学我者生，像我者死”的教导，学习老人刻意求新、永无止境的精神，闯出自己的一片天地，在花鸟画领域里开创了新的局面，独树一帜。他的小写意牡丹花，成为一个时代花鸟画的标记。

王雪涛先生是我国有广泛影响的画家。在荣宝斋，影响最深的画家，除了齐白石，还有王雪涛。这种影响，表现在以下几个方面。

这里喜欢他作品的人很多，许多人学习他的画法。较典型的是荣宝斋的三位业务骨干王宗光、孙树梅、米景扬，他们是雪涛先生的“画痴”。有人开玩笑，说他们见着王雪涛的画就走不动路了。他们三人是自学成为颇有成就的画家，各有自己的特色，但雪涛先生却是他们共同的老师。

荣宝斋美术馆的藏画，王雪涛作品的数量也仅次于齐白石，估计有百十件之多，各种题材都有。其中在90年代收购他老家山东某

王雪涛《百花齐放》

王雪涛《牡丹》
荣宝斋木版水印作品

艺术单位收藏的大八条屏花鸟，是他的精品。当时是以四十万元收购的，现在恐怕四千万也不一定能买到。

由于他的作品受到广泛的喜爱，所以在荣宝斋卖得快。经销他的画作，是荣宝斋经济收入的重要来源。

荣宝斋木版水印复制作品的母画有许多是王雪涛的。几十年来，先后复印他的作品约摸有几十件之多。瞧，店堂木版水印厅里，墙上、货柜里，他作品的复制品比比皆是。因为色彩鲜艳，形态生动，花鸟草虫都活灵活现，很受顾客青睐。除了木版水印画，荣宝斋出版社出版他的胶印出版物也很多。在全国具有重要影响的《荣宝斋画谱》中，王雪涛的《王雪涛写意花鸟草虫》已再版了10余次。

雪涛先生也一生坎坷。1957年被错划为“右派”，政治和思想上受到的打击就不必说了，经济上的打击，则很难承受。在万般无奈的时候，他想起了荣宝斋，托人给荣宝斋领导捎话“无论如何得帮他一把”。面对这深交多年的老朋友陷入如此境地，怎能忍心不管呢？立即回话：不管他的作品能否卖出去，都会收购的。还派人给他送去笔、墨、纸等绘画用品。这才缓解了他经济上的燃眉之急。雪涛先生对此非常感激。他的回应是：无论荣宝斋需要什么，都尽力而为。就连笺纸这样一般画家都不愿干的“雕虫小技”，他也不嫌“跌份”，照样给荣宝斋画。后来摘掉了“右派”帽子，生活刚刚好过一些，却又遭遇了“文革”的狂风暴雨。曾经被划为

“右派”的他，日子当然也不好过。画是卖不了的，只好继续为荣宝斋画信笺。可是画这样的“小玩意”连纸都没有了，只好给荣宝斋写信，请再给他送一些纸。

唉，这样一位成就显赫的大画家，在那些日子竟遭受如此境遇，实在令人心酸。所幸暴风雨过后，画坛又迎来了春天。雪涛先生重拾画笔，风风光光地与荣宝斋进行合作，为荣宝斋留下不少佳作。

五

黄胄先生是我国杰出的国画家之一，有鲜明的个人风格，题材广泛，人物和动物造型真实、生动，别开生面。他的画风影响了许多青年画家。

他同荣宝斋的关系非常“铁”，他与经理侯恺拍肩牵手，称兄道弟，亲密无间。他是荣宝斋扶植起来的典型例子，是通过荣宝斋的宣传，扩大影响，逐步为社会所认识和推崇的。然而，他是怎样来到北京的，却鲜为人知。

黄胄原在解放军西北某部队工作，1953年来北京参加活动，住在天桥的一家旅馆。荣宝斋了解到他的画很有特点，派业务人员刘振业去旅馆看望他，并带回他的几幅作品来试销，从此结下了不解之缘。

时任解放军总政治部副主任的傅钟中将，是书画爱好者，常到荣宝斋来看画，和侯恺经理及相关人员很熟。经常在一起交谈对一些画家作品的看法。他十分欣赏黄胄的画，认为黄胄在继承传统的基础上有突破，有创新，有个

黄胄《新疆舞》 荣宝斋木版水印作品

人的面目。特别对他笔下的新疆少数民族的人物和驴，印象更深刻。他还问起黄胄的情况。侯恺说，黄胄是个很有才华的青年画家，其作品颇受社会青睐，他现在在西北某部队搞创作。侯恺问傅钟主任能否把黄胄调到北京来工作，这样对他有更大的发展空间。傅钟主任十分爱惜人才，他赞同侯恺的意见。从解放军文化建设的全局考虑，把黄胄调到总部来，可发挥更大的作用，也有利于他个人的发展。傅钟主任同有关部门商量后，决定把他调到总政下属单位。这对他绘画艺术的发展，是一个具有里程碑意义的决定。他在北京这个传统文化深厚、美术人才聚集的大环境中，可结交更多的同行进行交流和切磋，有大量的美术资料供其学习、观摩、借鉴，大大开阔了眼界，这对他绘画理论和技艺的提高，是极其重要的。我们可以这样设想：如果没有荣宝斋的帮助，他一直待在西北一隅，远离北京这个文化氛围和文化沃土，或许不会有现在这么大名气和在我国画坛上这么高的地位。

黄胄《出诊图》

六

荣宝斋之所以被称为“书画家之家”，除了为书画家们提供优质文房四宝，提供张挂他们的作品、将其推向社会的场所；提供书画家们交流经验、切磋技艺的场所，以丰富的历代书画藏品供书画家们观摩、学习、借鉴之外，还有一条，就是当他们有困难、身陷逆境、需要帮助的时候，荣宝斋能够出手相助，予以支持。上海人

程十发

程十发《猎归图》

物画家程十发，也是在困难时期得到荣宝斋的支持和帮助的，他对此十分感激。

“文革”中程十发画了一幅寓意深刻的《猎归图》，画面是猎人打猎归来，骑坐在骆驼上，骆驼身上倒挂着一只狐狸、三只狼，明眼人一眼就看出其暗喻什么人。上海没有人敢收购、张挂此画，也没有人敢道出个中缘由。程十发也已被“四人帮”在上海的爪牙清除出党，处境十分艰难。他万万没有想到的是，当他托人将这幅画送到北京荣宝斋装裱时，竟被荣宝斋收购了，并被挂在了营业大厅。这是对他的极大支持和精神上的慰藉。他得知此事后激动地说：“荣宝斋最理解我，最关心我，最支持我。”

1978年党的十一届三中全会确定了改革开放的国策。荣宝斋响应党的号召，走出国门，扩大中国传统文化的国际影响，计划将一批有成就的画家推向世界。1980年决定在日本为程十发举办个人画展。当荣宝斋把这一决定告诉他时，程十发先生还以为是在做梦，或是同他开玩笑，简直不敢相信这是真的。但是，当时上海有关单位仍以老眼光看待画家出国办画展之事，设置种种障碍，以致程先生这样在上海有影响的人，竟然自己办不了出国手续。荣宝斋得知，即派员专程赶赴上海，为程先生办理出国手续。来人在上海不知费了多少口舌，跑了多少路，经过多少周折，耐心地向有关部门说明此事，完全符合十一届三中全会精神，才将程先生出国办展的手续办妥。当来人把出国护照交到程十发先生手里时，他激动得不知说什么好。程十发先生对荣宝斋也不薄，他将从日本画展中带回来的画作，大部分留给了荣宝斋。荣宝斋还以木版水印技法出版了程先生的一幅佳作《李凭中国弹箜篌》，是木版水印画中的精品之一。

七

赵少昂先生是现代岭南画派四大家之一，居住在香港。荣宝斋与他有不少合作，除了经销他的作品，在荣宝斋主办的综合画展中，也常展出他的画作。他来北京，也时常到荣宝斋看看。1980年10月荣宝斋庆祝公私合营三十周年时，他应邀专程来京参加活动。

1979年荣宝斋在香港办画展。新华社香港分社专为这次画展举办招待会，赵少昂先生和在港的名画家几乎都出席了。招待会主持人、新华社香港分社社长王匡先生高兴地说："赵少昂先生平常是很少出席招待会的，今天他来了，说明他对荣宝斋是很有感情的。我们很感谢赵先生的光临。"赵先生接过主持人的话说："荣宝斋是东方雅文化的代表，中国书画家之家，誉满全球。我是个中国画家，同许多画家一样热爱荣宝斋。现在荣宝斋在香港这个国际大都市举办盛大画展，将会产生重要的影响，作为荣宝斋的老朋友，我有什么理由不来呢！今天这个招待会很有意义。能参加这个活动，我感到很荣幸。"

就在这次招待会上，赵先生对荣宝斋来港办画展的人说："我得抓紧时间画几幅画送给荣宝斋，以表示我的一点心意。"

1980年荣宝斋收到了赵先生从香港寄来的赠画——四幅花鸟画精品。此前，赵先生还赠送过荣宝斋八开花鸟册页。这些画都已收入荣宝斋美术馆，成为永久的藏品。

八

著名画家许麟庐，是齐白石的入室弟子。他集传统绘画和民间艺术于一体，独创个人的面目，丰富了齐派艺术。

他热爱传统绘画艺术，解放前就在东单苏州胡同开了一家和平画店。店里经常挂着老师齐白石和师兄李苦禅的画，这是一个很有品位的艺术处所。李苦禅常陪着老师白石老人到这里来聊天。诗人艾青也是这里的常客，因为他很喜欢白石老人的画。据说，他在这里买了不少齐白石的佳作。

许麟庐《千年桃实》

1956年公私合营时，和平画店被并入王府井美术服务部，成为其下属单位，许仍任和平画店经理。60年代初，荣宝斋在王府井大街北段路西开设了门市部，和平画店合并到荣宝斋，许担任荣宝斋王府井门市部主任，属下有工作人员三十多人。

由于荣宝斋的影响，加上许原来在和平画店就联系了许多书画家和文化界人士，这时的荣宝斋，除了南城琉璃厂的荣宝斋本部是书画家之家外，北城王府井门市部又成为另一个书画家之家。是书画家、文化界人士和喜爱书画艺人聚集的好去处，热闹非凡，成为王府井这条北京最繁华商业大街一处靓丽的文化景观。

1962年中共中央在北京召开七千人大会期间，中央的郭沫若、康生、陈伯达、解放军的高层领导肖劲光、张爱萍、肖华、傅钟，华北局的李雪峰，北京市的邓拓，外省市的舒同、魏文伯，文化界的头面人物周扬、夏衍等，在会议紧张气氛之余，常到这里来欣赏书画、喝茶聊天，放松放松。所以能够如此，除了荣宝斋的条件和影响，和许麟庐先生的能力和管理是分不开的。

许先生不仅是个著名画家，也是个水平很高的书画鉴定家，荣宝斋现在收藏的古代书画，大部分是以他为主从南方各地收购的，一批高品质的田黄石，也是他从苏州收购的。

九　命途多舛的四幅大画

1973年荣宝斋营业部改建成800多平方米的长方形营业大厅，觉得太空旷，不利于陈列书画，也缺乏一种空间艺术感。领导决定请几位名家画四幅大画作为屏风，改变格局。把大厅隔成错落有致的几段，中间留着通道，给予顾客以曲径通幽的感觉，不但可以增强这里的艺术气氛，也可以增加挂画的面积。

那时北京的饭店、宾馆很少，机关团体也少有陈列大画的，社会缺乏对大幅书画的需求，所以画家很少画大画；说实在的，当时画家居住条件一般都不太好，画大画也确有一定的困难。但荣宝斋需要，画家没说的，都热情支持。

当时请了李苦禅、王雪涛、董寿平、刘继卣四位先生，每人各画一张丈二匹大画。李苦禅画《五鹰图》，王雪涛画《双色杜丹》，董寿平画《松瀑图》，刘继卣画《群鹿图》。四位画家都正值艺术高峰期，也都很用心，所以都画得很有气势，很震撼人心魄，都是这四位画家的精品。但当时正值“文革”，大批判正在向纵深发展。在这种政治气候下，荣宝斋恐有不测，不敢贸然挂出，被香港“集古斋”买走，于情于理，荣宝斋觉得很遗憾，很对不起画家。

果不其然，不久社会上又刮起“批黑画”之风。李苦禅、董寿平莫名其妙被列入了“黑画家”的名单，他们的作品《五鹰图》《松瀑图》被当成“黑画”，勒令荣宝斋将这两幅从香港追回来。

然而，是金子总要发光的。我国改革开放以后，《五鹰图》和《松瀑图》同它们的作者都得到了平反，这两幅画在荣宝斋这大雅之堂陈列多年，吸引了许多赞赏的目光，为作者和荣宝斋增光添彩。王雪涛先生的《双色杜丹》则挂在香港文化餐馆“陆羽茶室”十分显眼的地方，每天迎来送往到这里品茗、就餐的雅客。而刘继卣先生的《群鹿图》从香港辗转到新加坡后，又被嘉德拍卖公司征集到北京来拍卖。总之，这四幅大画最终都得到了好归宿。

十

被画界誉为五百年出一人的著名山水画家黄宾虹先生，20世纪40年代中后期，住在北京西单石驸马后宅31号时，因为画卖不出去，经济上陷入极度的困境。有一年，快到过年的时候，荣宝斋营业人员刘振业去看望他，发现他们一家正在为如何过年发愁。刘将这情况禀告给经理王仁山，王立刻派他给黄宾虹先生送去一百块现大洋（那时三块大洋可买一袋五十斤的面粉），以解年关之急。真如久旱逢甘霖，黄先生一家感动得不得了，连连含泪道谢。黄先生让刘振业从他的作品中挑一些带回去。刘从中挑了十几幅，这些画在当时是远不值一百现大洋的。

在书画家有困难的时候，及时出手相助，这是荣宝斋一惯的做法。

解放前，那些玩书画的官僚、军阀、政客、土豪劣绅、富商，解放后大多是人民政府的打击对象，自身难保，不可能再去玩书画。一些有钱的商人，也怀有恐惧心理，也不会再去玩书画。而共产党的干部，领取微薄的工资，即使喜好书画，也没有能力去买。因此，50年代初期，那些靠卖画为生的画家，画卖不出去，又没有工资，许多人生活都十分拮据。虽然那时荣宝斋的经营状况并不佳，但仍然关心着这些画家。溥佐先生既没有工作，画又卖不出去，没有任何经济来源。荣宝斋让他画书签、桌签（会餐时标明就餐者位置之用），不管是否能卖出去，画多少要多少。虽然每个只有几分钱的报酬，一天也画不了多少，拿不了多少钱，但终究聊胜于无吧。每逢过年过节，经理及相关人员登门拜访书画家，为一些经济有困难的书画家带去些年货和笔墨纸砚等书画用品，并收购他们的一些作品。50年代中还设法为画家开辟些收入来源，出版一本国画集子，在京的画家每人交一幅稿，稿费15元，交稿付款。这区区15元，对那些经济拮据的画家，可是求之不得的大好事呀！曾经是辅仁大学美术系名教授的溥雪斋先生，就十分看重这15元。到他家取稿的人忘了带钱，取走后又因事忙未及时给他送钱，溥先生急了，先后几次托人催要，及至送稿费时，溥先生对来人说："我正等着这钱买米呢，你们是饱汉不知饿汉饥呀。"是啊，当时的这位办事人未能体会溥先生的处境，这是不应该的。

十一

荣宝斋与书画家的联系，有当面交谈、电话交流、书信往来等方式。网络通讯是近些年才发展起来的，年纪大一些的，还没有赶上。书信往来较面谈与电话联系为少，而能收集到的更少。目前找到的，仅是书画家给荣宝斋及其工作人员来信的凤毛麟角。他们无论公事私事，总愿意向荣宝斋及其工作人员吐露，把这些来信提供给大家，或许可以从中领略到荣宝斋与书画家关系之一斑。

傅抱石先生生前最后一次给荣宝斋寄画，并给营业科副科长一信：

宜生同志，你好！

承汇存款，已知数奉讫，甚感谢！

兹另邮寄上拙作一卷，共计25幅，请查收，至祷。

其中大幅五幅，拟托裱请寄售（每幅定价80元），费神。

小幅二十幅，请面交冯忠莲同志。

匆匆顺致

敬礼

傅抱石上　1965.8.7

本书《鉴定与收藏》部分，在《首席书画鉴定家王大山》一文中提到，叶浅予先生“文革”后恢复工作安排住所，得到王大山的帮助，所以在住房落实后写信告诉王新居的地址、大小和乔迁新居的大概时间，并感谢王的帮助。

南京艺术学院院长刘海粟先生1980年冬到荣宝斋，看到这里正以木版水印技艺出版他的新作《黄山纪游图》，十分兴奋。回南京后迫不及待地托人带给经理侯恺一封信：

前在京时看到荣宝斋木版水印《黄山纪游》，印的很好！您说在今年底可以完成，给我捎到香港。我院凡一同志来京，请他去看看，请接待参观水印木厂。《黄山纪游》亦请凡一带回先睹为快……

中央美术学院教授李琦先生给荣宝斋编辑科长孙树梅的信：

中国美术馆日前来函，拟收藏鲁迅先生像。我复信说待贵店印制后交他们……近年来，国内外有索此画者，有人提到：“如能得到荣宝斋的木版水印也好。”我常想，水印现代人物画，倒是个新品种……今年是鲁迅先生逝世五十周年纪念，不知贵店能否靠前排排队？……

蒋兆和先生给荣宝斋负责人的信：

荣宝斋负责同志：科影拍片需要悲鸿先生奔马一幅，请暂借一周为感。

刘继卣先生给孙树梅的信：

树梅同志：兹介绍美院附中孟泽林同志取动物画原作三四幅，借用一个月左右，用毕归还。

此致敬礼

一九八〇年六月十六日

上海画家程十发先生给米景扬来信：

旧高丽纸或其他旧纸极需，寄来后望告标价。

当荣宝斋将其所需的旧纸寄给他后，又来信说：

不知尊斋有否旧朱砂墨发售，若有，请留一二锭……

叶浅予先生1983年12月20日给经理侯恺的信：

大连棒槌岛宾馆请画家作画，需要丈二匹五张，六尺特净一刀，四尺特净二刀，乳砵四套，希予方便。

黄胄先生乔迁新居也写信告诉荣宝斋：

我已搬家至三里河，十三路汽车终点站北面，十四号楼一号门十四号。

画家王叔晖给孙树梅的信：

送拙作一张，请分神，请尊处老同志托一下，不知何日能得，请示之，以便往取。

前中央工艺美术学院院长张仃先生给侯恺经理的信：

我院袁运甫等同志到青岛开画展，结识了张朋先生，我看了他的画，以为别有一格，除向君武同志推荐外，荣宝斋是否可展出几张。我以为我们有责任为这永不求闻达，艰苦从事艺术劳动的人，作一点广告。余请运甫同志面陈。

1974年春节前后，米景扬身体有些不适，王雪涛先生得知，给他寄药，并附信：

兹送去中药“活血通脉”二十五片，每日服二次或三次，不分饭前后。此药据说很好，请服用试试。主要的成分是三七粉，如有效，此药还有。

范曾先生给蔡金鹏经理的信：

蔡经理：

荣宝斋与我深交有年矣，余之艺术首有进境，亦赖荣宝斋所提供的条件。近无佳精矣，敬祈售我库存好纸二十刀，以助泼墨豪情。

匆匆即颂

近祺

范曾

一九八八年一月二十八日

李可染、钱松嵒合作《牧牛图》

胡絜青、郑乃珖等合作《松竹清梅》

十二

荣宝斋是书画家们交流技艺，进行合作的平台。他们或应邀光临，或相约而来，或不期而遇，或由荣宝斋穿针引线，合作形式很多。

规模最大的一次笔会，要数1980年庆祝荣宝斋公私合营三十周年那次了。当时应邀来参加庆祝活动的全国各地（包括香港）的书画家和相关人士二百多人。其中有李可染、吴作人、吴冠中、蒋兆和、叶浅予、王雪涛、范曾、黄永玉、陆俨少、宋文治、钱松岩、关山月、杨善深、何海霞、方济众、赵朴初、启功、费新我等等。期间举行一次笔会，书画家们或三五合作，或单独创作，有的是有备而带着画好写好的作品来的。组织者将这些作品汇集起来，在现场挂出，让大家相互观摩、学习。那场面，那情景，很是壮观。

我国重要的两位山水画家李可染和钱松岩，一个在北京任中国画研究院（现中国国家画院）院长，一个在南京继傅抱石之后任江苏国画院院长，一南一北，天各一方，虽然彼此思仰，却从未谋面，就在此次庆祝活动中得以相逢，激动不已，感慨万千；兴奋之余，欣然命笔，合作一幅《牧牛图》；可染先生作牧童和牛，松岩先生画垂柳和鸟。虽然是第一次合作，却珠联璧合，如此默契，如此协调，如此生动。此事被传为画坛佳话。

在这次笔会上，进行合作的还有胡絜青、郑乃珖、秦岭云、陈佩秋、亚明、黄苗子合作的《松竹清梅》；钱松岩、亚明、宋文治、伍霖生、秦剑铭、魏紫熙合作的《山高水长》等。

1979年6月7日荣宝斋笔会上，王雪涛先生画了红梅，在上面签名的有著名书画家：李苦禅、李可染、王雪涛、蒋兆和、启功、徐之谦、刘继卣、白雪石、范曾、萧琼、叶浅予、董寿平、黄胄。

王雪涛先生和中央美术学院国画系教授郭味蕖先生在荣宝斋不期而遇，欣喜万分，各倾钦慕之情，然后以画笔交谈。在一张四尺三裁的宣纸上，郭教授先画了一株水墨淋漓的芭蕉，几乎占满了整个纸面，看来，雪涛先生很难再画什么了。不料，他审视片刻，提笔蘸了鲜艳的石绿，在顶部的芭蕉叶上画了一只螳螂。这螳螂虽小，却栩栩如生，十分醒目，对整个画面起到画龙点睛的作用。这一动一静，使画面充满活力，生动不已，观者无不拍手称绝。

荣宝斋穿针引线，书画家进行合作的实例很多。这多是由于木版水印出版的需要，请书画家分别在一张纸上作画、题字。这么做的好处是，使不同作者的长处集中在一起，使出版物内容更丰富、更有趣、更具影响力。前面提到的何香凝的梅花画作上，有董必武、郭沫若题诗的木版水印复制品，就是由荣宝斋把意图禀告何先生，征得她的同意，然后分别请董老和郭老题诗的。

关山月、赵朴初合作《咏梅》

1984年荣宝斋请“岭南派”画家关山月画了一幅181厘米×96厘米的大幅红梅，树枝密集，枝枝向上，寓意欣欣向荣。并在左边特意留下大块空白，然后又请赵朴初先生，以其隽秀的行草书，在空白处题上他为庆祝毛主席八十大寿而作的《八声甘州·咏梅》词。两者意境十分契合，是集两位大师特长的艺术精品。复制成木版水印制品后，受到广大群众的欢迎。

备忘录

荣宝斋自1950年以来，受到党和国家领导人及各界社会贤达的关怀，曾经光临荣宝斋和为荣宝斋题词的有：周恩来、朱德、宋庆龄、江泽民、李鹏、乔石、万里、董必武、王震、荣毅仁、彭德怀、陈毅、郭沫若、何香凝、李济深、沈钧儒、陈叔通、薄一波、彭真、宋任穷、李雪峰、贾庆林、廖承志、彭冲、宋平、李长春、谷牧、方毅、安子文、陈丕显、杨献珍、刘琪、李铁映、陈至立、布赫、耿飚、刘云山、陈慕华、张万年、张廷发、刘延东、李维汉、曹荻秋、舒同、谭启龙、周建人、卢嘉锡、程思远、王光英、王光美、雷洁琼、赵朴初、马万祺、方荣辛、钱昌照、白立忱、魏文伯、郑必坚、马凯、华建敏、许广平、叶圣陶、夏衍、黄镇、胡愈之、萨空了、乔冠华、康克清、肖劲光、粟裕、张云逸、王树声、肖华、张爱萍、廖汉生、杨成武、莫文华、傅钟、曹里怀、老舍、胡絜青、周扬、艾青、朱穆之、曹禺、沈雁冰、张奚若、周而复、林默涵、启功、郑振铎、周培源、魏传统、刘白羽、臧克家、冯其庸、张伯驹、梅兰芳、李希凡、汪道涵、端木蕻良、韩念龙、邵华泽、徐悲鸿、齐白石、傅抱石、李可染、蒋兆和、黄胄、吴冠中、华君武、吴作人、关山月、陆俨少、钱松喦、林散之、沙孟海、王雪涛、于非闇、俞致贞、田世光、石鲁、白雪石、朱屺瞻、宋文治、李苦禅、李铎、孙其峰、陈佩秋、范曾、亚明、唐云、黄永玉、程十发、叶浅予、黎雄才、赵少昂、刘海粟、刘继卣、谢稚柳、关良、魏紫熙等等。

至1950年，经历了278年沧桑的荣宝斋，由于连年的战争和社会制度的大变革，已负债累累，濒临破产。店主和经营者决定卖掉铺面还债，并与北京师范大学草签了卖房合同。文化界有识之士郑振铎、魏建功、吴晓玲等知道这个情况后，奔走呼号，呼吁社会各界保留、挽救荣宝斋这一传统的文化老店，终于引起了政务院出版总署的重视，决定由国家救助荣宝斋，派邹雅与资方谈判，达成了实行公私合营的协议。将出版总署属下的新华书店总管理处木印科并入荣宝斋，成立荣宝斋新记，由出版总署投资10万斤小米之款（折合当时的人民币1亿元），派遣木印科科长侯恺为公方代表，担任公私合营的荣宝斋新记经理；原私营的荣宝斋经理王仁山为私方代表，担任荣宝斋新记副经理。协议经政务院文化教育委员会批准，荣宝斋新记于1950年10月19日开张。郭沫若、徐悲鸿为新生的荣宝斋新记题写了匾额。同时，在《人民日报》上发表声明：公私合营的荣宝斋新记与原荣宝斋各地分店脱离关系。

1952年12月15日，国家再次投入四亿四百万元人民币的资金，为私方还债，收买私方的股份，使荣宝斋成为了完全国有的文化企业。同时，去掉“荣宝斋新记”中的“新记”二字，恢复荣宝斋的原名，并以郭沫若题写的“荣宝斋”三字作为荣宝斋标识。后来，还以此注册为商标。

1951年，荣宝斋隶属于人民美术出版社，后来，出版总署的出版业务并入文化部，荣宝斋随着美术出版社归属于文化部出版局。1974年，荣宝斋脱离美术出版社，直属于当时的“出版口”（后为国家出版局）。黄镇同志任文化部部长期间，又于1978年6月将荣宝斋从国家出版局划归文化部，以当时的文化部宣传部长刘备耕为联络员，黄部长通过他对荣宝斋进行领导。1981年，荣宝斋复归国家出版局。1998年5月，荣宝斋与人民美术出版社、中国连环画出版社合并为中国美术出版总社，隶属于国家新闻出版总署。2002年又随中国美术出版总社划归中宣部属下的中国出版集团。2009年1月23日荣宝斋脱离中国美术出版总社，直属于中国出版集团，并升格为局级单位，荣宝斋出版社、《荣宝斋》杂志、《美术之友》杂志也同时划归荣宝斋。

1986年，木版水印画作为词条被载入《汉语大辞典》。

1970年12月，为了落实“备战命令”，保护文物安全，将当时荣宝斋收藏的约4000件文物装成40个大箱，同国家版本图书馆、人民出版社、人民文学出版社的善本书一起，运到湖北丹江，在那里存放了大约两年，1972年运回荣宝斋。

20世纪50年代后期，荣宝斋就参加“广交会”，每年两次在那里接受订货。1975年被迫停止了这项业务。2006年又重返“广交会”。

1975年，在所谓的“反回潮复旧”的浪潮中，荣宝斋被取消了出版和经营名家书画的业务，被迫将库存的齐白石、傅抱石、李可染等名家作品处理给香港的博雅斋和集古斋。原根据文化部、海关总署和北京市的通知，北京市文物局曾发给荣宝斋一个“火漆印”，由荣宝斋独立审定哪些文物可以出口，大约也在这个期间，“火漆印”被北京市文物局收回去了，实际上是取消了荣宝斋的文物出口权。

1977年9月27日，国家文物局发文，恢复荣宝斋收、售现代书画家的作品，但古代书画和其他文物仍禁止经营。

1978年6月14日，文化部在（78）文政第278号文件中，通知各省市文化局，文化部决定“恢复荣宝斋经营古今书画和砚台、石章等各项传统业务”。至此，荣宝斋的传统业务经营权已完全恢复，唯文物出口权尚未恢复。

1984年，在薄一波同志和中宣部、文化部、国家出版局的关照下，北京市文物局终于同意恢复荣宝斋的文物出口权。不过，被收走的“火漆印”没有还回来，有要出口的文物，必须报请北京市文物局，文物局再派人带着“火漆印”来鉴定、核准，打上“火漆印”，并收取费用。

北京解放初期，荣宝斋曾专为毛主席与党中央印制信纸和信封。还曾多年为毛主席、周总理、华国锋、江泽民等印制贺年片。

1952年3月，亚洲及太平洋区域和平会议在北京举行，荣宝斋受有关部门委托，为与会37个国家和地区367位代表及相关人员制作了包括《十竹斋笺谱》《齐白石画集》《中国剪纸》《敦煌壁画选》等500份木版水印艺术品礼品。

1956年，上海科学教育电影制片厂拍摄了大型彩色科教电影《木版水印画》，还请齐白石先生和他的学生王雪涛先生来作现场绘画示范。这是第一次以科学教育的方式，反映木版水印画的制作过程，并在全国公开放映。

20世纪80年代中期，电影工作者傅耕野先生以木版水印画《韩熙载夜宴图》为中心，拍摄了一部更详细反映木版水印工艺过程的彩色电影《千载传神》。

20世纪与21世纪交接的2000年左右数年间，中央电视台、北京电视台等媒体，从不同的角度拍摄荣宝斋的电视纪录片数部，长达500分钟左右，其中央视《探索·发现》栏目拍摄《百年传奇·荣宝斋》三集，135分钟，较全面反映了荣宝斋的历史与现状。

1987年，荣宝斋与香港博雅艺术公司合资，在香港开办“荣宝斋（香港）有限公司”，王大山任董事顾问，孙日晓、雷振芳、荣万祥任副经理。

21世纪初以来，荣宝斋先后在淄博、天津、呼和浩特、长沙、广州、武汉、济南、洛阳、宁波、青岛、香港、贵阳、成都、沈阳等城市设立分店。这些分店以股份制的形式进行经营，荣宝斋占51%，合作方占49%。分店的经理一般由荣宝斋派员或当地人员担任，财务管理人员则一律由荣宝斋派遣。

此前，还在广西桂林、新加坡、日本、美国设立荣宝斋经销处。

1972年至1973年，荣宝斋对老门脸进行就地翻盖，建成17间临街的铺面房。翻建期间，临时在万源夹道营业。

20世纪70年代末，国家开始对琉璃厂文化街进行仿古改造。荣宝斋依据总体规划，也按照明清风格进行改建。

为了使荣宝斋连成一片，荣宝斋将其位于椿树医院西边的装裱车间小楼与荣宝斋西邻的北京电信公司职工宿舍进行交换。

荣宝斋的营业场所由原来的一层改建成二层楼。为了不影响营业，分东西两部分分别进行改建。先建西段，在东段继续营业。西段于1986年建成，营业移至此处，同时在此设立“荣宝斋工艺技术服务部”。东段1991年落成，主要经营业务搬回东斋。西斋后面新建的三层生产楼和重新修葺的东院也先后告竣。至此，荣宝斋的生产、营业、办公场所面积达7000平方米。

荣宝斋改建期间，生产部门、编辑科、资料室于1982年临时搬到天坛花园花木公司院内，1987年搬回琉璃厂。

改建期间，还曾在中山公园“水榭”设立荣宝斋经销处。

1993年，在西斋开设西画廊，经营油画、版画和水彩画，扩大了荣宝斋的业务范围。

1993年9月创办荣兴艺廊，启功、董寿平先生为之题“照古腾今”和“荣兴艺廊”匾额。这是一个有80多组摊位，经营名人字画、玉器珠宝、古钱钟表等3000多个品种文物古董工艺美术品的综合艺术市场。

1994年，成立“荣宝斋艺术品拍卖有限责任公司”。2010年后，创办了荣宝斋（上海）拍卖有限责任公司、荣宝斋（济南）拍卖有限责任公司、荣宝斋（南京）拍卖有限责任公司、荣宝斋（桂林）拍卖有限责任公司。

2004年，荣宝斋与北京广博运河文化艺术中心合资在通州创办荣宝斋画院有限公司。

2007年，在原荣兴艺廊、东院和拆迁一些居民房屋的土地上，兴建地下三层、地上三层、面积16300平方米的荣宝斋大厦，2009年落成。

后 记

我从20世纪90年代中期开始收集资料，陆续写成并发表了一些文章，现汇集成书，以《百年荣宝斋记忆》为名付梓。

荣宝斋的前身松竹斋，文字资料甚少，仅散见于《旧京琐记》《春明古迹小识卷四》《琉璃厂小志》《文物话春秋》诸书及《荣宝斋万金老账》，实物则只有松竹斋于清同治二年印制的对联用纸（赵之谦书）、赵之谦手札所用松竹斋印制的笺纸（荣宝斋美术馆藏）、国家图书馆藏的数种松竹斋出版物。其余资料，均为荣宝斋老人与荣宝斋原东家后人的追忆。这些已足以证实松竹斋的存在及其与荣宝斋的关系。

荣宝斋的情况则不同。其前期（1894—1948）有一部《荣宝斋万金老账》，就足以为据。1948年以后，由于时间较近，有许多当事人的回忆，资料也相当充实。

本书能够出版，要感谢荣宝斋老经理侯恺同志，原副经理王士之同志和老职工王崇光、田永庆、张延洲、孙树梅、刘振业、米景扬、韩度权、白宝立、冯鹏生、王云霄等同志提供了宝贵的资料。感谢郑理先生，他的《荣宝斋三百年间》一书，有许多可资借鉴的资料和有价值的线索。还要感谢荣宝斋出版社领导和编辑同志的支持和付出的辛勤劳动。

本书虽然为人们了解和研究荣宝斋提供了不少素材，但仍有缺失和不准确之处，更由于本人文字和理论水平的局限，缺点和错误在所难免，敬请专家和读者不吝赐教。

郑茂达

2018年10月

作者简介

郑茂达，1935年生于广东揭阳，1956年应征服兵役。1964—1971年在中国作家协会做政工和文秘工作。1971年调至荣宝斋，先后任政工组负责人、办公室主任、工会主席等职，1988年到资料室做文物管理和研究工作，2007年年底退休。先后发表《老荣宝斋成功的秘诀》《关于荣宝斋历史的几个问题》《老店新辉——记传统文化老店荣宝斋》《荣宝斋的木版水印艺术》《一桩血染的文物捐献案——荣宝斋收购〈苕溪诗卷〉等国宝的前前后后》《管鲍之义——荣宝斋与齐白石》《魂之所系——荣宝斋与邓拓》等文章。2012年出版《荣宝斋非物质文化遗产书系——制笺艺术》一书。

图书在版编目（CIP）数据

百年荣宝斋记忆／郑茂达著．—北京：荣宝斋出版社，2019.01

ISBN 978-7-5003-2128-6

Ⅰ．①百… Ⅱ．①郑… Ⅲ．①荣宝斋－史料 Ⅳ．①F724.787

中国版本图书馆CIP数据核字（2018）第289196号

责任编辑：王祥北　侯文佳
装帧设计：郑子杰
校　　对：王桂荷
责任印制：孙　行　毕景滨　王丽清

BAINIAN RONGBAOZHAI JIYI
百年荣宝斋记忆

出版发行：荣寶齋出版社
地　　址：北京市西城区琉璃厂西街19号
邮　　编：100052
制　　版：北京兴裕时尚印刷有限公司
印　　刷：鑫艺佳利（天津）印刷有限公司
开　　本：787毫米×1092毫米　1/16
印　　张：26.5
版　　次：2019年1月第1版
印　　次：2019年1月第1次印刷
印　　数：0001-3000
定　　价：148.00元